"十四五"法律职业教育新编系列教材

ZHONGXIAO QIYE FAWU

中小企业法务

主　编◎徐　原　　谢东鹰
副主编◎史艳利　　彭建新
撰稿人◎徐　原　　谢东鹰　　史艳利　彭建新
　　　　厉　莉　　傅　溢　　刘　庆　　贺晓伟
　　　　卫国平　　陈志娟　　才　华

中国政法大学出版社

2025·北京

声 明	1. 版权所有,侵权必究。
	2. 如有缺页、倒装问题,由出版社负责退换。

图书在版编目（CIP）数据

中小企业法务 / 徐原, 谢东鹰主编. -- 北京 : 中国政法大学出版社, 2025. 9. -- ISBN 978-7-5764-2222-1
Ⅰ. D922.291.914
中国国家版本馆 CIP 数据核字第 2025D9U023 号

出 版 者	中国政法大学出版社
地　　址	北京市海淀区西土城路 25 号
邮　　箱	fadapress@163.com
网　　址	http://www.cuplpress.com（网络实名：中国政法大学出版社）
电　　话	010-58908435(第一编辑部) 58908334(邮购部)
承　　印	固安华明印业有限公司
开　　本	720mm×960mm　1/16
印　　张	26.25
字　　数	444 千字
版　　次	2025 年 9 月第 1 版
印　　次	2025 年 9 月第 1 次印刷
印　　数	1~4000 册
定　　价	69.00 元

出版说明

为深入贯彻落实党的二十大和二十届二中、三中全会精神，全面贯彻习近平总书记关于职业教育工作和教材工作的重要指示批示精神，贯彻落实全国职业教育大会和全国教材工作会议有关要求，落实《关于加强新时代法学教育和法学理论研究的意见》《关于推动现代职业教育高质量发展的意见》的有关部署，进一步适应全面依法治国战略对法律职业教育提出的新的更高要求，根据教育部《职业院校教材管理办法》及《"十四五"职业教育规划教材建设实施方案》，结合新修订的《职业教育专业简介》和《职业教育专业教学标准》以及法律职业教育高质量发展的需要，在全国司法职业教育教学指导委员会的指导下，中国政法大学出版社和行业院校共同启动了"十四五"法律职业教育新编系列教材的编写出版工作。

本系列教材以习近平新时代中国特色社会主义思想为指导，全面贯彻落实习近平法治思想，坚持落实立德树人根本任务，遵循高素质技术技能人才成长规律，遵循教材建设规律和教育教学规律，适应产教融合、职普融通、科教融汇对法律职业教育教学改革提出的新要求，充分满足法律职业教育高质量发展的需求，尤其是数字化、智能化发展的新需求，紧扣各专业人才培养目标及其职业能力培养需要，全面推动习近平新时代中国特色社会主义思想进教材进课堂进头脑。教材突出法律职业教育的类型特点，统筹推进教师、教材、教法改革，以司法类专业教学标准为基本依据，以更深入地实施司教融合、校局联盟、校监所（企）合作、德技双修、工学结合为根本途径，运用现代信息技术创新教材呈现形式，着力加强实训教材和数字化教学资源建设，充分发挥教材建设在提高人才培养质量中的基础性作用。在编写内容上，顺应新时代、新要求，尤其是突出教材的实践性特点，力争符合法律类专业人才培养目标达成需要和相关课程标准要求，与相关法律职业任职标准（岗位技能要求）相衔接，体现"原理与实务相结合"的特点，注重培养学生应用理论、规则及方法解决实际问题的能力。

经过专家们的悉心指导、全体编写人员的共同努力及教材编写基地的大力支持和出版社编辑们的辛勤付出，现在该系列教材已陆续出版，欢迎大家选用，敬请各使用单位和广大师生提出宝贵意见和建议，我们将及时根据教材评价和使用情况反馈对教材进行修订，进一步丰富教材内容，优化教材结构，促进教材质量不断提高。

中国政法大学出版社
2024 年 12 月

编写说明

　　党的二十大擘画了以中国式现代化全面推进中华民族伟大复兴的宏伟蓝图，强调要"优化民营企业发展环境，依法保护民营企业产权和企业家权益，促进民营经济发展壮大"。中小企业作为民营经济的主体和国民经济的重要组成部分，在推动高质量发展、稳定经济增长、促进创新、保障就业与改善民生等方面发挥着不可替代的关键作用。在全面依法治国深入推进、社会主义市场经济体制持续完善的背景下，中小企业的发展迎来了新的历史机遇，也对自身的规范化、法治化运营提出了更高要求。然而，由于中小企业自身规模较小、资源有限、法律意识相对薄弱等原因，在日常经营过程中面临着诸多法律风险，如合同纠纷、劳动争议、知识产权保护等。这些法律问题如果得不到及时有效地解决，不仅会影响企业的正常运营，甚至可能导致企业陷入困境，进而影响市场活力和经济社会的稳定发展。因此，贯彻落实党的二十大关于优化营商环境、支持中小微企业发展的部署要求，加强中小企业法务管理，提升企业法律风险识别、防范与化解能力，已成为保障中小企业健康、可持续发展，助力中国式现代化建设的必然要求。

　　本书紧密围绕中小企业法务工作的实际需求，以"识法务—组企业—管企业—签合同—雇员工—促产销—明产权—防风险—解纠纷"的逻辑，系统地阐述了中小企业法务工作的基本理论、实务操作和法律风险防范等内容。全书共分为九个学习领域，分别是企业法务概述，企业设立、变更与终止法律实务，企业治理法律实务，企业合同法律实务，企业劳动用工法律实务，企业生产经营法律实务，企业知识产权管理法律实务，企业行政与刑事风险法律实务，企业争议纠纷解决实务。每个学习领域都设置了学习目标、重点难点、法律典故、基础知识、经典案例、法律法规索引、思政园地、拓展学习和任务实训等板块。通过对学习内容的深入阐述，本书旨在为中小企业打造一套完整的法务知识体系，帮助读者全面、系统地掌握中小企业法务的核心知识和技能。

本教材具有以下显著特点：

第一，系统性与全面性。教材内容不仅涵盖了中小企业法务的各个重要领域，而且对每个领域都进行了较为深入的探讨和分析，从基础理论到实际操作，从常见问题到解决方案，形成了一个有机的知识整体，有助于读者建立起对企业法务工作的全局观念和系统性认知。

第二，实用性和可操作性。教材紧密结合实际案例，深入剖析中小企业在法务管理过程中可能遇到的真实问题，并提供了大量具有针对性的解决方案和操作建议。同时，教材还融入了实训操作环节，通过实际案例分析、模拟演练等方式，让读者能够在实践中加深对理论知识的理解和运用，提升解决实际问题的能力，真正实现学以致用。

第三，前瞻性和时效性。教材内容紧跟我国法律法规的最新动态和企业法务的发展趋势，特别是融入了党的二十大关于法治中国建设、优化营商环境的最新精神，以及近年来新出台的相关法律法规、政策文件以及司法实践中的新变化，确保所传授的知识和理念与时俱进，能够满足中小企业在新时代背景下对法务管理的新要求。

第四，适用广泛性。本教材既可作为职业院校相关专业的教学用书，为学生提供系统的理论知识和实践指导，帮助学生更好地理解和掌握中小企业法务的核心内容，为未来的职业生涯打下坚实的基础；又可作为企业内部培训的参考资料，供企业管理人员、法务人员自学或培训使用，助力企业提升法务管理水平，防范法律风险。

本教材内容体系和编写体例由日照职业技术学院教授徐原和浙江警官职业学院教授谢东鹰构思完成。

各学习领域编写人员及分工如下：

学习领域一：由浙江警官职业学院谢东鹰负责编写；

学习领域二：由河北司法警官职业学院贺晓伟负责编写；

学习领域三：由河南司法警官职业学院卫国平负责编写；

学习领域四：由黑龙江省政法管理干部学院刘庆负责编写；

学习领域五：由湖南司法警官职业学院陈志娟负责编写；

学习领域六：由北京天达共和（杭州）律师事务所彭建新负责编写；

学习领域七：由浙江警官职业学院傅溢负责编写；

学习领域八：由四川司法警官职业学院史艳利和日照职业技术学院厉莉共同负责编写；

学习领域九：由新疆司法警官职业学院才华负责编写；

日照职业技术学院厉莉负责全书的统稿工作。

在使用本教材时，建议教师和读者结合实际情况，灵活运用教材内容。教师可以根据教学计划和学生的专业方向，对教材内容的讲解进行适当调整和补充，突出教学重点，激发学生的学习兴趣和主动性。学生和自学者则应注重理论与实践相结合，积极参与实训操作和案例分析，将所学知识转化为实际操作能力。同时，鼓励读者在学习过程中积极查阅相关法律法规原文、参考专业书籍和文献，拓宽知识面，加深对教材内容的理解和掌握。

我们相信，通过本教材的学习，广大学生和企业从业者能够对中小企业法务工作有更深入的理解和认识，在党的二十大精神指引下，不断提升运用法治思维和法治方式推动企业发展的能力，为中小企业的健康发展贡献自己的力量。在使用教材的过程中，如有任何疑问、建议或需要进一步的案例解析和知识拓展，欢迎读者与我们取得联系，我们将竭诚为您提供支持与服务。

编 者

2025 年 3 月

目 录

学习领域一　识法务——企业法务概述

学习模块一　认识中小企业与企业法务 ………………………………… 5
学习单元一　认识中小企业 ……………………………………………………… 6
学习单元二　认识中小企业法务 ………………………………………………… 13

学习模块二　我国中小企业法务工作的现状与展望 …………………… 20
学习单元一　我国中小企业法务工作的现状与问题 …………………………… 21
学习单元二　我国中小企业法务工作的发展趋势 ……………………………… 27

学习模块三　中小企业法务的工作原则、方法与内容 ………………… 33
学习单元一　中小企业法务工作的原则 ………………………………………… 34
学习单元二　中小企业法务工作的方法 ………………………………………… 37
学习单元三　中小企业法务工作的内容 ………………………………………… 41

学习领域二　组企业——企业设立、变更与终止法律实务

学习模块一　企业设立法律实务 ·· 48
　学习单元一　企业形态的选择 ·· 49
　学习单元二　企业设立的主要法律文本 ···································· 56
　学习单元三　企业设立流程 ·· 61
　学习单元四　企业设立中的常见法律问题 ································ 64

学习模块二　企业变更与终止法律实务 ································· 70
　学习单元一　企业变更法律实务 ·· 71
　学习单元二　企业终止法律实务 ·· 78

学习领域三　管企业——企业治理法律实务

学习模块一　公司治理法律实务 ·· 92
　学习单元一　公司股东相关法律实务 ······································ 93
　学习单元二　协助公司股东会与董事会的规范运行 ···················· 95

学习模块二　合伙企业合伙事务执行法律实务 ······················ 103
　学习单元一　合伙企业合伙事务执行的模式选择 ······················ 104
　学习单元二　合伙企业合伙事务执行中的常见法律问题 ············· 106

学习领域四　签合同——企业合同法律实务

学习模块一　企业合同的拟定与法律风险防范 ………………… 125
学习单元一　合同的拟定 ………………………………………… 125
学习单元二　合同文本法律风险防范 …………………………… 139

学习模块二　企业合同的履行法律风险防范 …………………… 150
学习单元一　合同履行概要 ……………………………………… 151
学习单元二　合同履行法律风险防范 …………………………… 155
学习单元三　企业合同留痕存证管理 …………………………… 161

学习领域五　雇员工——企业劳动用工法律实务

学习模块一　企业劳动用工形式的选择 ………………………… 180
学习单元一　企业劳动用工的主要类型 ………………………… 181
学习单元二　企业劳动用工形式的选择 ………………………… 183

学习模块二　企业劳动用工管理常见法律问题 ………………… 191
学习单元一　员工入职管理常见法律问题 ……………………… 192
学习单元二　员工在职管理常见法律问题 ……………………… 210
学习单元三　员工离职管理常见法律问题 ……………………… 217

学习领域六　促产销——企业生产经营法律实务

学习模块一　企业安全生产法律实务 ·· 232
学习单元一　企业安全生产法律实务概要 ································· 232
学习单元二　企业安全生产法律风险防范 ································· 239

学习模块二　企业产品质量法律实务 ·· 242
学习单元一　企业产品质量法律实务概要 ································· 242
学习单元二　企业产品质量法律风险防范 ································· 248

学习模块三　企业销售法律实务 ·· 252
学习单元一　企业销售法律实务概要 ······································· 252
学习单元二　企业销售法律风险防范 ······································· 254

学习领域七　明产权——企业知识产权管理法律实务

学习模块一　企业商标法律实务 ·· 273
学习单元一　企业商标的注册与管理 ······································· 274
学习单元二　企业商标常见法律问题 ······································· 278

学习模块二　企业专利法律实务 ·· 287
学习单元一　企业专利的申请与管理 ······································· 288
学习单元二　企业专利常见法律问题 ······································· 292

学习模块三　企业商业秘密法律实务 ·· 296
学习单元一　企业商业秘密的识别与管理 ································· 296
学习单元二　企业商业秘密常见法律问题 ································· 301

学习领域八　防风险——企业行政与刑事风险法律实务

学习模块一　企业行政风险法律实务 317
学习单元一　企业运营中的行政风险清单构建 317
学习单元二　企业运营中的行政法律风险防范措施 351

学习模块二　企业刑事风险法律实务 360
学习单元一　企业运营中的刑事风险清单 361
学习单元二　企业运营中的刑事风险防范措施 363

学习领域九　解纠纷——企业争议纠纷解决实务

学习模块一　证据收集与管理 378
学习单元一　证据收集的原则与方法 378
学习单元二　证据管理实务 381

学习模块二　企业争议解决方式的选择 385
学习单元一　企业争议解决方式 385
学习单元二　企业争议解决方式的选择 388

学习模块三　外聘律师的选聘与管理 394
学习单元一　外聘律师的选聘 394
学习单元二　外聘律师的管理 395

参考文献 400

学习领域一

识法务——企业法务概述

> **学习目标**

1. 知识目标：
（1）了解企业的概念；
（2）了解企业法务的含义与中小企业法务工作的特点；
（3）掌握企业法务的工作原则、工作方法与主要工作内容。

2. 能力目标：
（1）掌握企业法务工作的要求与方法；
（2）能够检索企业诉讼与行政处罚案件，并据此归纳分析企业的主要法律风险；
（3）能够建立企业法律风险防控管理体系，并制定企业重点法律风险防范方案。

3. 素质目标：
培养学生处理企业法律事务的管理能力与法律专业素养，爱岗敬业，恪守职业道德，具有团队合作意识。

2　中小企业法务

学习重点与难点

企业法务工作的原则与方法；（中小）企业法律事务工作的特点；企业法务工作的主要内容。

法律典故

郑国国君与商人的盟誓 "尔无我叛，我无强贾，毋或匄夺，尔有利市宝贿，我勿与知"——保护商人私有财产的法律

据《左传》记载，西周末年，因为变乱，郑桓公率其民东迁黄河以南重新建国，商人们在这个过程中起了很大作用。郑国国君就同商人订立下盟誓："尔无我叛，我无强贾，毋或匄夺，尔有利市宝贿，我勿与知"[1]。这一盟誓的一方是代表国家的国君，另一方是商人。商人的责任只是不能背叛，而国君则承诺，只要商人做到了这一点，就不会夺取其财产和干预其营业。这实际上是一项国家保护商人私有财产的法律。

郑国严格执行保护商人利益的法律，商人也予以回报。春秋时期，处在晋、楚、齐、秦之间的小国弱国郑国，由于商业的发达和商人的支持才得以稳定。郑国的商人也很爱国。据《左传》记载，僖公三十三年（公元前627年），秦军出兵偷袭郑国，半路被郑国商人弦高发现，弦高立即派人回国报告，而自己则冒充郑国国君派出的使者去犒劳秦军。秦军将领误以为郑国早有防备，便放弃了偷袭郑国的计划。弦高这样做完全出于主动，他不仅奉献了大宗财物，而且还冒了很大风险。正是因为国家对商人好，商人才会不惜财产的损失、不顾个人的安危为国家出力。

普遍认为，保护商人财产的立法常见于西方古代与近代国家，但是郑国国君与商人之间的盟誓却表明，春秋时期商人阶层不仅有自己的尊严，而且其财产和营业受法律保护。但不可否认，自秦汉以后，历代王朝都奉行抑商政策，商人被视为"四民之末"，帝王、官员往往任意剥夺商人的财产。

---

[1]　商人不能背叛国君，国君不强买和夺取商人的货物，不干预商人的财产和营业。

基础知识概要

企业法务是企业管理中涉及法律事务的核心职能，旨在确保企业合法合规运营、防控法律风险并支持企业战略决策。

一、企业法务涉及的核心法律领域：国内法律领域、国际法律领域与行业特别法律领域

1. 国内法律领域：包括企业法律法规，合同法等民商事法律法规，劳动法律法规，消费者权益保障法律法规，知识产权法律法规，竞争法律法规，税收、市场监管、环保等行政监管法律法规，涉企业刑事法律法规，等等。企业法务涵括了民商事、行政、经济与刑事等全领域法律法规。

2. 国际法及跨境合规：涉及国际商事规则，如《联合国国际货物销售合同公约》（CISG）；海外投资法律，如《反海外腐败法》（FCPA）、《通用数据保护条例》（GDPR）等。

3. 行业特别法律法规：涉及金融、医疗、科技等领域的特殊监管要求，如《网络安全法》《个人信息保护法》等[1]。

二、企业法务管理的工作内容

（一）企业法律主体管理

1. 公司设立与治理：股权结构设计、公司章程制定、股东权利与义务、董事会运作规则等。

2. 并购与重组：尽职调查、交易结构设计、反垄断申报、交割后整合法律风险防控。

3. 破产与清算：破产申请、债务重组、债权人权益保护等程序。

（二）合同管理

1. 合同全生命周期管理：包括合同谈判、起草、审查、签署，以及履行监控与合同争议处理。

2. 关键合同类型：采购合同、销售合同、投资协议、特许经营协议等。

（三）劳动与人力资源管理

1. 劳动关系管理：劳动合同签订、解雇程序、竞业限制、保密协议。

2. 员工权益保护：社保缴纳、工伤处理、职场歧视与骚扰防范。

---

[1] 本书涉及的我国相关法律名称均省略"中华人民共和国"。

(四) 知识产权保护

1. 确权与维护：商标、专利、著作权、商业秘密的申请与保护。
2. 侵权应对：监测侵权行为、发起诉讼或谈判和解。

(五) 争议解决机制

1. 替代性争议解决（ADR）：调解、和解等非诉讼方式。
2. 仲裁与诉讼：证据准备、选择仲裁机构或者管辖法院、执行策略。

学习模块一　认识中小企业与企业法务

经典案例

崔某某与公路中心物权保护纠纷案[1]

基本案情：1990年，崔某某以捐赠百万元施工机械为代价挂靠到某市公路事业发展中心（以下简称公路中心）。1992年，公路中心成立公路总公司，聘任崔某某为经理。1993年，公路中心与公路总公司签订协议约定：协议年限为1994年4月1日至2005年12月31日；公路中心对公路总公司不作任何经济投入，由公路总公司自筹资金、自我发展、自负盈亏，所有经济责任由公路总公司负责人承担。1994年3月29日，公路中心与崔某某签订补充协议，约定：1993年协议中的乙方为公路总公司负责人崔某某；合同期满后，公路中心提供的仓库用地产权仍归公路中心所有，其余经营收入和固定资产归崔某某所有。1999年，崔某某因涉嫌工程重大安全事故罪、挪用公款罪被逮捕，后被判处有期徒刑。根据崔某某的申诉，河南省高级人民法院于2003年通过再审改判其无罪。崔某某被判刑后，公路中心对公路总公司的领导班子进行了重新组建。2003年，崔某某要求公路中心返还公路总公司的财产。双方签订了清产核资业务约定书，但未实际履行。2015年，崔某某将公路中心诉至法院，要求其返还公路总公司被侵占的各类财物共计1236万元，并给付财产被侵占期间的租赁费1800万元。

裁判结果：一审法院以崔某某提交的证据不能证明公路中心占有了公路

---

[1] 河南省高级人民法院（2021）豫民再659号民事判决书。

总公司的资产为由，驳回其诉请。崔某某上诉后，二审法院判决驳回上诉，维持原判。崔某某不服，向最高人民法院申请再审。最高人民法院指令河南省高级人民法院再审本案。

河南省高级人民法院经再审认为，公路总公司名为集体企业实为个体私营企业，公司前期的机械设备均由崔某某个人投资购买，公路总公司的经营收入和固定资产（仓库用地除外）亦归崔某某所有，公路总公司应将崔某某投资的机械设备返还。经依法合理评估财物价值后，该院于 2022 年 4 月 11 日作出再审判决，改判公路中心支付崔某某机械设备损失 346.42 万元。

学习单元一　认识中小企业

一、企业的概念

企业（Enterprise）是随着生产力的提高、生产方式的改变而产生的一种经济现象，于 18 世纪 60 年代开启的工业革命之后得以迅速发展。最早关注"企业"现象的是经济学界，从学科归属而言，"企业"当属于经济学范畴。但由于企业对法律领域的深远影响，它自 19 世纪 60 年代起成为法学界关注的议题。

（一）经济学关于"企业"的概念

如前所述，"企业"是随着经济发展而产生的必然结果。工业革命为企业的繁荣发展提供了坚实的土壤：频繁的大宗生产和交易促使经济活动主体有动力以长期、稳定的方式获取生产要素，例如扩大资本投入、购买机器、聘请员工等，并将这些要素内化在一个组织体中。这个组织体就是"企业"。早期经济学家认为企业是一个生产单位，是生产要素（尤其是资本和劳动力）的组织体。例如，亚当·斯密、施穆勒、马歇尔、熊彼特等经济学家都关注到企业组织成为渐趋普遍的生产结构，这一现象在各自著述中讨论"企业"相较传统的、松散的生产结构，在提高效率和利润方面具有优势。

晚近经济学家认为，早期的企业理论其实属于生产理论，即关于企业如何做出生产决策的理论；真正的企业理论，是讨论企业为什么会出现以及企业内部组织结构的学说，始于科斯在 1937 年发表的《企业的性质》(The Nature of the Firm) 一文。科斯认为，企业与市场一样，是一种组织不同分工的劳动力的经济系统，但与市场及其运行的价格机制相比，企业可以节省交易成本，这是企业产生的原因。企业的规模取决于交易成本，如果扩大企业规模会导致企业内部行政管理费用超过因以企业取代市场而节省的交易费用，企业的规模就不会再扩大。20 世纪 70 年代后，科斯的企业契约理论得以进一步完善并成为微观经济学中最为活跃的流派。该理论的核心观点认为，企业是一个有效率的契约组织，是各种要素投入者为了各自的目的联合起来达成的一种组织并被称作"企业"的契约关系网络。

质言之，现代经济学认为企业的本质如市场一般，是"一种资源配置的机制"，它能够实现整个社会经济资源的优化配置，降低"交易成本"。具体而言，企业是指以营利为目的，运用各种生产要素（包括土地、劳动力、资本、技术和企业家才能等），向市场提供商品或服务，实行自主经营、自负盈亏、独立核算的社会经济组织。

(二) 法学视角下的"企业"含义

"企业"并非法学领域的原生概念，它最早由会计人员发明，并由经济学家进行科学的系统性研究。即便在当下，"企业"一词也并非一个普遍的法律用语。我国现行立法出现"企业"一词的主要见于《民法典》第 76 条与第 102 条[1]、《公司法》第 3 条第 1 款[2]、《个人独资企业法》[3]、《合伙企业法》[4] 等民商法领域；以及《中小企业促进法》[5] 与《企业所得税法》等宏观调控法领域。虽然其中四部法律均在名称中有"企业"一词，但并未给出明确的"企业"法律定义。以下将重点从商法视角对"企业"概念进行分

---

[1]《民法典》第 76 条：以取得利润并分配给股东等出资人为目的成立的法人，为营利法人。营利法人包括有限责任公司、股份有限公司和其他企业法人等。第 102 条：非法人组织是不具有法人资格，但是能够依法以自己的名义从事民事活动的组织。非法人组织包括个人独资企业、合伙企业、不具有法人资格的专业服务机构等。

[2]《公司法》第 3 条第 1 款：公司是企业法人，有独立的法人财产，享有法人财产权……

[3]《个人独资企业法》第 2 条：本法所称个人独资企业，是指依照本法在中国境内设立，由一个自然人投资，财产为投资人个人所有，投资人以其个人财产对企业债务承担无限责任的经营实体。

[4]《合伙企业法》第 2 条：本法所称合伙企业，是指自然人、法人和其他组织依照本法在中国境内设立的普通合伙企业和有限合伙企业。普通合伙企业由普通合伙人组成，合伙人对合伙企业债务承担无限连带责任。本法对普通合伙人承担责任的形式有特别规定的，从其规定。有限合伙企业由普通合伙人和有限合伙人组成，普通合伙人对合伙企业债务承担无限连带责任，有限合伙人以其认缴的出资额为限对合伙企业债务承担责任。

[5]《中小企业促进法》第 2 条：本法所称中小企业，是指在中华人民共和国境内依法设立的、人员规模、经营规模相对较小的企业，包括中型企业、小型企业和微型企业。中型企业、小型企业和微型企业划分标准由国务院负责中小企业促进工作综合管理的部门会同国务院有关部门，根据企业从业人员、营业收入、资产总额等指标，结合行业特点制定，报国务院批准。

析与梳理。

1. 大陆法系的"企业"概念。

大陆法系商法理论以"企业"为其研究的核心概念，认为"企业"在学理上包括两个层面：一是主观、动态意义上的企业，即企业主的经营活动，主观意义上的企业，其主要功能是界定商主体的身份和资格，或辅助定义商行为的范围，最终确定商法的范围；二是客观、静态意义上的企业，表现为一组财产、一个组织体，它是独立于主体之外作为具体的物质性的存在。主观意义上的企业与客观意义上的企业是紧密相连、不可分割的：前者是指商主体的持续性活动，后者则是前者的物质基础。民商法对企业的规制，有时是特指某一意义上的企业，更多则指二者的结合。离开客观意义上的企业组织，主观意义上的企业活动自然无法进行；而唯有通过进行主观意义上的企业活动，单纯的财产才能成为客观意义上的企业组织。

但需要关注的是，在大陆法系商法理论看来，主观意义与客观意义上的企业都不能被视为主体，而只能成为客体。"作为主体的企业"或者"主体性企业"的观点，是将"企业"与源于传统"商人"概念的"企业主""经营者"概念的混同，唯"企业主""经营者"才是法律上的适格的主体。企业的客体性体现为，它必须为主体所拥有（客观意义上的企业）和经营（主观意义上的企业）。尽管有学者认为："法律应将企业本身视为一个统一的整体，一个拥有自决权、行为能力的整体，独立地参加法律事务，可以自己参与市场竞争并且独自承担由此带来的风险"[1]，但这一观点却无法获得主流观点的认同。

我国澳门地区的"商法典"通过践行上述主流观点，同时明确了"企业"的法律定义。其第2条规定："一、商业企业系指以持续经营及营利交易为生产目的而从事经济活动之生产要素之组织，尤其从事以下活动：a）生产产品或提供服务之产业活动；b）产品流通之中介活动；c）运送活动；d）银行及保险活动；e）上述活动之辅助活动；二、从事不能与活动主体分开之经济活动之生产要素之组织，不视为商业企业。"由此可见，该规定将"企业"定义为生产要素之组织，凸显了客观意义上的企业；同时，用主观意义上的企业来界定作为组织体的企业。与其他组织体相比，其特点为：企业主基于

---

[1] [德]托马斯·莱赛尔、吕迪格·法伊尔：《德国资合公司法》，高旭军等译，法律出版社2005年版，第29页。

对企业组织体的权利和经营从事生产性经济活动,生产的目的是通过交易获得营利,且其活动具有持续性。

2. 我国民商法关于"企业"的含义。

再观我国相关企业立法,不难发现,与"企业"一词存在着共性,即一般更多指向客观意义上的企业,强调其组织性。同时,企业的客体属性在《个人独资企业法》与《合伙企业法》中表达明确;但在《公司法》中"公司是企业法人"的表述,似乎赋予了企业主体人格身份。因此,在现实立法中有必要视其具体语境,对"企业"一词的含义作不同的界定。

不同于大陆法系民商法理论与立法实践,在我国,"企业"并未成为民商法的基本概念,作为一个词语虽然在立法中有表述,但对其具体含义则语焉不详;理论界的相关研究也较为稀少。在大量以"企业"为客体的纠纷中,由于缺乏关于"企业"这一特殊法律关系客体的研究与法律规则,纠纷解决的效果可能不尽如人意。因此,我国可以借鉴大陆法系的立法经验与理论成果,不拘泥于"企业"的概念表述,而是通过借鉴并确立行之有效的普遍"商事规则",以解决具体的争议与纠纷。

综合上述学理与立法分析,在我国法律语境下,对"企业"可以进行如下定义:它是企业主投资设立的,以营利为目的并持续进行生产经营活动的财产与人员的组织体。这一组织体基于企业主与企业之间的责任关系,又可以分为法人企业与非法人企业。前者是完全独立于企业主的法律权利主体,对外独立承担责任,企业主承担有限责任;后者虽然可以以自己的名义进行经营与诉讼活动,但企业主对企业债务承担连带责任。我国的企业类型主要包括公司、合伙企业、个人独资企业、股份合作制企业、农民专业合作社等[1]。

二、中小企业的产生与发展

中小企业被经济学家誉为"最活跃的经济细胞"。虽然世界经济呈现企业大型化、集团化的趋势,但无论是发达国家还是发展中国家,中小企业在数量上和对社会经济的贡献度上均占据绝对优势,通常其产值可能占一国 GDP

---

[1]《市场主体登记管理条例》第 2 条:本条例所称市场主体,是指在中华人民共和国境内以营利为目的从事经营活动的下列自然人、法人及非法人组织:(一)公司、非公司企业法人及其分支机构;(二)个人独资企业、合伙企业及其分支机构;(三)农民专业合作社(联合社)及其分支机构;(四)个体工商户;(五)外国公司分支机构;(六)法律、行政法规规定的其他市场主体。

总量的一半左右。它们不仅是与大企业抗衡形成竞争性市场结构不可或缺的基本力量，而且更具有扩大就业、繁荣市场、方便生活、扩大出口、增加财政收入与推动技术创新等不可取代的功用与价值。以我国为例，民营企业是政府税收和国家财力的最大贡献者。2023年，民营企业在全国税收收入中占比达56.1%，国有企业占比31.2%，外贸企业占比12.7%[1]。中小企业在世界各国经济发展过程中都以其灵活的机制、顽强的生命力等独特优势，发挥着大企业难以替代的功能，成为推动经济社会发展的重要力量。

与此同时，中小企业又囿于人才资源、资金筹措、市场准入、信息获取能力等先天与后天的不足，相对于大企业而言处于明显的劣势地位。故保障与促进中小企业的发展成为企业自身、国家与社会关注的重大命题[2]。

(一) 中小企业的发展历程

从世界范围考察，第一次产业革命产生的大机器工业，使得人们一度认为企业的大型化是经济发展的主流方向，当时流行"大就是效率""越大越好"的观念。随着经济社会条件的变化，专业化协作跨越了企业之间的界限。尤其在20世纪70年代中期以后，随着技术革命的飞速发展，许多商品逐步由少品种、大批量生产形态向多品种、小批量生产形态转变。这种"柔性"生产方式的出现以及"大企业病"的困扰，促使人们重新检视传统的"规模经济观念"，在世界范围内呈现出企业结构专业化、小型化和分散化趋势，由此中小企业得以蓬勃发展。进入20世纪80年代，世界各国特别是发达国家政府对中小企业的关注达到前所未有的高度。尤其是在20世纪90年代亚洲金融危机中，中小企业的出色表现充分显示出其抵御经济波动的能力及在国家经济中的基础性地位，中小企业进一步得到政府的重视与支持。

(二) 我国中小企业的产生与发展

我国中小企业在历史发展中主要包括三种类型：一是由原先社队企业发展而来的乡镇集体企业；二是在城市中发展起来的集体企业；三是在改革开放后发展起来的民营（私营）企业[3]。

乡镇企业本质上属于集体经济，源于改革开放前就已存在的社队企业，

---

[1] 国家税务总局《2023年税收收入分析》。

[2] 2001年APEC第8届中小企业部长会议和工商论坛的主要议题之一是呼吁各经济体采取行动，扶持中小企业的发展，以推动亚太地区的经济发展。

[3] 在我国，中小企业基本被视为民营企业的代名词，民营企业中，中小企业占绝大多数，大型企业则寥寥无几。

并于20世纪80年代迎来其黄金期，产值一度占农村总产值半壁江山，每年提供数百万个就业机会，拉动农民人均收入增长率超越城市。但乡镇企业所具有的农民身份、农村地域，以及履行支农义务的"三农性"特色与当时经济体制改革的深化以及市场经济体制逐步建立之间存在较大不适应性。20世纪90年代后期，在实施可持续发展战略的背景下，国务院出台治理污染、保护环境、关闭"五小"及"十五小"企业的若干政策规定，所涉及的企业主要是乡镇企业，由此开启了乡镇企业改制。乡镇企业逐步退出了历史舞台，成为一个历史名词。城市的街道办集体企业的命运也基本相似，通过现代企业改制而逐渐消亡。

新中国民营企业的发展以1978年改革开放为分界，可以分为两大历史时期、四个发展阶段：复苏与消亡阶段（1949-1977年）、再生与成长阶段（1978-1991年）、快速增长阶段（1992-2011年）和转型发展阶段（2012年至今）。民营企业发展的主要成就有：①总体规模快速增长，部分民营企业已成长为国内外具有影响力的大企业；②以实体经济为本，成为制造业领域的主力军；③民营企业成为就业主渠道，"稳就业"作用十分明显；④成为科技进步的重要驱动力量，在战略性新兴产业中作用更加突出；⑤社会贡献持续加大，有力促进国家发展战略和计划的实施；⑥民营企业发展推动经济体制改革，促进社会主义市场经济体制建立和完善。截至2020年，我国民营企业已经形成了"五六七八九"的典型特征，即它们贡献了50%以上的税收，60%以上的GDP，70%以上的技术创新，80%以上的城镇劳动就业，90%以上的企业数量。可见，我国的民营企业是国民经济和社会发展的生力军，是建设现代化经济体系、推动经济实现高质量发展的重要基础，是扩大就业、改善民生的重要支撑，是企业家精神的重要发源地。

但改革开放后我国民营企业的发展并非一帆风顺，其间存在一些突出问题与挑战，如企业转型升级困难、融资难融资贵、民营企业投资下滑、人才与人力资源匮乏、营商环境欠佳等。尤其在近几年经济下行背景下，上述问题被进一步放大，民营企业经营困难、裁员减薪等现象较为突出。国家出台的一系列优化营商环境、鼓励民营经济的政策也从侧面印证了当下民营企业发展的困境。

2021年发布的《"十四五"促进中小企业发展规划》进一步强调，中小企业的韧性是我国经济韧性的重要基础，是构建新发展格局的有力支撑，中小企业具有举足轻重、事关全局的重要作用。该文件明确"十四五"时期将努力构建中小企业"321"工作体系,即围绕"政策体系、服务体系、发展环境"三个领域,聚焦"缓解中小企业融资难、融资贵,加强中小企业合法权益保护"两个重点,紧盯"提升中小企业创新能力和专业化水平"一个目标。

三、中小企业的含义及其分型的意义

(一)中小企业的含义

界定中小企业的关键在于"中小"一词。不同国家或同一国家的不同经济发展阶段、不同行业的界定标准不尽相同。一个国家,往往会随着经济与企业规模的发展,对"中小企业"的认定标准进行动态调整。尽管如此,在学理上对中小企业仍然可以从质与量两个维度进行界定。所谓质的维度一般包括企业的形式、融资方式以及所处行业地位等要素;量的维度则主要包括雇员人数、实收资本、资产总值等因素。

我国《中小企业促进法》将中小企业界定为:在中华人民共和国境内依法设立的,人员规模、经营规模相对较小的企业,包括中型企业、小型企业和微型企业。可见,我国立法对中小企业主要从量化标准进行认定。目前,我国对中小企业的划分依据为《中小企业划型标准规定》[1]与《统计上大中小微型企业划分办法(2017)》等。这些规范性文件对主要行业(如工业、建筑业、批发和零售业、交通运输和邮政业、食宿和餐饮业等)的中小企业的标准作出了明确的规定,中小企业被划分为中型、小型、微型三种类型,具体标准根据企业从业人员、营业收入、资产总额等指标,结合行业特点制定。此外,从企业形态看,中小企业通常表现为个人独资企业、合伙企业、公司制企业等。

综上,我国的中小企业的概念可以界定为:在中华人民共和国境内依法设立的,人员规模、生产经营规模较小,市场份额较低,且不具有复杂的管理结构的企业。

(二)中小企业分型的意义

中小企业与大企业的划分已经成为国际上的普遍做法。因此,有必要对这一分类的划分理由进行探讨。概括而言,中小企业的分类意义如下:

一是有利于政府对企业进行分类管理、政策实施和宏观决策。不同行业依据细致、统一的标准,如从业人员、营业收入等指标,对企业进行分型,

---

[1] 该规定由工业和信息化部、国家统计局、国家发展和改革委员会、财政部于2011年6月18日印发,自发布之日起施行。

有利于建立中小企业分类统计制度和信息管理制度，真实反映中小企业经济运行状况，为政府针对中小企业的鼓励与扶持政策提供科学依据。

二是有利于精准识别并加大对小型、微型企业的扶持力度。相较于大型企业，中小企业的发展更需要国家政策的倾斜性保护与扶持。即便在中小企业内部，中小微三种规模的企业，其扶持政策也应当存在差异。小型和微型企业经济基础相对薄弱、科研能力总体偏低，其在企业中占比最大，是真正意义上的"弱势群体"。对企业的规模分类，有利于政府明确重点，出台更有针对性的优惠政策，以增强政策的针对性和时效性。

三是有利于协调好企业提高劳动生产率和解决就业的功能。大型和中型企业能够提供较高的劳动生产率，小型和微型企业是解决劳动力就业的主力军。合理的企业分型结构有利于在兼顾劳动生产率的同时，解决当下严峻的就业问题。

四是便于与国际接轨。我国依据规模对企业的分型政策与国际上的发达国家如美国、日本和欧盟各国等的做法较为接近。以2011年新增的"微型企业"类型为例，这一分类就是追随国际上的代表性分类标准，实现了我国企业分型国际化发展。

学习单元二　认识中小企业法务

如前所述，企业的大中小微型分类，其作用主要体现在政府对作为弱势群体的中小微企业的鼓励扶持与放松监管方面，例如依据《反垄断法》的规定，中小企业为提高经营效率、增强竞争力的垄断协议可以不被认定为违法的垄断行为。就企业法务的核心工作内容（如企业法务工作原则、工作方法、主要工作内容与工作任务等）而言，大型企业与中小企业之间并无实质性的差异，而是存在着诸多一致性。因此，本教材中的"中小企业法务"这一名词在多数情形下更具有象征性意义，如无特别强调，中小企业法务与企业法务并无区别。

一、企业法务的概念

随着我国经济高速发展，我国企业对于以降低法律风险为要旨的法务管理的重视程度越来越高。近年来，我国企业"走出去"的步伐加快，跨国投资、资源整合、品牌并购等活动日渐频繁。面对全新的内外部环境，法务工作逐渐被企业重视，被看作是保证企业战略顺利实施的基石。

企业法务实践先于理论产生，学界与实务界对企业法务的概念亦有不同解读。概括而言有狭义与广义之分，以及人员视角与事务视角之别。

(一) 狭义的企业法务概念

我国学界一般认为企业法务就是企业法务管理，具体是指企业内部法律职业群体对企业法律相关事务进行处理的活动。此即为狭义上的企业法务概念。它将企业法务工作者这一主体限于企业内部专职从事法律工作的员工。这一概念同时包含了工作岗位与工作任务两个要素。

关于狭义的企业法务较为官方和正式的称谓为：公司律师、企业法律顾问与企业总法律顾问等[1]。但在日常则普遍流行"法务"称谓。我国官方对企业法务虽无直接定义，但对法务部门进行了界定：企业的内设机构或职能部门，其职责主要为管理内部法律事务，审查经营行为的合法合规，处理非诉与诉讼事务，为企业防范法律风险。由此可以推导出企业法务的基本涵义。

(二) 广义的企业法务概念

有学者从事务的角度界定企业法务，认为企业法务是指企业在经营过程中，涉及的法律事务管理及相关法律服务。它涵盖了企业从设立到运营、直至解散的全过程，确保企业在法律框架内合法合规运作，维护企业的合法权益。简而言之，企业法务就是企业的法律事务管理。它涉及企业日常运营中的各类法律问题，包括但不限于合同管理、知识产权保护、劳动法律事务、诉讼与仲裁管理、企业法律风险防范等。

有学者从人员的角度界定企业法务，认为企业法务是企业运营管理的法律专业顾问、企业大政方针的制定参与者与审核者、公司规章制度的守护者、外部法律规范信息的传递者、处理法律纠纷的专门从业人员。

无论从人的视角看还是从事的视角看，上述定义可以归属于广义上的企业法务定义。企业法律事务管理与法律服务的主体并不限于企业内部法务人员，在实践中绝大多数中小企业的这些工作更多会通过聘请常年法律顾问或者签订专项法律服务合同来完成，即企业法务工作的主体除了企业内部设置

---

[1] 1986年，国务院颁布的《全民所有制工业企业厂长工作条例》第16条第2款、第3款规定："厂长可以设置专职的或聘请兼职的法律顾问。副厂长、总工程师、总经济师、总会计师和法律顾问，在厂长的领导下进行工作，并对厂长负责。"这标志着企业法律顾问制度正式在我国法律体制中得到确立。其他相关文件可参见《企业法律顾问管理办法》、《司法部关于开展公司律师试点工作的意见》（已失效）。

的法务工作人员之外，还包括提供企业法律服务的外部律师、基层法律工作者等。

综上所述，对企业法务概念的界定主要从企业法律事务与专业人员两个方面予以把握。本教材采用广义概念，并侧重于从企业法律事务管理与法律服务的角度阐述整体的教学内容，以便最大限度地服务于企业与法律实务界的现实需求。

二、狭义企业法务的产生与发展

19世纪末，现代企业管理制度首先在欧美等国家与地区建立，企业内部法务管理模式逐渐确立。

（一）国外内设企业法务的产生与发展

由于第二次工业革命的深入，人类经济活动规模出现了前所未有的扩张，地域限制被不断打破，跨国企业蓬勃发展。企业内部出于交易安全考虑，对于内部法务人员的需求不断加强。1882年，美国美孚石油公司在全球首先成立了公司法律部，拉开了企业法务管理崭新的一页。

二战以后，伴随联合国建立，国际市场扩大，市场交易风险增多，欧美等国家的企业纷纷设立法务部门，法务工作在企业内部得到了前所未有的重视。目前，在全球性跨国公司中，内设法务机构职责已经十分明确，法务人员岗位专业分工合作严密细致，法律事务管理日趋科学，法务管理在企业管理和运行中扮演着越来越重要的角色。

（二）我国内设企业法务的产生与发展

我国自改革开放以来，经济飞速发展，企业活力逐步加强，特别是加入WTO以后，企业管理模式发生了重大改革，企业法务制度得到了有效的规范与完善，特别是国有企业法务管理进步十分突出。

2002年，七部委联合发布《关于在国家重点企业开展企业总法律顾问制度试点工作的指导意见》，规定在国有重点企业中试行设立总法律顾问，阐述了总法律顾问的主要职责，拉开了全面加强国有企业法务管理的序幕。2004年，国务院国资委发布《关于在国有重点企业加快推进企业总法律顾问制度建设的通知》，在国资委直接监管的中央企业中全面推行总法律顾问制度，强调以总法律顾问为主导的法律风险防范机制建设，并连续九年制定、落实了中央企业法制工作的三个"三年目标"。

2015年，中央企业又开始实施法治工作新的五年规划目标。与此同时，许多大中型民营企业也逐渐意识到依法治企的重要性，通过内设独立法务部门或与其他职能部门合署办公的方式，聘请专业法律顾问，参与公司投融资等重大经营决策。我国的企业法务制度建设取得了如下成就：

首先，企业法律风险防范机制和总法律顾问制度的建立已经从53家中央大型企业推广至全部的中央企业，并且向中央重要企业的子企业中持续延伸。

其次，在2004年左右，中央企业及其子企业大约只有7000名企业法律顾问，经过十年时间，其法律顾问的人数已上升到了16 800余人，迅速壮大了企业内部法律顾问的队伍。

再次，中央企业及其子企业基本上完成了工作机制上的转变，实现了从以事后补救为主转变成以事前防范、事中控制为主，再到进一步强调与企业经营管理深度融合的三步跨越。除此之外，根据此前《关于落实中央企业法制工作三年目标有关事项的通知》的要求，企业法律顾问实现了业务上的转变，从传统的诉讼、合同审查、法律咨询转变为规章制度的修订、企业重大决策的参与、改制上市、并购重组等新型业务，甚至摆脱"成本部门"的地位，进入了企业的价值创造的队伍。

最后，除了中央企业的法务建设之外，民营企业、外资企业、合资企业为了降低法律风险成本，提高市场竞争力，也在不断扩大自身的法律顾问队伍。部分民营企业在应对各类法律风险的过程中，开始摸索公司企业法律事务部门的定位与工作流程，为本企业在市场竞争中争夺优势；外资企业为了更好地了解中国的法治环境，顺利开展业务，一般都会建立法律事务部门或者聘请专职的法律顾问，其中大量来自欧美发达国家的企业，继续传承其本国的法律风险控制传统，为我国企业法律顾问制度的建设贡献了很大的力量；在中国境内经营的跨国公司基本上都已建立起完善的企业法律风险防控机制，并且不断地调整法律事务实践工作。

总体上来说，企业内部法务在国有企业和外资企业中逐渐发展与完善，而民营中小企业在这方面的发展则相对滞后。

三、企业法务的特征

关于企业法务的特征，应当从人与事两个角度进行分析，在概括一般特征的同时，还可以通过对不同主体的比较进行细化区分研究。

(一) 企业法务的一般特征

1. 企业法务具有显著的法律专业属性。

随着市场经济的发展和法治环境的进一步完善，企业法务在企业决策与经营中的重要性愈加突出，企业对法务的专业素养、实务能力有很高的要求，尤其要求其具有较高的特定行业或领域的法律专业能力。企业法务工作者的法律专业能力是其核心竞争力。虽然国家对企业内部法务人员并无专业资格任职条件的强制要求，但实际上企业在招聘时一般会设定取得法律职业资格证书、律师执业证，甚至具有执业经验等入职条件。可见，企业法务具有较高的法律专业准入条件，具有极强的法律专业属性。

2. 企业法务具有职业身份与组织管理的双重性特征。

企业法务工作主体既包括企业内部工作人员，还包括律师等职业群体。因此，企业法务人员一方面要受到企业规章制度的约束，其工作要按照企业制定的程序和方法进行，组织纪律性强；另一方面，律师还要接受司法行政管理部门与律师协会的管理与监督。

3. 企业法务具有管理性特征。

企业法务工作并非简单的处理企业的零星法律事务，其工作重心是通过系统化、制度化和规范化的事前事中管理，防范法律风险。事后处理企业法律纠纷并非企业法务的主要工作目标与任务。因此，企业法务除了需要精通法律专业之外，还必须具备企业管理的相关知识和技能，通过管理制度、程序与流程，规范企业决策与日常经营行为，预防或者最大限度地减少法律风险，降低企业的法律风险成本，从而为企业创造高质量的经济效益。法学侧重对案件的分析处理，管理学则侧重于建立防范机制。作为企业法务，需要融通法学和管理学，强化管理意识与能力，将企业法律风险管理视为工作目标。

（二）公司律师、外部律师、企业法律顾问的特征

1. 公司律师与外部律师的比较。

公司律师与社会执业律师同属于律师群体，因此人们往往会误以为企业聘请为常年法律顾问的社会执业律师就是公司律师。实际上公司律师属于企业内部员工，他们与社会执业律师的差别大体上可以从以下几个方面进行区分：

（1）身份的双重性。社会执业律师的身份是单一的，即向社会提供法律服务的自由职业者，其充其量只不过是某一律师事务所的专职律师而已，而公司律师除去律师身份以外，其还是企业的正式员工，与企业之间存在着劳动关系，其必须接受所在企业的管理。

（2）单一的服务对象。公司律师由于是企业的正式员工，因而其只能为自己所供职的企业提供法律服务，司法部颁布的《关于开展公司律师试点工

作的意见》（已失效）曾明确禁止公司律师对外提供有偿法律服务。而社会执业律师所服务的对象则是不确定的，其与所服务的对象之间仅仅存在劳务合同关系。

（3）获取劳动报酬的形式。社会执业律师获取劳动报酬的形式是通过与服务对象签订代理合同，双方以合同的形式约定律师费。通常而言，社会执业律师都是一案一收费。而公司律师的收费模式可以看成是"打包"收费，其劳动报酬的表现形式主要为工资薪酬和奖金福利，而对其所提供的法律服务就不允许再另行收取律师费。

2. 企业法律顾问与公司律师的比较。

企业法律顾问与公司律师都属于狭义上的企业法务。我国企业法律顾问制度的产生早于公司律师制度。虽然他们都属于企业法务的范畴，均具有企业或者公司内部员工的身份，但二者仍存在差异。

首先，从法律依据来看，中央多部委联合颁布的《企业法律顾问执业资格制度暂行规定》、《关于在国家重点企业开展企业总法律顾问制度试点工作的指导意见》以及《国有企业法律顾问管理办法》是企业法律顾问上岗，开展工作并对其进行管理的法律依据。而司法部所颁布的《关于开展公司律师试点工作的意见》是目前实施公司律师制度的法律依据。由于两种制度所依据的法律有着巨大的不同，也导致两者在诸多方面的不同。

其次，从适用的对象来看，依据《国有企业法律顾问管理办法》，企业法律顾问制度适用于国有及国有控股企业的法律顾问管理工作，该管理办法所称的出资企业，是指国务院，省、自治区、直辖市人民政府，设区的市、自治州人民政府授权国有资产监督管理机构依法履行出资人职责的企业。而《关于开展公司律师试点工作的意见》是将提高我国企业与法律实务界面对入世的新形势与新问题的适应性，增强企业与法律工作者的竞争力作为公司律师试点工作的目的，对所涉及的企业并未进行限制，公司律师并不限于国有企业，外资企业与民营企业完全可以根据实际情况来决定是否聘用公司律师。

再次，从工作职责来看，作为专门负责企业中法律事务的企业法律顾问，依据《国有企业法律顾问管理办法》，企业法律顾问负责处理企业经营、管理和决策中的法律事务；对损害企业合法权益、损害出资人合法权益和违反法律法规的行为，提出意见和建议；根据工作需要查阅企业有关文件、资料，询问企业有关人员；等等。而《关于开展公司律师试点工作的意见》规定，公司律师在执业活动中享有依法调查取证、查阅案件材料等执业权利；加入律师协会，享有会员权利；可以参加律师职称评定；可以直接转换为社会律师，按换发证件程序进行，担任公司律师的年限计入执业年限。相比较而言，企业法律顾问的执业权利较为有限，缺少调查取证这一重要的权利，因此企业法律顾问在法务活动中会受到一定的限制。

最后，从管理机制来看，企业法律顾问和公司律师作为企业内部人员，除了需要接受企业的内部管理之外，企业法律顾问还需要接受企业所在地的国资委及人事行政部门的管理。而公司律师的管理则一般采用"三结合"的模式，即除公司管理之外，公司律师还要同时接受所在地司法行政部门的资质管理和业务指导，并应加入当地律师协会，接受律协的监督管理。

经典案例分析

改革开放之初，一些民营企业家为了寻求发展，采取挂靠国有企事业单位等方式进行经营，形成俗称的"红帽子企业"。该类企业投资主体多样，产权界定复杂，发生纠纷后有时被错误认定为公有性质，私营企业及其业主的合法权益遭受严重侵害。本案崔某某曾在挂靠经营过程中被错误追究刑事责任，再审改判无罪后提起民事诉讼。再审民事判决准确认定了企业的民营性质，依法支持崔某某返还财产的诉讼请求。该案几经周折，法院最终对非公经济产权给予了准确界定，依法保护民营企业家的合法权益，增强企业家投资创业的安全感，净化了营商环境。

同时，该案前后出现的一系列问题充分说明了企业法务管理的重要性。试想，如果在企业设立之初，就有关于企业设立法律风险的考量，日后企业可能规避上述产权纠纷，从而获得更为长久的发展。由此可见，企业法务工作应当嵌入企业的整体运营与管理当中，成为企业管理不可或缺的基础性环节。正如本案中私营企业主崔某某，当企业设立时的产权不清这一法律风险转化为刑事定罪时，则意味着灭顶之灾，更何谈企业的发展。尤为重要的是，企业家与企业管理层必须树立企业法律风险防范意识，否则即便有相关管理制度也可能会形同虚设。

学习模块二　我国中小企业法务工作的现状与展望

经典案例

A公司诉某市自然资源局土地行政处罚案[1]

基本案情：2003年4月，梅州市发展计划局批复同意A公司在涉案地块开展建设，某市国土局也作出同意用地的预审意见，该市招商引资办还发函明确土地补偿费按A公司与镇政府协商的价格解决并要求尽快完成项目建设。2003年9月，镇国土所出具"兹有五里香度假村全部土地已经我所协助征用，其土地使用证正在办理中，请有关部门给予办理报建手续"证明。2004年2月，A公司取得建设用地规划许可证、建设工程规划许可证、施工许可证等系列手续；某市政府也作出批复，减免报建规费，兑现招商政策。其间，A公司通过向村民、村民小组租赁或购买的方式使用涉案土地并于年底建成五里香茶艺馆。2004年10月，原广东省国土资源厅复函同意涉案项目完善用地手续，但某市有关部门一直未按要求申报完善手续。2014年，某自然资源局经立案调查后认定，A公司未取得建设用地批准手续即进行建设，属非法占用土地，决定没收建筑物和其他设施。

裁判结果：A公司不服，起诉请求撤销处罚决定，一、二审法院均驳回A公司的诉讼请求。A公司申请再审被驳回后，向最高人民法院提出申诉。最

---

[1] 最高人民法院（2021）最高法行再249号行政判决书。

高人民法院决定对本案再审并提审。

最高人民法院再审认为，A公司未依法取得并完善用地审批手续，应当承担相应的法律责任。但某市政府及相关部门明知A公司用地手续不全，仍然以招商引资名义作出一系列行政许可并支持先行建设，也应承担相应的法律责任。特别是因涉案项目符合土地利用总体规划，原广东省国土资源厅已经同意完善用地手续的情况下，某市相关部门长期未推动完善用地手续，系违法用地状态长期持续的重要原因。此外，某市政府部门及项目所在村组还收取了A公司支付的部分土地补偿等费用。A公司对上述政府行为已形成足够信赖，因而形成的信赖利益应予保护。某自然资源局在十年后将非法占地责任全归责于A公司，迳行将五里香茶艺馆没收，显失公正，也侵害了其信赖利益。2023年4月19日，最高人民法院作出再审判决：撤销一、二审判决，确认被诉处罚决定违法。判决书同时载明，鉴于A公司在原审期间未提出赔偿请求，某市自然资源局应主动协商采取具体补救措施或者赔偿方案；协商不成的，应及时作出赔偿决定。对赔偿决定不服的，可另行诉讼。

学习单元一　我国中小企业法务工作的现状与问题

一、我国中小企业法务工作的现状

近年来，我国中小企业法务工作与法治化发展取得了一定成效。全国工商联发布的《法治民企报告（2022-2023）》[1]显示，我国在企业法务管理等方面取得了显著进步。企业产权保护意识日益增强，有95.51%的企业通过和解、调解、仲裁或诉讼等途径解决产权纠纷。企业法务管理水平得到有效提升，有81.26%的企业每年开展法治宣传，有87.62%的企业能及时有效地处理投诉，有91.91%的企业拥有基本完善的合同管理制度，有96.45%的企业能够执行国家劳动工时和休息休假制度。企业合规管理建设初见成效，超八成的企业已建立合规管理体系，相关合规部门或合规岗位能够参与企业发展和运营决策。

---

[1]《法治民营企业报告（2022-2023）》，载https://baike.baidu.com/item/%E6%B3%95%E6%B2%BB%E6%B0%91%E4%BC%81%E6%8A%A5%E5%91%8A%282022-202329/63264193，最后访问日期：2025年2月26日。

在我国，中小企业的数量占比高达90%以上，如前所述，其内部法务建设几乎是空白，中小企业内部实际上没有设置专门的法务岗位。此外，中小企业的法律风险、法律纠纷的类型纷繁复杂、问题较为突出。相较大企业，中小企业的法律问题更多、分布面更广。由于中小企业在内部管理、制度建设上较为落后与粗放，其资金财力、防范风险的能力较薄弱，应对与抵御法律风险的力量偏弱。一旦法律隐患演变为现实损害，中小企业可能难以为继，其竞争力将严重受损，其生存与发展将受阻。中小企业法务的现状可以概括为如下几点：

(一) 法律风险处于高发态势，涉诉范围广、败诉率高

我国中小企业法律风险处于高发状态，现状堪忧。以诉讼案件为例，中小企业发案率高，执行率低，法律纠纷普遍存在。中小企业中，大约八至九成企业发生过法律纠纷；大约七至八成企业存在债务拖欠问题，而且债务全额清偿率较低，仅达20%左右，债务部分清偿率也仅为三成左右。[1]

据统计，青岛市某区人民法院审理的2019年涉诉民营企业案件已经分布到民商事案件各个领域，其中100件典型案件的案由分布如下：买卖合同纠纷30件、建设工程合同纠纷15件、承揽合同纠纷12件、金融借款合同纠纷12件、劳动争议纠纷11件、涉公司纠纷案件10件、房屋买卖合同纠纷10件。

在上述100件案件中，民营企业败诉案件46件，败诉比例高达46%。民营企业败诉的主要原因为：证据意识欠缺、无有效风险防控机制、规章制度不完善、违约、专业法律人才欠缺、企业财务账目混乱。[2]

(二) 企业法务管理缺位

中小企业极少内设法务机构和岗位，企业决策中法务或者外部律师缺位。通常只有在企业发生纠纷或应收账款拖欠时才想起找律师"救火"，属于典型的"亡羊补牢，为时已晚"。在许多重大决策中，如投资和担保事项大多有大问题时仍由董事长、总经理或厂长一人拍板。

(三) 企业法律风险管理制度不健全

绝大多数中小企业，甚至一些大型民营企业，企业内部管理制度（如企

---

[1] 殷哲浩：《我国中小企业法律风险实证探究》，载《企业科技与发展》2019年第10期。
[2]《关于百起民营企业涉诉案件的分析建议》，载http://ytzy.sdcourt.gov.cn/qdcyqfy/406814/406747/6402084/index.html，最后访问日期：2025年2月25日。

业合同管理制度、合同管理机构、合同台账和档案制度等；证据和备案制度；关于商标、专利、商业秘密等工业产权的管理制度等）的建设十分粗陋。与大企业相比存在极大差距，其中在知识产权管理方面的制度差距尤为突出。中小企业的制度缺失为企业今后产生法律纠纷埋下了隐患。

（四）中小企业决策中的合法合规意识淡漠

企业在项目运作中缺乏规范的法律工作流程，如忽视兼并重组中对目标公司进行潜在债务的识别审查和剥离，以及企业对外担保或接受别人担保的法律风险评估；省略对外融资违法性评估和审查；开发新技术、新产品或从国外引进技术未进行专利检索；与外商合作时对外商商标未予合法性审查；以土地投资、入股、转让、抵押时未严格审查集体土地的合法性；等等。诸如此类的问题比比皆是。由此酿成纠纷、损害企业的经济利益与发展前景的案例不胜枚举。

事实上企业在投资、交易、担保与商业合作决策中，均涉及项目合同的合法性、合规性与有效性审查等法律事务，甚至关乎到整个项目的成败。因此，中小企业主与管理者必须将企业法律风险管理视为企业管理不可或缺的组成部分。

二、我国中小企业法务工作存在的问题

如前所述，以中央企业为代表的大型企业率先在我国确立了内外兼具的法务管理机制，设定法务岗位，其法务管理水平较高，法务管理制度较规范[1]。然而中小企业的法务管理严重缺失，不仅在于制度机制不健全，而且绝大部分企业在内部不设置专职，聘请外部律师为常年法律顾问的企业也属于凤毛麟角，多数情况下只有企业面临诉讼纠纷才可能考虑聘请律师打官司，几乎没有事前与事中的企业法律事务管理。这一现象在全国范围内较为普遍。虽然一些大型民营企业在激烈的市场竞争中建立了法务管理制度，设立了法务部，赋予法务人员更高的职位和决策权重，但是绝大多数中小企业的领导层和管理者法律意识和风险意识较低，受制于成本制约，缺少长远持久的战略眼光，企业法务资源配置存在空白或者严重不足，重大决策多着眼于经济

---

[1] 截至2014年，中央企业全系统共有2千多家企业设置了总法律顾问岗位，全系统法律顾问队伍超过2万人，法务管理走向了规范、有序的良性循环。《黄淑和在中央企业法制工作会议上的讲话》，载http：//www.sasac.gov.cn/n2588020/n2588072/n2590860/n2590862/c3717592/content.html，最后访问日期：2025年2月26日。

利益，忽略法律风险的考量，阻抗法律风险的能力极弱。目前，我国中小企业法务工作存在的问题可以概括为以下几方面：

（一）中小企业法律风险管理意识缺失

企业，尤其是企业领导层的法律风险意识在我国普遍不高。即便是大型国有企业，也存在法律风险防范意识不强的问题。中航油事件[1]、中兴事件[2]等在一定程度上折射出我国企业以及领导层法律风险意识的模糊不清。对于中小企业而言，情形则更为严峻。它们大多面临如何在市场竞争中不被淘汰出局的生存挑战，经济利益成为其优选和核心目标。大多数中小企业的管理层缺乏对企业法律风险防范的认知与概念，还停留在事后法律纠纷处理的传统观念中。因此，他们在主观上缺乏推动企业法律管理工作的内在驱动力。

（二）中小企业法律事务管理预算严重不足

即便部分中小企业有企业法律风险防范管理的意识，但受困于企业预算的不足也只能被迫放弃。因为风险防控需要支出成本，但风险转化为现实损害仅是一种可能性，如果投入了防控成本但风险并未发生，看起来成本与收益似是不成正比。因此，中小企业一般会忽略法律风险问题，不会或者极少在企业法务管理方面投入成本。待法律风险转化成实际纠纷后，再考虑进行事后救济。支出与收益的比较成为决定企业是否开展法律事务管理工作的重要因素。即便部分已经成为上市公司的民营企业，虽然其法律事务体量庞大、

---

[1] 2004年12月1日，中国航油（新加坡）股份有限公司（以下简称中航油）通过新交所发布公告：公司正在寻求法院保护，以免受债权人起诉。此前公司出现了5.5亿美元（约合45亿人民币）的衍生工具交易亏损。业界称之为中国版的"巴林银行悲剧"。中航油最大的风险是"人治"，公司总裁陈某某独断专行，企业构建的风险管理体系被束之高阁。《〈中国新闻周刊〉：中航油——"红顶"油商的陨落》，载 https://www.chinanews.com.cn/news/2004/2004-12-13/26/516 152.shtml，最后访问日期：2025年2月26日。

[2] 中兴事件被称为中国企业合规管理的里程碑事件。2018年4月16日，美国商务部工业与安全局（BIS）以中兴通讯对涉及历史出口管制违规行为的某些员工未及时扣减奖金和发出惩戒信，并在2016年11月30日和2017年7月20日提交给美国政府的两份函件中对此做了虚假陈述为由，做出了激活对中兴通讯和中兴通讯公司拒绝令的决定。次日，中兴通讯AH股双双停牌。同年5月，中兴通讯公告称，受拒绝令影响，其主要经营活动已无法进行。同年7月12日，美国商务部表示，美国已经与中国中兴公司签署协议，取消近三个月来禁止美国供应商与中兴进行商业往来的禁令，中兴公司将能够恢复运营，禁令将在中兴向美国支付4亿元保证金之后解除。《2018年美国制裁中兴事件》，载 https://baike.baidu.com/item/2018%E5%B9%B4%E7%BE%8E%E5%9B%BD%E5%88%B6%E8%A3%81%E4%B8%AD%E5%85%B4%E4%BA%8B%E4%BB%B6/22497216，最后访问日期：2025年2月26日。

内容繁杂，但内部专职法务人员也仅配备1~2人。民营企业法务工作受制于成本控制的无奈可见一斑。

目前我国大多数中小企业在法律事务方面的开支占比不及销售收入的千分之一。企业法律事务开支主要包括预防法律风险、做项目论证所需的法律开支，对比企业法律事务开支一般占销售收入1%的国际惯例，其差距达10倍之巨。

（三）中小企业内设法务岗位与法务决策话语权双重缺失

其一，中小企业内部法务岗位的缺失。在我国，绝大多数中小企业尚未设立明确的内部法务岗位，更何谈企业法务管理工作的开展。只有在发生重大疑难的法律纠纷时，企业才会考虑寻求律师的帮助，律师只能扮演"救火队员"的角色。其二，企业内部法务缺少决策话语权。即便少数民营企业设置了法务岗位，但法务却很难进入企业的核心层，在企业的重大经营事项中只有提供法律服务的职责，缺少决策话语权。当法律风险与企业经济利益发生冲突时，法务的意见往往成为摆设、被轻易否决。

（四）国家法律政策支持不足

我国从法律层面制定了一些推动企业法务制度建设的法律法规或者政策文件，例如1997年颁布施行的《企业法律顾问执业资格制度暂行规定》与《企业法律顾问管理办法》，确立了我国法律顾问（狭义企业法务）这一独立的法律职业体系。2002年，国务院多部委联合印发了《关于在国家重点企业开展企业总法律顾问制度试点工作的指导意见》，并在27家中央重点企业推行了总法律顾问制度试点工作。2002年颁布的《关于开展公司律师试点工作的意见》等文件，一些大型的国有企业成为公司律师制度首批试点单位。

上述规章从政策层面确立了我国企业法律顾问与公司律师的双轨制企业法务基本模式。暂且不论双轨制所产生的制度冲突，仅从上述规章的出发点就不难发现，其所关注的重点在国有企业，而并未将中小企业占绝对比重的民营企业纳入制度与政策的关注范围。我国中小企业法务管理制度的建立缺乏政府的政策支持与财政扶持。

三、我国中小企业法务工作问题的成因分析

概括而言，掣肘我国中小企业法务工作的主要原因不外乎企业的内部原因与外部原因。

（一）内部原因

内部原因又分为主观原因与客观原因。主观原因是指中小企业的企业主

与管理者法律意识不强，具体表现如下：

1. 忽视规则导向作用，契约精神与规则意识欠缺。部分民营企业特别是中小企业不重视制度建设、法律人才引进，导致规则意识欠缺，企业往往不重视公章管理使用等规章制度的建设和对员工的制度化管理，容易造成经营风险。

2. 缺乏企业法律风险管理的理念与风险防控预警体系。部分企业缺乏完善的数据体系，难以对合同履行中可能存在的风险进行预警评估，存在法律风险管理漏洞。因缺乏相应的预警评估机制，对于行为风险没有合理的认知，加大了企业的运营法律风险。

客观原因是指中小企业的资金与规模限制了企业法务支出的预算，在生存与对法律风险的未雨绸缪之间，自然会选择前者。

因此，首要的应当培育企业法治文化，将法治文化融入企业家与企业经营管理层的日常工作中，在潜移默化中逐渐构建企业的法务管理制度、提升管理水平；增强法律意识，坚持规则导向；健全规章制度，规范经营管理；规范缔约程序，依法依规履约；科学决策，优化企业治理结构。

同时，有序建设企业的内外部法务人才队伍。可以先从外部律师的个案委托着手，逐渐过渡到聘请律师担任常年法律顾问，在企业规模与实力允许的情况下在企业内部设立法务岗位。

(二) 外部原因

外部原因主要是指企业的外部法律、政策环境与落地实施效果。我国制定了专门的《中小企业促进法》等一系列法律法规，支持中小企业的发展。在中央层面重大党政文件中更是再三地强调民营企业的保障与发展。但这些法律法规的实施成效却一言难尽。

事实上，中小企业或者说民营企业在我国的发展始终存在着"国退民进"与"民进国退"的拉锯战，甚至在社会上还存在"民营经济退出历史舞台"的错误言论。"国企优于民企"的思想根源成为阻碍中小民营企业健康发展的重要因素。

我国《中小企业促进法》第七章服务措施中的第43条[1]、第44条[2]、

---

[1]《中小企业促进法》第43条：国家建立健全社会化的中小企业公共服务体系，为中小企业提供服务。

[2]《中小企业促进法》第44条：县级以上地方各级人民政府应当根据实际需要建立和完善中小企业公共服务机构，为中小企业提供公益性服务。

第45条[1]等条款明确了政府为中小企业提供公共法律服务的职责,但并未规定违反职责的具体法律责任,使得法律的落地效果大打折扣。

学习单元二　我国中小企业法务工作的发展趋势

一、企业法务工作的模式

从目前我国企业法务工作的实践来看,我国企业法律事务实施的组织模式主要有三种类型。

(一) 外部律师聘任模式

所谓外部律师聘任模式,是指企业与律师事务所签订聘任合同,聘请律师为企业提供法律服务。这个类型又可以细分为两个子类型:

1. 传统模式,即临时外部聘任模式,是指企业既不在内部设立法律事务机构,也不与外部律师事务所建立固定的外聘法律顾问合作关系。仅在企业发生法律纠纷需要解决时,才向外部律师寻求法律服务。

2. 固定外部聘任模式,即企业内部不设立法务职能部门,通过与外部律师事务所签订常年法律顾问服务合同,将企业的法律事务外包给律师事务所处理。

外部律师聘任模式的优点在于外聘社会律师在处理相关法律事务时抗企业管理层干扰的能力更强,便于其独立从事职业、提出专业的法律意见与措施;但缺点在于其滞后性与事后性,缺乏整体性和系统性的法务管理规划与运行体系的保障,对抗与控制企业法律风险的功能较弱。

(二) 内置模式

内置模式即在企业内部设立法务部门,招聘具有企业法律顾问执业资格证书或者律师证的专业法律人员,以企业员工身份专门从事企业法务工作。

这一模式的优点在于内设法务管理人员的工作效果与其自身绩效直接挂钩,很容易与企业目标达成一致;且他们更熟悉企业的商业模式与交易特点,更易于实现企业法务工作的系统化、规范化运行,更利于企业抵御日益增多

---

[1] 《中小企业促进法》第45条:县级以上人民政府负责中小企业促进工作综合管理的部门应当建立跨部门的政策信息互联网发布平台,及时汇集涉及中小企业的法律法规、创业、创新、金融、市场、权益保护等各类政府服务信息,为中小企业提供便捷无偿服务。

的法律风险。但其缺点在于法务人员在某些领域的法律事务处理的效能可能不及外部律师,以及存在人力成本的支出。

(三) 内外结合模式

内外结合模式是指企业将所有的法律事务进行类别化分工管理,企业内设的法务部门负责日常性的法律事务,诉讼、并购等重大复杂的法律事务则交由外部律师负责。

这一模式实现了外部与内部两种模式之间的优势互补。但同样也存在劣势,即在成本支出上明显会高于前两种模式。

二、中小企业法务工作模式的选择

随着市场全球化与政府对某些领域市场监管的强化,企业面临的法律风险越来越多,法律风险的破坏性也越来越大,但出于成本控制的考量,企业在选择法务服务的模式时应当有的放矢,中小企业尤为如此。实际上,大型企业与中小企业的选择策略会存在区别。

(一) 大型企业的选择偏好

大型企业,在我国主要为中央直属企业与国有企业,它们一般拥有充足的法律风险防范的预算,加之国家对国企风险考核的压力,企业为了充分控制法律风险,会偏好于采取内外部结合的模式。

(二) 中小企业的选择

对于中小企业而言,选择的决定因素在于企业预算的节约,绝大多数会倾向于外部律师聘任模式中的传统型,即平时处于"裸奔"状态,出现重大法律问题再求助于外部律师。

有极少部分企业在控制法律风险管理成本的前提下,会采取外部律师聘任模式中的外包型,将企业的高风险法律事务,如合同事务和诉讼事务交由外部律师事务所处理。这种模式显然是一种兼顾成本与法律风险防控双重需求的理性选择。

此外,也有个别中小企业基于特殊情况(如创新板上市等)会采取内置模式,在内部设立法务机构与人员,由企业内部法务全权处理法律事务,只有在发生了法律风险后,才会根据需要聘请社会律师予以解决。这种模式既能够对法律风险进行较好的控制,又能避免不必要的开支,控制成本,对于发展较好的中小企业来说是一个不错的选择。

(三) 政府扶持中小企业获得高质量的法律服务

由于中小企业资金短缺、预算有限,企业法务工作模式的选择空间较为有限，多数中小企业存在法务需求与供给之间的较大矛盾。此时，政府应当成为中小企业这一弱势群体的守护者和有力扶持者。

各级政府通过购买法律服务，以及建设互联网平台提供免费的公共法律服务，来实现对中小企业的切实保护与支撑，帮助心有余而力不足的中小企业抵御法律风险的侵害，助力中小企业的健康持续发展。

三、企业法务工作的发展

我国企业法务管理实践虽然起步较晚，还存在许多问题，但面对复杂的全球运营环境、日益严苛的国外政策管制和以美国为代表的长臂管辖，融入国际化经营的中国企业的法务管理日益重要，法务作用越来越大，对其素质要求越来越高，其地位日益提升。

（一）将企业法务工作置于国家法治建设的高度

企业法务制度建设不仅在企业这一微观层面得到重视，而且在国家宏观层面也进一步被强化。党的十八大要求加快社会主义法治国家的建设，国务院国资委于2015年12月8日制定《关于全面推进法治央企建设的意见》，提出法治央企实施方案，国家监管机构越来越重视企业在法治的规则内进行生产经营并参与市场竞争。随着法治的日益健全，企业的经营很难脱离政府的监管以及法律与合同的约束而任意而为。同时，在经济全球化、"一带一路"倡议实施的背景下，企业面临的法律问题会更加复杂和庞大，企业法务制度更需要强化与完善。

（二）明确树立企业法务创造经济价值的理念

在企业并购、重大投融资、企业改制、基本建设和市场营销等涉及复杂交易的经营与决策环节中，法务的全面介入，对经营模式、经营方案与路径，以及操作流程、实施细节进行全方位和针对性的法律分析，会给企业带来极大的经济收益。例如，企业引入一种新的商业模式，只有通过法律风险评估才可能真正为企业带来客观的利润，否则，一旦该商业模式存在较大的法律风险但未被发现，就会给企业带来极大的经济损害。例如，微软反垄断案件中的"捆绑销售"行为，作为一种新的商业模式存在极大的反垄断法律风险。在欧盟对微软的反垄断调查案中，微软就曾于2012年被判巨额罚款8.6亿欧元。

这一判罚表明，有效的企业法务管理工作能够为企业带来丰厚的经济利益，或者避免企业遭受重大利益损失。企业法务工作者不仅具备优秀的法律专业素养，还熟悉商业模式和行业交易习惯。他们将合法合规的要求通过企业管理制度与流程的制定和设立融入企业日常经营管理中,事前事中预防企业法律风险,帮助企业建立高效的运营与管理体系,提高企业的综合竞争力,为企业创造更高的经济效益。

(三) 数字法务:互联网信息技术背景下中小企业法务的创新路径

随着互联网信息技术的飞速发展,大数据治理、数字化转型和人工智能领域的创新尝试已经成为企业法务工作转型变革的必由之路,法务管理与数字化转型相结合,所谓"数字法务"的提法在实务界与理论界应运而生。关于数字法务尚无准确定义,但对于中小企业而言,借助互联网技术优势,通过政府免费公共法律服务平台与企业付费法律服务平台获取法务服务,无疑是降低成本的优选路径。当下大语言模型如 ChatGPT 的迅速发展,推动了人工智能从算法智能时代进入语言智能时代,其在企业法律服务领域的应用前景可期。

1. 中小企业数字法务赋能的意义。一是提升企业法务工作效率,降低法务工作成本。AI 等数字技术不仅可以快速准确地完成海量的法规、文献、案例的检索,而且可以起草、审核、分析合同,并提供简单的法律咨询服务。这些应用在节省大量工作时间的同时,更能够大幅降低人力成本,极大地提高企业法务的工作效率与经济效率。在节约成本方面对于中小企业的意义尤为重要,如此,阻碍中小企业法务工作长足发展的客观原因就可能迎刃而解,在一定程度上可能成为破解中小企业法务工作困局的主要路径。二是提升企业法务工作质量。通过深度学习和大数据分析,AI 等数字法务可以处理更复杂的法律问题,提供更准确的决策支持。例如,AI 可以通过对大量司法判例的学习,分析出类案的规律,从而制定出更有价值的法务工作策略和诉讼策略,其处理数据的能力远超人类。

2. 数字法务对中小企业法务工作的挑战。数字法务在给企业法务工作带来极大利好的同时,其弊端和挑战也如影随形。主要问题包括以下几个方面:

第一,数据安全问题。随着人工智能在企业法律服务中的应用,可以预见,数据安全将成为重要挑战。如何确保 AI 系统处理的数据不被泄露和滥用,是数据平台与企业亟待解决的问题。

第二,法律伦理问题。AI 生成的法律文书和法律建议的责任主体是使用者、平台还是二者兼有?如何确保 AI 系统的决策过程符合伦理标准?显然都是需要进一步探讨的新问题。

第三,职业替代风险。AI 技术的高效率和高质量必然会导致数字法务替代部分企业法务岗位。在就业困难的大背景下，如何维护人类的主体性、避免技术对人类主体性的虚化，是一个更具哲学意义的诘问。

3. 数字法务建设的对策。面对数字法务技术的挑战，可以考虑从技术硬件应用、制度完善、人才培养等三个方面予以应对。

（1）区块链技术的应用。区块链技术作为一种去中心化的分布式账本技术，具有不可篡改、可追溯和高度透明的特点，在确保交易透明度和安全性方面具有强大功能。企业在合同管理、知识产权保护、交易记录等法务领域可以应用区块链技术，从而提高交易信任度，降低法律风险。例如，在合同管理方面，企业可以运用区块链技术构建智能合约系统，合同条款被编码到智能合约中，该程序可以自动执行并强制执行事先达成的协议条款，确保条款的严格执行，避免纠纷和违约行为的发生。此外，区块链的不可篡改性还能确保合同数据的真实性和完整性，为后续的审计、追溯与事后诉讼提供依据与证据。在知识产权保护领域，区块链技术可以用于确权和交易。企业可以将知识产权信息上链，形成确权证明，并基于区块链构建知识产权交易平台，实现安全、透明的知识产权交易。区块链的分布式特性还能防止中心化系统的单点故障风险，提高系统的可靠性。对于交易记录，区块链技术可以提供不可篡改的记录，确保交易过程的透明度和可追溯性。企业可以将各类交易数据上链，形成永久的审计线索，有助于后续的合规审计和纠纷解决。同时，区块链的加密机制还能保护交易数据的隐私性和安全性。

区块链技术的独特优势，在提高企业交易透明度、确保交易安全性等方面具有广阔的应用前景，能够有效弥补企业法务管理的现实短板问题。

（2）完善法律法规。政府和相关部门应加快制定和完善相关法律法规，填补 AI、区块链技术等新兴技术的法律空白。明确数字技术在法律服务中的应用标准和责任主体，确保数字法务技术的合法合规使用。同时，强化技术创新的伦理标准。在推动数字法务技术创新的同时，要注重伦理标准的制定和执行，确保 AI 技术的应用符合伦理要求，保护企业以及相关主体的合法权益。

（3）培养具有数字技术能力的复合型法务人才。面对数字化环境，培养具备法律专业知识和数字技术能力的复合型法务人才成为高校人才培养的目标之一，复合型法务人才需要掌握人工智能、大数据、区块链等新兴技术在法务领域中的应用。为此，法务人员必须了解相关技术原理，熟练运用相关工具，才能高效开展工作。复合型法务人才还需具备数据分析、编程等技能。

大数据分析在法务决策中发挥着越来越重要的作用，法务人员需要能够从海量数据中提取有价值的信息。同时，法务工作也需要借助编程实现自动化和智能化，法务人员需掌握一定的编程基础知识。此外，企业还需为复合型法务人才搭建职业发展通道。一方面，完善培养机制，为员工提供持续学习的机会；另一方面，优化薪酬绩效考核机制，为复合型人才创造合理的职业回报，从而形成人才优势。高校与企业通过合力打造一支与时俱进、善于运用新技术的高素质法务队伍，为企业高质量发展提供法律保障。

经典案例分析

就企业法务的重要性而言，面对案涉行政机关的"朝令夕改""新官不理旧账"等失信行为，弱势民营企业的利益保障面临严峻考验。本案的一审二审与再审，恰恰体现了律师代理诉讼解决纠纷等企业法务工作的重要性，正是企业与律师的坚持，以及法官的秉公执法，案涉民营企业的合理预期和合法权益最终得以实现。同时，本案也揭示了行政机关不当行政行为对企业尤其是民营企业的不利影响，以及对营商环境的破坏，更加凸显了我国政府大力构建稳定、公平、透明、可预期的营商环境的现实意义。

就案件而言，行政机关在对因政府原因与企业原因共同形成的非法占用土地进行处罚时，应充分考虑非法占用土地的时间、原因、情节与各方责任大小，采取既能纠正非法占用土地，又能保护相对人信赖利益，还能实现土地节约集约利用的执法方式。该案中市自然资源局未遵循《行政处罚法》有关"过罚相当原则""信赖保护原则"，没收并拆除已运营十余年、符合土地利用总体规划且可以补办用地手续的建设项目，利益衡量显失公正，执法方式简单机械，侵犯了企业的信赖利益。涉案企业的最终胜诉为中小民营企业的权益保护提供了有力的现实注解。

学习模块三　中小企业法务的工作原则、方法与内容

经典案例

段某某职务侵占再审改判无罪案[1]

基本案情：1994 年 5 月，被告人段某某受中山中旅（集团）公司委托担任其全资下属 A 公司与上海市卢湾区市政建设公司合作投资设立的 B 公司董事长、总经理。1995 年 1 月 6 日，A 公司因资金问题无力继续开发涉案项目，与段某某签订协议，约定将 A 公司在 B 公司的全部股份转让给段某某开办的澳门泰某公司，澳门泰某公司全额支付 A 公司已支付的土地使用权出让金及股权转让金共计 600 万美元；将 B 公司更名为上海泰某公司。由于涉案地块的土地使用权出让合同约定需完成总面积 60% 以上的建筑工程量后方可转让，协议签订后，涉案股权未履行变更登记手续，但 A 公司未再派员参与管理和继续投资。段某某在上海先后设立多家企业为建设涉案项目进行融资，并陆续向 A 公司付款 1600 万元人民币。至 1997 年上半年，涉案项目已达到转让条件。1997 年 9 月，段某某根据 A 公司原董事长刘某某的授权，代其签署相关文件，将上海泰某公司股权变更登记至段某某开办的公司名下。

裁判结果：一审法院以贪污罪判处被告人段某某死缓，追缴违法所得。段某某上诉后，二审法院以职务侵占罪改判段某某有期徒刑 14 年，追缴违法

---

[1] 广东省高级人民法院（2021）粤刑再 1 号刑事判决书。

所得。段某某提出申诉，并提交 1995 年 1 月 6 日签订的其与 A 公司签订的股权转让协议等新证据。最高人民法院经审查，指令广东省高级人民法院再审。

广东省高级人民法院再审认为，1995 年 1 月 6 日股权转让协议客观真实，能够证实 A 公司已将涉案项目股权转让给段某某开办的公司。段某某处分涉案项目，既不属于恶意侵占国有资产，也不是非法侵占公司资产，而是依法行使股东权的行为。据此，该院作出再审判决，于 2023 年 3 月 31 日宣告段某某无罪。

学习单元一　中小企业法务工作的原则

中小企业法律事务与大企业法律事务相比，在本质上并无区别，可谓"麻雀虽小五脏俱全"。因此，企业法务工作原则、工作方法与工作内容具有普遍适用性。结合国内外企业法务的实践，以及我国相关法律法规[1]，可以推演出企业法务的工作原则、工作方法以及工作内容。

此处所指的企业法务为广义上的企业法务，既包括企业内设的企业法律顾问、公司律师，还包括律师事务所的执业律师。他们在工作与执业过程中应当坚持以下工作原则：

一、依法从业原则

企业法务，无论是企业的内部员工，还是律师事务所的律师，鉴于其工作的法律专业与职业属性，依法、守法从业，敬畏法律，应当是其从业的首要原则。他们必须自觉遵守宪法和法律，维护法律尊严是其法定的基本义务。

同时，企业法务工作者也应当平衡好企业利益与法律之间的关系。虽然企业法务受雇于或者受托于企业，成为企业员工或者企业的法律事务代理人，服务于企业利益是其职业本分，但也不能成为企业意志的简单执行机器，对于企业提出的非法要求，应该保持相对独立性，不触碰法律底线。企业法务在工作中应该以事实为依据，以法律为准绳，在符合法律原则、不违背法律禁止性规定的情形下，充分维护企业的各项合法权益。相反地，如果企业法务不能坚持依法从业的原则，则可能会沦为企业利益的傀儡，甚至成为企业违法犯罪的帮凶，从而与企业法务制度防控法律风险的基本价值追求背道

---

[1] 2004 年 5 月 11 日，国资委颁布《国有企业法律顾问管理办法》（国资委令第 6 号）。

而驰。

二、法律风险预防为主原则

按照企业法务在企业法律风险介入时间的不同，可以将公司律师的职能划分为事前预防法律风险、事中控制法律风险以及事后法律风险的救济。相较社会执业律师而言，公司律师的作用主要体现在事前法律风险的预防上。公司律师通过对企业经营管理工作的介入，可以在企业的日常经营决策中降低或者消除公司的法律风险。预防为主的原则，也是公司律师较社会律师在公司法律服务方面更具优势的地方，因为防范风险的成本比解决纠纷的成本要小得多。只有坚持预防为主的原则，公司律师才有更大的发展空间。

英国路伟律师事务所早在2005年曾保守预测：中国一个电信经营者仅仅通过改进采购合同管理方式，5年内在节省成本并获得额外收入方面可创造68亿人民币的价值。

三、成本控制原则

企业法务管理的成本问题是企业，尤其是中小企业面临的现实问题。企业法律工作必须将企业利益最大化与最大程度降低法律风险对企业利润的负面影响作为首要原则，企业法务一方面对案件纠纷等法律风险进行全过程预防管理控制，另一方面应该在纠纷发生的第一时间帮助企业确定应对策略，在起诉和审理阶段对于证据、期限和诉讼请求进行管理，在案件执行阶段进行风险提示，并在案件纠纷解决后针对案件纠纷管理所反映出的问题对企业经营风险进行回溯，优化企业管理，避免类似纠纷再次发生。

在此，需要澄清一个普遍的误区，即认为企业法务属于成本支出，并不为企业创造利润。实际上，通过有效的法务管理，可以为企业减少或者挽回巨额的经济损失，间接为企业创造利润。可见，企业法律风险防范是低投入、高产出的途径，是企业创造效益较为经济的途径。一个企业要创造100万元的利润，可能需要几十人，占用大量生产设备和流动资金，花费时间成本，才能完成。而要避免100万元的法律风险损失，可能只需1~2名企业法务，花费几天时间，认真研究合同，仔细查找合同漏洞和瑕疵，就可避免。所以从经济效益角度考虑，企业法务也属于创收群体，其创收能力有时并不亚于核心业务部门。

因此，中小企业强化常态化规范管理，完善风险防范措施是其法务工作的重中之重。一是加强规章制度建设。中小民营企业因规模较小，员工较少，不重视公章管理使用等规章制度建设和对员工的制度化管理,易出现经营风险。二是科学规范人员管理。人员权责不清,责任心不强,有的由仓库保管员出具欠款对账单,企业会计出具设备验收报告,出具证据内容与人员岗位职责不对应,影响证据证明力。三是建设风险预警体系。如企业付款、供货、负责人、合同履行等可能存在的风险因素未纳入管理体系进行预警评估,则存在管理漏洞。

四、服务对象特定原则

无论是企业内设法务人员还是企业聘请的外部律师,其提供法律服务的对象原则上是其所在的企业或者受托企业。尤其对企业内部法务而言,仅能服务于其所在企业,而不能给第三者提供法律服务。这已成为通行做法。例如,法国和日本就通过立法明确禁止公司律师(即企业内设法务)为社会不特定对象提供法律服务并获取报酬;美国则通过私法自治原则来实施该原则。一般而言,禁止的原因主要有两点:

(一)成本与收益考量

企业法务是按照全职员工来计算工作量并确定薪资收入的,如果做兼职就很难保证其全力以赴投入全职工作中,那么企业的工资成本与法务的劳动付出将不对等。

(二)道德风险考量

如果公司律师身兼社会律师职务,在处理与本公司权益有关的事务时,公司权益可能面临风险。

五、保守企业商业秘密原则

保守商业秘密是对所有执业律师的基本要求[1],但相较于社会执业律师来说,保守商业秘密对于公司律师显得更为重要。公司律师由于是公司的正式员工,一般来说其对公司的生产经营情况、公司的商业秘密十分了解。在这种情况下,公司律师对于公司的忠诚度显得尤为重要,而衡量公司律师忠诚度的一个重要指标就是能否保守其所知悉的公司商业秘密。

---

[1]《律师法》第38条第1款规定:"律师应当保守在执业活动中知悉的国家秘密、商业秘密,不得泄露当事人的隐私。"

学习单元二　中小企业法务工作的方法

传统的企业法务管理工作的重点是日常企业法律事务的处理和事后法律风险救济，但缺乏整体性的行为准则，因而通过企业法务管理流程嵌入的方式，为企业员工和各职能业务部门灌输法律思维，传授法律实务处理技术，增强全员规范意识，将企业法务管理和企业经营融合，实现企业法务管理制度化、规范化和标准化。

企业法务工作的核心目标首先应当是防控企业法律风险，其次才是处理企业日常法律事务与纠纷。企业在经营过程中可能涉及的法律风险不但包括民事、刑事和行政责任风险，还涉及了企业管理漏洞所造成的单方权益的丧失和机会成本的增长。企业法律风险管理就是为了保证企业在实现经营目标的过程中，将法律风险可能产生的影响控制在可承受的范围内，具体包括企业经营环境的风险识别、风险大小的估计和度量，以及企业经营风险的处理。在此，重点介绍企业法律风险防控的基本工作方法。

企业法律风险管理流程图

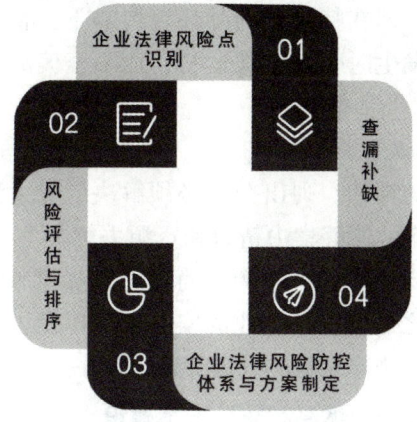

一、企业法律风险的识别

企业法务根据尽职调查所获得的原始资料，以及权威网站检索的企业诉讼案件与行政处罚案件，收集整理数据，通过结果倒推分析企业败诉以及被处罚的主要原因，结合企业的具体情况及外部法律与政策环境，锁定企业法律风险点。

概括而言，企业法律风险识别一般包括两个过程：一是发现风险，二是分析风险来源。这一过程往往并非对单一的法律风险进行识别，而是系统、周密地识别出企业面临的任何可能存在的法律风险。工作量巨大且涉及事项繁杂，是一个系统工程，需要团队的密切合作方能胜任。

二、企业法律风险评估

法律风险识别过程中收集到的一手资料是进行法律风险评估的基础。

(一) 评估原则与评估依据

1. 评估的原则。企业法律风险评估应当坚持风险控制的成本与效益比较分析的基本原则。虽然法律风险清单提示了企业所存在的法律风险，但无论从经济学角度、管理学角度还是现实角度，企业不可能也无必要对识别出来的所有法律风险采取措施进行防控，而是选择性地依据风险发生频次与风险带来的损害后果的强弱进行风险点排序。

2. 评估的依据。企业法律风险评估的具体标准包括三个维度：一是法律风险后果的大小，如法律风险发生后企业的直接或者间接经济损失可以作为评估风险后果的依据；二是法律风险事件发生概率的大小，通过统计某一企业以及某一类企业某一具体法律风险发生的数据，测算风险发生概率；三是企业的风险承受能力，即在特定的内外环境影响下，企业运用自身及外在资源，保证在风险事件发生时仍能正常运营，而不至偏离原来的正常经营状态甚至破产倒闭的能力。

(二) 风险点的筛选与排序

通过对法律风险的评估，列出企业必须解决的重大法律风险问题以及优先解决的问题，使得企业能够集中精力和资源去解决主要的法律风险与隐患，实现风险控制和成本支出之间的平衡。简言之，法律风险评估核心是在识别了全部的法律风险点之后，根据企业的实际情况以及外部法律环境，在考量防控成本的基础上，对法律风险点进行筛选与排序。

三、企业法律风险防控体系和防控方案建设

(一) 企业法律风险防控体系与防控方案建设的依据

法律风险管理作为横跨管理学和应用法学之间的跨学科领域，完全可以借鉴风险应对的基本原理并基于法律的规定设计应对措施。受制于主观认知和客观成本等因素的限制，企业不可能对所有的法律风险采取防控措施，而

是对风险系数超过特定值并且在解决能力范围内的法律风险，企业才会采取防范措施。同时，法律风险防控方案必须围绕企业特定的目标和要求，综合考虑各种因素来制定。法律风险防控方案制定的难点在于如何根据企业的实际情况，制定出最符合实际、最可行并且运作成本最低的方案。为此，可以从以下几个方面着手：

首先，考量法律风险对于企业的轻重缓急程度。在之前法律风险识别和评估的基础上，将"重"和"急"的法律风险放在优先地位，集中精力进行解决，"轻"与"缓"的法律风险则可适当推迟处理。

其次，比较风险防范措施的成本与收益。对于不会产生额外成本或只需细微成本就能取得实效的风险防控措施，比如制度、流程的调整等，企业会欣然接受；而对于成本较高的风险应对措施，只有当其预期收益能达到与防控成本相匹配的程度时，企业才会将其纳入考虑的范围。

再次，法律风险防控方案的可行性也是必不可少的考虑因素。企业对于方案的可执行程度取决于其对方案的理解程度、执行程度及其自身条件。虽然企业能够不断提高自身的管理水平，但这是个渐进的过程，法律风险防控方案不能脱离原有的管理水平，否则不但达不到预期效果，反而会影响企业的稳定性。

最后，还需注意法律风险防控方案与企业综合管理措施之间的融合。企业的经营管理行为主要考虑的是经济效益和效率，而法律风险控制的重点在于企业行为在法律上的安全度。在原有的制度、流程之上又增加法律风险控制措施，必然会在某种程度上降低行为的效率并增加成本，从而招致相关部门的抵触。因此，只有从综合管理的角度提高法律风险应对措施的运行效率、降低运作成本，法律风险防控方案才能最大程度地付诸实践。除此之外，企业所处行业的特点、企业在行业中的地位、法律环境等也是法律风险防控方案制定时需要酌情考虑的因素。

(二) 企业法律风险防控体系和防控方案的建设

制定法律风险防控体系与防控方案，主要工作内容虽然体现为大量的文件制作，但复杂的逻辑分析、事实和法律的判断才是文件制作的支柱。法律风险防控方案的最终成果主要体现在对管理制度的修订、对工作流程的完善、对具体问题的解决方案上，其中每一项内容都是对企业某一部分法律风险的防控，这些内容的有序组合，方能形成一个完整的法律风险控制方案。

1. 构建企业法律风险防控体系。在调研的基础上针对企业的一般业务流程和项目运作程序提出一套测评企业法律风险的指标体系,以供企业自我测评或合作伙伴、交易伙伴、中介机构用于测评企业法律风险。该指标体系分为管理良好、危机征兆、需要整顿、危险预警、严重危机五个级别,在对相关数据处理、统计、分析的基础上,建立企业法律风险评价模型,每项测评指标均含相应分值或权重因素,用以诊断企业经营中的法律风险状态及建立企业法律风险预警机制和纠错机制。

企业法律风险管理是指在企业经营发展过程中,企业法务管理者对生产经营环境风险进行调查,对可能涉及的风险进行判断、权衡、分析,并及时采取各种方法进行控制,从而降低企业经营风险,减少可能发生的经济损失,实现企业效益增长和安全发展。

企业法务管理人员应该动态地关注企业经营过程中经营环境的变化,了解顾客风险和竞争者风险,并及时向企业管理者作出说明,促使企业经营做出有效调整,提升法务管理的有效性。

2. 完善企业业务法律风险防范制度建设。将风险控制在管理层,建立相应的监控机制、管理措施、技术规范等。如针对具体业务(投资、担保、工业产权、合同管理、国际贸易、房地产、融资、合资、兼并重组、资本运营、金融、保险等)进行法律风险诊断及提出完善的防范法律风险的对策,建立一套可操作的防范和控制企业法律风险的对策建议、制度设计、制度规范和管理方法。

(三) 建立重大经营活动法律审查机制

企业在经营决策的过程中应主动引入法务管理人员参与并出具法律意见,提高决策活动的科学性和稳健性。如合资合作项目、投资项目、企业对外担保活动等都应经法定程序审查,预防、减少企业经营或决策风险。

法务工作要全面介入经营管理活动,提供优质高效的法律服务,切实把好法律审查关。比如,健全采购、销售机制,预防、降低经营风险;全程介入审查合同等法律文书及法律手续的合法性和规范性,并签署法律意见,负法律责任,以降低物资成本和项目风险;对各项开支行为进行法律审查,杜绝违法开支现象;对重大工程建设项目则委托律师事务所和会计师事务所等社会中介机构进行审计,提高透明度,防止暗箱操作,规范投资行为,提高投资效益。

四、回溯研判企业法律纠纷,弥补防控漏洞

企业的具体业务活动面临很多不可预知情况的影响,纠纷与诉讼的产生

也不可避免。倘若通过企业法务的介入解决了纠纷，并且为企业挽回了损失，这恰恰证明该企业法务管理的行之有效。为此，需要企业法务管理者通过和企业管理者制定一致的纠纷解决对策，并保全相关的纠纷证据资料进行复盘研判，回溯相关纠纷发生的原因，进而发现和修正企业法律风险防控体系与防控方案的漏洞，真正优化企业法务管理，实现企业法律风险防范的动态闭环管理。

学习单元三　中小企业法务工作的内容

在法律风险防控主线之下，企业法务工作的主要内容涵盖了企业设立、合同管理、劳动用工事务、知识产权实务、企业产销事务，以及法律培训、法律文档与证据管理等。由于本教材的学习领域二至学习领域九专门针对具体的工作内容展开介绍，故在此仅选择部分内容进行简要介绍。

一、企业合同管理

一般而言，加强企业合同管理，防范合同陷阱和风险，是企业法务的基础性工作和重头戏。企业经营活动最终都会以合同的形式呈现，合同纠纷在企业纠纷类型中通常占据首位，成为企业法律风险防控的重点。主要通过对企业合同订立、履行、变更、终止等全过程进行控制，并通过企业内部合同管理制度和流程的构建与实施，预防企业合同法律风险的产生。

企业合同法务管理不仅限于对合同文书订立进行规范性静态考察，更多关注的是对合同进行动态管理，即在企业合同文本完备的情况下，针对合同谈判、签约、担保、审批、履行、结算等环节制定规章制度，随时抽查，定期考核。重点解决企业交易的风险能否在合同履行过程中有效规避，以及当合同履行出现偏差时企业法务能否对其进行有效的纠正，最终实现合同双方的权利义务完全履行等问题。此外，应加强企业内部业务部门、财务部门、合同管理部门之间的协调沟通。

二、法律培训

对企业管理层与员工进行法律意识与法律知识和技能的培训，是企业法务工作的必选项。企业管理层是企业生产经营的决策者，法律意识的养成尤为重要。企业员工是企业生产经营的执行者，向员工宣传企业法律风险防范的价值，培养员工良好的行为规范，强化其在业务工作中法律技能的运用，使员工能够自觉将法律意识和技能带入日常工作之中，有效避免员工的违规行为，进而降低企业法律风险，提高企业法务管理的有效性。

三、企业法律文档管理与证据收集保留

在实践中，由于缺乏证据意识，常有中小企业在法律纠纷与争议中陷入"有理乏据"的尴尬境地，因证据瑕疵或者不足而遭受一些不应有的经济损失。"司法注重证据"，因此企业应当重视合同文本、交易凭据的收集、整理与归档工作，保留原始档案，做到未雨绸缪，防患于未然，提高胜诉的机率。

经典案例分析

在营商环境建设中，行政监管机关的行为起着至关重要的作用。这些机关的违法越权行为从根本上扰乱市场环境，动摇企业家和投资人的信心。因此，行政机关在作出行政行为时应当遵循合法和程序正当原则，对企业作出行政处罚决定后要严格按照法定程序送达行政相对人。

现实中某些政府部门与司法机关由于对民营企业的偏见等认知错误，在纠纷处理过程中不给予民营企业平等对待。此时，司法成为企业获得国家救济的最后手段，法官应当坚持对各种所有制经济一视同仁、平等对待的原则。这样不仅维护了司法权威，更有助于监督行政机关依法行政，保障民营企业与企业家的合法权益，推进法治化营商环境建设。

本案历经了一审贪污罪死缓、二审职务侵占罪14年有期徒刑，到再审无罪，其间的曲折不言而喻，同时也充分证明了企业法务工作的重要性，如果没有企业主的坚守，以及律师的不懈努力与专业服务，在再审阶段提供至关重要的股权转让协议等新证据，那么该案件的结局可能大相径庭。由此可见，企业在日常经营活动中重视法律风险管理，留存证据，一方面可以预防法律风险的发生，另一方面则可能成为纠纷诉讼发生后获得胜诉的决定性关键证据。

法律法规索引

任务实训

实训 1：以小组为单位，选择一家中小企业（可为真实企业，也可为自拟创业的企业），小组成员设定自己在该企业的法律服务身份（如企业法务、律师等）。每位同学完成年度企业法律服务工作计划 1 份。

【实训要求】

1. 制作 PPT，展示工作计划的主要内容；
2. 论证计划的制定依据与可行性；
3. 小组内部互评，形成小组的年度法律服务工作计划 1 份。

实训 2：以小组为单位，为所选择的中小企业（可为真实企业，也可为自己拟创业的企业）制作法律风险防范体系方案与重点风险防范方案各 1 份。

【实训要求】

1. 通过检索与所选中小企业同类行业企业的诉讼案件与行政处罚案件 50~100 例，统计并分析中小企业涉诉案由、败诉率，以及败诉与被处罚的理由；
2. 以上述统计数据为依据，构建小组所选择企业的法律风险防范体系；
3. 选取 1~3 个该企业的高等级法律风险，制定具体的法律风险防范方案。

实训 3：整理分析"阿里巴巴集团垄断案"对企业法律风险防控的启示。（案件简况：2021 年 4 月 10 日，市场监管总局依法对阿里巴巴集团实施"二选一"垄断行为作出行政处罚：处以其 2019 年销售额 4%共计 182.28 亿元罚款。）

【实训要求】

1. 以小组为单位，完成案例整理；

2. 结合案例，分析企业法律风险防范的意义；
3. 结合案例，分析企业应当如何防范反垄断处罚法律风险。

实训 4：以小组为单位，为所选择的具体中小企业（可为真实企业，也可为自己拟创业的企业）完成法律培训计划 1 份。

【实训要求】
1. 计划应当明确培训对象与培训主题；
2. 说明培训计划制定的依据。

思政园地

法律职业伦理

康德："你的行动，应把人性，无论是你自己人身中的人性还是他人人身中的人性，始终当作目的，而不仅仅当作手段来使用。"其核心观点是：职业行为应遵循道德义务（"绝对命令"），强调动机的纯粹性。

——康德《道德形而上学奠基》

引申而言，律师等法律职业者的职责是在法律允许的范围内为当事人争取最大权益，但不得违背法律正义。这应当是企业法务工作者的最高职业准则。

拓展学习

民营企业与营商环境

民营企业通常指的是非国有控股企业，而营商环境则是指企业运营中所面临的各种外部条件和制度环境。企业作为制度环境的产物，其发展受交易成本与制度约束。营商环境本质是制度质量的体现，即正式制度（法律规章）与非正式制度（社会文化）的协同作用。民营企业对制度环境的敏感性显著高于国有企业。明晰的产权界定是民营企业发展的基石。营商环境中的法治水平直接影响产权保护效能，进而决定企业投资意愿与创新动力。中国"民营经济31条"即是对该理论的制度回应。波兰尼"双重运动"理论揭示营商环境需在政府规制与市场自由间寻求均衡。世界银行《营商环境报告》指标体系印证了政府监管效率与市场活力的正相关关系。我国营商环境动态演进大致如下：其一，制度变迁轨迹。从"审批经济"到"负面清单"管理，行政审批事项十年缩减85%，但"旋转门""玻璃门"现象仍存。其二，空间异质性特征。长三角"最多跑一次"改革与东北地区营商环境差异，印证威廉姆森制度分层理论中的区域制度演进非均衡性。其三，数字治理转型。电子政务普及率突破95%，但数据孤岛与数字鸿沟构成新的制度壁垒，形成"数字营商环境"新研究领域。

  我国2020年营商环境全球排名已跃升至第31位（较2018年跃升47位），国务院《优化营商环境条例》实施三年（2020-2023），全国市场主体总量突破1.7亿户，民营企业占比超96%，企业开办时间压缩至4个工作日内，200余项行政许可事项实现"跨省通办"。但是民营企业获得感与制度预期之间仍存在"落差"。未来应当着力于制度可及性、政策实施性、执行一致性等微观层面，切实提升民营企业的营商环境。

学习领域二

组企业——企业设立、变更与终止法律实务

学习目标

1. 知识目标：
(1) 了解企业形态的常见类型；
(2) 了解有限责任公司、股份有限公司、合伙企业、个人独资企业等企业形态的特征；
(3) 了解选择企业形态的考量因素；
(4) 了解企业设立的主要法律文本和流程；
(5) 熟知企业设立中的常见法律问题；
(6) 熟知企业变更与终止法律实务。

2. 能力目标：
(1) 能够运用所学知识，合理选择企业形态；
(2) 能够运用所学知识，正确准备企业设立各项法律文本；
(3) 能够运用所学知识，正确处理企业设立、变更、终止法律实务问题。

学习领域二　组企业——企业设立、变更与终止法律实务

3. 素质目标：

培养学生遵守法律规范、牢记规则底线等基本素质；加强学生公平竞争、团结协作、预防风险等职业素养；引导学生形成志存高远、诚实守信、创新创造等意志品质。

学习重点与难点

企业设立的主要法律文本和流程；企业设立中的常见法律问题；企业变更与终止法律实务。

法律典故

无公司法，则无以集厚资，而巨业为之不举；无破产法，则无以维信用，而私权于以重丧。

——近代实业家 张謇

基础知识概要

实践中，常见的企业形态较多，包括公司、非公司法人、非法人企业等，本学习领域重点关注公司、合伙企业、个人独资企业等企业形态及其特征，并在此基础上学习选择企业形态的考量因素。企业设立应当提交相关文件材料，包括公司章程等法律文本，按照法定流程依法设立。本学习领域以公司、合伙企业、个人独资企业三类常见的企业形态为例，介绍企业设立过程中的主要法律文本和一般流程。同时，列举企业设立中的常见法律问题，帮助学生学会正确处理相关实务工作。本学习领域还详细介绍了公司变更和终止的法律实务，包括公司减资与增资、合并与分立、变更组织形式、解散、清算等主要内容。

学习模块一　企业设立法律实务

> **经典案例**

股东将出资款项转入公司账户后短时间内无正当理由又转出的，构成抽逃出资——叶某与秦某、李某、张某股东损害公司债权人利益责任纠纷[1]

基本案情：2018年5月，法院判决甲公司对郭某给付叶某183万元的债务承担连带保证责任。因未获清偿，叶某以甲公司股东秦某、李某、张某存在抽逃出资的行为为由将秦某、李某、张某诉至法院，要求三人在各自抽逃出资的本息范围内对甲公司不能清偿的债务承担补充赔偿责任。

经查，秦某、李某、张某为甲公司设立时的股东。2003年6月4日，甲公司A账户收到1000万元，其中秦某出资700万元、李某出资150万元、张某出资150万元。验资报告载明股东均已实际出资，注册资本全部实缴到位。2003年6月9日，甲公司A账户向B账户转账1000.1万元，手续中有秦某签字；2003年6月10日，甲公司B账户对外转款13笔，转出款项共计1000万元。

裁判结果：秦某、李某、张某作为甲公司设立时的股东，于2003年6月4日向甲公司验资专用账户支付出资，同年6月9日，三人的出资被转入甲公

---

[1]《怎么办，注册资本认缴期限有变化？放宽心，这场通报会助您从容面对！》，载 https://bj3zy.bjcourt.gov.cn/article/detail/2024/04/id/7906632.shtml，最后访问日期：2025年3月27日。（具体案例内容可扫描链接中的二维码查看）

司其他账户,截至次日,上述款项分 13 笔转入其他主体账户,甲公司及秦某、李某、张某未就上述转账行为作出合理解释,构成抽逃出资,应在抽逃出资的本息范围内对公司债务不能清偿的部分承担补充赔偿责任。故法院判决秦某在抽逃出资 700 万元本息范围内、李某在抽逃出资 150 万元本息范围内、张某在抽逃出资 150 万元本息范围内对甲公司不能清偿的债务承担补充赔偿责任。

学习单元一 企业形态的选择

实践中的企业形态多种多样。不同的企业形态展示出不同的企业特征,适用不同的企业设立情况。

一、企业形态的常见类型

(一) 公司

按照《公司法》的规定,公司是指依照本法在中华人民共和国境内设立的有限责任公司和股份有限公司。公司是企业法人,有独立的法人财产,享有法人财产权。公司的合法权益受法律保护,不受侵犯。公司股东对公司依法享有获得资产收益、参与重大决策和选择管理者等权利。公司可以设立子公司。子公司具有法人资格,依法独立承担民事责任。公司可以设立分公司。分公司不具有法人资格,其民事责任由公司承担。

1. 有限责任公司。有限责任公司是指由一定数量的股东所组成,股东以其认缴的出资额为限对公司承担责任,公司以其全部财产对公司的债务承担责任的企业法人。

2. 股份有限公司。股份有限公司是指公司全部资本分为等额股份,股东以其认购的股份为限对公司承担责任,公司以其全部财产对公司的债务承担责任的企业法人。股票在证券交易所上市交易的股份有限公司是上市公司。

(二) 非公司法人

1. 外商投资企业。按照《外商投资法》的规定,外商投资企业是指全部或者部分由外国投资者投资,依照中国法律在中国境内经登记注册设立的企业。外商投资包括外国投资者单独或者与其他投资者共同在中国境内设立外商投资企业,外国投资者取得中国境内企业的股份、股权、财产份额或者其他类似权益,外国投资者单独或者与其他投资者共同在中国境内投资新建项目，法律、行政法规或者国务院规定的其他方式的投资。

国家依法保护外国投资者在中国境内的投资、收益和其他合法权益。在中国境内进行投资活动的外国投资者、外商投资企业，应当遵守中国法律法规，不得危害中国国家安全、损害社会公共利益。

2. 乡镇企业。按照《乡镇企业法》的规定，乡镇企业是指农村集体经济组织或者农民投资为主，在乡镇（包括所辖村）举办的承担支援农业义务的各类企业。前文所称投资为主是指农村集体经济组织或者农民投资超过50%，或者虽不足50%，但能起到控股或者实际支配作用。乡镇企业符合企业法人条件的，依法取得企业法人资格。

农村集体经济组织投资设立的乡镇企业，其企业财产权属于设立该企业的全体农民集体所有。农村集体经济组织与其他企业、组织或者个人共同投资设立的乡镇企业，其企业财产权按照出资份额属于投资者所有。农民合伙或者单独投资设立的乡镇企业，其企业财产权属于投资者所有。

3. 全民所有制工业企业。按照《全民所有制工业企业法》的规定，全民所有制工业企业财产属于全民所有，国家依照所有权和经营权分离的原则授予企业经营管理。企业对国家授予其经营管理的财产享有占有、使用和依法处分的权利。企业依法取得法人资格，以国家授予其经营管理的财产承担民事责任。

4. 城镇集体所有制企业。按照《城镇集体所有制企业条例》的规定，城镇集体所有制企业，简称集体企业，是财产属于劳动群众集体所有、实行共同劳动、在分配方式上以按劳分配为主体的社会主义经济组织。集体企业依法取得法人资格，以其全部财产独立承担民事责任。集体企业的财产及其合法权益受国家法律保护，不受侵犯。

5. 农民专业合作社。按照《农民专业合作社法》的规定，农民专业合作社是指在农村家庭承包经营基础上，农产品的生产经营者或者农业生产经营服务的提供者、利用者，自愿联合、民主管理的互助性经济组织。农民专业合作社依照本法登记，取得法人资格。农民专业合作社对成员出资、公积金、国家财政直接补助、他人捐赠以及合法取得的其他资产所形成的财产，享有占有、使用和处分的权利，并以上述财产对债务承担责任。

（三）非法人企业

按照《民法典》第102条的规定，非法人组织是不具有法人资格，但是能够依法以自己的名义从事民事活动的组织。非法人组织包括个人独资企业、合伙企业、不具有法人资格的专业服务机构等。

非法人组织的突出特点在于其不具有法人资格，不能独立承担民事责任，而是由其出资人或者设立人承担无限责任。《民法典》第 104 条规定，非法人组织的财产不足以清偿债务的，其出资人或者设立人承担无限责任。

1. 个人独资企业。按照《个人独资企业法》的规定，个人独资企业是指依照本法在中国境内设立，由一个自然人投资，财产为投资人个人所有，投资人以其个人财产对企业债务承担无限责任的经营实体。个人独资企业投资人对本企业的财产依法享有所有权，其有关权利可以依法进行转让或继承。个人独资企业投资人在申请企业设立登记时明确以其家庭共有财产作为个人出资的，应当依法以家庭共有财产对企业债务承担无限责任。

2. 合伙企业。按照《合伙企业法》的规定，合伙企业是指自然人、法人和其他组织依照本法在中国境内设立的普通合伙企业和有限合伙企业。普通合伙企业由普通合伙人组成，合伙人对合伙企业债务承担无限连带责任。有限合伙企业由普通合伙人和有限合伙人组成，普通合伙人对合伙企业债务承担无限连带责任，有限合伙人以其认缴的出资额为限对合伙企业债务承担责任。

3. 专业服务机构。不具备法人资格的专业服务机构，虽然在法律上未被赋予法人地位，但通常能够以自己的名义开展业务，提供诸如法律、会计、审计、税收、咨询、管理、评估、培训、设计等专业服务，并承担相应的民事责任。这类机构业务较为专一，专业性较强。

二、常见企业形态的特征

经营者在投资前应当了解不同企业形态的不同特点，从而选择合适的企业形态，以顺利开展经营活动。本教材选取有限责任公司、股份有限公司、合伙企业、个人独资企业为主要对象，介绍常见企业形态的特征。

（一）有限责任公司的特征

1. 具有独立的法人资格。有限责任公司是独立的法人实体，拥有独立的财产权、经营权，能够以公司名义签订合同、起诉或应诉等。

2. 股东承担有限责任。股东以其认缴的出资额为限对公司债务承担责任，个人资产与公司资产相分离，股东对公司债权人不负直接责任，无需用个人财产偿还公司债务。

3. 股东人数具有法定限制。《公司法》第 42 条规定，有限责任公司由 1 个以上 50 个以下股东出资设立。股东可以是自然人或法人。股东人数有限，使得有限责任公司的股东之间关系较为密切，信任感较易建立，有利于股东相互交流与合作，提高公司决策效率和维护公司运营稳定。

一人公司是由单一股东设立的有限责任公司，该股东可以是自然人或法人。设立一人公司，需注意财务独立性，避免公司财产与个人财产混同。

4. 人资两合性。有限责任公司兼具资合性和人合性。一方面，股东出资为公司设立、运营和发展提供重要支持，公司以其全部资产独立对公司债务承担责任，公司资产是公司的信用基础，这体现出有限责任公司的资合性。另一方面，有限责任公司的股东人数有限，股东的个人信用也是公司信用基础的一部分，股东之间较为强调彼此信任，相互之间有效协商进行决策的做法也较常见，这体现出有限责任公司的人合性。

5. 股东出资的非股份性。有限责任公司注册资本为全体股东认缴资本的总和。股东既可以用货币出资，也可以用实物、知识产权、土地使用权、股权、债权等可以用货币估价并可以依法转让的非货币财产作价出资。法律对数据、网络虚拟财产的权属等有规定的，股东可以按照规定用数据、网络虚拟财产作价出资。有限责任公司的资本一般不分为等额股份，股东出资不以股份为单位计算，直接以出资额计算。股东一般按照出资比例取得收益，也可以约定不按照出资比例获取；股东会会议由股东按照出资比例行使表决权，除非公司章程另有规定。

6. 一定的封闭性。首先，有限责任公司由 1 个以上 50 个以下股东出资设立，股东人数有限，这在一定程度上限制了公司规模，天然带有一定的封闭性。其次，在公司发展过程中，有限责任公司股东股权对外转让也相对有所限制。《公司法》规定，有限责任公司的股东向股东以外的人转让股权的，应当将股权转让的数量、价格、支付方式和期限等事项书面通知其他股东，其他股东在同等条件下有优先购买权。这项内容是对原有股权转让规则的重要修订，相较于之前的规定，程序简化、股权流动性提升，有效保护了股东和第三方的合法权益。但与其他企业形态下产权流动自由的程度相比，仍体现出有限责任公司在股权对外转让方面具有一定的封闭性。

另外，由于股东人数有限和不公开发行股票，有限责任公司财务状况等信息无须向社会公示，这在客观上也反映出其具有封闭性。

7. 设立手续相对简便，治理结构相对灵活。有限责任公司的设立手续相对简便。一般由全体设立人制定公司章程，各自认缴出资额，即可在公司登记机关登记设立。有限责任公司的组织机构设置也相对灵活，规模较小或者股东人数较少的有限责任公司，可以不设董事会和监事会，设一名董事和监事，经全体股东一致同意，也可以不设监事。

（二）股份有限公司的特征

股份有限公司和有限责任公司相比，既有共同特征也有不同之处。共同特征表现在：首先，股份有限公司也是具有独立法人资格的实体，有独立的法人财产，享有法人财产权。公司以其全部财产对公司的债务承担责任。其次，股东也是承担有限责任。股份有限公司的股东以其认购的股份为限对公司承担责任，不对公司债务承担责任。公司债权人不能越过具有独立人格的公司，对已经完成出资义务的股东主张债权。

同时，股份有限公司还具有与有限责任公司相区别的突出特征：

1. 资合性。股份有限公司以其全部资产对公司债务承担责任。公司资产是公司信用的基础，是承担公司债务的保障。与有限责任公司不同，股份有限公司的股东人数众多，难以形成紧密关系，公司的对外信用脱离股东的个人影响，完全以公司资产为担保，这体现出股份有限公司的资合性。

2. 全部资本分为等额股份。股份有限公司规模一般较大，为了便于筹措资金和未来可能的股权转让，股份有限公司的全部资本被分割为等额股份，股份是股东的最小出资单位。股份总数乘以每股金额，即为公司全部资本总额。股东所持股份用以计算股东权利，除类别股股东外，股东出席股东会会议，所持每一股份有一表决权。股东所持股份每股所代表的金额相等，股东权利的大小，与其所拥有的股份数量成正比。

3. 开放性强，规模较大。股份有限公司可以向社会公开募集资本，投资者可以通过购买公司股份成为公司股东，同时可以自由转让其股份，这一方面体现出股份有限公司具有较强的开放性，另一方面也使得股份有限公司的规模通常较大，资金实力较强，组织架构会更加完善。

为了维护社会公众的合法利益，法律规定股份有限公司的股东有权查阅、复制公司章程、股东名册、股东会会议记录、董事会会议决议、监事会会议决议、财务会计报告等，公司的经营状况须向社会公开。这进一步增强了股份有限公司的开放性。一般来说，股份有限公司这一形态不适合中小型规模的企业。

（三）合伙企业的特征

1. 不具备法人资格。法人具有独立承担民事责任的能力，以其自有资产承担民事责任。合伙企业没有独立承担民事责任的能力，其民事责任由合伙企业和合伙人共同承担。

2. 普通合伙人承担无限连带责任。合伙企业分为普通合伙企业和有限合伙企业。普通合伙企业由普通合伙人组成，合伙人对合伙企业债务承担无限连带责任。有限合伙企业由普通合伙人和有限合伙人组成，普通合伙人对合伙企业债务承担无限连带责任，有限合伙人以其认缴的出资额为限对合伙企业债务承担责任。

3. 具有人合性。合伙企业由2个或2个以上的合伙人共同出资、共同经营、共享收益、共担风险，合伙人之间通常具有较强的信任关系和共同的商业目标。在企业发展过程中，合伙人适应市场需求，高效协商和决策，发挥各自优势和团队力量，实现资源整合和互补，管理、运营相对较为灵活。

4. 出资形式多样。合伙人除了可以用货币、实物、土地使用权、知识产权或者其他财产权利出资之外，经全体合伙人协商一致，也可以用劳务出资，其评估办法由全体合伙人协商确定。

（四）个人独资企业的特征

1. 投资主体为自然人。个人独资企业只能由1个自然人投资，企业或团体法人不能成为个人独资企业的投资人。

2. 企业财产为投资人个人所有。因为个人独资企业的投资人为个人，所以企业财产为投资人个人所有，同时其经营成果也归属于投资人个人，企业风险也由其个人承担。

3. 投资人以其个人财产对企业债务承担无限责任。投资人对个人独资企业的债务承担无限责任。当企业财产不足以清偿债务时，投资人须用个人财产继续承担清偿责任。

4. 不具有法人地位。作为经营实体，个人独资企业不是企业法人，不具有独立的法人人格。但它可以以自身名义依法从事各项经营活动，具有依法设立、招用职工、缴纳税款、管理企业事务、设置会计账簿、设立分支机构、为职工缴纳社会保险、享有收益等各方面的企业权能。

5. 规模有限。由于个人独资企业的投资人仅为1个自然人，企业经营权、所有权、控制权、收益权均由投资人掌握，投资人能够独立决策，创立简便，内部协调压力小，便于经营管理，投资者可根据企业实际情况灵活安排相关事务，一般规模较小，适用于投资较小的项目。

三、选择企业形态的考量因素

对于经营者来说，选择合适的企业形态，能够更加顺利、有效地开展企业管理、运营等活动。不同的企业形态在成立条件、股东权利义务、治理结构等方面具有各异的法律要求。投资者应当结合自身情况，理性分析和选择企业形态。一般来说，选择企业形态可重点考量以下因素：

(一) 投资者的责任承担

根据《公司法》的规定，公司股东承担有限责任。有限责任公司的股东以其认缴的出资额为限，股份有限公司的股东以其认购的股份为限，均对公司承担有限责任，即使公司出现资不抵债的不良状况，股东仍无须使用个人财产清偿公司债务。这对于股东来说较为有利，风险系数较小；相对来说，公司债权人风险加大。

根据《个人独资企业法》《合伙企业法》等规定，个人独资企业的投资者、合伙企业的普通合伙人，均须以个人财产对企业债务承担无限连带责任。这能够较好地保护企业债权人的合法利益，但对投资人来说风险较大。

可见，投资者在企业中承担的风险与企业形态息息相关。投资者在企业中如何承担责任，应当是投资者在选择企业形态时着重考量的一项因素。

(二) 投资者的权利限制

企业投资人在各项企业事务中享有权利，诸如资产收益、重大决策以及选择经营管理者等权利。《公司法》还规定公司股东具有表决权、查阅和复制权、股权转让权等。同时，《公司法》明确：公司是企业法人，有独立的法人财产，享有法人财产权。公司财产由公司所有，公司所有权与经营权相分离，股东不能直接占有和控制公司财产。

个人独资企业和合伙企业对投资人权利限制较少。个人独资企业的财产归投资人个人所有，投资人对其财产享有所有权，有权决定企业的经营策略和方向，并对企业的日常运营进行管理。合伙企业中，合伙人按照其出资份额享有对应的合伙共有财产权，对合伙事务享有同等的决策权。

(三) 设立条件、程序及费用是否有利

公司制企业，投资者承担责任较轻，所以设立条件相对严格，设立程序较为复杂，设立费用一般较多，尤其是股份有限公司的设立成本较为突出。个人独资企业和合伙企业，投资者承担责任较重，所以设立门槛相对较低，设立程序相对简单，费用也相对不高。

(四) 企业的税收负担

不同企业形态的税负差异主要体现在所得税上。对于公司制企业的所得税，我国税法既要求公司在盈利后缴纳企业所得税，又要求公司股东在获得股利时缴纳个人所得税，税收负担相对不轻。个人独资企业、合伙企业不属于企业所得税纳税义务人，无需缴纳企业所得税，其生产经营所得计征个人所得税，税负相对较轻。个人独资企业、合伙企业如果属于增值税小规模纳税人，可以依据相关政策申报享受税收优惠。

(五) 企业的融资需求

有限责任公司不能公开发行股票，有效筹措资金的能力、途径、规模等都较为有限。个人独资企业、合伙企业由于投资人特定，企业归属性较强，不易从外部获得支持，融资能力较弱，如果投资者本身资金充足，或计划投资发展的资金需求不大，可考虑采用以上企业形态。股份有限公司可以公开发行股票，融资能力强，如果企业未来发展融资需求大，可考虑采用股份有限公司的企业形态。

除以上列举的因素外，投资者在设立企业时还可以从投资行业、经营期限等多方面进行考量，多角度比较分析各种企业形态，理性选择最佳形态。

学习单元二　企业设立的主要法律文本

企业设立是取得市场经营主体资格的首要程序。在这一过程中，投资者应当按照法律法规的相关规定，提供相关法律文书。本教材以公司制企业、合伙企业、个人独资企业为主要对象，介绍企业设立的主要法律文本。

一、公司设立的主要法律文本

结合《公司法》和国家市场监督管理总局制作的《市场主体登记文书规范（2022年版）》相关规定，公司设立的主要法律文本有：

(一) 发起人协议

发起人协议是指股东在公司设立时，为了规范公司设立过程中各方权利义务等而签署的协议约定，包括治理结构、权利义务分配、责任分担、议事规则、违约责任、保密要求等。其主要目的在于确保公司顺利成立，防止因各发起人权利义务不明确等问题，产生公司无法设立的后果或其他各类矛盾纠纷。

《公司法》规定，有限责任公司设立时的股东可以签订设立协议，明确各自在公司设立过程中的权利和义务。股份有限公司发起人承担公司筹办事务，发起人应当签订发起人协议，明确各自在公司设立过程中的权利和义务。《最高人民法院关于适用〈中华人民共和国公司法〉若干问题的规定（三）》（以下简称《公司法司法解释（三）》）第1条规定，为设立公司而签署公司章程、向公司认购出资或者股份并履行公司设立职责的人，应当认定为公司的发起人，包括有限责任公司设立时的股东。可见，可以将"发起人协议"理解为既包括股份有限责任公司发起人签订的"发起人协议"，也包括有限责任公司股东签订的"设立协议"。

《公司法》规定，股份有限公司设立过程中，发起人"应当"签订设立协议，这是法定的必备环节；有限责任公司的股东"可以"签订设立协议，这并非强制性要求。但在商事实践中，企业设立因未签订设立协议或签订协议不规范而导致冲突的情况，并不少见。可见，发起人协议是公司筹备阶段的重要法律文件，在公司设立时签订发起人协议具有重要的现实意义。

制定发起人协议需注意以下2点：

1. 注意采用书面形式。公司设立协议属于当事人之间的合同，主要根据当事人的意思表示形成，体现当事人的意愿和要求。采用书面形式签订公司设立协议，能够明确各方权利义务关系，即使出现争议，也能够做到有据可查，从而有效维护公司设立期间各方发起人的合法权益和整体利益，避免因权责不明引发的纠纷和损失，最终促使公司顺利取得市场主体资格。

2. 注意内容完备。签订公司设立协议，应当注意内容的完备性。签订者应在协议中明确发起人基本信息及出资情况、公司形式、经营范围、注册资本、设立人的权利义务、公司治理结构、设立费用分担及债务清偿规则、违约责任与争议解决方式、保密义务和竞业禁止等内容。例如，在发起人协议中约定各方发起人保证对在讨论、签订、执行本协议过程中所获悉的公司计划、运营活动、财务情况、技术信息、商业秘密等各项文件及资料予以保密。形成详尽、严谨的发起人协议，有利于按照协议内容划分内部责任和追究违约责任，有效解决法律争议。

（二）公司章程

公司章程又称公司宪章，是公司设立的必备文件，是公司的核心自治规则，是公司运营的总纲领。它由股东或发起人共同制定，规定公司名称、住所、经营范围、注册资本、股东姓名或者名称、股东出资情况、公司机构、议事规则、公司法定代表人的产生及变更办法等重大事项，对公司、股东、董事、监事及公司高级管理人员具有约束力。它具有法定性、真实性、自治性和公开性等特征。

有限责任公司由全体股东签署公司章程，股份有限公司由全体发起人签署公司章程，不得由他人替代，体现出股东或发起人对公司章程内容的认可。公司章程是规范公司组织与行为的重要文件。《公司法》规定，申请设立公司，应当提交设立登记申请书、公司章程等文件，提交的相关材料应当真实、合法和有效。可见，设立公司必须制定公司章程，它是申请设立公司必须提交的一项法律文本，如果没有公司章程，则不能登记设立公司。

制定公司章程需注意以下2点：

1. 章程内容应当符合法律规定。虽然公司章程是公司的自治规则，在内容制定上具有较强的灵活性，但其内容仍然应当是在《公司法》等法律规定的框架内商议确定，避免章程内容因违反法律强制性规定而无法落实。对于《公司法》等法律中的强制性规定，公司章程应当与其保持一致；对于法律中的任意性规定，公司章程可以以其为依据加以自主选择、合理变通等。

例如，《公司法》中规定，公司章程应当载明的公司名称和住所、公司经营范围等必备事项，公司章程应当一一明确，缺一不可；其他任意事项，公司可以在不违反法律规定和公序良俗的情况下，结合股东和企业的实际需求自主决定。实践中，投资者，尤其是股东人数有限、股权相对集中、股东参与公司经营管理较多的中小企业投资者，可以积极、充分、有效运用任意事项表达自身诉求，并明确载入公司章程，确保股东权利义务公平合理，有力维护自身权益和实现公司治理目标。

2. 章程内容应当完备。公司章程是公司活动的基本准则，具有一定的稳定性。制定公司章程，应当从大局出发、从细节入手，注意考虑周全、内容完备，使其能够为公司各项活动提供内部依据。尤其是对于《公司法》中未予强制规定但在公司治理中普遍存在的任意性内容，应当留心明确相关条款，避免因章程内容不够全面而带来冲突，影响公司顺利发展。

例如，《公司法》中规定，有限责任公司股东会会议分为定期会议和临时会议。定期会议应当依照公司章程的规定按时召开。可见，公司章程可以规定定期会议的具体召开日期。定期会议是公司必须召开的会议，应当在章程中明确具体时间和地点，还可以规定每年召开年中、年底两次定期会议，要求股东提前做好参会准备，避免出现各方股东就开会时间、地点难以统一的情况出现，从而通过召开股东会定期会议，及时有效决议公司相关事项，确保公司正常运转。

（三）公司登记（备案）申请书

各种形态的企业在进行设立时均需提交登记（备案）申请书，其通常为制式文件。公司登记（备案）申请书中包括名称、住所、法定代表人姓名、公司类型、注册资本、设立方式（股份公司填写）、经营期限、经营范围等信息。[1]

（四）股东、发起人的主体资格文件或自然人身份证明

《市场主体登记文书规范（2022年版）》规定了各种身份类型的股东、发起人应当提交的身份证明，诸如股东、发起人为企业的，提交营业执照复印件；股东、发起人为自然人的，提交身份证件复印件，等等。

（五）法定代表人、董事、监事和高级管理人员的任职文件；法定代表人、董事、监事和高级管理人员的身份证件复印件（提交纸质材料办理登记的，在申请书中粘贴身份证件复印件）

（六）住所使用相关文件

（七）验资证明

募集设立的股份有限公司提交依法设立的验资机构出具的验资证明。

（八）国务院证券监督管理机构的核准文件

募集设立的股份有限公司公开发行股票的应提交国务院证券监督管理机构的核准文件。

（九）有关批准文件或者许可证件的复印件

法律、行政法规和国务院决定规定设立公司必须报经批准的或公司申请登记的经营范围中有法律、行政法规和国务院决定规定必须在登记前报经批准的项目，提交有关批准文件或者许可证件的复印件。

二、合伙企业设立的主要法律文本

结合《合伙企业法》和国家市场监督管理总局制作的《市场主体登记文书规范（2022年版）》相关规定，合伙企业设立的主要法律文本有：

（一）合伙企业登记（备案）申请书

合伙企业登记（备案）申请书中包括企业名称、主要经营场所、联系电话、邮政编码、执行事务合伙人、合伙企业类型、出资额、经营范围、合伙

---

[1] 公司登记（备案）申请书详见国家市场监督管理总局制作的《市场主体登记文书规范（2022年版）》。

期限、合伙人数等信息。[1]

(二) 全体合伙人签署的合伙协议

合伙协议是合伙企业的重要法律文件，它的内容应当合法有效，起到保障合伙人权利、明确合伙人义务的作用，防止企业运行过程中出现内部法律纠纷。订立合伙协议应当注意以下2点：

1. 以书面形式订立。《合伙企业法》规定，合伙协议依法由全体合伙人协商一致、以书面形式订立。采用书面形式订立合伙协议，显示出合伙人对合伙业务的审慎态度，确保协议具有较强的约束力和证据价值，便于在合伙业务开展过程中处理合伙事务。可见，合伙协议既是记载合伙人权利义务的重要法律文书，也是发生纠纷时证明合伙人法律关系的重要依据。

2. 内容完备，约定明确。合伙人在合作初期一般"其乐融融"，但随着企业的发展，难免出现分歧。为了防止未来可能出现的利益冲突，合伙人应当制定内容完备的合伙协议，在协议中"未雨绸缪"，提前就各项事务做好约定。

按照《合伙企业法》的规定，合伙协议应当载明主要经营场所、经营范围、出资情况等基本信息，还要清晰约定利润分配、亏损分担方式、合伙事务的执行、入伙与退伙、争议解决办法、解散与清算、违约责任等各项内容。例如，签订合伙协议时，合伙人应当共同商议确定利益分配问题，合理构建货币、实物、知识产权、土地使用权等各种出资方式的获利安排等，稳定合伙人信心。在合伙协议中要提前设置合伙事务的执行机制，详细规定合伙人的职责权限，确保履职到位，防止实际运营过程中出现管理漏洞。一旦亏损，合伙人内部如何分担损失，也是合伙协议中应当明确约定的重要内容。

总之，合伙协议是合伙企业的基础文件，是其经营管理过程中处理各种问题的依据，合伙人应当按照法律的规定，本着自愿、平等、公平、诚实信用的原则，共同商议明确合伙道路上的各项情况，为合伙企业顺利发展保驾护航。

(三) 全体合伙人的主体资格文件或自然人身份证明、合伙人住所证明

《市场主体登记文书规范（2022年版）》规定了各种身份类型的合伙人应当提交的身份证明，诸如合伙人为企业的，提交营业执照复印件；合伙人

---

[1] 合伙企业登记（备案）申请书详见国家市场监督管理总局制作的《市场主体登记文书规范（2022年版）》。

学习领域二　组企业——企业设立、变更与终止法律实务

为自然人的，提交身份证件复印件，等等。

（四）主要经营场所使用相关文件

（五）有关批准文件或者许可证件的复印件

法律、行政法规和国务院决定规定在登记前须报经批准的或申请登记的经营范围中有法律、行政法规和国务院决定规定须在登记前报经批准的项目，提交有关批准文件或者许可证件的复印件。

（六）合伙人的职业资格证明

法律、行政法规规定设立特殊的普通合伙企业需要提交合伙人的职业资格证明的，提交相应证明。

三、个人独资企业设立的主要法律文本

结合《个人独资企业法》和国家市场监督管理总局制作的《市场主体登记文书规范（2022年版）》相关规定，个人独资企业设立的主要法律文本有：

（一）个人独资企业登记（备案）申请书

个人独资企业登记（备案）申请书中包括企业名称、联系电话、邮政编码、住所、出资额、经营范围、投资人及出资信息等内容。[1]

（二）投资人身份证件复印件

申请设立个人独资企业，须在申请书中粘贴身份证件复印件。

（三）住所相关文件

（四）有关批准文件或者许可证件的复印件

法律、行政法规和国务院决定规定在登记前须报经批准的或申请登记的经营范围中有法律、行政法规和国务院决定规定须在登记前报经批准的项目，提交有关批准文件或者许可证件的复印件。

学习单元三　企业设立流程

市场主体应当依法依规办理登记手续，从而设立企业，未经登记不得以市场主体名义从事经营活动，除非是法律、行政法规规定无需办理登记的情

---

[1] 个人独资企业登记（备案）申请书详见国家市场监督管理总局制作的《市场主体登记文书规范（2022年版）》。

况。国务院市场监督管理部门主管全国市场主体登记管理工作，县级以上地方人民政府市场监督管理部门主管本辖区市场主体登记管理工作。企业设立的具体流程如下图所示：

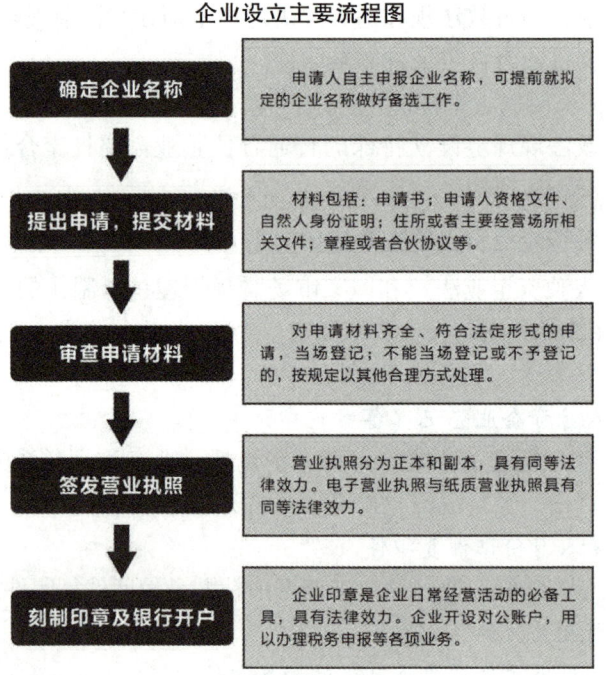

企业设立主要流程图

一、确定企业名称

企业名称是企业标识，直接体现企业形态、行业等，应当特色鲜明避免重名、朗朗上口便于传播，同时还要注意符合法律法规的相关规定。企业名称由行政区划名称、字号、行业或者经营特点、组织形式组成。企业名称中的行政区划名称应当是企业所在地的县级以上地方行政区划名称。市辖区名称在企业名称中使用时应当同时冠以其所属的设区的市的行政区划名称。跨省、自治区、直辖市经营的企业，其名称可以不含行政区划名称；跨行业综合经营的企业，其名称可以不含行业或者经营特点。

确定企业名称，需要进行企业名称自主申报，由申请人通过对应地区市场监督管理部门企业名称自主申报系统或登记机关服务窗口提交信息和材料进行办理。依据《企业名称登记管理规定》，县级以上人民政府市场监督管理部门是企业登记机关，负责中国境内设立企业的企业名称登记管理。

实践中，企业设立普遍登录当地政务服务网，全程电子化进行企业登记，高效便捷，省时省力。例如，申请人提交名称申请后，系统会对拟定的名称进行查询、比对和筛选，快速判断企业名称是否可用，审核通过后可进行下一步操作。企业申报名称时，可提前准备数个备选名称，以便在拟定名称不被认可等特殊情况下及时做出应对。

二、提出申请，提交材料

企业名称通过审核、确定之后，申请人按要求提交各项文件至企业登记机关，或是通过线上服务平台进行信息填报和材料上传。提交的相关材料应当真实、合法、有效、齐全，申请人应当对其提交材料的真实性、合法性和有效性负责。

申请办理市场主体登记，应当提交的材料包括：申请书；申请人资格文件、自然人身份证明；住所或者主要经营场所相关文件；公司、非公司企业法人、农民专业合作社（联合社）章程或者合伙企业合伙协议；法律、行政法规和国务院市场监督管理部门规定提交的其他材料。登记材料清单和文书格式样本，可以参照《市场主体登记提交材料规范（2022年版）》和《市场主体登记文书规范（2022年版）》进行正确整理。

《市场主体登记管理条例》规定，登记机关应当优化市场主体登记办理流程，提高市场主体登记效率，推行当场办结、一次办结、限时办结等制度，实现集中办理、就近办理、网上办理、异地可办，提升市场主体登记便利化程度。目前，实践中，各地大力推广企业开办全程网上办理，这种方式有效缩短审批时间，明显提升服务质量。

三、审查申请材料

《市场主体登记管理条例》规定，登记机关应当对申请材料进行形式审查。对申请材料齐全、符合法定形式的予以确认并当场登记。不能当场登记的，应当在3个工作日内予以登记；情形复杂的，经登记机关负责人批准，可以再延长3个工作日。申请材料不齐全或者不符合法定形式的，登记机关应当一次性告知申请人需要补正的材料。登记申请不符合法律、行政法规规定，或者可能危害国家安全、社会公共利益的，登记机关不予登记并说明理由。

四、签发营业执照

《市场主体登记管理条例》规定，申请人申请市场主体设立登记，登记机关依法予以登记的，签发营业执照。营业执照签发日期为市场主体的成立日期。法律、行政法规或者国务院决定规定设立市场主体须经批准的，应当在批准文件有效期内向登记机关申请登记。营业执照分为正本和副本，具有同等法律效力。电子营业执照与纸质营业执照具有同等法律效力。营业执照样式、电子营业执照标准由国务院市场监督管理部门统一制定。目前，我国各地普遍推行"多证合一"，企业在取得营业执照的同时，同步完成社保、税务、统计等登记。

五、刻制印章及银行开户

企业设立登记完成后，应到当地公安机关指定的刻章单位刻制印章。企业印章包括公章、法定代表人章、财务专用章、合同专用章和发票专用章等，企业还可以根据需要刻制业务专用章和部分专用章。企业印章是企业日常经营活动的必备工具，具有法律效力。

企业还需要以企业名义开设对公账户，即单位银行结算账户，用以办理税务申报、社会保险缴纳等业务。单位银行结算账户，分为基本存款账户、一般存款账户、专用存款账户和临时存款账户。开设银行账户需要提供公司营业执照、印章等相关证明文件。

设立企业要注意依法依规办理，确保企业顺利合规运转。另外，培训、医疗等特殊类别的企业设立还需办理前置审批许可。

学习单元四　企业设立中的常见法律问题

设立企业应当按照《公司法》《合伙企业法》《个人独资企业法》等法律法规的相关规定，有序开展，有效设立，避免在设立过程中出现违法违规现象，从而给企业设立带来不利影响。下面以公司制企业为例，列举企业设立中的常见法律问题。

一、企业设立协议与章程规定的一致性

设立企业需要投资人签订各项法律文件，包括发起人协议、公司章程等。发起人协议能够就设立公司过程中可能出现的各种问题提前进行约定，规范

投资人的各项活动，确保公司顺利成立。公司章程作为公司的法定必备文件，其内容与发起人协议（包括有限责任公司的"设立协议"）的内容会有重合之处，即两种文件中均会记载相关事项，诸如公司名称、注册资本、股东出资情况、股东权利义务等。投资人要注意这两项文件的衔接和一致，避免出现"同一事项不同要求"的矛盾之处，减少纠纷。

一般来说，公司章程是企业宪章，是企业设立登记机关的官方备案文件，是投资人共同的意思表示，它在企业存续期间始终对所有股东，包括制定公司章程的原始股东和章程制定后加入公司的新股东，都具有法律约束力。发起人协议是发起人共同签署的筹建企业的初始文件，从签署协议开始在发起人之间产生效力，至企业成立完成使命。但对于公司设立期内发生的涉及发起人利益的问题，该协议仍可作为处理争议的依据。在最高人民法院民事审判第二庭编著的《中华人民共和国公司法理解与适用》中对发起人协议与公司章程约定冲突的处理提出了观点：相同的法律事项，设立协议与公司章程有不同的规定，涉及公司、其他股东或者公司债权人利益的，以公司章程的约定为准；只涉及签约发起人之间的利益的，应当以当事人的真实意思为准。[1]

二、各类出资形式的合法有效

股东出资是企业资本的基本来源，应当对出资资产进行严格审核。《公司法》规定，股东可以用货币出资，也可以用实物、知识产权、土地使用权、股权、债权等可以用货币估价并可以依法转让的非货币财产作价出资。对作为出资的非货币财产应当评估作价，核实财产，不得高估或者低估作价。《公司登记管理实施办法》中还规定，法律对数据、网络虚拟财产的权属等有规定的，股东可以按照规定用数据、网络虚拟财产作价出资。

可见，股东出资形式多样，应当约定明确、核算清晰。对于货币出资，应当进行必要的相关调查，明确货币出资来源合法，以外币出资注意汇率折算。以非货币出资，出资价值不直观，需要进行合理估价，确定作价金额，避免高估或低估，与实际价值不符，差距过大有可能导致登记机关不予认可，影响企业设立。对于专利技术等知识产权出资，还应当商定具体使用范围，防止出现侵权责任。以股权出资，注意出资人合法持有该股权，无权利瑕疵

---

[1] 最高人民法院民事审判第二庭编著：《中华人民共和国公司法理解与适用（上册）》，人民法院出版社2024年版，第173页。

等，依法可以转让。以债权出资，注意债权人已履行该债权对应的合同义务，能够依法转让债权。以数据、网络虚拟财产出资，须权属明确，必要时提供权属证书等进行证明。

总之，在企业设立过程中，应当保证各类出资形式合法有效。尤其是非货币财产出资，不存在权利瑕疵，不影响财产产权转移和公司成立，即便出现纠纷，也能够有力地进行举证。

三、出资人出资义务的履行

（一）避免虚假出资

出资人履行出资义务是其基本责任，应当真实、足额，避免虚假出资。有限责任公司的股东应严格按照公司章程的规定，按期足额缴纳所认缴的出资额。股东以货币出资的，应当按照公司章程规定的时间和金额，将货币出资足额存入有限责任公司在银行开设的账户，可采用一次性或分期方式；以非货币财产出资的，除了必须进行作价评估之外，还应当依法办理产权转移手续，确保该类财产出资实际到位和公司资金充足。

股东对公司具有法定出资义务，未按期足额向公司缴纳出资，给公司造成损失，公司有权请求该股东承担赔偿责任。同时，按照《公司法》的规定，有限责任公司设立时，股东未按照公司章程规定实际缴纳出资，或者实际出资的非货币财产的实际价额显著低于所认缴的出资额的，设立时的其他股东与该股东在出资不足的范围内承担连带责任。可见，股东在出资设立公司时，不仅应及时足额缴纳出资额，还要关注其他出资人的出资情况，必要时督促其按要求履行出资义务，避免承担连带责任损害自身利益，降低出资风险。

（二）避免抽逃出资

有限责任公司的股东缴纳出资后不得抽逃出资。抽逃出资，指出资人将其所缴纳的出资额暗中抽逃撤回，但其仍保留股东身份和原有的出资份额。这会导致公司资本减少，从而直接影响公司经营和发展。根据《公司法司法解释（三）》的规定，制作虚假财务会计报表虚增利润进行分配、通过虚构债权债务关系将其出资转出、利用关联交易将出资转出以及其他未经法定程序将出资抽回的行为，均构成抽逃出资。股东抽逃出资的，应当返还抽逃的出资；给公司造成损失的，负有责任的董事、监事、高级管理人员应当与该股东承担连带赔偿责任。公司债权人请求抽逃出资的股东在抽逃出资本息范围内对公司债务不能清偿的部分承担补充赔偿责任，协助抽逃出资的其他股东、董事、高级管理人员或者实际控制人对此承担连带责任的，人民法院应予支持。抽逃出资情节严重的，还可能构成刑事犯罪，承担刑事责任。

四、隐名出资与挂名法定代表人

一般来说，投资人出资设立企业，自然而然成为公司股东，登记在公司章程、股东名册等文件材料中，并在公司登记机关予以登记。但实践中，有的投资者进行实际出资、参与日常管理、获得利润分配等，但却并非对外公示文件中的股东，这一般是股权代持的情况。实际出资人委托他人名义上代持股权，登记他人为公司股东，自己隐名出资、幕后操作。

隐名出资人的权利保障具有较大风险，可能发生显名股东，即虽未实际出资但名义上持有股权的人，擅自决定公司事项、转移名下股权等行为，损害隐名出资人和企业利益。因此，实际出资人应当避免隐名出资情况，据实登记股东信息。出现隐名出资的情况，实际出资人与名义出资人应订立合同，明确约定权利义务，妥善保留实际出资证据。

有些企业是以他人作为法定代表人，而非按照公司章程规定由代表公司执行公司事务的董事或者经理担任。由于法定代表人对外代表公司，其以公司名义从事的民事活动，法律后果由公司承受，所以挂名法定代表人的行为对于企业危险系数更大。一旦法定代表人与实际股东之间产生矛盾，法定代表人有可能违背实际股东的意愿从事损害公司利益的行为，如代表公司进行借款、违约、担保等。同样，对于挂名者，也非高枕无忧，其可能面临实际出资人虚假出资、抽逃出资、转移或隐匿财产等行为产生的法律责任。同时自身作为公司法定代表人，较易被认为收入较高，当实际生活经济匮乏时，不易办理享受最低生活保障相关手续。

五、形成合理的股权结构

股权结构是否合理对于公司治理意义重大，股权过于分散、集中，均不利于公司治理。出资额和持股比例决定了股东表决权和收益权大小，法律平等保护大小股东合法权利。股权过于集中，小股东利益不易得到有效保护，也容易引发因大股东话语权强势而造成的决策失误，不易形成有效制衡。股权过于分散，欠缺能够把握公司方向的股东，较易导致公司决策效率不高，不利于公司日常经营和发展。同时，股权绝对均衡也不合理。例如，大股东股权基本持平，欠缺小股东或小股东股权比例极低，公司难以形成有效决议，容易使公司运转陷入僵局。

公司应当科学规划，形成合理的股权结构，既保障大股东对公司的控制权,也尊重小股东的表决权等合法权利,从而有效治理公司,避免矛盾冲突,实现多方共赢。

六、发起人避免以设立中公司名义对外签订与设立无关的合同

设立中公司,是有限责任公司股东签订公司设立协议或股份有限公司发起人签订发起人协议后,公司在未取得营业执照前所处的状态。设立中公司不同于公司,严格来说,它还不是独立的法人,不能独立对外承担民事责任。但其又初具公司样式,具有一定的财产和工作人员,在企业设立过程中,需要对外从事民事活动。

应当注意,发起人以设立中公司名义,对外签订合同,应是为公司设立而采取的行为,诸如筹集资金、租赁场地、购买设备、资产评估等,避免实施与公司设立无关的活动,减少企业负担。根据《公司法司法解释(三)》的规定,发起人以设立中公司名义对外签订合同,公司成立后,原则上由成立后的公司承担责任,除非公司可以证明发起人利用设立中公司的名义为自己的利益与相对人签订合同,如存在利用公司法人独立地位和股东有限责任逃避债务的主观故意,则公司不承担责任。但如果合同相对人为善意第三人,则即便公司可以证明发起人为自己牟利,公司仍应承担责任,但可在承担责任后向发起人追偿。

七、避免公司设立失败和被撤销设立登记的风险

公司设立失败可能引发纠纷,应当提前做好准备,避免相应风险。公司设立失败,一般是由于未按期募足股份、发起人未按期召开成立大会或者成立大会决议不设立公司,以及市场突然变化、法律法规限制等原因。一旦公司最终未能依法登记成立,公司设立宣告失败,公司设立过程中已经募集到的资金应当及时返还出资人,非货币出资应当依法明确权属,尤其是技术、商标等知识产权,注意妥善处理,避免冲突。

公司被撤销设立登记,发生在公司设立之后。登记机关发现公司在设立过程中存在严重违法行为而依法予以撤销设立登记,使公司设立登记归于无效。《公司法》规定,虚报注册资本、提交虚假材料或者采取其他欺诈手段隐瞒重要事实取得公司设立登记的,公司登记机关应当依照法律、行政法规的规定予以撤销。此类行为是严重扰乱市场经营秩序的行为,是违背诚实信用原则的行为,给市场交易相对方带来较大的交易风险,毫无疑问应当及时处理。但同时,这也意味着曾经与该公司产生过交易活动的其他市场主体,可

能面临着利益受损。所以，当公司被撤销设立登记时，应当充分考量如何有效维护交易相对方的合法利益，防止矛盾加剧。

经典案例分析

《公司法》要求股东应当按期足额缴纳公司章程规定的各自所认缴的出资额，不得抽逃出资。抽逃出资一般表现为制作虚假财务会计报表虚增利润进行分配、虚构债权债务关系将出资转出、利用关联交易将出资转出等，股东验资后随即将出资转出是股东逃避出资责任的常见方式。

案例中，秦某、李某、张某三名股东的出资在转入甲公司账户后短期内又被转出，甲公司及三名股东皆对该行为无合理解释，股东出资未实际用于公司经营，这严重侵蚀公司资本，损害公司及其债权人的合法利益，符合法律规定的抽逃出资表现形式。

根据《公司法》的规定，抽逃出资的股东对公司及外部债权人均须承担责任。就公司内部而言，股东应当返还抽逃的出资，给公司造成损失的，负有责任的董事、监事、高级管理人员应与该股东承担连带赔偿责任；就公司外部而言，公司债权人有权要求抽逃出资的股东在抽逃出资的本息范围内对公司债务不能清偿的部分承担补充赔偿责任，协助抽逃出资的其他股东、董事、高级管理人员或实际控制人等应对此承担连带责任。可见，秦某、李某、张某三名股东应当分别在其抽逃出资的本息范围内，对甲公司不能清偿的债务承担补充赔偿责任。

学习模块二　企业变更与终止法律实务

> **经典案例**

公司减资时，股东对公司是否通知已知债权人负有合理注意义务——刘某与张某、朱某、甲公司股东损害公司债权人利益责任纠纷[1]

基本案情：2015年4月，刘某与甲公司签署《承包租赁合同》，约定由刘某承包甲公司的大棚房，承包期限至2028年。2017年8月，案涉大棚房被相关部门依法拆除。2019年9月，经法院调解，确认由甲公司返还刘某11万余元，但甲公司一直未予履行。刘某认为，2018年3月甲公司由1000万元减资至100万元时，未将减资事宜通知刘某，侵害了刘某作为债权人的权益，故请求甲公司的股东张某、朱某在900万元减资范围内对公司债务承担补充赔偿责任。

裁判结果：2018年3月，张某、朱某对甲公司减资时，应当知道甲公司出租给刘某的大棚房已经全部拆除，公司负有向刘某退还承包费的金钱给付义务，故刘某为公司的已知债权人。甲公司减资时仅对减资事项进行了公告，并未通知刘某，致使刘某不能要求甲公司提供担保或清偿债务，不符合法定的减资程序，亦损害了刘某的合法权益。虽然减资的通知义务主体是公司，

---

[1]《怎么办，注册资本认缴期限有变化？放宽心，这场通报会助您从容面对！》，载 https://bj3zy.bjcourt.gov.cn/article/detail/2024/04/id/7906632.shtml，最后访问日期：2025年3月27日。（具体案例内容可扫描链接中的二维码查看）

但张某、朱某作为减少注册资本的股东，对公司的通知义务应尽到合理注意义务，故认定其对甲公司减少注册资本的程序瑕疵负有过错。现甲公司减资后，不能履行对刘某所负的到期债务，张某、朱某应当在900万元减资数额范围内对法院调解书所确定的甲公司的债务承担补充赔偿责任。

学习单元一 企业变更法律实务

企业成立后，由于业务需要、策略调整、市场环境变化等原因，发生企业合并、分立、增资、减资等情况，可能需要对名称、企业类型、经营范围、注册资本、股东（股权）、法定代表人、经营期限、章程等各种信息进行变更。《公司法》规定，公司登记事项发生变更的，应当依法办理变更登记。公司登记事项未经登记或者未经变更登记，不得对抗善意相对人。可见，公司发生变化，应当及时进行变更登记，避免在交易活动中面临法律风险。本教材以公司制企业为例学习以下内容。

一、公司合并与分立

（一）公司合并与分立的种类

公司合并是指由两家及以上的公司依照法定程序合并为一家公司的法律行为。根据《公司法》的规定，公司合并可以采取吸收合并或者新设合并。一个公司吸收其他公司为吸收合并，被吸收的公司解散。在该情况下，合并后的公司依法办理变更登记；被吸收的公司依法办理注销登记。两个以上公司合并设立一个新的公司为新设合并，合并各方解散。在该情况下，合并各方依法办理注销登记；合并后新设立的公司依法办理设立登记。

公司分立是指一家公司依照有关法律规定分成两家及以上独立公司的法律行为。公司分立有存续分立、解散分立两种形式。存续分立，又称派生分立，是指一家公司分立成两家以上公司，原公司继续存在并设立一家以上新公司。在存续分立的情况下，原公司虽存续，却减少了注册资本，应依法办理变更登记，派生的公司则应办理设立登记。解散分立，又称新设分立，是指一家公司分解为两家以上公司，原公司解散，两家以上新的公司设立。在解散分立的情况下，原公司解散，需办理注销登记，新设公司需办理设立登记。

（二）公司合并与分立的表决程序

公司合并、分立需要由股东会作出决议。根据《公司法》的规定，有限责任公司股东会作出公司合并、分立的决议，应当经代表 2/3 以上表决权的股东通过。股份有限公司股东会作出公司合并、分立的决议，应当经出席会议的股东所持表决权的 2/3 以上通过。

（三）公司合并与分立的程序

1. 简易合并和小规模合并。

（1）简易合并。简易合并是指公司与其持股 90% 以上的公司合并。被合并的公司无需经股东会决议，但应当通知其他股东，其他股东有权请求公司按照合理的价格收购其股权或者股份。简易合并一般适用于吸收合并。

在简易合并中，作为被合并公司持股 90% 以上的股东，合并方自身对被合并公司具有控制权，被合并公司是否召开股东会就合并事宜进行决议无实质意义；但应当通知其他股东，维护被合并公司中其他中小股东的知情权、回购请求权等合法权益。需要注意的是，合并方仍需经过股东会决议。

另外，简易合并不经股东会决议的，应当经董事会决议。董事会会议应当有过半数的董事出席方可举行。董事会作出决议，应当经全体董事的过半数通过。

（2）小规模合并。如果公司章程没有特别规定公司合并必须经股东会决议，那么，公司合并支付的价款不超过本公司净资产 10% 的，可以不经股东会决议，这是小规模合并。小规模合并一般适用吸收合并。需要注意的是，这里可以不经股东会决议的是合并方公司，被合并方仍需经过股东会决议，除非被合并方由合并方持股 90% 以上。小规模合并不经股东会决议的，应当经董事会决议。

2. 公司合并的一般程序。

（1）签订合并协议。合并各方公司董事会行使制订公司合并方案的职权。合并协议的内容可以根据自身实际情况协商而定，一般主要包括合并各方的基本情况，诸如名称、住所、法定代表人等；合并后公司的基本情况，包括注册资本、股权构成等；合并形式；各方债权、债务的承继办法；职工安置办法；违约责任；解决争议的方式等。

（2）编制资产负债表及财产清单。资产负债表及财产清单应当全面、真实、细致详尽地记录各项内容，包括固定资产、流动资产、知识产权、债权债务等，方便债权人查阅，为资产评估、债权债务承继等工作做好准备。

(3) 通过合并决议。除法律另有规定外，例如除简易合并和小规模合并外，通常情况下，企业合并，各方均应经过各自股东会决议。双方股东会决议通过合并方案。

(4) 通知、公告债权人。公司合并会影响债权人的利益，公司应当保护债权人的知情权和异议权。公司应当自作出合并决议之日起10日内通知债权人，并于30日内在报纸上或者国家企业信用信息公示系统公告，确保已知的债权人和未知的债权人都能够获悉公司合并事实，为行使异议权提供保障。应当注意，不得直接以公告代替通知，对于已知债权人，公司履行通知义务不可或缺。国家企业信用信息公示系统是适应信息化社会发展需求的电子化途径，简便快捷，实用性强。

债权人自接到通知之日起30日内，未接到通知的自公告之日起45日内，可以要求公司清偿债务或者提供相应的担保。公司合并，公司应当及时履行通知、公告债权人的义务，如果债权人有要求，应当依法清偿债务或者提供相应担保，避免产生纠纷。

(5) 依法进行登记。因合并而新设的公司应办理设立登记，因合并而消灭的公司应办理注销登记，吸收合并中的存续公司应办理变更登记，完成以上登记后，合并程序即告完成。

3. 公司分立的一般程序。《公司法》规定，公司分立应当编制资产负债表及财产清单。公司应当自作出分立决议之日起10日内通知债权人，并于30日内在报纸上或者国家企业信用信息公示系统公告。公司分立的一般流程和公司合并的一般流程基本一致，包括签订分立协议，编制资产负债表及财产清单，参与分立的公司作出分立决议，通知、公告债权人，依法进行登记等。

应当注意，对于公司分立，法律未赋予债权人要求公司清偿债务或者提供担保的权利，这主要是由于分立后各公司对分立前公司的债务承担连带责任，能够为债权人提供保护。公司分立，公司应及时公告、通知债权人，避免出现程序错误，引发法律纠纷。

(四) 公司合并、分立后，各方债权债务的承担

《公司法》规定，公司合并时，合并各方的债权、债务，应当由合并后存续的公司或者新设的公司承继。公司分立前的债务由分立后的公司承担连带责任。但是，公司在分立前与债权人就债务清偿达成的书面协议另有约定的除外。

二、公司减资与增资

公司遵循资本维持原则，一般情况下会维持注册资本的稳定。但为了调整公司规模等公司发展的需要，公司在注册资本确定后可以依照法定条件、程序来减少或增加公司资本额，即为减资或增资。

(一) 公司减资

1. 公司减资的方式。《公司法》规定，公司减少注册资本，应当按照股东出资或者持有股份的比例相应减少出资额或者股份，法律另有规定、有限责任公司全体股东另有约定或者股份有限公司章程另有规定的除外。

可见，一般情况下，公司减少注册资本，采用等比例减资，减资后各个股东的股权比例不发生变化，大股东不会从中扩大优势，中小股东利益得以保护，能够避免公司内部出现股东利益失衡。特定情况下，也允许不按相应比例减少，即发生不等比减资，又称定向减资，例如部分股东因个人原因减少出资或退出公司，公司原有股权结构会因此发生变化。这类减资方式会改变股东持股比例，对股东利益影响较大，应当谨慎适用，仅限法律另有规定、有限公司全体股东另有约定或者股份公司章程另有规定的情况。

2. 公司减资的程序及法律风险。

(1) 公司减资的程序。《公司法》规定，公司减少注册资本，应当编制资产负债表及财产清单。公司应当自股东会作出减少注册资本决议之日起10日内通知债权人，并于30日内在报纸上或者国家企业信用信息公示系统公告。债权人自接到通知之日起30日内，未接到通知的自公告之日起45日内，有权要求公司清偿债务或者提供相应的担保。

(2) 公司减资的法律风险如下：

第一，法定程序不完备会导致减资失败。公司形成减资决策，应当符合相关法律要求，包括出席人数、表决权股东人数、获得主管机关批准等。公司在减资时还应当按照《公司法》的规定，编制资产负债表和财产清单，并进行通知、公告债权人等程序。通知和公告缺一不可，不能用公告代替通知，以确保债权人知晓减资事实。如果减资过程不符合法定要求，可能导致公司减资失败。

第二，债权人利益受损会引发法律纠纷。公司减资是指公司实有资产的减少，会造成公司偿债能力的下降。为了维护债权人利益，公司实施减资行为，应当公告、通知债权人，债权人有权在规定的时间内要求该公司清偿债务或提供相应担保，避免自身利益受损。如果公司未履行相关义务，可能带来债权人异议，引发法律纠纷。

3. 减少注册资本金弥补亏损制度和简易减资制度。公司依照《公司法》的相关规定使用公积金弥补亏损后，仍有亏损的，可以减少注册资本弥补亏损。这种情况下的减资，是简易减资，或称形式减资、名义减资，公司不得向股东分配，也不得免除股东缴纳出资或者股款的义务。可见，形式减资仅在名义上减少了公司注册资本的数额，不会发生公司净资产的实际减少和实际返还给股东的情况。这在一定程度上维持了公司的偿债能力，维护了债权人利益。

弥补亏损情形下公司减资的对外告知程序也发生变化，减资公司不需要就减资事宜通知债权人，只需进行公告，即自股东会作出减少注册资本决议之日起30日内，在报纸上或者国家企业信用信息公示系统公告。《公司法》也未赋予债权人在该情况中可以要求公司提前偿债或提供担保的权利。

4. 不当减资的法律责任。违反《公司法》规定减少注册资本的，股东应当退还其收到的资金，减免股东出资的应当恢复原状；给公司造成损失的，股东及负有责任的董事、监事、高级管理人员应当承担赔偿责任。这一规定一方面要求股东承担返还与恢复责任，充实公司资本；另一方面强化董事、监事、高级管理人员维护公司资本充实的责任。

(二) 公司增资

公司增资是公司使注册资本在原有基础上予以扩大的法律行为，即增加公司股本总额。公司增资是筹集资金、扩大规模、优化资本结构的重要手段。公司增资方式多样、程序严谨，应当依法合规谨慎实施，防范法律风险。

1. 原股东追加投资实现公司增资。《公司法》规定，有限责任公司增加注册资本时，股东在同等条件下有权优先按照实缴的出资比例认缴出资。但是，全体股东约定不按照出资比例优先认缴出资的除外。

这一规定在保障原股东利益和维护有限责任公司人合性的同时，也认可企业的自治权利。如果全体股东没有就优先认缴的方式做特别约定，则原股东在同等条件下有权优先按照实缴出资比例认缴出资，避免原股东的持股比例被稀释。当然，全体股东也可以约定不按照出资比例优先认缴出资。需要注意的是，股东的优先认缴权，只能在"同等条件下"才能行使。"同等条件"包括诸多条件，如认缴数量、出资期限、出资方式等，其中最核心的条件是价格。股东"按照实缴的出资比例"行使优先认缴权，对于超过其实缴出资比例部分的新增资本不享有法定的优先认缴权。

2. 新股东投资实现公司增资。公司增资，新股东可以认缴、认购公司新增发行的注册资本份额，成为公司的股东。首先，当有限责任公司原股东对于超过其实缴出资比例部分的新增资本不享有优先认缴权时，新股东可以入股认缴新增出资。其次，股份有限公司为增加注册资本发行新股时，股东不享有优先认购权，除非公司章程另有规定或者股东会决议决定股东享有优先认购权。此时，新股东可以入股认购新增出资。

3. 公司增资股东出资规则。《公司法》规定，有限责任公司增加注册资本时，股东认缴新增资本的出资，依照本法设立有限责任公司缴纳出资的有关规定执行。股份有限公司为增加注册资本发行新股时，股东认购新股，依照本法设立股份有限公司缴纳股款的有关规定执行。

可见，公司增资中出资方式、出资期限等股东出资事项，均应依照《公司法》中设立公司股东缴纳出资的规定进行。例如，有限责任公司增加注册资本的，公司股东认缴新增资本应当自公司增资决议作出之日起 5 年内缴足；股份有限公司增加注册资本的，股东认购新股应当在公司办理注册资本变更登记前全额缴纳股款，根据《市场主体登记管理条例实施细则》的规定，公司应当自作出增资决议之日起 30 日内向登记机关申请注册资本变更登记。再如，股东以货币出资的，应当将货币出资足额存入有限责任公司在银行开设的账户；以非货币财产出资的，应当依法办理其财产权的转移手续。另外，《公司法》规定有限责任公司由 1 个以上 50 个以下股东组成，即使新增资本时吸纳新股东加入，股东总数仍应在 50 人以下。

4. 公司增资的一般流程。

（1）董事会制订增资方案。董事会是公司治理的核心枢纽，行使制订公司增加注册资本具体方案的职权。方案应当全面、翔实。一般来说，增资方案的内容包括增资金额、增资方式、增资用途、增资前后股权结构变动情况等信息。增资方案经董事会批准后，提交股东会审议。

（2）股东会审议增资方案。股东会在收到公司增资方案后，进行审议表决，通过后，增资方案获得批准。公司增资是公司重大事项，根据《公司法》的规定，有限责任公司必须经代表 2/3 以上表决权的股东通过，股份有限公司必须经出席会议的股东所持表决权的 2/3 以上通过。如果公司章程对公司增资事项有更高通过比例的规定，例如要求全体股东一致同意，则应从其规定。

（3）签订增资协议。公司与增资方，即原股东或新股东，签订增资协议或新股认购协议，明确各自权利义务。

（4）缴纳出资。增资方应按照协议约定的期限和方式缴纳出资或股款。认缴、认购本次新增注册资本的股东应当足额缴纳出资，出资方式可以是货币，也可以是实物、知识产权、股权、债权等非货币财产。

（5）变更登记。股东缴纳出资完成后，股东取得股权凭证，公司需修改公司章程并办理相应的公司登记变更手续。

三、公司形式变更

公司形式变更是指依照法律规定，在不改变公司法人资格的前提下，变更公司组织形式的行为，即将公司从一种法定形态变更为另一种法定形态，包括有限责任公司变更为股份有限公司、股份有限公司变更为有限责任公司。

（一）公司形式变更的法定要求

按照《公司法》的规定，有限责任公司变更为股份有限公司，应当符合《公司法》规定的股份有限公司的条件。股份有限公司变更为有限责任公司，应当符合《公司法》规定的有限责任公司的条件。公司组织形式变更后，应当到公司登记机关办理变更登记。

《公司法》还规定，有限责任公司变更为股份有限公司时，折合的实收股本总额不得高于公司净资产额。有限责任公司变更为股份有限公司，为增加注册资本公开发行股份时，应当依法办理。这是为了保障公司资本真实，维护债权人利益。

（二）变更公司形式的程序

1. 董事会制订变更公司形式的方案。董事会具有制订变更公司形式方案的职权。在公司组织形式变更前，应当由董事会拟订变更公司形式的方案并报股东会决议。

2. 股东会作出变更公司形式的决议。股东会具有对变更公司形式作出决议的职权。变更公司形式，有限责任公司必须经代表 2/3 以上表决权的股东通过，股份有限公司必须经出席会议的股东所持表决权的 2/3 以上通过。

3. 修改公司章程。公司形式变更会带来公司名称、注册资本、股东权益、组织机构等诸多事项的变化，这些事项是公司章程的必要记载事项，应当根据变更后的情况依法修改公司章程。

4. 办理变更登记。公司变更类型，应当按照拟变更公司类型的设立条件，在规定的期限内申请变更登记，并提交有关材料。

5. 领取营业执照。《公司法》规定，公司营业执照记载的事项发生变更的，公司办理变更登记后，由公司登记机关换发营业执照。《市场主体登记管理条例》也规定，市场主体变更登记涉及营业执照记载事项的，登记机关应当及时为市场主体换发营业执照。

（三）公司形式变更后的债权债务承继

根据《公司法》的规定，有限责任公司变更为股份有限公司的，或者股份有限公司变更为有限责任公司的，公司变更前的债权、债务由变更后的公司承继。

学习单元二　企业终止法律实务

作为市场活动主体，经历过设立、存续的过程，企业也有可能面临终止。企业终止是指企业停止生产经营活动，清理企业财产，清偿企业债务，完成企业注销的法律行为。企业终止一般源于出现法定解散事由。

一、企业解散事由

（一）公司解散事由

1. 自愿解散。

（1）公司章程规定的营业期限届满或者公司章程规定的其他解散事由出现，公司的存续期限或特定解散事由是公司章程的相对必要记载事项。《公司法》未对营业期限作限制性规定，也未强制要求公司章程载明具体营业期限或解散事由。如果公司章程规定了营业期限，在该期限届满时，公司即应解散；反之，公司可持续存续。

（2）股东会决议解散。公司可以通过股东会决议解散。公司解散是重大事项，其股东会决议为特别决议。有限责任公司股东会作出解散决议，必须经代表 2/3 以上表决权的股东通过；股份有限公司股东会作出解散决议，必须经出席会议的股东所持表决权的 2/3 以上通过。

（3）因公司合并或者分立需要解散。公司吸收合并时，被吸收的公司解散；新设合并时，参与合并的公司均解散。新设分立时，原公司解散；派生分立时，原公司继续存在，不涉及解散问题。

2. 强制解散。

（1）行政解散。行政解散是指当公司因违反法律、行政法规而被行政主管机关依法吊销营业执照、责令关闭或者被撤销时，其应当解散。根据《市场主体登记管理条例》等法律法规的规定，行政解散的适用事由主要有：提交虚假材料或者采取其他欺诈手段隐瞒重要事实取得市场主体登记，情节严重的；实行注册资本实缴登记制的市场主体虚报注册资本取得市场主体登记，情节严重的；未依法办理变更登记，情节严重的；市场主体伪造、涂改、出租、出借、转让营业执照，情节严重的；等等。

（2）司法解散。公司经营管理发生严重困难，继续存续会使股东利益受到重大损失，通过其他途径不能解决的，持有公司10%以上表决权的股东，可以请求人民法院解散公司。适格股东只能以诉讼方式行使权利，在诉讼中，司法解散公司应具备三个要件：

第一，经营管理发生严重困难。根据《最高人民法院关于适用〈中华人民共和国公司法〉若干问题的规定（二）》（以下简称《公司法司法解释（二）》）的规定，有四种情形属于此类情况：公司持续2年以上无法召开股东会；股东表决时无法达到法定或者公司章程规定的比例，持续2年以上不能做出有效的股东会或者股东大会决议，公司经营管理发生严重困难的；公司董事长期冲突，且无法通过股东会或者股东大会解决，公司经营管理发生严重困难的；经营管理发生其他严重困难，公司继续存续会使股东利益受到重大损失的情形。

第二，继续存续会使股东利益受到重大损失。需要注意的是，股东利益受到重大损失，是对未来的预测，不要求股东的利益实际上已经受到重大损失，公司当前的盈利状态并不构成充分的阻却事由。

第三，通过其他途径不能解决。司法解散公司是解决公司运行僵局的最后选择。《公司法司法解释（二）》等司法解释中强调人民法院审理该类案件，应当注重调解。在采用司法解散公司之前，应当是已经穷尽其他救济措施。当事人协商后同意通过股权回购、减资、受让股权或分立等方式解决纠纷，则不可判决司法解散。

（二）合伙企业解散事由

《合伙企业法》规定，合伙企业有下列情形之一的，应当解散：合伙期限届满，合伙人决定不再经营；合伙协议约定的解散事由出现；全体合伙人决定解散；合伙人已不具备法定人数满30天；合伙协议约定的合伙目的已经实现或者无法实现；依法被吊销营业执照、责令关闭或者被撤销；法律、行政法规规定的其他原因。

(三）个人独资企业解散事由

《个人独资企业法》规定，个人独资企业有下列情形之一时，应当解散：投资人决定解散；投资人死亡或者被宣告死亡，无继承人或者继承人决定放弃继承；被依法吊销营业执照；法律、行政法规规定的其他情形。

二、企业终止的一般程序

《企业注销指引（2023年修订）》中提出，通常情况下，企业终止经营活动退出市场，需要经历决议解散、清算分配和注销登记三个主要过程。例如，按照《公司法》规定，公司正式终止前，须依法宣告解散、成立清算组进行清算、清理公司财产、清缴税款、清理债权债务、支付职工工资、社会保险费用等，待公司清算结束后，应制作清算报告并办理注销公司登记，公告公司终止。

依法开展清算是企业注销前的法定义务。法人解散的，除合并或者分立的情形外，清算义务人应当及时组成清算组进行清算。非法人组织解散的，应当依法进行清算。清算的重要内容是企业清理各类资产，清结各项债权债务。清算的目的在于保护债权人的利益、投资人的利益、企业的利益、职工的利益以及社会公共利益。

清算的具体流程一般包括以下步骤：

1. 成立清算组。

（1）公司清算组。《公司法》规定，董事为公司清算义务人，应当在解散事由出现之日起15日内组成清算组进行清算。清算组由董事组成，但是公司章程另有规定或者经股东会决议另选他人的除外。清算义务人未及时履行清算义务，给公司或者债权人造成损失的，应当承担赔偿责任。

（2）合伙企业清算人。《合伙企业法》规定，合伙企业解散，应当由清算人进行清算。清算人由全体合伙人担任；经全体合伙人过半数同意，可以自合伙企业解散事由出现后15日内指定一个或者数个合伙人，或者委托第三人，担任清算人。自合伙企业解散事由出现之日起15日内未确定清算人的，合伙人或者其他利害关系人可以申请人民法院指定清算人。

（3）个人独资企业清算人。《个人独资企业法》规定，个人独资企业解散，由投资人自行清算或者由债权人申请人民法院指定清算人进行清算。

2. 清算组（清算人）行使职权。对于公司制企业，清算组在清算过程中行使相应职权，主要是和清算有关的职权，包括清理公司财产，分别编制资产负债表和财产清单；通知、公告债权人；处理与清算有关的公司未了结的业务；清缴所欠税款以及清算过程中产生的税款；清理债权、债务；分配公司清偿债务后的剩余财产；代表公司参与民事诉讼活动等。

对于合伙企业，清算人在清算期间执行相应事务，主要是和清算有关的事务，包括清理合伙企业财产，分别编制资产负债表和财产清单；处理与清算有关的合伙企业未了结事务；清缴所欠税款；清理债权、债务；处理合伙企业清偿债务后的剩余财产；代表合伙企业参加诉讼或者仲裁活动等。

个人独资企业在清算期间，不得开展与清算目的无关的经营活动。在按规定清偿债务前，投资人不得转移、隐匿财产。

3. 通知和公告债权人并进行债权登记。清算组（清算人）应当自成立之日起10日内通知债权人，并于60日内在报纸上或者国家企业信用信息公示系统公告。债权人应当自接到通知之日起30日内，未接到通知的自公告之日起45日内，向清算组申报其债权。债权人申报债权，应当说明债权的有关事项，并提供证明材料。清算组应当对债权进行登记。个人独资企业解散，投资人自行清算的，应当在清算前15日内书面通知债权人，无法通知的，应当予以公告，公告期为60日。

4. 分配剩余财产。根据《公司法》的规定，公司清算组在清理公司财产、编制资产负债表和财产清单后，应当制订清算方案，并报股东会或者人民法院确认。公司财产在分别支付清算费用、职工的工资、社会保险费用和法定补偿金，缴纳所欠税款，清偿公司债务后的剩余财产，有限责任公司按照股东的出资比例分配，股份有限公司按照股东持有的股份比例分配。清算期间，公司存续，但不得开展与清算无关的经营活动。公司财产在未依照前款规定清偿前，不得分配给股东。

根据《合伙企业法》的规定，合伙企业财产在支付清算费用和职工工资、社会保险费用、法定补偿金以及缴纳所欠税款、清偿债务后的剩余财产，依法进行分配。

根据《个人独资企业法》的规定，个人独资企业解散的，财产应当按照下列顺序清偿：所欠职工工资和社会保险费用；所欠税款；其他债务。个人独资企业财产不足以清偿债务的，投资人应当以其个人的其他财产予以清偿。

5. 制作清算报告和办理注销登记。公司清算结束后，清算组应当制作清算报告，报股东会或者人民法院确认，并报送公司登记机关，申请注销公司登记。

合伙企业清算结束，清算人应当编制清算报告，经全体合伙人签名、盖章后，在 15 日内向企业登记机关报送清算报告，申请办理合伙企业注销登记。

个人独资企业清算结束后，投资人或者人民法院指定的清算人应当编制清算报告，并于 15 日内到登记机关办理注销登记。

经典案例分析

现行《公司法》区分了简易减资和一般减资两种情况。对于简易减资，减资事项公示即可；但对于一般减资，仍要求公司在作出减资决议之日起 10 日内通知债权人，并于 30 日内在报纸或国家企业信用信息系统公告，否则构成违法减资。最常见的违法减资即本案作出减资决议后仅公告而未通知已知债权人的情形。

对于违法减资的法律后果，未修订之前的《公司法》并未规定，司法实务中一般认为，虽然减资事项的通知义务人为公司本身，但减资是股东会决议的结果，是否减资、如何减资由股东共同决定，股东对于公司减资的法定程序及后果亦属明知，且公司办理减资手续必须由股东配合，故对于公司通知义务的履行，股东应尽合理注意义务。如公司减资时未依法履行通知已知或应知债权人的义务，股东不能证明其在减资过程中对怠于通知的行为无过错的，当公司减资后不能偿付减资前的债务时，股东应当就该债务对债权人承担补充赔偿责任。现行《公司法》规定违法减少注册资本的，股东应当退还收到的资金，减免股东出资的应当恢复原状。

需要注意的是，"已知债权人"的确定，并不以作出生效的法律文书为标准，在减资变更登记前已经产生且未受清偿的债权，不论该债权数额是否确定、债权履行期间是否届满，均应纳入公司履行法定通知义务的债权人范围。

此外，根据现行《公司法》第 226 条规定，在违法减资造成公司损失的情况下，股东及负有责任的董事、监事、高级管理人员应当承担赔偿责任。因此，无论是股东还是董事、监事、高级管理人员在公司决定减少注册资本时都要认真履职，严格遵守法定减资程序。

法律法规索引

任务实训

实训1：以非货币财产出资的，应依法评估作价并办理权属变更手续——甲公司与郭某、乙公司执行异议之诉[1]

基本案情：2019年1月，法院判决乙公司返还甲公司投资款本金、利息、投资收益等共计340万余元。后因乙公司无财产可供执行，甲公司以乙公司的股东郭某未实缴出资400万元为由，申请追加郭某为被执行人，对乙公司的债务承担清偿责任。经查，2010年乙公司成立时注册资本为200万元，其中郭某、赵某分别以货币实缴出资100万元。2014年6月，乙公司注册资本增加至1000万元，新增出资中，郭某与赵某以同一知识产权作价出资，分别出资400万元。《资产评估报告书》载明："于评估基准日，委估知识产权在持续经营假设前提下的市场价值为800万元"；《验资报告》载明："股东郭某以某知识产权出资400万元；赵某以某知识产权出资400万元……"上述知识产权已于2014年6月办理完财产转移手续，所有权已经转移到乙公司名下。上述证据可以初步证明涉案800万元出资已经实缴到位。甲公司认为800万元的知识产权出资系郭某恶意虚假出资，但未提供相反证据推翻上述《资产评估报告书》和《验资报告》，其主张郭某恶意虚假出资，并要求以此追加郭某为被执行人对乙公司的债务承担责任。

请问：甲公司的主张能否成立？

提示：甲公司的主张不能成立，法院判决驳回甲公司的诉讼请求。现行

---

[1]《怎么办，注册资本认缴期限有变化？放宽心，这场通报会助您从容面对！》，载 https://bj3zy.bjcourt.gov.cn/article/detail/2024/04/id/7906632.shtml，最后访问日期：2025年3月27日。（具体案例内容可扫描链接中的二维码查看）

《公司法》第48条第1款规定，股东可以用货币出资，也可以用实物、知识产权、土地使用权、股权、债权等可以用货币估价并可以依法转让的非货币财产作价出资。多元的出资形式，具有鼓励投资的作用，但非货币资产用于出资，应满足一定的条件，即可以用货币估价、可以依法转让，不被法律、行政法规以及公司章程所禁止。以非货币资产出资的，也可以认缴，其实际价额以非货币财产实际交付给公司时的评估结果为准，如果评估确定的价额显著低于所认缴的出资额的，构成股东出资不实。但在无另行约定的情况下，符合法定条件的非货币财产出资后，即使因市场变化或者其他客观因素导致出资财产贬值，公司、其他股东或公司债权人也无权再要求出资人"补足"出资责任。考虑到多数非货币财产具有贬值、毁损等风险，建议以非货币财产进行出资的股东尽早依法评估作价并办理权属变更手续，完成实缴义务。

实训2：公司清算时，未书面通知已知债权人的，清算组成员对此应承担赔偿责任——甲公司与刘某、赵某、辛某等股东损害公司债权人利益责任纠纷[1]

基本案情：2018年1月，甲公司与乙公司签订游戏代理协议，约定由甲公司担任乙公司某款游戏的独家代理运营商，并向乙公司预付分成款100万元。2020年7月，案涉游戏下架。同年11月，乙公司召开股东会决议解散并注销公司，由全体股东成立清算组。2021年，乙公司进行注销备案公告后完成注销。后甲公司获悉乙公司已登记注销，遂以乙公司未将注销事宜通知甲公司为由，将清算组成员诉至法院，请求判令清算组成员返还预付分成款96万元并支付逾期返款的违约金等。

请问：甲公司的主张能否成立？

提示：游戏代理协议系双方的真实意思表示，未违反法律、行政法规的规定，合法有效，双方均应全面履行。本案中，案涉游戏已经下架，游戏代理协议已经终止，乙公司应当依约向甲公司返还未抵扣完毕的预付分成款，并承担逾期返款的违约责任。乙公司清算及注销前，甲公司系其已知债权人，但现有证据无法证明乙公司就其解散清算事宜已经通知了甲公司。清算组成员在未全面履行通知义务的情况下，径行解散乙公司并完成注销登记，应对

---

[1]《怎么办，注册资本认缴期限有变化？放宽心，这场通报会助您从容面对！》，载 https://bj3zy.bjcourt.gov.cn/article/detail/2024/04/id/7906632.shtml，最后访问日期：2025年3月27日。（具体案例内容可扫描链接中的二维码查看）

甲公司未获清偿的债权承担赔偿责任。故法院判决清算组成员返还甲公司预付分成款85万余元，并支付相应的违约金等。可见，甲公司的主张可以成立。

公司清算时，清算组应依法将公司解散清算事宜公告并书面通知全体已知债权人，在债权人向清算组申报债权后，由清算组进行集中清偿。现行《公司法》在清算组组成人员方面，规定董事为清算义务人，在无公司章程规定或股东会决议的情况下，由董事组成清算组；在履职方式方面，规定除应当自清算组成立之日起10日内通知债权人、60日内在报纸上公告外，也允许通过国家企业信用信息公示系统进行公告；在责任承担方面，规定清算组成员负有忠实义务和勤勉义务，清算组成员怠于履行清算职责，给公司造成损失的，应当承担赔偿责任。

思政园地

社会主义核心价值观——法治

法治是最好的营商环境。以法治之力平等保护各类经营主体产权和合法权益，破除体制机制障碍，有利于营造稳定、公平、透明、可预期的发展环境，最大程度降低不确定性带来的风险，让更多企业敢闯敢干敢投。[1]

拓展学习

个体工商户

个体工商户属于自然人范畴，不属于企业，但在实践中是常见的市场主体，本教材单独对其进行介绍。

---

[1] 段续、向志强：《两会新华时评丨优化营商"软环境"，让企业感受到暖》，载https：//www.news.cn/fortune/20250308/aa2e4d320c1340069d61d7e1ccd03ea6/c.html，最后访问日期：2025年3月28日。

一、个体工商户的定义

按照《民法典》第54条、第56条的规定,自然人从事工商业经营,经依法登记,为个体工商户。个体工商户可以起字号。个体工商户的债务,个人经营的,以个人财产承担;家庭经营的,以家庭财产承担;无法区分的,以家庭财产承担。可见,个体工商户是由自然人或家庭经营的小规模经济组织。

根据《促进个体工商户发展条例》的规定,国务院发展改革、财政、人力资源社会保障、住房城乡建设、商务、金融、税务、市场监督管理等有关部门在各自职责范围内研究制定税费支持、创业扶持、职业技能培训、社会保障、金融服务、登记注册、权益保护等方面的政策措施,做好促进个体工商户发展工作。

二、个体工商户的特征

(一) 须依法登记有关事项

自然人或者家庭具备一定的经营能力,依法核准登记之后,取得个体工商户营业执照,参与市场经营活动,成为个体工商户。根据《市场主体登记管理条例实施细则》的规定,个体工商户作为市场主体,应当依法登记下列事项:组成形式、经营范围、经营场所、经营者姓名、住所。个体工商户使用名称的,登记事项还应当包括名称。个体工商户还应当依法备案下列事项:家庭参加经营的家庭成员姓名、登记联络员姓名。

法律不要求个体工商户必须具有"字号"或者"名称",个体工商户可以自主选择。个体工商户决定使用名称,则应当向登记机关提出申请,经核准登记后方可使用。个体工商户名称中不得使用"公司""企业""农民专业合作社"等字样,可选用"厂""店""馆""坊""部""中心"等字样。

(二) 设立过程较为简便

《促进个体工商户发展条例》规定,市场主体登记机关应当为个体工商户提供依法合规、规范统一、公开透明、便捷高效的登记服务。《市场主体登记管理条例实施细则》规定,县级市场监督管理部门的派出机构可以依法承担个体工商户等市场主体的登记管理职责。各级登记机关依法履行登记管理职责,执行全国统一的登记管理政策文件和规范要求,使用统一的登记材料、文书格式,以及省级统一的市场主体登记管理系统,优化登记办理流程,推行网上办理等便捷方式,健全数据安全管理制度,提供规范化、标准化登记管理服务。

一般来说,设立个体工商户,申请人应当携带身份证件(申请登记为家庭经营的,提交居民户口簿或者结婚证复印件,同时提交参加经营的家庭成员身份证件复印件)、经营场所使用相关文件,填报登记申请书,提交登记机关。法律、行政法规和国务院决定规定在登记前须报经批准的或申请登记的经营范围中有法律、行政法规和国务院决定规定须在登记前报经批准的项目,还须提交有关批准文件或者许可证件的复印件。

设立个体工商户,各地各级登记机关办理流程基本一致,一般包括申请、受理、审核和发照(办结);有些地区流程更加细致一些,涵盖收件、受理、审查、决定、制证、送达等。登记机关工作人员对申请材料进行形式审查,材料齐全、符合法定形式的,进行受理;申请材料不齐全或者不符合法定形式的,会将申请材料退还申请人,并告知申请人需要补正的材料。申请人补正后,重新提交申请材料。登记机关确认各项材料无误并符合法律要求的,进行登记并出具登记(备案)通知书,制作营业执照,最后根据申请人要求通过窗口自取或邮寄营业执照,办结相关工作。

总体来说,个体工商户的设立程序相对较为简便,成本较低。

(三)债务承担的无限责任

个体工商户的经营资本直接来自个人财产或家庭共有财产,可以自然人经营,也可以家庭经营,财产所有者、经营者、劳动者互不分离。个体工商户既没有独立的财产,也没有独立的法律拟制人格。

个人经营的个体工商户以个人财产作为经营的基础,经营者对经营活动完全自负盈亏,以经营者个人的全部财产为个体工商户的责任财产,对个体工商户的债务承担无限连带责任;家庭经营的个体工商户不仅仅以登记的主持经营者的个人财产为责任财产,还应当包括从事经营的各个家庭成员的个人财产和共同财产作为经营基础,共同对个体工商户的债务承担无限连带责任。实践中,有些个体工商户虽然登记为"个人经营",但其他家庭成员也参与经营,从而形成事实上的家庭经营,当难以认定为个人经营时,个体工商户的债务需要由家庭财产承担连带责任。另外,个体工商户的债务,如以其家庭共有财产承担责任,应当保留家庭成员的生活必需品和必要的生产工具。

可见,个体工商户这种企业形式较为适合投资较小的低风险项目,应避免投资高风险创业项目,防止出现较大亏损,影响家庭基本生活。

(四)享有一定的税费优惠

依据国家相关政策,个体工商户在缴纳增值税、所得税等方面享有一定优惠,各项政策旨在减轻其税收负担,促进其健康发展。个体工商户的所得按照个人所得税相关规定缴纳,不缴纳企业所得税。

(五)管理简便,经营灵活

个体工商户经营者直接参与日常管理,自主性强,灵活性大,自由决定经营方向、营销策略、商品种类、工作模式和服务方式等,运营效率高,市场反应快,相对来说风险较小。

(六)发展较为有限

一般来说,个体工商户规模不大、资金有限,在品牌建设、市场营销、售后服务、技术创新等方面的能力相对较弱,可能面临来自同行业内大型市场主体的竞争压力。同时,个体工商户往往与经营者个人或者家庭密切相关,依赖个人或者家庭开展生产经营活动,个人或者家庭的不确定性因素对个体工商户的发展影响较大。这都在一定程度上制约着个体工商户的发展。

学习领域三

管企业——企业治理法律实务

学习目标

1. 知识目标：
(1) 了解公司治理的基本制度与法律规定；
(2) 了解合伙企业合伙事务执行方面的基本制度与法律规定。
2. 能力目标：
(1) 能够运用所学知识，协助公司股东处理相关法律事务，维护股东权益；
(2) 能够运用所学知识，办理公司机关运行的各项法律手续；
(3) 能够运用所学知识，处理合伙企业合伙事务执行中的常见法律问题。
3. 素质目标：
培养学生遵守企业治理法律制度，尊重规则、遵守规范的法律意识和法律思维。

学习重点与难点

确认股东资格的手续；股东会、董事会召开需要办理的各事项；执行事务合伙人。

> **法律典故**

英国运送犯人到大洋洲的故事[1]

18世纪，英国发生工业革命，许多传统工人被机器取代，大量工人失业，高失业率诱发高犯罪率，穷人常因窃盗等被关进监狱，结果监狱人满为患。同时为了开发新占领的殖民地澳大利亚，英国政府决定将已经判刑的囚犯运往此地。从英国到澳大利亚的船运工作由私人船主承包。为了便于计算，政府以上船的人数为依据支付船主费用。当时运送犯人的船只多是由破旧的货船改装，设施极其简陋。船上没有储备药品，更没有随船医生，条件十分恶劣。船主为了牟取暴利，上船前尽可能多的装犯人。一旦船离了岸，船主按人数拿到了钱，就对这些人的死活不闻不问了。据统计，从1790年到1792年，有26艘私人船主的船运送罪犯到澳大利亚，船上共装有4082名犯人，其中死亡的有498人，平均概率达到了12%。其中有艘名叫"海神号"的船共有424名罪犯，其中竟然死了158人，出现37%的最高死亡率，让人触目惊心。英国政府不仅经济上损失巨大，而且在道义上受到社会的强烈谴责。如何来解决这一棘手的问题呢？其实也很简单，英国政府仅仅对付费制度做了如下改变：按下船时实际到达澳大利亚的人头付费，而不再按上船时的罪犯人头付费。此令一出，情形瞬间有了很大的改观。囚犯们从原来的不受待见，任其自生自灭，变成了私人船主的财源，为了赚取利润，私人船主自然不再行虐待之事，而是想尽各种办法提升船上的环境条件和生活标准，保证犯人们的健康状况，让他们在历经长时间的海上漂泊后都能活着到达澳洲大陆。新制度显示出了强大的威力，囚犯在运送途中的死亡率不久就下降到了约1%。

这就是制度的作用。合理的制度确实可以对不规范的行为起到良好的约束与引导作用。阿里巴巴集团创办的支付宝，在电子商务一度遭受信用质疑的时刻横空出世，化繁为简，填补了中国金融业在电子商务领域的空白，让每一个消费者都可以放心地进行网上交易。支付宝取得成功的原因就在于取得了消费者的信任，而它之所以能够取得信任，就在

---

[1] 参见《澳大利亚是如何成为英国罪犯流浪地的？》，载 https://www.thepaper.cn/newsDetail_forward_6047895，最后访问日期：2025年2月25日。

于通过严格的制度，规范了网上交易的程序，买主和卖主的权益都得到了最大程度的保障。

基础知识概要

一、公司治理

根据《公司法》的规定，我国的公司分为有限责任公司和股份有限公司。公司治理作为现代企业制度的核心，涉及多个方面，包括股东会的权力与股东的信义义务，董事会、法定代表人和经理的职责，以及监事会和监事对公司的义务。《公司法》对有限责任公司与股份有限公司在公司治理的具体规定上存在一些差异，如无特殊说明，本学习领域内容主要以《公司法》等法律法规中对有限责任公司的规定为主。

二、合伙企业

根据《合伙企业法》的规定，我国合伙企业分为普通合伙企业和有限合伙企业。普通合伙企业是指由2个或2个以上的合伙人组成，各合伙人以自己个人的财产对合伙企业的债务承担无限连带责任的合伙企业。有限合伙企业是指由普通合伙人和有限合伙人共同组成的合伙企业，其中普通合伙人以自己个人的财产对合伙企业的债务承担无限连带责任，有限合伙人以其认缴的出资额为限对合伙企业债务承担有限责任。

学习模块一　公司治理法律实务

> 经典案例

未提前通知会议议题对股东会决议效力的影响[1]

陈某持有某集团公司 21.57% 的股份。李某任该公司董事长，陈某之父陈某某任该公司董事、经理。2019 年 4 月，某集团公司董事长李某于案涉股东会召开前 15 日，在股东微信群发布了召开案涉股东会的时间、地点及讨论的议案，即《关于召开解决公司危机及实缴注册资本的特别临时股东会的通知》。该次股东会如期召开，会议中实际审议了八项议案，包括《关于公司未按期缴纳认缴资本金处理的议案》《关于公司不设董事会设一名执行董事的议案》《关于公司修改公司章程的议案》《关于免去董事及选举执行董事的议案》，并通过表决最终作出了以下决议：所有股东将未实缴部分以零元分别转让给李某和某持股平台（陈某某退出普通合伙人身份）；公司不设董事会，原董事会立刻解散，免除陈某某董事职务；选举李某担任执行董事，免除陈某某的公司总经理职务，修改公司章程等。股东陈某未参加该次股东会。现陈某以案涉股东会会议通知的议案和会议审议的议案不一致，违反了《公司法》及公司章程的规定为由，诉请法院撤销案涉股东会决议。

法院经审理认为：首先，案涉股东会的召集程序存在瑕疵。本案中，在

---

〔1〕《典型案例｜未提前通知会议议题对股东会决议效力的影响》，载 https://m.thepaper.cn/baijiahao_29431791，最后访问日期：2025 年 2 月 25 日。

案涉股东会的召集通知中,并未完整通知会议议题,属于通知事项不完整,召集程序存在瑕疵。其次,上述召集程序瑕疵不属于轻微瑕疵。案涉股东会决议表决通过的未通知议题包含转让股东出资、解散董事会、任免董事及经理、修改章程等内容,均系公司重大经营管理事项,亦与股东陈某自身利益密切相关,现陈某作为股东未得到讨论上述议题的通知,亦未能到会向其他股东就上述议题陈述自己的意见和行使表决权,导致其股东权利受到了侵害。最终,判决撤销案涉股东会决议。

学习单元一 公司股东相关法律实务

股东是指向公司出资,持有公司股份、享有股东权利和承担股东义务的人。股东可以是自然人、法人、非法人组织,还可以是国家。股东是公司存在的基础,是公司的核心要素,没有股东,就不可能有公司,因此,保护股东利益是公司各项制度的出发点和立足点。作为法务人员,理顺公司与股东、股东与管理层、股东之间的关系是必须重视的工作。

第一步,督促股东履行出资义务。

公司是企业法人,必须具有自己独立的财产,以从事经营活动。公司最初财产来源于股东的投资,股东一旦履行了出资义务,其出资标的物的所有权即转移至公司,构成公司的财产。股东可以用货币出资,也可以用实物、知识产权、土地使用权、股权、债权等可以用货币估价并可以依法转让的非货币财产作价出资。全体股东认缴的出资额由股东按照公司章程的规定自公司成立之日起5年内缴足。股东应当按期足额缴纳公司章程规定的各自所认缴的出资额。

有限责任公司设立时,股东未按照公司章程规定实际缴纳出资,或者实际出资的非货币财产的实际价额显著低于所认缴的出资额的,设立时的其他股东与该股东在出资不足的范围内承担连带责任。股东未按期足额缴纳出资的,除应当向公司足额缴纳外,还应当对给公司造成的损失承担赔偿责任。有限责任公司成立后,董事会应当对股东的出资情况进行核查,发现股东未按期足额缴纳公司章程规定的出资的,应当由公司向该股东发出书面催缴书,催缴出资。公司不能清偿到期债务的,公司或者已到期债务的债权人有权要求已认缴出资但未届出资期限的股东提前缴纳出资。

股东未按照公司章程规定的出资日期缴纳出资，公司依法发出书面催缴书催缴出资的，可以载明缴纳出资的宽限期；宽限期自公司发出催缴书之日起，不得少于 60 日。宽限期届满，股东仍未履行出资义务的，公司经董事会决议可以向该股东发出失权通知，通知应当以书面形式发出。自通知发出之日起，该股东丧失其未缴纳出资的股权。依照前述规定丧失的股权应当依法转让，或者相应减少注册资本并注销该股权；6 个月内未转让或者注销的，由公司其他股东按照其出资比例足额缴纳相应出资。

作为法务人员，应当督促股东按照章程规定按时据实缴纳认缴的出资额；协助股东按照法律规定对非货币出资办理评估作价、财产权转移等相关手续。

第二步，签发出资证明书。

有限责任公司成立后，应当向股东签发出资证明书。出资证明书的性质是公司签发的证明股东出资额的凭证。其记载事项包括：公司名称；公司成立日期；公司注册资本；股东的姓名或者名称、认缴和实缴的出资额、出资方式和出资日期；出资证明书的编号和核发日期。出资证明书由法定代表人签名，并由公司盖章。

股东依法转让股权后，公司应当及时注销原股东的出资证明书，向新股东签发出资证明书。

第三步，置备股东名册。

股东名册是股东身份或资格的法定证明文件。记载于股东名册的股东，可以依股东名册主张行使股东权利。股东名册记载下列事项：股东的姓名或者名称及住所；股东认缴和实缴的出资额、出资方式和出资日期；出资证明书编号；取得和丧失股东资格的日期。

第四步，协助股东正确行使权利。

公司股东对公司依法享有资产收益、参与重大决策和选择管理者等权利。股东在行使这些权利时，一方面必须遵循诚实信用原则，不得有滥用权利、损害公司利益的行为；另一方面还要采取法律或章程规定的形式或程序。

1. 知情权。股东要参与公司的重大事项的决策，其前提是要掌握公司的经营状况。股东有权查阅、复制公司章程、股东名册、股东会会议记录、董事会会议决议、监事会会议决议和财务会计报告。

股东可以要求查阅公司会计账簿、会计凭证。股东要求查阅公司会计账簿、会计凭证的，应当向公司提出书面请求，说明查阅目的。公司有合理根据认为股东查阅会计账簿、会计凭证有不正当目的，可能损害公司合法利益的，可以拒绝提供查阅，并应当自股东提出书面请求之日起15日内书面答复股东并说明理由。公司拒绝提供查阅的，股东可以向人民法院提起诉讼。

股东查阅前述材料，可以委托会计师事务所、律师事务所等中介机构进行查阅。股东及其委托的会计师事务所、律师事务所等中介机构查阅、复制有关材料，应当遵守有关保护国家秘密、商业秘密、个人隐私、个人信息等法律、行政法规的规定。

2. 股权转让。有限责任公司股东转让股权，应当遵守公司章程规定的条件及程序。在章程没有规定的情况下，股权转让应当依据《公司法》的规定进行。

有限责任公司的股东之间可以相互转让其全部或者部分股权。

股东向股东以外的人转让股权的，应当将股权转让的数量、价格、支付方式和期限等事项书面通知其他股东，其他股东在同等条件下有优先购买权。股东自接到书面通知之日起30日内未答复的，视为放弃优先购买权。2个以上股东行使优先购买权的，协商确定各自的购买比例；协商不成的，按照转让时各自的出资比例行使优先购买权。

人民法院依照法律规定的强制执行程序转让股东的股权时，应当通知公司及全体股东，其他股东在同等条件下有优先购买权。其他股东自人民法院通知之日起满20日不行使优先购买权的，视为放弃优先购买权。

股东转让已认缴出资但未届出资期限的股权的，由受让人承担缴纳该出资的义务；受让人未按期足额缴纳出资的，转让人对受让人未按期缴纳的出资承担补充责任。未按照公司章程规定的出资日期缴纳出资或者作为出资的非货币财产的实际价额显著低于所认缴的出资额的股东转让股权的，转让人与受让人在出资不足的范围内承担连带责任；受让人不知道且不应当知道存在上述情形的，由转让人承担责任。

股东转让股权的，应当书面通知公司，请求变更股东名册；需要办理变更登记的，还需请求公司向公司登记机关办理变更登记。股权转让的，受让人自记载于股东名册时起可以向公司主张行使股东权利。

学习单元二 协助公司股东会与董事会的规范运行

公司治理，即通过一种制度安排来合理地配置所有者与经营者之间的权利与责任关系，以实现股东利益最大化这一公司目标。公司治理的重点在于如何以股东利益为核心，协调各方主体之间的关系、冲突。公司治理架构要解决的问题是公司权力的监督制约问题。以比较法的视野观察，国际上具有代表性的公司治理架构主要有两种，分别为单层制公司治理架构和双层制公司治理架构。我国自1993年《公司法》颁布以来，基本建构了以股东会、董事会和监事会为基本格局的三足鼎立的双层制公司治理架构。在双层制的模式下，承担监督重担、保证公司良好运行皆仰赖于监事会。但近年来，上市公司内幕交易、虚假陈述现象时有发生，有限责任公司大股东倾轧小股东、侵害公司利益的情况更是层出不穷。上述乱象皆表明监事会所承载的监督功能的失灵。现行《公司法》规定，有限责任公司或者股份有限公司均可以按照公司章程的规定在董事会中设置由董事组成的审计委员会，行使本法规定的监事会的职权，不设监事会或者监事。在双层制无法有效保障公司运转的情况下，新修订的《公司法》引入了单层制的公司治理架构，与传统的双层制相比，单层制下监督权和管理权皆属于董事会，这使得监督者可以有效融入公司日常的经营管理，能更近距离地观察企业运行、理解企业决策，从而更好地行使监督职能。但需要指出的是，单层制治理架构并非全然无瑕。现行《公司法》明确规定有限责任公司与股份有限公司"可以"按照公司章程规定，设立审计委员会替代监事与监事会，表明立法者在推进"单层制"治理模式的同时，并未摒弃传统"双层制"模式，这样的规定本质上赋予了市场主体更多的自主权和选择空间。比如，关于股东会（或者一名股东）、董事会（或者一名董事）、监事会（或者一名监事）、审计委员会、经理的设置，《公司法》为有限责任公司提供了多种组织机构设置组合，供各个公司按照实际需要自由选择。关于监督机构的设置，也提供了设置监事会、一名监事、董事会下设审计委员会以及不设专门监督机构等四种选择。企业法务人员作为企业内部专门从事法律事务工作的人员，应当在公司治理中履职尽责，在提升公司治理质量，应对公司治理风险等方面发挥应有的作用。

一、协助公司股东会规范运行

有限责任公司的股东会，由公司全体股东组成，是公司的最高权力机构，拥有对公司的最高决策权。公司其他机构，如董事会、监事会也由股东会产生，对股东会负责。股东会依法作出的决定，其他机构必须执行，且不得与股东会的决定相抵触。股东会行使下列职权：①选举和更换董事、监事，决定有关董事、监事的报酬事项；②审议批准董事会的报告；③审议批准监事会的报告；④审议批准公司的利润分配方案和弥补亏损方案；⑤对公司增加或者减少注册资本作出决议；⑥对发行公司债券作出决议；⑦对公司合并、分立、解散、清算或者变更公司形式作出决议；⑧修改公司章程；⑨公司章程规定的其他职权。对于股东会应当决策的事项，股东以书面形式一致表示同意的，可以不召开股东会会议，直接作出决定，并由全体股东在决定文件上签名或者盖章。

第一步，审查股东会召集与议题的适当性。

股东会会议分为定期会议与临时会议。定期会议应当按照公司章程的规定按时召开。临时会议也称特别会议，代表 1/10 以上表决权的股东、1/3 以上的董事或者监事会提议召开临时会议的，应当召开临时会议。股东会会议由董事会召集，董事会不能履行或者不履行召集股东会会议职责的，由监事会召集和主持；监事会不召集和主持的，代表 1/10 以上表决权的股东可以自行召集和主持。需要特别注意的是，股东会会议的召集必须符合法定顺序，只有前一顺序的机构或主体不履行或不能履行职责时，下一顺序的机构或主体才可以召集。比如，代表 1/10 以上表决权的股东想要召开临时股东会，必须先向董事会提议，由董事会召集。如果董事会拒绝召集，则可以向监事会提议，由监事会召集。如果监事会拒绝，才可以自行召集。否则，将有可能因违反《公司法》的程序性规定，从而导致临时股东会作出的决议被撤销。

召集股东会应有明确主题，在召开股东会之前，公司应当确定会议的议程，明确会议要讨论和表决的事项。这有助于确保会议的顺利进行，并让股东对会议内容有所准备。原则上，公司内部机构各有分工，享有不同的职权，只有对法律法规、章程规定的职权范围内事项进行讨论、决定，才符合程序正义的基本要求。

第二步，发出会议通知。

召开股东会会议，应当于会议召开 15 日前通知全体股东；但是，公司章程另有规定或者全体股东另有约定的除外。通知的对象是全体股东，包括自然人股东和法人股东。《公司法》规定，未被通知参加股东会会议的股东自知道或者应当知道股东会决议作出之日起 60 日内，可以请求人民法院撤销；自决议作出之日起 1 年内没有行使撤销权的，撤销权消灭。

股东会会议通知通常包含以下内容：①会议的召集人和主持人；②会议的时间、预计时长（如半天、一天等）；③会议的地点；④会议的议题；⑤股东能否委托他人代为出席会议（根据章程）；如能，应写明委托人，需提供书面委托书。法人股东的，由该法人股东的法定代表人出席会议或该法人股东的授权委托代理人代为出席会议；⑥能否书面表决、通讯表决（根据章程）；如能，应写明书面表决的要求、通讯表决的方式；⑦会务联系人及联系方式。

　　股东会的通知方式应严格遵循公司章程的规定。章程如无明确规定，一般可采用如下方式：用 EMS 邮寄书面通知（注意：EMS 是法定的文件寄送渠道）；短信通知；电子邮件通知；微信、钉钉等通知；专人当面递交书面通知；当面口头通知或电话通知。发出股东会通知的这一事实，需保留证据，以免将来发生争议，个别股东可能会以未收到通知为由向法院起诉请求撤销股东会决议。必要时需对相关证据进行证据保全公证或聘请律师见证。需公证、见证的，应在会议通知发出前向律师或公证处咨询，以确保通知的效力。

　　第三步，协助股东会顺利召开。

　　作为法务人员，应按照事先确定的议程，协助股东会顺利召开。股东会的核心环节是会议表决。①表决的计算。《公司法》规定，有限责任公司股东会会议由股东按照出资比例行使表决权，但未明确出资比例是认缴比例还是实缴比例，应通过公司章程对此予以明确。公司章程也可以规定不按照出资比例，如股东一人一票行使表决权。②表决的方式可由章程规定或全体股东约定，如举手表决、填写书面表决票等。根据具体情况设计一个议案表决一次或全体议案一次性表决。可以在公司章程中设计具体的计票规则，特别是计票人与唱票人的选任规则，制作表决票和投票计票表格，计票完成后股东在计票表格上签字确认并留档。③表决的回避。《公司法》规定，公司为股东提供担保的，该股东应回避表决；公司为公司的实际控制人提供担保的，受实际控制人支配的股东应回避表决。该项表决由出席会议的其他股东所持表决权的过半数通过。公司章程也可以规定应当回避表决的事项，如股东向公司借款、关联交易、其他涉及特定股东身份关系的事项等。④表决的通过。《公司法》规定，以下七种事项必须经代表 2/3 以上表决权的股东通过：修改公司章程、增加注册资本、减少注册资本、公司合并、公司分立、公司解散、变更公司形式。其余事项须经代表过半数表决权的股东通过。

　　需要注意的是，股东会召开会议和表决可以采用电子通信方式，公司章程另有规定的除外。实践中，电子通信方式可以借助多种电子化载体进行，包括以邮件、电话、网络平台进行会议通知及签署决议文件，采用电子通信方式召开会议、对会议议题进行表决可有效提高公司的决策效率。对于股东会应当决策的事项，股东以书面形式一致表示同意的，可以不召开股东会会议，直接作出决定，并由全体股东在决定文件上签名或者盖章。

第四步，规范拟定或审查股东会会议记录。

《公司法》规定，股东会应当对所议事项的决定作成会议记录，出席会议的股东应当在会议记录上签名或者盖章。会议记录一般包括以下内容：①会议的时间、地点、会议的性质（定期会议、临时会议）；②会议通知、会议的召集人和主持人；③应到和实到的参会人员、列席人员、记录人员；④实到股东的股权比例和表决权比例；⑤会议的议程；⑥会议提案的审议过程和逐项表决结果。

参会股东、列席人员、记录人员应在会议记录上签名或盖章，并加盖公司公章。实践中可能出现会议结束后股东愤然离场而不签字的情况，这并不会因此导致股东会决议无效或可撤销，但为证明股东有参加会议，应置备出席股东签到表，在会议开始前请参会股东签字进场。

第五步，协助股东会决议的执行。

在股东会结束后，法务人员应当审查股东会相关文件，协助将其存档备查。同时，公司应当将决议内容通知所有股东，并按照决议内容执行相关事项。

如股东会决议内容涉及需要办理商事变更登记的事宜，需在法定期限内及时办理登记，例如，公司变更名称、变更经营范围、增加注册资本、变更股东、股东改变姓名或者名称、变更法定代表人等，应在 30 日内申请变更登记。如股东会决议内容涉及需要办理其他变更登记（如业务许可证变更、各项审批与备案等）的事宜，应按主管部门规定的期限及时办理。

二、协助公司董事会规范运行

在《公司法》规定的股东会、董事会、监事会中，股东会作为公司的权力机构，拥有最高决策权，董事会作为公司的常设机构，代表股东执行公司业务，执行股东会的决定，负责经营决策和日常经营管理活动，一般对外作为公司的代表。董事会行使下列职权：①召集股东会会议，并向股东会报告工作；②执行股东会的决议；③决定公司的经营计划和投资方案；④制订公司的利润分配方案和弥补亏损方案；⑤制订公司增加或者减少注册资本以及发行公司债券的方案；⑥制订公司合并、分立、解散或者变更公司形式的方案；⑦决定公司内部管理机构的设置；⑧决定聘任或者解聘公司经理及其报酬事项，并根据经理的提名决定聘任或者解聘公司副经理、财务负责人及其报酬事项；⑨制定公司的基本管理制度；⑩公司章程规定或者股东会授予的其他职权。董事会是公司治理结构的核心,其每一次会议决策都有可能影响公司的发展与未来走向,以及股东的切身利益。作为法务人员,如何协助董事会规范运行,保证会议质量就成了关键。

第一步,协助审定董事会议题。

董事会议题必须属于董事会职权范围或者属于股东会的授权。负责召开董事会会议的部门,向董事、监事、经理及中高层征集董事会的议题,根据提交的议题,编写会议计划,提交董事长审定,审定通过后,由召开会议负责部门反馈给议题提交人,准备董事会开会资料。会议文件包括但不限于:经理工作报告(本年度工作汇报/下年度经营计划)、关于本年度财务决算的议案、关于下年度财务预算的议案、关于利润分配方案的议案、关于未分配利润弥补亏损的议案、其他的议案或报告等。除了议案资料以外,会议主持稿、会议议程安排、会议的表决票等资料也需要提前准备好。

第二步,协助董事会顺利召开。

对召开董事会的会议通知应当何时发出,《公司法》没有规定,可以由公司章程规定。通知的内容包括:会议时间、地点、召开方式、议题与议程等。会议通知可以采用书面送达、发送邮件、电话通知或者微信通知等方式。《公司法》规定,董事会会议由董事长召集和主持;董事长不能履行职务或者不履行职务的,由副董事长召集和主持;副董事长不能履行职务或者不履行职务的,由过半数的董事共同推举一名董事召集和主持。董事会会议应当有过半数的董事出席方可举行。董事会作出决议,应当经全体董事的过半数通过。

第三步,规范拟定或审查董事会会议记录。

董事会会议记录在公司治理中有着重要的作用,其不仅是公司内部管理的基本文件,也是董事履职情况的重要证明。规范、翔实的董事会会议记录有助于规范公司治理,降低法律风险。"董事应当对董事会的决议承担责任。董事会的决议违反法律、行政法规或者公司章程、股东会决议,给公司造成严重损失的,参与决议的董事对公司负赔偿责任;经证明在表决时曾表明异议并记载于会议记录的,该董事可以免除责任。"《公司法》的该项规定针对的虽然是股份有限公司,但依《公司法》原理,有限责任公司同样适用。

董事会会议记录一般包括以下内容:①会议届次与召开的时间、地点和方式,以及是现场会议还是线上会议等;②会议通知的发出情况,具体应记录会议通知的发送方式与时间,以确保所有董事都已被正式、恰当地通知到会;③会议召集人和主持人;④董事亲自出席和受托出席的情况;⑤会议审议的提案、每位董事对有关事项的发言要点和主要意见；⑥每项提案的表决方式和表决结果，例如采用投票表决还是举手表决、议案是否通过（以及其中赞成票、反对票和弃权票的票数）；⑦与会的董事认为应当记载的其他事项。实际操作中，如果董事会全体成员对议案均持相同意见，例如全体赞成或者全体反对，则没必要逐一列明每个人的投票结果；若有个别董事持有不同立场，其表决结果可以单列；若董事们立场迥异，例如同时存在赞成、反对、弃权多种立场，甚至日后的争议已经可预见，则需要在会议记录中详细列明每个人的投票选项。

会议记录完成后，出席会议的所有董事应当签名确认。董事在签名前也可以要求在会议记录上对其发言内容作进一步的说明性记载；如对记录内容有异议，也可以在签字时进行书面说明。除董事外，参会的董事会秘书以及负责会议记录的工作人员通常也应当签名确认。公司实践中，如各方立场对立激烈，可能会发生出席董事不愿意签名确认的情况。从事前预防的角度，为了避免类似情况引发日后的争议，公司可以在章程中明确："董事既不签字确认，又不对其不同意见作出书面说明的，视为同意会议记录的内容。"

经典案例分析

本案系因会议议题通知不完整，导致股东会决议被撤销的典型案例。对于公司股东会、董事会在召集程序、表决方式存在瑕疵时的决议效力，依据《公司法（2018修正）》第22条第2款的规定，属于可撤销的公司决议。《公司法（2023修订）》第26条在沿袭了《公司法（2018修正）》第22条第2款的规定的同时，吸收了《最高人民法院关于适用〈中华人民共和国公司法〉若干问题的规定》（四）》第4条中的规定，新增了公司决议可撤销之诉的"裁量驳回"制度，即对于存在法律规定瑕疵的公司决议，若属于召集程序或者表决方式仅有轻微瑕疵且对决议未产生实质影响的情况，人民法院应当酌情裁定驳回撤销决议的诉请。本案中，会议议题未完整通知股东，属于召集程序的瑕疵，由于股东会会议召开前对应参会人员进行通知的意义，除了便于股东在准确的时间和地点参加会议外，更在于为参会人员能够有效行使其表决权而预留合理的准备期间。因此，会议通知的内容除涉及会议召开时间、召开地点之外，还应将会议拟表决的议题内容包括在内，且对该议题内容的描述应尽可能的明确与具体,从而在最大程度上尊重参会股东的表决权。案涉股东会所讨论的涉及公司及股东利益的重大议题在会前未通知与之有利害关系的股东,导致其无法通过参与会议充分发表意见,实质上剥夺了股东的发言权,使其不能充分地行使股东权利,对决议结果产生具有一定实质性的影响,故本案召集程序的瑕疵不属于轻微瑕疵,不符合适用"裁量驳回"的情形。特此建议,公司在召开股东会、董事会时,应严格按照《公司法》和公司章程的规定履行会议召集程序,尽量避免因公司决议被撤销而导致公司内外部关系处于不稳定状态。

学习模块二　合伙企业合伙事务执行法律实务

经典案例

原告姜某与被告某投资合伙企业（有限合伙）合伙企业纠纷[1]

2014年3月，姜某与另外两个合伙人签订《合伙章程》，决议成立一个投资合伙企业（有限合伙），三人均为合伙人，合伙期限自2014年4月起至2024年4月止。2014年6月，该合伙企业向姜某发出《股东出资证明书》，确认姜某作为股东向合伙企业出资100万元。姜某认为企业及执行事务合伙人从未向姜某报告过企业的经营和财务状况，经公开信息查询，经营期间，企业对外进行了多次重大表决，对内进行了场地变更、经营范围变更、投资人变更等多项重大事项变更。2023年，姜某向法院提起诉讼，要求行使股东知情权，要求投资合伙企业提供自成立之日至2023年1月被告的财务资料供自己查阅，查阅范围包括：会计凭证（银行资金往来明细、对外签订的相关协议、发票、收据、收条等）、会计账簿、会计报表（收益表、资产负债表、损益表的月度报表和年度报表）、税务登记凭证。

法院认为：①原告姜某已向合伙企业缴纳出资并取得《股东出资证明书》，依法享有有限合伙人资格。《合伙企业法》第28条第2款规定："合

---

[1]《优化营商环境 | 典型案例：原告姜某与被告某投资合伙企业（有限合伙）合伙企业纠纷》，载 https://m.thepaper.cn/baijiahao_25194523，最后访问日期：2025年2月25日。

人为了解合伙企业的经营状况和财务状况,有权查阅合伙企业会计账簿等财务资料。"对于有限合伙企业,第 68 条第 2 款第 5 项规定,有限合伙人可以"对涉及自身利益的情况,查阅有限合伙企业财务会计账簿等财务资料"。本案中,原告姜某依法享有查阅合伙企业会计账簿等财务资料的权利。②相比较《公司法》第 57 条关于股东知情权的规定,有限合伙人行使知情权没有前置程序要求,但因有限合伙人可以自营或者与他人合作经营与本合伙企业相竞争的业务,这使得有限合伙人行使知情权可能存在不正当目的,有可能有害于合伙企业及其他合伙人,参照股东知情权的规定,应当允许合伙企业以存在不正当目的为由拒绝有限合伙人查阅相关文件。本案中,合伙企业并未主张原告姜某存在不正当目的,故原告姜某主张有限合伙人知情权应予支持。③不同于"股东可以要求查阅公司会计账簿",有限合伙人"有权查阅合伙企业会计账簿等财务资料",范围包括会计账簿(包括总账、明细账、日记账和其他辅助性账簿)、会计凭证(包括银行资金往来明细、对外签订的相关协议、发票、收据、收条等)和会计报表(包括收益表、资产负债表、损益表的月季度报表和年度报表),但不包括税务登记凭证,因此驳回原告姜某要求查阅税务登记凭证的诉讼请求。

法院判决,被告投资合伙企业(有限合伙)于本判决生效后 15 日内,在其住所地向原告姜某提供合伙企业成立至 2023 年 1 月 3 日的会计账簿(包括总账、明细账、日记账和其他辅助性账簿)、会计凭证(包括银行资金往来明细、对外签订的相关协议、发票、收据、收条等)和会计报表(包括收益表、资产负债表、损益表的月季度报表和年度报表)供原告查阅;原告姜某在查阅时,应当注意保守被告投资合伙企业(有限合伙)的商业秘密。

学习单元一 合伙企业合伙事务执行的模式选择

一、合伙企业概述

《合伙企业法》所称的合伙企业,是指自然人、法人和其他组织依照本法在中国境内设立的普通合伙企业和有限合伙企业。不同类型的合伙企业,合伙人之间对内参与合伙事务的程度不同,对外承担责任的方式不同。合伙人应事先协商确定合伙企业的经营范围、各合伙人之间的合伙模式、风险承担方式,从而选择相对应的合伙企业类型。

(一) 普通合伙企业

普通合伙企业由普通合伙人组成，合伙人对合伙企业债务承担无限连带责任。自然人、法人和其他组织都具有成为合伙人的资格。普通合伙人为自然人的，应当具有完全民事行为能力。法官、检察官、国家公务员等法律、行政法规禁止从事营利性活动的人，不得成为合伙企业的合伙人。一般来说，公司作为合伙人，既可以是普通合伙人，也可以是有限合伙人。但是国有独资公司、国有企业、上市公司以及公益性的事业单位、社会团体不得成为普通合伙人。

合伙企业必须要有书面的合伙协议。合伙企业强调人合性，合伙协议具有优先适用的效力。合伙协议依法由全体合伙人协商一致，经全体合伙人签名、盖章后生效。合伙人可以用货币、实物、知识产权、土地使用权或者其他财产权利出资，也可以用劳务出资。合伙人以劳务出资的，其评估办法由全体合伙人协商确定，并在合伙协议中载明。合伙企业只有拥有自己的名称，才能以自己的名义参与民事法律关系，享有民事权利，承担民事义务并参与诉讼。其名称中应当标明"普通合伙"字样。

(二) 特殊的普通合伙企业

以专业知识和专门技能为客户提供有偿服务的专业服务机构，可以设立为特殊的普通合伙企业。如会计师事务所、律师事务所、资产评估事务所等。

一个合伙人或者数个合伙人在执业活动中因故意或者重大过失造成合伙企业债务的，应当承担无限责任或者无限连带责任，其他合伙人以其在合伙企业中的财产份额为限承担责任。合伙人在执业活动中非因故意或者重大过失造成的合伙企业债务以及合伙企业的其他债务，由全体合伙人承担无限连带责任。合伙人执业活动中因故意或者重大过失造成的合伙企业债务，以合伙企业财产对外承担责任后，该合伙人应当按照合伙协议的约定对给合伙企业造成的损失承担赔偿责任。

(三) 有限合伙企业

有限合伙企业由2个以上50个以下合伙人设立；但是，法律另有规定的除外。有限合伙企业由普通合伙人和有限合伙人组成，普通合伙人对合伙企业债务承担无限连带责任，有限合伙人以其认缴的出资额为限对合伙企业债务承担责任。有限合伙企业名称中应当标明"有限合伙"字样。有限合伙人可以用货币、实物、知识产权、土地使用权或者其他财产权利作价出资。有限合伙人不得以劳务出资。有限合伙企业因其设立程序简便、避免双重税收、分配机制灵活等多种优势，常常成为投资者青睐的组织形式，也在实践中被广泛用作股权激励、私募基金的持股平台。

二、合伙事务的执行

根据《合伙企业法》的规定，无论是普通合伙企业还是有限合伙企业，均由普通合伙人作为执行事务合伙人。因此，合伙事务的执行是指合伙企业的普通合伙人按照法律规定或者合伙人的委托，对外代表合伙企业执行合伙事务。合伙人执行合伙事务的法律后果归于合伙企业，执行合伙事务的合伙人称为执行事务合伙人。

在普通合伙企业中，合伙人对执行合伙事务享有同等的权利，合伙人在合伙企业中享有平等的管理权、经营权、表决权、监督权和代表权。执行由合伙人共同决定的事务既是每一个合伙人的权利，也是每一个合伙人的义务，如果合伙协议没有明确合伙人执行事务的权利范围，每一个合伙人都有权利、义务参与合伙事务的全部决策和执行活动，而这个参与过程也正是合伙人表决权和经营管理权的体现。同时，合伙人还有权监督合伙事务的执行，每一个合伙人也有义务接受其他合伙人的监督。按照合伙协议的约定或者经全体合伙人决定，可以委托一个或者数个合伙人对外代表合伙企业，执行合伙事务。已经委托一个或者数个合伙人执行合伙事务的，其他合伙人不再执行合伙事务。作为合伙人的法人、其他组织执行合伙事务的，由其委派的代表执行。

在有限合伙企业中，只能由普通合伙人执行合伙事务。执行事务合伙人可以要求在合伙协议中确定执行事务的报酬及报酬提取方式。有限合伙人不执行合伙事务，不得对外代表有限合伙企业。

学习单元二 合伙企业合伙事务执行中的常见法律问题

所谓"合伙事务"，既包括合伙企业内部入伙与退伙、转让与继承、解散与清算、处分合伙企业财产、改变合伙企业名称、延长合伙企业经营期限等行为，也包括合伙企业日常例行的业务经营活动，如与第三人签订合同、制定经营计划、选择进货渠道、规定商品和服务价格等。合伙企业的法律规范，重点在于合伙人之间的权利、义务关系，即合伙企业的内部关系，它是贯穿合伙企业始终的主线。合伙企业的内部关系，是指合伙人之间依据合伙协议而结成的内部权利、义务关系,它是由法律和合伙协议加以规定和约定的,具体又反映在合伙事务执行上,所以如何规范合伙企业的事务执行,防范法律风险,对于充分保障合伙人的权利以及积极促进合伙企业业务的顺利开展具有十分重要的意义。

一、入伙、除名与退伙

(一)风险提示

1. 新合伙人对入伙前合伙企业的债务承担无限连带责任。新入伙的有限合伙人对入伙前有限合伙企业的债务,以其认缴的出资额为限承担责任。

2. 除名未经其他合伙人一致同意的,不发生退伙的效力。除名决议未通知被除名人的,被除名人有权以违约为由要求赔偿损失。

3. 如果没有正当理由而要求退出合伙企业,则构成违约。退伙人要求退伙,给合伙企业事务执行造成不利影响、带来损失的,应负赔偿责任。在签订合伙协议时,对于"禁止退伙"的约定应当谨慎签署,以免造成退伙困难。各合伙人解除合伙协议与协商一致签署退伙协议的效力不同,不能因此当然发生退伙的法律后果。

(二)基本要求

1. 入伙。

新合伙人入伙,除合伙协议另有约定外,应当经全体合伙人一致同意,并依法订立书面入伙协议。订立入伙协议时,原合伙人应当向新合伙人如实告知原合伙企业的经营状况和财务状况。入伙的新合伙人与原合伙人享有同等权利,承担同等责任。入伙协议另有约定的,从其约定。

2. 除名。

(1)合伙人在合伙协议约定的缴付出资期限内,无故不履行其出资义务,属于违反合伙协议的毁约行为。合伙人履行了部分出资义务,不属于未履行出资义务的情形。

(2)如果合伙人违反注意义务和忠实义务,给合伙企业造成损失的,合伙企业有权将其除名,并要求其赔偿损失。

(3)合伙人在代表或代理执行合伙企业事务时有不正当行为,如因私利而违背竞业禁止义务的,可以将其除名。

(4)合伙协议还可以自行约定除名事由。

3. 退伙。

(1)协议退伙:退伙人与其他合伙人就退伙达成协议,分为事前协议退伙和事后协议退伙。事前协议退伙无须经过其他合伙人的同意。事后协议退伙，退伙人的退伙意愿是真实的，须经其他合伙人一致同意，退伙协议关于份额结算、债务承担需符合公平原则且不违反法律强制性规定。

（2）声明退伙：基于正当理由，如经营期限届满、因犯罪被判刑罚、患有严重疾病等，退伙人自愿退出合伙企业，应当提前30天通知其他合伙人。

（3）法定退伙：基于法定退伙事由导致合伙人资格消灭，包括：①作为合伙人的自然人死亡或者被依法宣告死亡；②作为合伙人的法人或者其他组织依法被吊销营业执照、责令关闭、撤销，或者被宣告破产；③法律规定或者合伙协议约定合伙人必须具有相关资格而丧失该资格；④合伙人在合伙企业中的全部财产份额被人民法院强制执行；⑤个人丧失偿债能力。

普通合伙人被依法认定为无民事行为能力人或者限制民事行为能力人的，经其他合伙人一致同意，可以依法转为有限合伙人，普通合伙企业依法转为有限合伙企业。其他合伙人未能一致同意的，该无民事行为能力或者限制民事行为能力的普通合伙人可以退伙。

有限合伙人有前述法定退伙中前四项规定的，当然退伙。作为有限合伙人的自然人在有限合伙企业存续期间丧失民事行为能力的，其他合伙人不得因此要求其退伙。作为有限合伙人的自然人死亡、被依法宣告死亡或者作为有限合伙人的法人及其他组织终止时，其继承人或者权利承受人可以依法取得该有限合伙人在有限合伙企业中的资格。

（4）合伙人退伙，其他合伙人应当与该退伙人按照退伙时的合伙企业财产状况进行结算。

（5）退伙的法律后果。

①合伙财产的分割。合伙人退伙时分割的合伙财产包括合伙时合伙人投入的财产和合伙经营期间积累的财产。对退伙人入伙时投入的原物，退伙时原则上应予退还；一次退还有困难的，可以分期分批退还。退还原物已不可能或非常困难的，法律规定可以折价补偿退伙人。对合伙经营期间积累的财产，退伙时必须予以分割。对这部分财产，应按合伙协议的约定加以分割，协议没有规定的，按出资比例或利润分配比例分割。

②退伙人对合伙经营期间债务的承担。对合伙经营期间的亏损，合伙人在退出合伙时应按债务分担比例承担亏损债务。一般来说，对合伙经营期间的债务，退伙人应按照其出资比例或合伙协议的约定，以其个人财产承担清偿责任。

合伙期间发生的亏损，合伙人退出合伙时未按约定分担或者未合理分担合伙债务的，退伙人对原合伙的债务，仍应当承担连带清偿责任。退伙人已分担合伙债务的，对其退伙时合伙财产不足清偿的那部分债务仍负连带责任。

有限合伙人退伙后，对基于其退伙前的原因发生的有限合伙企业债务，以其退伙时从有限合伙企业中取回的财产承担责任。

（6）合伙人之间一致约定合伙期间不得退伙，该约定有效。此种情况下，合伙人可以通过转让合伙份额的方式达到退出合伙企业的效果。

二、合伙人财产份额的转让

合伙份额转让是指在合伙企业存续期间，合伙人向他人转让其在合伙企业中的全部或部分财产份额。合伙企业财产份额转让包括对内转让和对外转让两种方式。合伙份额的转让，不仅是合伙企业的重要事务，而且还涉及合伙人的变更，直接影响着合伙企业的存续。因此合伙人转让合伙份额时不可任意为之，需要遵守相关法律规定。

（一）风险提示

一般情况下，合伙份额受让主体不得是法律、法规禁止从事营利性活动的人，如公务员等。如果合伙协议中对受让主体另外有限制性规定，还需按照合伙协议约定执行。

（二）基本要求

1. 合伙人之间转让在合伙企业中的全部或者部分财产份额时，应当通知其他合伙人。

2. 除合伙协议另有约定外，合伙人向合伙人以外的人转让其在合伙企业中的全部或者部分财产份额时，须经其他合伙人一致同意。合伙人向合伙人以外的人转让其在合伙企业中的财产份额的，在同等条件下，其他合伙人有优先购买权；但是，合伙协议另有约定的除外。有限合伙人可以按照合伙协议的约定向合伙人以外的人转让其在有限合伙企业中的财产份额，但应当提前30日通知其他合伙人。

3. 合伙人对外转让合伙企业份额时即使未经全体合伙人同意，转让协议亦有效，但其他合伙人享有撤销权。

4. 其他合伙人未明确表示反对时，可认定其他合伙人同意转让合伙份额。

三、合伙事务执行

（一）风险提示

非执行事务合伙人对外处分合伙企业财产，第三人有理由相信其有代理权的,该处分行为对合伙企业产生效力。

有限合伙人违反规定擅自执行合伙事务,第三人有理由相信有限合伙人为普通合伙人并与其交易的,该有限合伙人对该笔交易承担与普通合伙人同样的责任。有限合伙人未经授权以有限合伙企业名义与他人进行交易,给有限合伙企业或者其他合伙人造成损失的,该有限合伙人应当承担赔偿责任。

(二) 基本要求

1. 合伙人对执行合伙事务享有同等的权利。按照合伙协议的约定或者经全体合伙人决定,可以委托一个或者数个合伙人对外代表合伙企业,执行合伙事务。由一个或者数个合伙人执行合伙事务的,执行事务合伙人应当定期向其他合伙人报告事务执行情况以及合伙企业的经营和财务状况,其执行合伙事务所产生的收益归合伙企业,所产生的费用和亏损由合伙企业承担。作为合伙人的法人、其他组织执行合伙事务的,由其委派的代表执行。

2. 普通合伙事务的决议。

(1) 合伙人对合伙企业有关事项作出决议,按照合伙协议约定的表决办法办理。合伙协议未约定或者约定不明确的,实行合伙人一人一票并经全体合伙人过半数通过的表决办法。

(2) 除合伙协议另有约定外,合伙企业的下列事项应当经全体合伙人一致同意:改变合伙企业的名称;改变合伙企业的经营范围、主要经营场所的地点;处分合伙企业的不动产;转让或者处分合伙企业的知识产权和其他财产权利;以合伙企业名义为他人提供担保;聘任合伙人以外的人担任合伙企业的经营管理人员。

3. 有限合伙企业事务执行。有限合伙企业由普通合伙人执行合伙事务。有限合伙人不执行合伙事务,不得对外代表有限合伙企业。执行事务合伙人可以要求在合伙协议中确定执行事务的报酬及报酬提取方式。

有限合伙人的下列行为,不视为执行合伙事务:参与决定普通合伙人入伙、退伙;对企业的经营管理提出建议;参与选择承办有限合伙企业审计业务的会计师事务所;获取经审计的有限合伙企业财务会计报告;对涉及自身利益的情况,查阅有限合伙企业财务会计账簿等财务资料;在有限合伙企业中的利益受到侵害时,向有责任的合伙人主张权利或者提起诉讼;执行事务合伙人怠于行使权利时,督促其行使权利或者为了本企业的利益以自己的名义提起诉讼;依法为本企业提供担保。

4. 非执行事务合伙人的监督权。不执行事务的合伙人,对执行事务的合伙人有监督权，执行者应当定期向不执行事务的合伙人报告工作。其他合伙人可以通过检查合伙事务执行情况行使监督权。在分别执行合伙事务的情况下，各合伙人既有权监督其他合伙人的执行行为，也应当接受其他合伙人对自己执行合伙事务的监督。

受委托执行合伙事务的合伙人不按照合伙协议或者全体合伙人的决定执行事务，其他合伙人可以决定撤销该委托。执行事务合伙人因故意或者过失造成合伙企业权益受损的，应当承担责任。

四、合伙人的同业竞争、同本合伙企业交易与合伙企业对外担保

(一) 风险提示

1. 对于普通合伙人而言，如果其因实施同业竞争行为给合伙企业造成损失的，应当承担赔偿责任，在合伙协议有相关约定的情况下，还可能被合伙企业除名。

2. 合伙人之间可通过合伙协议的特别约定对有限合伙人的竞业禁止作出约定。有限合伙人违反约定，从事与本有限合伙企业相竞争的业务，给有限合伙企业或者其他合伙人造成损失的，依法承担赔偿责任。

3. 未经全体合伙人一致同意，擅自以合伙企业名义对外提供担保给合伙企业造成的损失，过错合伙人应当对合伙企业承担赔偿责任。

(二) 基本要求

1. 普通合伙人不得自营或者同他人合作经营与本合伙企业相竞争的业务；有限合伙人可以自营或者同他人合作经营与本有限合伙企业相竞争的业务，但是，合伙协议另有约定的除外。除合伙协议另有约定或者经全体合伙人一致同意外，普通合伙人不得同本合伙企业进行交易。有限合伙人可以同本有限合伙企业进行交易，但是，合伙协议另有约定的除外。

2. 除合伙协议另有约定外，以合伙企业名义为他人提供担保，应当经全体合伙人一致同意。执行事务合伙人越权以合伙企业名义为他人提供担保，订立合同时债权人是善意的或可以推定全体合伙人为真实意思表示的，担保合同有效。

五、利润分配、亏损分担与债务承担

无论是合伙企业还是合伙人，利润分配和亏损分担都是最为核心和最令人关心的事项，如果盈利，则一荣俱荣；但如果亏损，则有可能最终血本无归。不仅如此，对于合伙企业的对外债务，合伙人之间内部如何确定清偿比

例，往往也与分配和分担的比例密切相关。因此，利润分配与亏损分担的比例如何确定，将至关重要。通常来说，合伙人之间可以自行约定分配和分担的比例。

(一) 风险提示

1. 在普通合伙企业中，合伙人之间应当收益共享、风险共担，如果合伙协议约定将全部利润分配或全部亏损分担给部分合伙人，该约定无效；在有限合伙企业中，合伙协议可以约定将全部利润分配给部分合伙人。

2. 合伙协议主体之外的民事主体提供资金或者实物等，不参与经营活动，但参与盈余分配的，应视为合伙人，对债务承担连带责任。

3. 合伙人清偿债务超过自己应承担份额的，应当对其已偿还了债务且超过了其应当承担数额的部分承担举证责任。对经营亏损有过错的合伙人，应当根据其过错程度相应地多承担责任。

(二) 基本要求

1. 在协商确定分配、分担比例的情况下，一般来说，合伙人利润分配比例与亏损分担比例是一致的。在无法协商确定分配、分担比例的情况下，如果合伙人实缴出资与约定出资不一致的，应当按照实缴出资比例确定利润分配和亏损承担。对于包含劳务、技术等无法确定各合伙人实缴出资比例的，合伙人应当平均分配、分担。

2. 合伙人关于亏损分担的约定属于合伙企业内部关系，不得以此对抗第三人。

3. 合伙企业的债务，承担主体是合伙企业，即全部合伙人，责任财产范围是合伙企业的共有财产、合伙人的个人财产。合伙人承担的是补充连带责任，应先以合伙企业全部财产进行清偿，不足部分，再以合伙人个人财产向债权人清偿。

4. 通常来说，合伙人按照约定比例分担亏损，在承担连带责任时，也是按照这个比例来决定所负清偿责任的大小。合伙人可以在合伙协议中约定先由合伙人个人财产清偿合伙债务，在不损害合伙人债权人利益的情形下，应认定该约定有效。在有限合伙企业中，有限合伙人是以其认缴的出资额为限承担责任。

经典案例分析

《合伙企业法》第 28 条第 2 款规定，合伙人为了解合伙企业的经营状况和财务状况，有权查阅合伙企业会计账簿等财务资料；第 68 条第 2 款第 5 项规定，有限合伙人可以"对涉及自身利益的情况，查阅有限合伙企业财务会计账簿等财务资料"。虽然条文表述不同，但都对合伙人（有限合伙人）查阅财务资料进行了规定，根据该规定可知，与股东行使知情权不同，合伙人行使知情权没有前置程序的要求，即不需要向合伙企业提出书面申请和说明目的。有限合伙人存在自营或与他人合作经营与有限合伙企业相竞争的业务，允许合伙企业在有证据证明的情况下以不正当目的为由拒绝有限合伙人查阅相关文件。现实中，有很多合伙人没有参与合伙企业的日常经营和管理，依法保障合伙人的知情权，是合伙人了解合伙企业经营情况的重要渠道，同时合伙人要正当行使知情权，以实现合伙企业的良性发展，维护和谐稳定的营商环境。

法律法规索引

任务实训

实训 1：学习掌握与股东相关法律事务的办理

案情简介：A 有限责任公司注册资金 200 万元，股东为甲、乙、丙。其中，甲认缴出资 50 万元，持股比例 25%，乙认缴出资 50 万元，持股比例 25%，丙认缴出资 100 万元，持股比例 50%，甲担任法定代表人。公司成立后，法务人员接受任务给所有股东规范办理资格确认手续。

公司成立 1 个月后，股东乙提出急需向公司借出与出资款等额的借款，公司法定代表人甲答应了其要求。

问题与提示：
(1) 思考股东资格确认手续有哪些，制作相关确认手续文件。
(2) 思考股东缴纳出资的法律意义和要求，就股东乙借款一事提出法律意见。

实训 2：学习掌握公司各机构召集会议事务的办理

案情简介：B公司有3名股东，甲为股东之一，持有公司48.82%的股份，后B公司法定代表人因涉嫌犯罪，被判刑，按照《公司法》的有关规定已不能再担任公司法定代表人。为维持公司正常运营，甲按照公司章程规定，按照程序分别向法定代表人、监事发出了召开临时股东会的决议，在得不到任何回应后，甲作为持股超过10%的股东，自行按程序召集和召开公司临时股东会，并作出《股东会决议》，任命甲自己为公司法定代表人。

甲认为，上述股东会按照章程规定的程序合法召开，对决议事项进行了表决，出席会议的股东所持表决权也符合《公司法》、公司章程的规定，会议的表决结果也达到了《公司法》和公司章程规定的通过比例。故上述股东会决议已生效。鉴于上述情况，甲提起诉讼，要求B公司按照决议内容将法定代表人变更为甲。

被告B公司答辩称，一、B公司形成的有效股东会决议任命乙为公司执行董事（本案中乙为原法人的配偶），甲并未当选为公司执行董事，甲请求变更登记欠缺事实依据。B公司股东甲虽然持股48.82%，但是原法定代表人持股39.94%，另一股东丙持股11.24%。原法定代表人已向乙出具授权委托书，委托乙作为其受托人，代为行使其作为B公司股东的包括表决权在内的各项权利。2021年12月20日，B公司召开股东会，提名乙为公司执行董事，甲表决反对，表决同意的股东持股比例为51.18%，根据《公司法》和甲公司章程，乙当选为公司执行董事，因此甲主张请求变更自己为公司法定代表人的诉讼请求无事实和法律依据，请求法院依法驳回。

法院认为，股东甲依据其提交的2021年12月20日股东会决议，要求变更其为B公司法定代表人，但是该股东会决议记载人数与股东实际出席会议人数不一致，仅有股东甲出席该会议，因此甲提交的股东会决议未能经代表公司过半数表决权股东表决通过，该决议不成立，甲依据该决议要求变更公司法定代表人无事实及法律依据，本院不予支持。因此驳回股东甲的全部诉讼请求。

问题与提示：

（1）作为法务人员，思考接受会议组织任务时，应与召集人沟通交流哪些事项，事先确认需要准备的材料及材料准备的责任人。

（2）思考股东会会议通知应记载哪些内容，制作一份书面会议通知。

（3）思考应对会议进行哪些合法合规审查？

（4）思考会议决议的形式和内容，制作一份会议书面决议。

实训3：学习掌握公司股权转让事务的办理

案情简介：实训1中成立的A有限责任公司股东丙准备将其持有的股权份额20%转让给股东以外的自然人丁。法务人员协助其办理相关法律手续。

问题与提示：

（1）思考本次转让需要履行的其他股东同意手续，并制作相关的材料文件。

（2）思考本次转让需要履行的公司同意程序，并制作相关的材料文件。

（3）思考本次转让需要履行的登记变更手续，并制作相关的材料文件。

实训4

甲、乙、丙、丁四人拟设立一个有限合伙企业，其中甲、乙为普通合伙人，丙、丁为有限合伙人。四人签订了一份合伙协议，部分内容如下：

（1）甲以货币出资10万元，乙以房屋作价出资20万元，丙以劳务出资，作价5万元，丁以货币出资15万元。

（2）甲、乙执行合伙企业事务，丙、丁不执行合伙企业事务，但有权监督甲、乙的工作。

（3）合伙企业的利润由甲、乙、丙、丁按3∶3∶2∶2的比例分配，亏损由甲、乙承担。

问题与提示：

作为法务人员，请你指出合伙协议中哪些内容不符合法律规定，并提出修改建议。

实训5

普通合伙人华融新兴公司、普通合伙人亲来投公司、优先级有限合伙人华融兴融及劣后级有限合伙人中石江苏公司共同签订了《芜湖华融兴商投资合伙企业（有限合伙）之合伙协议》，成立了华融兴商有限合伙企业。因与黄山名人庄园发生纠纷，华融兴商向法院提起诉讼。案件审理过程中，亲来投公司向法院提交了异议申请，认为华融新兴公司无权单方以华融兴商的名义提起本案诉讼。后亲来投公司、中石江苏公司分别向一审法院提交了内容基本一致的申请书，请求解除华融新兴公司合伙人的执行事务管理权；请求裁定驳回华融兴商的起诉。本案《合伙协议》第8.3条约定了合伙人会议的两种表决方式，即"由全体合伙人按照其各自实缴出资额比例来行使表决权"，以及第8.4条约定的"所有事项必须经全体实缴出资的合伙人同意方可通过"。但是，该条有关须经全体合伙人通过之表决事项的约定并未包括案涉诉讼争议事项。

问题与提示：

（1）作为法务人员，你认为本案争议事项的表决方式，能否解释为涵盖在《合伙协议》第8.3条有关"由全体合伙人按照其各自实缴出资额比例来行使表决权"的约定内容之内？你认为本案争议依法应当如何解决？

（2）作为法务人员，你对合伙人之间避免此类争议有何建议？

实训6

张三、李四、王五三人共同出资设立某合伙企业，主要从事房地产开发业务。该合伙企业成立时，三人签订了《合伙协议》，约定各自出资比例及利润分配方式，并明确了合伙企业的解散条件和清算程序。经过多年的发展，该合伙企业积累了丰富的房地产开发经验，但由于房地产市场调控政策的影响，该合伙企业面临严重的资金链断裂风险。张三认为应立即解散企业，通过清算收回投资；李四则认为应继续努力，争取渡过难关；王五则持中立态度，希望由其他合伙人作出决定。由于意见分歧，三人未能达成一致意见，该合伙企业陷入僵局。

问题与提示：

（1）作为法务人员，你认为该合伙企业是否满足解散条件？

（2）合伙企业解散后，清算程序如何进行？

（3）合伙人之间的债权债务如何处理？

> **拓展学习**
>
> **万达对赌协议危机化解，实际上是另一种法律与商业安排**[1]
>
> 2023年12月12日，万达集团官网宣布，太盟投资集团（PAG）与

---

〔1〕王佐发：《万达对赌协议危机化解，实际上是另一种法律与商业安排》，载 https://www.thepaper.cn/newsDetail_forward_25757300，最后访问日期：2025年3月30日。

大连万达商管集团共同宣布签署新投资协议。太盟将联合其他投资者，在其2021年的投资赎回期满时，经大连万达商管集团赎回后，对珠海万达商管进行再投资。这一消息迅速在互联网上广泛传播。媒体纷纷以"对赌危机解除"作为标题，对交易进行解读。

实际上，自2023年以来，有关万达对赌危机的话题一直受到坊间的关注。有的自媒体甚至把万达与投资人之间的对赌协议描述为"万达给自己埋下的雷"。

对赌协议真的这么可怕吗？对赌协议真的是如自媒体所渲染的"埋雷"吗？

万达与投资人针对到期的对赌协议达成新的交易安排，所谓的对赌危机尘埃落定。喧嚣过后，还原这场交易的法律本质，领略交易背后的法律与商业智慧，对培育我国市场经济中的法律文化，推动市场经济的发展，更有意义。

对赌协议的法律与经济本质

对赌协议是指投资者与目标公司或其股东之间签署的协议。协议规定一定的条件，如果条件不成就，则投资者有权要求目标公司或其股东重新调整对目标公司的估值，向投资者支付补偿，或向投资者回购股份。

对赌协议规定的条件，一般包括三类：第一类是财务业绩指标，比如收入、利润；第二类是非财务业绩指标，比如开发某种产品，获得某个专利；第三类是某一约定的事件是否发生，比如首发上市（IPO）、并购交易等。

此次大连万达商管集团与投资人的对赌协议规定的条件，属于第一种加第三种，即珠海万达商管在约定的时间内完成财务指标，并成功到港交所上市。珠海万达商管圆满完成财务指标。

自2021年投资者向珠海万达商管投资以来，珠海万达商管税后营收增长率达到12%，税后利润增长率达到34%。过去3年，珠海万达商管合计上缴税收达到100亿元人民币。过去3年，珠海万达商管向股东分红分别为46亿元、67亿元和85亿元。

显然，珠海万达商管是一家优质公司，第一个条件成就了。但是，因为珠海万达商管没有如期上市，第二个条件不成就，触发了协议中的回购条款。大连万达商管作为珠海万达商管的股东，必须回购投资人的股份。

所谓的债务危机，实际上是根据对赌协议，大连万达商管有义务用约定的价格回购投资人的股份。作为一种合同安排，对赌协议下投资人的投资性质既不同于纯粹的股权投资，也不同于纯粹的债权投资。如果目标公司实现对赌协议规定的条件，即条件成就。比如利润达到条件或者成功上市，则投资人保留股东身份，此时，投资属于股权投资。如果目标公司没有实现对赌协议规定的条件，即条件不成就。比如利润不达标，或者没有上市，则投资者有权要求目标公司或其股东回购股份，此时，投资又具有债权性质。

从经济角度看，对赌协议实际上是投资人控制投资风险的一种制度安排。

与目标公司及其股东相比，投资人面临各种信息不对称风险。比如，对目标公司的估值风险，目标公司管理层经营管理能力的风险等。投资人通过对赌协议很好地控制了风险：如果对赌协议规定的条件得到满足，投资价值得到提升，则投资人继续保留股东身份，享受股权价值的升值；如果对赌协议规定的条件没有满足，投资价值受到损害，则投资人可选择不保留股东身份，要求回购股份。这种制度安排实际上给投资人提供保底的承诺，同时，也给投资人分享价值升值的好处。

为什么对赌协议在我国盛行

对赌协议属于舶来品，其英文表述是 Value Adjustment Mechanism (VAM)，即价值调整机制。有趣的是，对赌协议在国外并不常见，反而在我国盛行。其主要原因是，在我国当前的法律体系中，给投资人提供的其他风险控制机制不充分，以至于投资人选择用对赌协议来控制投资风险。

与对赌协议类似的融资工具安排是优先股，包括可转换优先股和可赎回优先股，还可以是可转债。目标公司向投资人发行可转换优先股，投资人既可以享受优先股的股息，又可以在公司价值增加时把优先股转换成普通股，享受公司增值的好处。如果可转换优先股同时也可赎回，目标公司出现贬值或公司治理混乱等影响投资利益的情形时，优先股持有人有权要求目标公司赎回。

显然，在控制投资风险上，可转换加可赎回优先股和对赌协议具有异曲同工之效。如果目标公司向投资者发行可转债，则投资者既可以要求目标公司在约定的时间内还本付息，也可以在目标公司价值提升的情况下，选择把债权转换成股权，享受公司价值提升的好处。显然，可转债也与对赌协议具有相同的经济功能。

对赌协议之所以在我国盛行，还在于优先股及可转债等金融工具在我国的适用面临法律上的障碍或不便。比如，根据我国立法，只有股份有限公司才有资格发行优先股。这就对很多初创公司关闭了发行优先股的大门，因为初创公司一般还是有限责任公司。但是，初创公司又急需融资，于是，就只好和风险投资机构签订对赌协议。再比如，我国立法对发行可转债规定了严格的条件，也对很多公司关闭了发行可转债的大门。

学习领域四

签合同——企业合同法律实务

学习目标

1. 知识目标：

(1) 了解企业合同管理制度建设；

(2) 了解合同谈判的基本过程、工作内容和组织方法；

(3) 掌握合同制作的要求、基本方法和技能技巧；

(4) 掌握监控合同履行的主要内容。

2. 能力目标：

(1) 能够运用所学知识，调查交易对象的资信，参与合同谈判的组织实施；

(2) 能够运用所学知识，起草、审查合同，参与合同管理；

(3) 能够运用所学知识，监控合同的履行，做好风险防范，做好合同文本的存档管理。

3. 素质目标：

培养学生遵守合同法律制度，尊重规则、遵守规范、信守道德的职业素养；培养学生协同合作的团队精神。

学习领域四 签合同——企业合同法律实务

> **学习重点与难点**
>
> 合同谈判情报的收集内容与方法；合同制作的基本要求与技能；合同履行的监控方法。

> **法律典故**
>
> ### 徙木立信
>
> 令既具，未布，恐民之不信，已乃立三丈之木于国都市南门，募民有能徙置北门者予十金。民怪之，莫敢徙。复曰"能徙者予五十金"。有一人徙之，辄予五十金，以明不欺。卒下令。
>
> ——司马迁《史记·商君列传》节选

基础知识概要

在商业活动中，合同是企业进行市场交易的最基本、最重要的手段，具有规范企业行为、保障企业权益、优化资源配置、助力企业合作、提升企业形象的作用，对于企业的经营和发展具有关键性作用。随着数字化转型的推进，电子合同、区块链存证等数字法务工具已成为企业合同管理的重要组成部分，其在提升效率、降低风险、增强合规性方面的作用日益显著。

然而，合同订立和管理过程中存在着各种法律风险，这些风险可能给企业造成经营受阻、管理成本增加等问题，并导致经济损失，甚至产生行政责任或者刑事责任。因此，对于企业来说，识别和防范合同管理中的法律风险是至关重要的。本领域重点从合同文本拟定、合同履行两个方面进行风险防范提示，并引入数字技术在合同全生命周期中的应用与合规要点。

合同订立是指两方或多方当事人为了设立、变更、终止民事权利义务关系而进行协商，达成意思表示一致的过程。当事人订立合同，可以采取要约、承诺方式，也可以采取其他方式，要约和承诺是合同订立的两个必经阶段。要约是指一方当事人以缔结合同为目的，向对方当事人提出合同条件，希望对方当事人接受的意思表示。承诺是指受要约人同意，接受要约的全部条件而缔结合同的意思表示。承诺人承诺后，双方当事人意思表示一致，合同自此成立。

订立合同可以采用口头形式、书面形式或者其他形式。需要注意的是，口头合同是较为常见的合同形式，具有简便快捷、即时交易的优势。但其缺点也较为明显，因为没有书面载体，一旦发生法律纠纷，很难证明合同的具体内容，也很难证明合同的成立和效力，往往存在举证困难的情况，因此在企业订立合同过程中，不建议采用口头形式订立合同。在数字化场景下，书面形式还包括电子合同，其通过电子数据交换、电子邮件、电子签名等方式订立，具有便捷高效、易于存储和检索的特点，但需注意电子合同的法律效力认定需符合《电子签名法》要求，例如，使用可靠的电子签名、确保数据电文的完整性等。在签订合同后，如果需要变更合同条款，或者在履行过程中出现交付地点、交付期限、合同价款、售后服务等条款发生变化的，也要采用书面形式变更，尽量避免口头方式变更。书面合同的形式有很多种，包括合同书、信件、电报、电传、传真、电子数据交换、电子邮件等，书面合同的优点在于内容明确、便于保存和举证，在企业订立合同时，建议采用书面形式。其他形式的合同是指当事人没有用语言或文字明确地表达意思表示，而是以默示方式或者用行为表达意思表示的合同。例如，消费者在自动售货机上购物、乘客刷卡乘坐公交车等行为完成后，都属于以行为方式成立合同，表明合同已经订立。

订立合同的内容，遵循意思自治原则。合同当事人有权约定合同的具体内容，通常包括下列条款：①当事人的姓名或者名称和住所；②标的；③数量；④质量；⑤价款或者报酬；⑥履行期限、地点和方式；⑦违约责任；⑧解决争议的方法。其中①②属于必备条款，如果合同中缺少此类条款，合同将不成立。除此之外的合同条款若缺失，可以根据《民法典》中补缺性条款的规定进行判断，不影响合同的成立、履行。实践中，当事人可以参照各类合同的示范文本订立合同，防止合同主要条款的缺失或疏漏。

订立合同的原则，包括平等原则、自愿原则、公平原则、诚信原则、公序良俗原则、保护生态环境原则。其中平等原则是订立合同的基本前提，处于基础地位；自愿原则是合同订立的核心动力，处于核心地位；公平原则在合同订立中起到平衡双方利益的作用，处于平衡地位；诚信原则是订立合同的道德基石，处于基石地位；公序良俗原则是对合同订立的一种社会道德和公共秩序的约束，处于约束地位；保护生态环境原则是对生态环境保护的重视，在订立合同中日益凸显，处于新兴地位。在数字经济环境下，企业还需遵循数据安全与个人信息保护原则，在合同中明确数据使用、存储、共享的合规要求，防范数据泄露风险。

合同履行意味着，合同生效后，到达履行条件或者履行期限后，企业就要积极履行合同约定的义务，只有通过各方当事人的积极履行合同义务的行为，才能实现订立合同的最终目的，避免合同履行过程中出现瑕疵，否则就会产生违约行为，承担违约责任。因此，合同履行环节，直接决定了将来是否会产生合同纠纷的问题。合同主体方面，要确认履行主体的正确性，因为有些合同约定是由第三人履行或者向第三人履行，存在履行主体和合同订立主体不一致的情况。

合同履行原则，包括全面履行原则和诚实信用原则。企业在履行合同时，要按照合同约定的标的、数量、质量、价款、履行期限、履行地点和方式等全面履行义务，严格遵守合同条款。诚实信用原则，要求企业在履行合同中秉持诚信、不欺不诈，根据合同性质、目的和交易习惯履行通知、协助、保密等法定义务。在出现可能影响合同履行的情况时，如不可抗力、生产进度延迟等，企业要及时通知对方，提供相关证明，并说明对合同履行的影响。不可抗力是不能预见、不能克服、不能避免的客观情况，常见情形包括地震、洪水、台风、海啸、火山爆发等自然灾害；战争、武装冲突、罢工、骚乱等社会事件；征收、征用、政府禁令、国家政策调整致使合同不能履行等政府行为；传染病、瘟疫等无法预见的疾病。法律后果是部分或全部免除责任及通知义务的产生。如果因不可抗力事件导致合同不能履行，当事人通常可以根据不可抗力的影响，部分或者全部免除履行合同的责任。当事人一方因不可抗力不能履行合同的，应当及时通知对方，以减轻可能给对方造成的损失，并应当在合理期限内提供证明。

当然，有些合同的履行时间比较长，可能在履行过程中出现合同条款变更的情况，这就需要双方协商一致，变更合同条款。通常变更程序为：一方当事人提出变更合同条款的意思表示，对方经磋商表示同意，但要注意将合同内容变更的提出、协商一致的过程及书面记录予以保留，避免产生违约责任问题。

合同履行中也可能会出现债权转让、债务承担和合同债权债务的概括移转等情况，无论是哪种情况，都会涉及受让人问题。因此在移转之前，要先审视合同中是否存在禁止转让条款的约定，如果没有禁止转让的条款，且不存在法律禁止转让的条件，债权、债务的移转就是可以的。在履行过程中，要注意债权转让需要通知债务人，债务移转和债权债务的概括移转，需要获得债权人的同意。为了避免日后产生纠纷，最好采用书面通知和取得书面同意的方式。

合同履行中，想要判断一方拒绝履行行为是违约行为还是抗辩权，就需要了解什么是合同履行抗辩权。合同履行抗辩权是法定权利，并非违约行为。合同履行抗辩权主要分为三种：同时履行抗辩权、先履行抗辩权、不安抗辩权。同时履行抗辩权，是指在双务合同中，没有先后履行顺序的，应当同时履行。一方在对方履行之前有权拒绝其履行请求。一方在对方履行债务不符合约定时，有权拒绝其相应的履行请求。先履行抗辩权，是指在双务合同中，有先后履行顺序，先履行一方未履行的，后履行一方有权拒绝其履行请求。先履行一方履行债务不符合约定的，后履行一方有权拒绝其相应的履行请求。不安抗辩权，是指在双务合同中，应当先履行债务的当事人，有确切证据证明对方有下列情形之一的，可以中止履行：经营状况严重恶化；转移财产、抽逃资金，以逃避债务；丧失商业信誉；有丧失或者可能丧失履行债务能力的其他情形。

学习模块一　企业合同的拟定与法律风险防范

经典案例

2020年4月,广东省深圳市某讯计算机系统有限公司(简称某讯公司)以拖欠广告费为名,起诉贵州省贵阳市某风味食品有限责任公司(简称风味公司)。4月24日,广东省深圳市南山区人民法院发布民事裁定书,查封、冻结风味公司名下价值16 240 600元的财产。6月30日,风味公司发布公告称,从未直接或者授权委托他人与某讯公司达成市场推广合作,为维护自身的合法权益,已报案处理。7月1日,贵阳警方发布通告,称有3人伪造风味公司印章、冒充市场部经理,与某讯公司签订合作协议,目的是获得游戏推广活动中的游戏礼包码并倒卖,以获取经济利益。7月1日晚间,某讯公司发布自嘲视频——《我就是那个吃了假辣椒酱的憨憨企鹅》。至此,某讯公司、风味公司事件落下帷幕。这一事件也被网民戏称为"逗鹅冤"。

学习单元一　合同的拟定

一、合同谈判情报收集及谈判技巧和方法

(一)合同谈判的基本过程

1. 准备阶段。

(1) 收集信息:首先了解对方的基本情况,包括对方公司的信誉、财务状况、经营风格、涉诉案件等;收集与合同主题相关的法律法规、行业标准和市场行情等资料。

(2) 确定目标和底线:明确自己期望达成的目标,比如价格、交付方式、质量标准等关键要素的理想值。同时确定自己的底线,这是谈判中不能让步的关键条件。

(3) 组建谈判团队:根据谈判的复杂程度和涉及的专业领域,选择具备法律、技术、财务等专业知识的人员组成团队。

2. 开局阶段。

(1) 营造氛围:通过友好的问候、开启轻松的话题等方式,营造一个积极、合作的谈判氛围,缓解紧张情绪,占据谈判的引导控制优势地位。

(2) 开场陈述:双方简要介绍自己的基本立场和主要诉求,但不会涉及细节。这个阶段要注意表达清晰、简洁,并且注意观察对方的反应。

3. 交锋阶段。

(1) 讨价还价。双方就合同的各项条款进行详细讨论,针对有分歧的地方进行协商、争辩。这是谈判的核心阶段,双方会试图说服对方接受自己的观点。因此,在谈判开局时不能直接亮出底牌,而应当循序渐进式谈判。

(2) 处理争议。对于出现的争议点,运用各种谈判技巧,如提供证据、引用案例、对比市场行情等来支持自己的观点,同时倾听对方的理由,寻找可能的妥协点。即在谈判中不能只强调对自己有利的地方,还应当考虑对方的情况,让他们认识到本合同的签订是双赢的,不能将对方的利益压榨到底,如果没有利润空间,任何谈判都将陷入僵局。

4. 妥协阶段。

当双方在某些问题上僵持不下时,需要共同寻找创造性的解决方案,可能是对条款进行微调,或者提出新的交易结构等,需要提出建设性的解决方案,在底线之上适当做出让步,以换取对方在其他关键问题上的妥协,促进谈判的顺利进行。

5. 达成协议阶段。

对谈判达成的所有条款进行全面梳理,确保没有遗漏或模糊不清的地方。

6. 签订合同阶段。

将最终确定的条款形成书面合同,经双方审核无误后,由法定代表人或授权代表签字盖章,使合同正式生效。

(二) 合同谈判的工作内容

合同谈判更多的是针对合同主要条款的协商，尤其是对于价格的确定条款，支付条款如计价计算方式、条件、进度（一次性给付还是分期给付，给付比例）、方式（如现金、支票、转账等）、地点（送货上门、自提等）等，违约责任条款这种直接影响合同目的的重要条款的协商谈判，直接关涉企业的利益。有些合同履行时间过长，交付或者付款期限过长，会导致事后市场价格发生变化，合同履行可能会对企业利润造成影响。因此，条款的拟定和协商，直接决定了合同的内容。谈判工作不容忽视。

当然，在谈判前要做好风险评估与控制，谈判过程中，要敏锐地识别到合同可能存在的法律风险、市场风险、信用风险等，并制定应对措施。针对识别出的风险，与对方协商制定相应的防范和应对措施，例如设立担保条款、增加违约赔偿金额等。

(三) 法律合规性检查

审查法律适用性，确保合同的签订和履行符合相关法律法规的要求，避免合同因违法而无效。对于法律规定必须明确的条款（如知识产权归属、保密条款等），要进行认真的谈判和明确的约定。

(四) 合同谈判的组织方法

1. 内部沟通协调。

（1）注重团队成员之间的沟通。谈判团队内部要保持良好的沟通，明确各成员的职责和分工。在谈判过程中，及时交流意见和信息，形成一个有机的整体。

（2）注重与公司内部利益相关部门的沟通。与公司内部的其他部门（如销售、采购、财务、法务等）保持密切联系，以了解他们对合同的期望和要求，并确保谈判结果能够得到公司内部的支持和执行。

2. 外部沟通策略。

（1）建立良好的沟通关系。在谈判过程中，要以尊重、理性的态度与对方进行沟通，避免情绪化的表达。积极倾听对方的意见和诉求，展示出合作的诚意。

（2）多种沟通方式相结合。根据谈判的进展和具体情况，灵活运用面对面交流、电话沟通、电子邮件沟通等多种方式。例如，在关键问题的谈判上，尽量采用面对面的方式，以便更好地观察对方的表情和肢体语言。

二、合同拟定步骤

作为合同一方当事人的企业的法务人员参与合同订立时，面临的任务有可能是起草合同，也可能只是审查合同。起草合同一般是本方获得了起草权，且企业领导交代由法务人员负责起草合同。审查合同一般是对方起草合同草案，或者本方业务部门起草合同草案，法务人员对合同草案进行审查。这两种任务只是工作方式不同，但基本原理和规则相似，我们着重学习更有代表性的起草合同的方法。作为法务人员，起草合同除遵循法律规定的订立合同原则之外，还需注意合同文字规范、用词准确、条款完备、逻辑严密等技能技巧。合同拟定的步骤大致如下：

第一步，构思合同基本框架。

合同起草之前，应根据内容需要，对合同总体架构有一个设计，不可匆匆忙忙，边想边写、边写边想，最后往往发现结构混乱、前后矛盾，甚至重心错误，而不得不推倒重来。

首先要设计的是合同形式。这里的形式不是指口头、书面等合同载体形式，而是指在一些复杂的交易中，可能涉及很多内容，于是产生了"这么多内容能不能用一个合同容纳"的问题。如果交易内容很多，且可以分割为数个独立项目的话，就要考虑采用几个既有联系又各自独立的合同。一般情况下，一次交易只用一个合同就行。

一个独立合同的整体结构和格式通常如下安排：

1. 标题。合同标题可简可繁，但应规范。《民法典》"合同编"规定的有名合同应当尽可能使用法定的统一名称；法律没有规定的，名称按照交易习惯确定。例如，买卖合同、租赁合同、借用合同等都属于有名合同。实践中，在订立买卖合同时，有的企业采用供货合同、供销合同等标题，虽然其内容属于买卖合同，但没有直接采用买卖合同标题，为避免歧义，建议尽量采用买卖合同字样作为合同标题。

2. 合同编号。合同编号是为了便于合同的识别、管理、检索和存档等而设定的编码。它通常由字母、数字或其组合构成，具有唯一性。其编制方式可能因企业、行业或项目而异，例如有的按照"年份+项目类型+流水号"的形式编写，如"2024-ZC-001"（表示2024年采购项目的第1份合同）；也有的采用"部门代码+合同类别+签订日期"等方式编写。在数字化管理系统中，合同编号可与电子档案管理模块关联，通过关键词检索快速定位合同文本及相关履行记录。合同编号有助于快速定位特定合同，在合同的签订、履行、统计分析以及法律事务处理等过程中都有着重要作用。

3. 签约各方当事人的基本情况。当事人的身份信息应当真实、完整。当事人是单位的，要列明其全称、住所地、法定代表人的姓名和职务、联系方式，有时还注明工商登记号和企业代码（如果内容涉及，还应当写明生产许可证或经营许可证的编号或者资质等级等内容）。当事人是自然人的，要列明姓名、身份证号码、工作单位或住址、联系方式。确保在需要联系当事人或者确认身份时，信息准确无误。

为了叙述简便，按照交易习惯，合同当事人一般依照"甲方、乙方、丙方、丁方"等字样代表各方当事人。

4. "鉴于"条款。通常位于合同开头部分，在正式的权利义务条款之前，"鉴于"条款主要描述订立合同的背景、订立原则、目的等。虽然该条款一般不直接设定双方当事人的权利义务，但在合同条款模糊不清、需要进一步解释的情况下，该条款能够为法官或仲裁员提供合同当事人订立合同时的真实意图，辅助对合同进行解释，从而更好地判定合同纠纷。例如，在企业并购合同中，"鉴于"条款可能会提及双方公司的业务范围、市场地位，以及行业发展趋势等背景信息，说明并购是基于怎样的市场环境和企业战略考量。再例如，某房屋租赁合同的"鉴于"条款可以这样表述："鉴于甲方合法拥有坐落于××市××路××号房产一幢，有意按照本合同规定条件出租给乙方使用，双方本着自愿公平、平等互利、诚实信用的原则，经充分协商，订立以下条款，共同恪守。"

5. 合同主条款。即法律规定的当事人的姓名或者名称、住所、标的、数量、质量、价款或者报酬、履行期限、地点和方式、违约责任和解决争议的方法。但这些条款并非合同的必要条款，而是提示性条款，目的是让各方当事人在订立合同时，可以参考使用，保证合同在订立后能够顺利履行。其中当事人的姓名或者名称、住所、标的条款是必备条款，合同条款中一旦缺失此类条款，合同将面临不成立的后果。如果缺失的是数量、质量、价款或者报酬、履行期限、地点和方式、违约责任和解决争议的方法等条款，则可以通过《民法典》"合同编"中的补缺性条款予以明确，保证合同履行。当然，合同条款也可以在提示性条款之外，根据双方当事人的意思表示拟定其他条款，如通知方式、保密条款、知识产权归属条款等。

6. 各方签字盖章处。包括当事人名称或姓名、签约代理人签名以及签约日期等，如果有保证人、见证人的，同时列上保证人、见证人名称或者姓名。

7. 附件。附件一般包括双方营业执照副本和其他有关许可证和资质证书的复印件、知识产权证明文件副本（或复印件）、自然人的相关职业资格证明文件复印件、标的物质量规格标准和参数的明细表等。

在设计合同基本框架时，一个省力的做法是在书本、光盘、互联网上搜索已经成形的类似范本和模板进行参考，但是一定要注意，必须根据具体情况和内容灵活变通运用，否则生搬硬套就可能导致当事人特殊追求的合同条款遗漏，导致合同履行出现障碍，或者责任不清。

第二步，精雕细琢合同主条款。

合同主条款要写明当事人协商的交易内容，即双方要进行什么交易、如何交易、何时交易、逾期不能完成交易如何承担责任等。这是合同的核心部分，必须缜密设计、精心撰写。

一般情况下，合同主条款可以按照《民法典》第470条第1款[1]规定的8个必备要素进行搭建。不过需要注意的是，这8个要素不一定构成8个合同条款，也许一个要素需要几个条款才能表述完整、清楚，也有可能一个条款涉及几个要素。

8个要素中的"当事人"上文已有介绍，这里不再重复。其他7个要素的表述需要注意以下细节：

1. 标的。合同标的是合同当事人权利义务指向的对象，其类别分为有形物、知识产权和行为。有些合同，如买卖合同，可能三类标的全有，有些合同可能只有其中一至两类标的。

有形物标的应写明产品名称、规格、型号、性能、其他各项参数等。知识产权根据其实际情况，分别说明知识产权的性质、名称、权利状况、性能用途和有形载体等。行为标的应写明行为的内容、条件、成果等。例如，在一个购销电器的合同中，标的就是有形物，应当写明电器产品的名称、型号、参数；知识产权类合同中的标的就是权利，应当写明商标、专利的种类、编号等；行为类合同的标的是交付方式、维修服务等。

此外，还须写明与标的密切相关的内容，如包装要求、附属设备与零配件、图纸资料和使用说明书等。

---

[1]《民法典》第470条第1款：合同的内容由当事人约定，一般包括下列条款：（一）当事人的姓名或者名称和住所；（二）标的；（三）数量；（四）质量；（五）价款或者报酬；（六）履行期限、地点和方式；（七）违约责任；（八）解决争议的方法。

2. 标的数量。数量计量单位应当采用符合国家标准的公制单位；没有国家标准，应当合乎行业标准；没有行业标准，应当合乎交易习惯，或双方约定一个统一的标准。标的数目应当同时有阿拉伯数字和汉字数字，二者应当一致。

3. 标的质量。该条款主要应明确标的物质量适用的质量标准、验收方式、验收期限和质量保证期间等。

质量标准可以是国家标准、行业标准、地方标准或者特别约定的标准参数，但表述一定要明确具体，指明标准的编号和全称，由哪个政府部门或行业协会机构于何年何月制定。还要明确质量检验的机构、检验的方式方法。例如，在建筑工程合同中，需符合国家相关建筑质量验收规范；在电子产品销售合同里，可能遵循特定的行业性能与安全标准。如"产品质量应符合［标准名称及编号］所规定的各项要求，包括但不限于外观、性能、稳定性等方面的标准"。

验收方式是规定由哪一方负责组织验收，如"由买方在收到货物后的×个工作日内，依据本合同约定的质量标准进行验收"。有些合同中也要详细说明验收的具体流程和方法，比如对于软件产品，可约定"买方应按照软件操作手册中的功能测试流程对软件进行测试验收，检查软件是否能实现预订功能，是否存在漏洞或错误提示"。

验收期限是确定一个合理的验收时间范围，防止一方无限期拖延验收。例如"自货物交付之日起×日内完成验收，若在此期限内未提出书面质量异议，则视为产品质量合格"。

质量保证期是明确产品或服务在一定时间内的质量保证时长，如"卖方对产品提供自交付之日起×个月的质量保证期，在质保期内，产品出现质量问题，卖方应免费维修、更换或退货"。当然，对质量保证期有国家规定的，不得超过国家规定。

4. 价款或报酬。该条款是有偿合同的关键性条款，直接关涉合同双方的经济利益。一般标的为物的合同称为价金，标的为服务的合同称为报酬。此要素是体现合同标的交换对价及合同标的额的要素，它与合同标的一起，构成合同的核心内容。在电子支付场景下，需明确收款方的电子账户信息（如支付宝账号、微信支付账号等），并约定交易安全保障措施，例如，采用加密传输、二次验证等技术手段防范资金风险。

价金或报酬须写明的是数额、货币币种、支付方式和支付时间；还应当明确的是，对于一些复杂的交易，可能还需要详细说明价格的构成，包括产品或服务的单价、数量、总价、税费、运输费等各项费用的分担情况，合同金额是否含税，以及发票如何开具等内容。

合同价款可以是固定价格，例如，"甲方应向乙方支付货物价款共计人民币 50 000 元"；也可以是根据一定的计价方式确定，如"按照实际工作量结算，每小时服务报酬为 200 元，最终报酬根据服务时长计算得出"。

货币币种如果是人民币以外的币种，需要特别标注，如果未标注，则视为人民币。

支付方式常见的有现金支付、银行转账、支票支付、汇票支付、电子支付等方式。其中银行转账的，要明确收款方的银行账户信息，包括开户银行名称、账户名称、账号等；支票支付的，要注明支票的类型（现金支票或转账支票）、付款期限等，如"甲方以转账支票支付，支票有效期为自出票日起 10 日内，乙方应在有效期内提示付款"；汇票支付的，要说明汇票的种类（商业汇票或银行汇票）、承兑人等信息；电子支付的，要写明通过微信还是支付宝等平台给付，并需明确支付的时间节点和安全保障措施。

支付时间是确定价款或报酬的支付时间节点或期限，分为一次性支付、分期支付、按履行节点支付，如"在项目完成需求分析阶段后，甲方支付 20%；完成设计阶段后支付 30%；项目上线试运行后支付 40%；正式运营 3 个月且无重大故障后支付剩余 10%"。

5. 履行。履行条款需要明确的是"五个 W"，即时间（When）、地点（Where）、主体（Who）、义务（What）、方式（How）。草拟有关履行的条款时，应当尽可能将这些因素予以量化、具体化、明确化，一方面是为了方便当事人履行，另一方面也是为了更清楚地确认标的物权利和风险转移的时间地点分界点，进而还可能涉及诉讼管辖法院确定、诉讼时效计算等一系列法律问题的处理。

履行时间，合同中要明确规定双方履行合同义务的具体时间节点或期限。例如，"甲方需在 2024 年 12 月 31 日前完成货物交付"。精确的时间设定能有效避免拖延，保障合同进程的有序推进，减少因时间模糊引发的纠纷。

履行地点，确定合同履行的具体地理位置。如"货物交付地点为甲方位于上海市浦东新区［详细地址］的仓库""服务提供地点在乙方的营业场所内，即北京市朝阳区［具体地址］"。清晰的履行地点有助于界定运输成本、风险转移以及相关法律管辖区域等重要事项。

履行主体，在一般情况下，合同的履行主体就是合同的双方当事人。比如在买卖合同中，买方向卖方支付货款，卖方向买方交付货物，双方就是履行主体。然而，也存在由第三人履行合同义务的情况。一是向第三人履行，例如在保险合同中，保险公司（保险人）按照合同约定向被保险人指定的受益人支付保险金，这里受益人就是第三人。二是由第三人履行，如在建筑工程分包合同里，总承包商和分包商约定由分包商完成部分工程内容，分包商作为第三人来履行总承包商对发包方的部分义务。需要注意的是，由第三人履行合同义务可能会增加合同风险。当第三人不履行或不完全履行时，仍由合同当事人承担责任。因此，在合同中对第三人履行的相关事项，如第三人的选定、监督、责任划分等都要进行明确规定。

履行义务，明确各方在合同关系中需承担的责任，是确保合同顺利执行的关键部分，详细阐述各方应做之事。如在销售合同里，卖方义务是"按合同约定的时间、地点、质量标准交付货物，提供货物的相关证明文件（如质量合格证、原产地证明等）"；买方义务则是"在规定的付款期限内，以约定的付款方式支付货款，接收符合要求的货物并验收"。

6. 违约责任。有约必守是基本的契约原则，但实践中基于各种主客观原因，导致违约行为出现的情况较为常见，只有在合同中约定违约责任条款才能对当事人形成有效的法律约束。

一般情况下，违约责任应该和合同义务相对应，只要有义务，就要规定相应的违约责任；违反主要义务，违约责任应该较重，并且违约责任表述不可太笼统，最好是逐项规定各种违约责任。违约责任形式可以是强制继续履行、采取补救措施（包括修理、更换、重做、退货、减少价款等）、赔偿损失、支付违约金、定金责任等。赔偿损失条款可以约定该损失的计算方式、损失的范围，如"约定违约方赔偿非违约方的损失包括直接损失和间接损失，包括但不限于诉讼费、仲裁费、鉴定费、评估费、律师费、车马费、复印费等合理费用。"定金，是指当事人约定一方预先给付另一方一定比例的金钱或等价物作为担保。若给付定金一方违约，无权要求返还定金；收受定金一方违约，则需双倍返还定金，定金约定不得高于标的额的20%。定金合同是实践性合同，因此，需要在约定定金条款后给付定金，乙方必须先给付定金，否则，仅在合同中约定，但没有实际交付定金，则定金条款不生效。

7. 解决争议的方法。对于合同争议解决的方式，理论上当事人有五种选择：协商、调解、行政处理、仲裁、诉讼；但其中具有实际执行效果的是仲裁和诉讼两种方式。但仲裁和诉讼不可同时选择，只能选其一适用，二者还是有一定区别的，需要在诉讼和仲裁之间进行选择时，斟酌考量哪种解决争议的方式对己方更为有利。

仲裁和诉讼都是解决民事纠纷的重要法律方式，它们主要有以下区别：

第一，性质不同。仲裁是一种民间性质的争议解决方式。它是基于双方当事人的自愿，将纠纷提交给仲裁机构进行裁决。诉讼是国家司法机关代表国家行使审判权来解决纠纷的方式，它是一种公力救济手段，法院作为国家的审判机关，其审判权是由国家法律赋予的。

第二，受理范围不同。仲裁的受理范围主要是合同纠纷和其他财产权益纠纷。如买卖合同、租赁合同、建设工程合同等纠纷都可以申请仲裁。不过，婚姻、收养、监护、扶养、继承这些具有人身关系的纠纷一般不能仲裁。诉讼的受理范围更广，几乎涵盖了所有的民事纠纷，包括人身关系纠纷和财产关系纠纷。无论是合同纠纷、侵权纠纷，还是婚姻家庭纠纷、继承纠纷等，都可以通过诉讼解决。

第三，程序方面不同。仲裁程序的启动是基于双方当事人的仲裁协议。仲裁协议既可以是在纠纷发生前就在合同中约定好的仲裁条款，也可以是纠纷发生后双方达成的仲裁协议。没有仲裁协议，仲裁机构不会受理案件。仲裁庭的组成比较灵活，当事人可以约定仲裁庭的组成方式，是由1名仲裁员独任仲裁还是由3名仲裁员组成仲裁庭。当事人可以自己选择仲裁员，这使得仲裁庭的人员构成更符合当事人的意愿。审理过程一般不公开进行，这样可以保护当事人的商业秘密和隐私。仲裁的程序相对比较简便、灵活，没有像诉讼那样严格复杂的程序规则。而诉讼的启动程序是由原告向有管辖权的法院提起诉讼而启动的。法院受理案件是依据法律规定的管辖权，而不是当事人的协议。审判庭的组成一般是由法官组成合议庭或者由1名法官独任审判，当事人对审判人员无选择权。诉讼以公开审判为原则，除涉及国家秘密、个人隐私或者法律另有规定的以外，都应当公开进行。诉讼过程可能经过一审、二审等多个环节，每个环节都有相应的法律规定和时间限制。

第四，裁决、判决的效力方面不同。仲裁实行一裁终局制度。仲裁裁决一经作出，即发生法律效力。当事人就同一纠纷再申请仲裁或者向人民法院起诉的，仲裁委员会或者人民法院不予受理。但是，如果仲裁裁决被人民法院依法裁定撤销或者不予执行，当事人就该纠纷可以根据双方重新达成的仲裁协议申请仲裁，也可以向人民法院起诉。而诉讼是两审终审制，一审判决作出后，当事人如果不服可以在法定上诉期内向上一级人民法院提起上诉。二审判决是终审判决，一经作出即发生法律效力。另外，在某些特殊情况下，还可能启动审判监督程序，对已经生效的判决进行再审。

  正是基于仲裁和诉讼的以上不同，订立合同拟定条款时，尽量综合考虑上述二者之间的区别，选择对自己有利的解决争议方式。仲裁和上诉只能选择其中一种方式，在选择仲裁机构时需要明确仲裁机构的具体名称；在选择诉讼法院时，只能选择与合同履行具有关联性的人民法院，如原被告住所地、合同签订地、合同履行地、标的物所在地的法院，且不能违反专属管辖的规定。否则，可能会导致解决争议条款无效的后果。例如，合同约定"一旦产生争议协商不成的，由仲裁委员会裁决"，条款约定未明确哪个城市的仲裁委员会，可能会导致该条款无效。

  最后还要强调，拟定合同条款时需要逻辑严谨、缜密。上述主要条款的介绍只是合同拟定时需要注意的基本问题，还有很多合同订立的细节需要根据合同的性质、各方当事人对合同目的的追求、对权利义务的主要约定进行进一步细化，需要我们在实践中继续学习积累。实践中起草合同的主条款内容和架构应根据交易内容和当事人协商一致的意思确定。例如，违约责任应是合同必备要素，但有时当事人可能基于种种考虑，就是不愿明确违约责任，作为起草合同的法务人员有提醒的义务但不能越俎代庖。合同起草前一定要经过与起草人、谈判人员，特别是与谈判决策者反复沟通交流，起草者只有经过对各方当事人的合同目的的理解，才能草拟符合各方需求的合同，切忌自以为是、闭门造车。

  第三步，履行内部审核批准程序。

  合同完稿后，根据各个企业不同的合同管理制度和合同谈判授权，分别做出不同的处理，有时可能当场就签字，合同成立生效；但也有些合同需要履行企业内部的审核批准程序才能签署。在数字化管理流程中，可通过电子审批系统实现合同在线会签，各部门审核意见实时留痕，提升审批效率的同时确保流程可追溯。若属后者，合同谈判人员和法务人员必须严格执行本企业相关规定，将合同文本提交制度规定的相关人员审批。

  下面是一张公司合同会签单，从中也能看到该公司合同审核批准的一般操作规程，可以作为我们学习参考。

合同会签单

合同名称：		合同编号：
经办部门：	经办人：	部门负责人：
部门意见： 签名： 日期：		
分管副总审批： 签名： 日期：		
法务部意见： 签名： 日期：		
总经理审批： 签名： 日期：		
董事长审批： 签名： 日期：		

第四步,做好完稿后续工作。

按照《民法典》第490条规定[1],一般情况下,书面合同自当事人均签名、盖章或者按指印时合同成立,所以合同的签字或盖章是有法律意义的程序,马虎不得。

签字或盖章的流程由当事人协商,可以双方同时进行,也可以一方先签另一方后签,但后签一方存在可能毁约的风险。

至于究竟是签字还是盖章,根据当事人情况而定,一般自然人只需要签字或者签字并按手印,经济组织性质的主体则既盖章,又由法定代表人和代理人签字为妥。同时还要在合同上标注签字的时间、地点。因为签字时间可以判定合同成立生效的起点,从而有助于判断违约行为的产生时间;在合同条款中如果约定了争议由缔约地法院管辖条款的,签署地点就是缔约地,有助于判定管辖法院。

签字页一般在合同最后,但要与合同正文紧密相连。为了防止某一方在合同签署后增删页数,最好在每一页都签字或者合同整体盖骑缝章,在最后一页盖全章,盖章应覆盖住合同的日期,防止日期变造。

第五步,归档保存。

这项工作很简单,只是举手之劳,但却常被忽视。实践中,合同发生争议打起官司,却发现合同原件不翼而飞,导致官司败诉的事情并不少见,所以对此绝不能马虎。

如果有可能的话,企业至少要保存两份合同原件,档案室和法务部门各保存一份,日常使用合同复印件即可,原件尽量由专人保管,一旦需要诉讼,原件需要从保管人处借出时,需要做好登记,并及时返还。

---

[1]《民法典》第490条:当事人采用合同书形式订立合同的,自当事人均签名、盖章或者按指印时合同成立。在签名、盖章或者按指印之前,当事人一方已经履行主要义务,对方接受时,该合同成立。法律、行政法规规定或者当事人约定合同应当采用书面形式订立,当事人未采用书面形式但是一方已经履行主要义务,对方接受时,该合同成立。

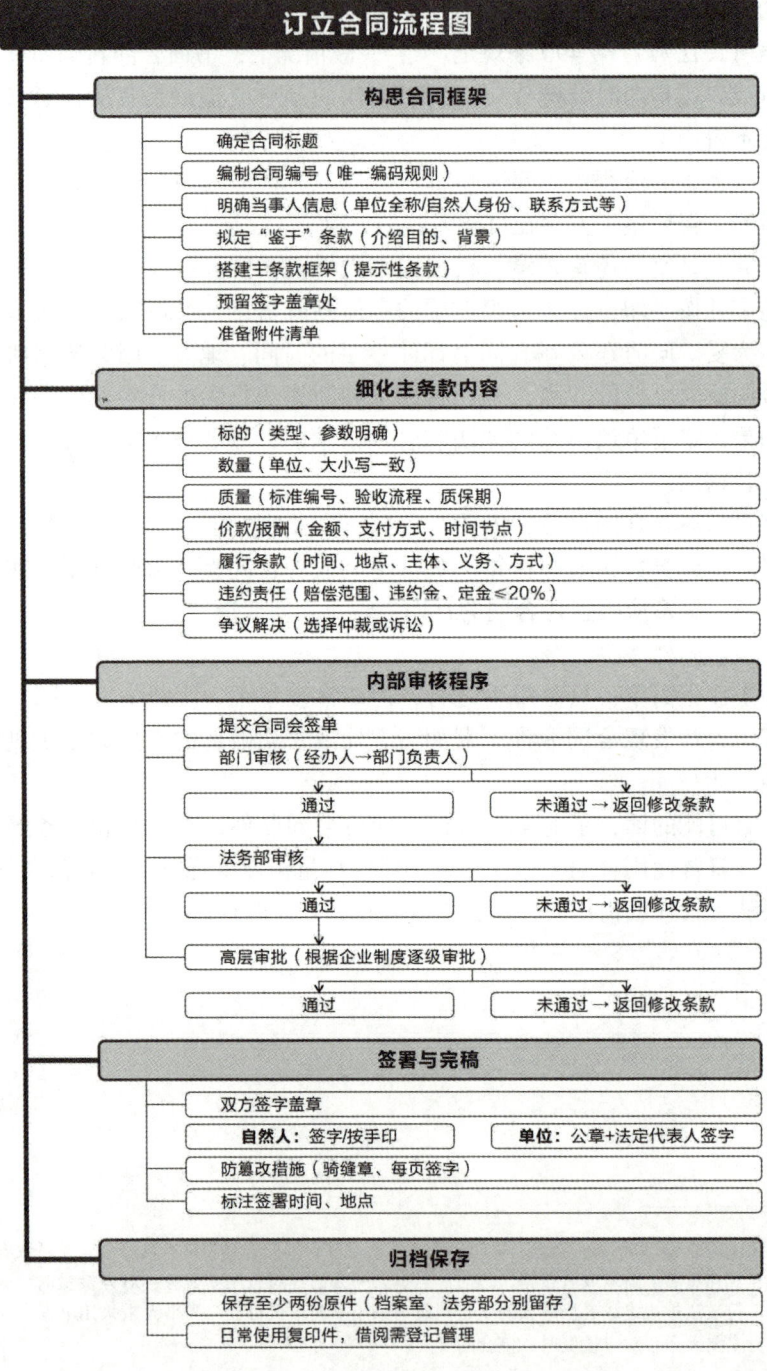

学习单元二　合同文本法律风险防范

在企业的日常运营中，合同文本的法律风险管理是确保合规性和防范潜在损失的关键环节。本教材将重点探讨合同相对人资信调查的不严谨、合同文本审核的不细致以及企业公章保管与使用的制度不规范等常见风险点。通过对这些关键领域的深入分析，旨在引导企业建立一套全面的法律风险防控体系，从而在合同签订过程中最大限度地降低法律风险，保障企业的合法权益。

一、合同相对人的资信调查

（一）风险提示

合同交易对方主体是否真实存在，是否合法，是否具备相应的资质要求，是否具有履行合同的能力，合同相对方谈判、签署代表是否持有公司加盖公章的授权委托书，均将对合同订立和履行产生重要影响。

（二）防范措施

合同订立前，应当认真调查合同相对人的背景、签约资格、诚信意愿、履约能力等事项。

1. 调查合同相对人的背景。现在，国内企业一般通过"企查查""天眼查"等企业工商信息查询平台就可以查询企业相关的工商登记信息，包括年报，股东信息，投资人信息，是否涉诉以及涉及哪些诉讼，是否被列入失信被执行人名单，企业拥有的商标、专利及其他知识产权，企业证书，主要人员信息，变更记录等。企业还可通过国家企业信用信息公示系统、信用中国等官方平台获取数字化信用报告，或借助第三方大数据风控工具分析交易对象的履约能力和信用风险。企业也可以登录合同相对人所属地市场监管局（委）网站查询，国内很多市场监管局（委）已经按照《政府信息公开条例》和《行政许可法》的有关规定，将企业注册信息在网上公开。如果在企业工商信息查询平台无法查证有关信息，可以直接委托信用公司、律师事务所到工商部门查证注册信息。

常见的审查方法如下：

（1）国家企业信用信息公示系统查询。可查询企业基础信息、行政处罚信息、列入经营异常名录、列入严重违法失信名单（黑名单）、公告等信息。

（2）启信宝、小蓝本、企查查等商业平台查询。注册会员通过付费查询可获得更为详细的信息，如股东、注册资本及变动、经营范围、涉诉风险、开庭公告、裁判文书、执行案件、失信被执行人等，可以为交易决策提供更为全面的参考。

（3）要求对方提供营业执照副本、经营资质证书、特许经营许可证、公司的财务报表、征信报告等。

（4）特别重大交易委托第三方进行资信调查。

2. 调查合同相对人是否具有签约资格。合同相对人为自然人的，看其是否有完全民事行为能力以及对合同标的是否有处分权。只有具有完全民事行为能力的自然人才具有签约资格。无民事行为能力的自然人没有签约资格。限制民事行为能力人订立的合同，法定代理人不追认的，是无效合同，但纯获利的合同或者与其年龄、智力、健康状况相适应而订立的合同，不需要法定代理人追认。

合同相对人为企业的，要看其主体资格、资质和经营范围。如果对方公章为企业的分支机构或内设机构，应当要求其提供企业的授权书或相关文件。尽管依照我国法律的规定，签订合同，印章和签字有一个就可以，但鉴于现实生活中"萝卜章"引发的纠纷很多，所以对方在合同上加盖公章，并不能保证是真实的，最好还要有法定代表人或经法定代表人授权的经办人的签字。

实践中，有些骗子使用假身份证或借用身份证注册公司。虽然营业执照是真的，但法定代表人是假的。因此，如果对方签字人是企业的法定代表人，应要求其提供法定代表人身份证和营业执照副本；如果对方签字人是业务人员，除前两项材料外，还应要求其提供企业及其法定代表人的授权委托书、业务人员自身的身份证等相关证明材料。授权委托书要有法定代表人的签名且加盖公章，而不是部门或财务专用章。对签字人或经办人身份的核实能够增加合同的保险系数。当法定代表人、签字人、经办人提供了身份信息后，要登录公安部公民身份信息核查网对他们个人的身份信息进行核查。

除对个人身份信息进行核查外，还需要对签约人的权限进行审核。对于法定代表人，主要审核其权限范围；对于经办人、签字人，还要审核其是否有代理权、代理权是否已经终止。没有代理权或者代理权终止后，以被代理人名义订立的合同，也是需要追认的合同。

3. 调查合同相对人是否有诚信意愿。企业可以通过各类查询平台搜索合同相对人的信用记录，并进行分析，通过其过往经历判断其信用程度。企业也可以委托专业的信用公司进行调查。

4. 调查合同相对人是否具备履约能力。调查合同相对人是否具备履约能力就是要查清合同相对人现有的、真实的经营情况。例如，可以要求合同相对人提供财务报表等资料，然后通过专业的信用分析，判断合同相对人的履约能力；也可以通过合同内容、合同相对人对待合同的态度等来判断。如果洽谈时合同相对人对己方提出的任何要求都痛快答应，合同用语明显夸大其词、合同要求明显不可实现等，对于这种情况，就要小心。

二、合同文本审查

（一）风险提示

合同形式是否适当，内容是否合法，重要条款是否完备，是否存在附条件、附期限生效情况，是否约定纠纷解决方式和管辖权条款，是否注明了签订地和签订日期，是否对格式条款尽提示说明义务等，均将对合同订立和履行产生重要影响。

（二）防范措施

1. 审核合同形式是否适当。尽管法律承认口头合同的效力，但合同还是要尽量采用书面形式，否则，一旦发生纠纷，在提供证据方面就会非常不利。如果时间紧迫只能达成口头合同，那么在事后也要尽量补签书面合同。若法律对合同形式有明确规定，合同应当采用书面形式。例如，金融机构的借款合同必须采用书面形式，口头合同就是无效的。书面合同的签订包括面签和函签两种方式，对于重要的合同（如赊销合同），应尽可能采取面签的方式。尽管传真和电子邮件签订合同的方式本身是合法的，但在司法实践中，作为电子数据的传真和电子邮件的真实性很容易被质疑，法官对此类证据的认定比较谨慎。有些合同会有很多附件，但附件太多，难免前后出现歧义。

2. 审核合同订立手段和合同内容是否合法。合同订立手段如果不合法，依照《民法典》第148条[1]的规定基于欺诈订立的合同可能被撤销。在实践中，欺诈的行为种类很多，例如，出售假冒伪劣产品，伪造产品产地或质量证明，提供虚假的商品说明书，在毫无履行能力的情况下对外签订合同以骗取定金或贷款等，因此需要认真审核合同文本。合同内容的合法性审核主要核查合同条款是否违反了法律和行政法规的强制性规定，以及公序良俗。上

---

[1]《民法典》第148条：一方以欺诈手段，使对方在违背真实意思的情况下实施的民事法律行为，受欺诈方有权请求人民法院或者仲裁机构予以撤销。

述情形都可能导致合同存在瑕疵，产生合同无效、被撤销等不利后果。

3. 审核合同的重要条款是否完备、用语是否准确、表达是否清晰和完整。合同的重要条款一般包括名称、品牌、型号、质量标准、价格、技术参数、产地信息、原料材质、履约时间、履约地点、履约方式（如交货凭证签字、验货时间）、付款方式（包括现金、转账、汇票等）、付款频次（包括一次性付款、分阶段付款、按月或按季度还是按履行进度结算）、发票开出时间（是付款前开出发票还是付款后开出发票）以及出现质量争议时如何委托第三方检测等。除具备这些条款外，用语准确、不会产生歧义也很重要。含混不清或者模棱两可的表述会给合同的履行埋下隐患。如果合同相对人因合同内容过于复杂而拒绝签订合同，该合同相对人的交易诚信就值得怀疑。

4. 审核合同是否存在附条件、附期限生效等情况。这种情况大致有两种：一是法定的，即依照法律规定必须办理批准、审批、登记等手续，合同才能生效，如土地使用权、房产、机动车辆的买卖与抵押合同。二是当事人设定的，这有可能是双方明确约定的，如"合同未经公证不发生效力"；也有可能是单方明确要求的，但这种要求有可能是对方悄悄设置的"陷阱"，需要仔细甄别。设置了生效条件的合同在条件成立前属于虽然成立但未生效的合同。

5. 审核合同是否约定了纠纷解决方式和管辖权条款。管辖权条款的约定可以避免对方在管辖问题上做文章。合同当事人都希望在自己单位所在地起诉，如果双方在这方面实在无法达成一致意见，就约定双方所在地的人民法院都有管辖权。如果将来发生争议，尽快向本地人民法院提起诉讼。否则，一旦对方抢先起诉立案，就不得不到对方所在地打官司，财力与精力消耗都比较大。能够约定管辖权的，可在合同中写明："本合同未尽事宜，双方协商解决。协商不成的，任一方均有权向对方所在地人民法院进行起诉/任一方均有权向其所在地人民法院进行起诉。"如果合同当事人不愿约定法院来管辖双方的争议，也可以约定由某一个公信力高的仲裁机构进行裁决。

6. 审核合同是否注明了签订地。随着合同诈骗案件的增多，签订合同时也应当对诈骗风险有所警醒。我国刑事案件一般由犯罪地的公安机关管辖。合同诈骗的犯罪地包括合同签订地、合同履行地。由于合同履行地往往在对方的所在地，对己方很不利，因此只有将合同签订地约定在己方所在地，万一遭遇合同诈骗，才有利于及时报案，挽回损失。

7. 审核是否对可能影响合同履行的因素有一定的预见。合同的履行除与自身履约意愿和履约能力有关外，还会受到外部环境的影响。签订合同时，应对影响合同履行的因素如市场波动、雷雨、洪水、疫情等进行充分的考虑。尽可能扩大对自己有利的不可抗力或正当事由的因素，减少违约责任承担的可能性。

8. 审核违约条款及违约金的数额。通过违约条款明确违约责任，可以在一定程度上弥补因对方违约而造成的损失。违约条款中可以明确约定违约金的比例或者如果不按时履行资金给付义务的利息。但违约金约定的比例不宜过高。过高的违约金和利息，将不会受到法律的保护。《民法典》第585条第2款规定，约定的违约金过分高于造成的损失的，当事人可以请求人民法院或者仲裁机构予以适当减少。

9. 审核合同文本内容的一致性。合同内容如有修改，应在修改处盖章注明。在电子合同场景下，修改痕迹需通过电子签名技术实现可视化留痕，确保修改过程可追溯。合同订立后，还要检查双方所持文本的内容是否完全一致。如果合同文本内容一致，双方各执一份，并将合同正式文本复印若干份，将原件存档，平时应尽量使用复印件，以免原件丢失带来麻烦。

10. 审核合同附件是否齐全。实践中，企业法务在拟定和审查合同时，往往只注重合同主文的内容，容易忽略合同附件的审核。这会为将来出现合同纠纷时，增加败诉风险。合同附件也是合同的重要组成部分，对合同的履行等诸多方面有着关键作用。

（1）合同附件的作用主要表现在以下几个方面：

第一，补充合同内容。合同正文可能受到篇幅、格式等限制，无法详尽涵盖所有细节。附件可用于详细说明交易的具体细节，例如在设备采购合同中，合同正文仅提及设备的基本信息和价格，而在附件中详细列出设备的规格参数、配件清单等内容，让双方的权利义务更加明确。

第二，增强合同的确定性。可以减少合同履行过程中的模糊性和不确定性。例如在建筑工程合同里，附上工程图纸作为附件，能够精准地确定施工范围和要求，避免因双方理解差异而产生纠纷。

第三，提供证据支持。一旦发生合同纠纷，附件可以作为有力的证据。比如在技术服务合同中，服务报告等附件能够证明服务提供方是否按照约定完成了服务内容。

（2）常见的合同附件类型如下：

第一，技术资料类。如在电子产品、机械设备等复杂产品买卖合同中，产品规格说明书是很重要的附件。它详细说明了产品的技术参数、性能指标、功能特性等内容，有助于明确产品是否符合合同要求。

第二，工程图纸类。如在建筑工程合同、装修合同中，工程图纸包括建筑设计图、施工图、装修效果图等，能够清晰地展示工程的结构、布局、尺寸等细节，是施工的重要依据。

第三，技术方案类。如在技术开发合同、技术转让合同中，技术方案是核心附件。它详细描述了技术的实现方法、工艺流程、操作步骤等，确保技术能够按照预定的方式进行开发、转让和使用。

第四，质量标准类。如在采购合同、加工承揽合同中，质量检验报告可以是由第三方质检机构出具的，用于证明产品或服务在交付时符合一定的质量标准；又如食品的安全检测报告、原材料的成分检测报告等。

第五，质量认证证书类。对于一些需要符合特定行业标准或国家标准的产品，如电子产品的3C认证证书、医疗器械的注册证书等，这些证书作为附件可以证明产品的质量和安全性达到了相应的要求。

第六，交付与验收类。如在货物买卖合同、仓储合同中，交付清单详细记录了交付货物的名称、数量、型号、包装等信息，是确认货物是否如数交付的重要依据。

第七，验收标准和程序文件类。这类文件明确了验收的具体要求和步骤，包括验收的环境条件、测试方法、合格标准等内容，用于规范合同双方在验收过程中的行为。

第八，权利证明类。如在不动产买卖合同、知识产权转让合同中，相关的产权证书是重要的附件。房屋买卖合同中的房产证，专利转让合同中的专利证书等，用于证明所转让的权利的归属。

第九，授权委托书类。当合同一方是由代理人代为签订合同时，授权委托书是必不可少的附件，它证明了代理人的身份和代理权限，确保合同的签订合法有效。实践中，在发生诉讼、仲裁纠纷时，很多案件就是因为一方没有证据证明在合同上签字的人是经过对方授权的，而导致合同被认定为对方无效，最终败诉。

合同文本审查表

序号	风险提示	防范措施/审核要点
1	合同形式是否适当	优先采用书面合同，避免口头形式；补签未书面化的合同；避免传真/邮件签订重要合同。

续表

序号	风险提示	防范措施/审核要点
2	合同内容合法性	审核合同手段和内容是否合法，避免欺诈或违反公序良俗。
3	条款完备性与清晰性	审核条款是否完备（标的、质量、支付方式等），用语是否无歧义。
4	附条件/期限生效条款	审核合同是否需法定审批（如房产抵押）或约定生效条件（如公证）。
5	争议解决条款有效性	明确仲裁机构名称或管辖法院（如"由甲方所在地法院管辖"），避免条款无效。
6	合同签订地标注	标注签订地（如"签订地：杭州市"），便于刑事报案或争议管辖。
7	预见履行风险因素	在条款中纳入不可抗力、市场波动等风险应对措施。
8	违约金条款合法性	违约金比例不宜过高（一般不超过实际损失30%），避免被法院调整。
9	合同文本一致性	修改处需双方盖章确认，核对正副本内容一致，避免单方篡改。
10	附件完整性	确保附件（如技术参数、验收标准）与主文一致，并注明"附件与合同具有同等效力"。

三、印章管理制度完善

（一）风险提示

合同所加盖的印章真实能否直接推定合同的内容真实？行为人私刻或擅自使用单位公章进行合同诈骗，单位是否承担赔偿责任？以借用或欺骗手段使用他人印章并加盖，能否对抗合同相对人主张合同权利？合同加盖的印章系他人伪造或变造，当事人是否承担合同责任？双方约定合同经双方当事人签章后生效，如果仅有法定代表人或授权委托人签字却未加盖公司公章，合同是否生效？公司法定代表人向第三人借款，并以公司名义向第三人补出借据，并加盖公司的公章，公司是否应向第三人承担民事责任？公司法定代表人私刻公章，以公司财产偿还其个人及个人控制的其他公司的债务，协议相对人能否以善意信赖为由主张协议有效？企业在对外往来业务合同中使用分公司印章，交易相对方能否要求由总公司承担相关民事责任？违反公司印章使用规则对外签订的合同是否有效？企业尚未正式成立，经其企业发起人股东授意私刻的印章对外签订合同，是否具有法律效力？

以上均是公司印章管理、使用不当可能会引发的法律风险，任何风险的产生最终结果就是给企业带来巨大损失，对企业的发展极为不利，甚至可能导致企业破产倒闭。因此，对于印章的管理需要企业通过制定完善的制度进行规制。

（二）防范措施

企业印章是指企业刻制的以文字、图记表明主体同一性的公章及专用章，是企业从事法律活动的符号和标记。在我国法律环境下，企业印章是企业身份和行使职权的重要凭证。盖章即是做出意思表示，加盖企业印章的文件受法律保护，也是企业就文件内容承担义务的依据。证明合同当事人与印章所代表的主体的一致性，是合同管理与合同纠纷处理的重要内容。企业规范管理印章需要制度先行。这些制度包括：

1. 明确各印章的种类和使用情况。常见的企业印章主要分为以下五种，每种公章使用的情况是不同的，要注意区分，不可随意乱用。

（1）公章。用于企业对外事务处理，例如，与工商、税务、银行等部门联系，以企业名义对外发文、开具介绍信、报送报表等。在电子政务场景中，企业可申请电子公章，用于在线办理工商登记、税务申报等事务，电子公章与实物公章具有同等法律效力。

（2）法定代表人章，也称银行小印鉴，用于特定的用途，如代替法定代表人签字、签发支票、单位账户操作等。因为使用频率较高，法定代表人章一般由财务人员保管。法定代表人章若要在银行达到见章如见人的效果，必须要在开户时进行备案。

（3）财务专用章，也称银行大印鉴。通常在财务往来结算和财务报表、税务申报时使用。例如，企业在开具收据时，需要加盖财务专用章，以证明该笔款项的收取是经过财务部门确认的；在银行票据结算签发支票时，要在支票上加盖财务专用章，与法人章一起作为印鉴，银行核对无误后才能进行支付；对外报送的财务报表，如资产负债表、利润表、现金流量表等，需要加盖财务专用章，以表明报表的真实性和合法性，这是企业财务信息对外披露的重要环节；在向税务机关提交纳税申报表、税务相关的证明材料等文件时，盖上财务专用章来证实文件的有效性和企业的主体身份，方便税务机关进行税款的核算与征收。

（4）合同专用章。合同专用章主要在签订合同、变更合同、解除合同时使用。以此表明合同订立、变更、解除是企业真实意愿的体现，且企业将受合同条款的约束。对于涉及金额较大、履行周期较长、法律关系复杂的合同，使用合同专用章能够明确合同主体身份，是确认合同效力的重要环节。

（5）发票专用章，属于税务专用章。发票专用章主要用于开具发票，如开具增值税专用发票、增值税普通发票、机动车销售统一发票、二手车销售统一发票等各类发票时，需要在发票的发票联和抵扣联（仅增值税专用发票有抵扣联）加盖发票专用章。这是发票生效的必要条件，缺少发票专用章的发票是不符合规定的发票；在作废发票时，已经加盖过发票专用章的发票，如果要作废处理，原章依旧保留在作废发票上，作为曾经开具发票的记录；开具红字发票（即负数发票）用于冲销之前错误或需要更正的发票时，也需要在红字发票上加盖发票专用章，使其具备合法的效力，完成冲销的操作。

除上述五种之外，企业也可以根据需要，选择刻制业务专用章和部门专用章。企业在从事民事活动时，应根据文件的种类和性质，加盖相应的印章。例如，发票只能加盖发票专用章，授权委托书应加盖公章或法定代表人的个人印章，而书面合同应加盖合同专用章或公章。

2. 刻制印章需要备案。企业成立后、开展业务前，需要刻制印章。企业刻制印章的经办人应当准备刻章申请书、企业营业执照副本原件及复印件、法定代表人身份证原件及复印件、企业组织代码、经办人身份证原件及复印件、授权证明等材料，若印章遗失补刻，还需提供属地派出所报案回执、登报声明（部分地区可能有要求）；若因企业更名或原印章破损申请刻制新印章，需把旧印章交回原备案机关销毁，到县级以上人民政府公安机关或者制定机构领取备案单，之后到公安局指定的刻章厂办理刻章。每一枚印章里都嵌有一张标识身份的芯片。印章刻制完成后，刻章机构要将印章图案留存，并备案至公安机关，以备将来核验印章图案的真伪。刻制的印章在交付使用后还需要按照规定进行年审。

3. 建立印章保管制度。印章必须由专人保管。这样做的好处是不仅可以增强保管人的责任感，而且一旦发现问题，有利于查找原因和追究责任。财务专用章和向银行预留印鉴的私人印章，应当由出纳和会计分别保管，不能由一人统管。

4. 建立印章使用审批登记制度。企业应当根据印章的类型、使用事项等制定审批登记制度，明确审批权限，印章保管人建立使用登记簿，详细记载印章申请人、用印事项、用印时间。各方应妥善保存印章申请、审批、使用的记录。例如，严禁将印章带出企业，情况特殊必须在保管场所之外使用的，印章必须由保管人员掌握，不能交由申请用印人员；严禁在空白合同或协议或纸张上加盖印章；杜绝企业印章外借；加强挂靠企业用章管理。

5. 定期检查印章使用情况。企业印章管理部门应按照印章管理规定，组织法律、监察等部门对所属单位印章使用情况进行检查，若发现问题，及时采取相应措施防范风险或者弥补损失。同时，针对问题，修正完善已有的管理制度与管理流程，使印章管理制度良性运行。

6. 印章被盗或被抢的补救措施。

（1）报案。事件发生后，法定代表人应当立刻带着自己的身份证原件及复印件、营业执照副本的原件及复印件到辖区派出所报案，领取报案证明。

（2）声明作废。事件发生后，法定代表人应当持报案证明的原件和复印件、营业执照副本的原件和复印件在法定的公开媒体发布公告，声明被盗或被抢印章作废，提醒公众注意。具体在哪些媒体刊登作废声明，要看当地的规定。

（3）重新刻制印章备案。按照初次刻印时需要准备的材料和流程进行。

7. 印章的注销。根据《国务院关于国家行政机关和企业事业单位社会团体印章管理的规定》，印章如因单位撤销、名称改变或换用新印章而停止使用时，应及时送交印章制发机关封存或销毁，或者按公安部会同有关部门另行制定的规定处理。通常情况下，企业需要注销印章，也需要提交相应的材料和申请，公安机构等相关部门审核通过注销印章申请且公告期满无异议后，企业将印章缴销。若是在公安机关备案的印章，需交回公安机关；非公司制企业法人的印章，一般交回工商部门。完成缴销后，企业可领取印章注销证明。需要注意的是，在注销印章前，需清理公司的债权债务，结清税款、社保费用等，避免后续产生纠纷。对于缴销的印章，要按照相关部门规定的方式进行销毁，如物理销毁或化学销毁等，且不得随意丢弃或私自留存。印章注销后，还需办理税务注销、工商注销等其他相关手续，以完成企业的整体注销流程。

经典案例分析

  合同法律风险、印章法律风险占据了商业交易风险的很大比例。本案是企业合同印章管理方面的典型案例。在本案中，犯罪嫌疑人伪造了风味公司的印章和名片，某讯公司在没有进行基本的背景调查的情况下与之签订合同，造成了利益损失。某讯公司与风味公司最终达成和解，某讯公司撤回了财产保全申请及诉讼，并向风味公司致歉。该案提醒企业在签订合同时需要谨慎，进行充分的尽职调查，避免类似的法律风险。

学习模块二　企业合同的履行法律风险防范

> **经典案例**

2020年11月22日，某A公司与某B公司签订《商品砼买卖合同》，约定某A公司出售货物，某B公司收到合法有效的增值税发票后，在60日内支付该周期结算货款的80%，剩余10%部分在支付80%货款后60日内支付，依次类推。扣除该批物资价值的10%作为质量保证金，质量保证金在工程竣工验收合格后12个月内无息返还，最迟于2021年4月返还，如遇工期延误则质保金返还时间顺延。某B公司逾期付款的，宽限期为3个月。宽限期后应按照同期银行一年期贷款基准利率向卖方支付逾期付款的违约金，违约金的上限为欠付货款金额的2%。工程竣工验收后，双方对账，某B公司已支付28 018 096.75元，欠付5 069 672.84元，其中包含质保金3 308 776.96元。因某B公司迟延给付货款，某A公司提起诉讼。一审判决某B公司于判决生效后7日内给付某A公司货款5 069 672.84元及违约金101 393元。某B公司提起上诉，认为不应当给付迟延违约金，理由是经济下滑，案外人欠付某B公司工程款，因此无法及时给付某A公司，自身无过错。二审审理后，驳回上诉，维持一审判决。[1]

---

〔1〕 北京市第一中级人民法院（2025）京01民终1833号二审民事判决书。

学习单元一　合同履行概要

合同作为现代经济活动的基石，承载着当事人之间的权利与义务约定，是经济秩序得以稳定运行的重要保障。而合同履行，则是合同目的实现的核心环节，犹如一场精心策划的商业交响乐，各个乐章紧密相连，共同奏响交易成功的旋律。从简单的日常买卖，到复杂的跨国项目合作，合同履行贯穿于经济生活的方方面面，其重要性不言而喻。深入剖析合同履行的内涵、原则、过程、风险及应对策略，不仅有助于当事人顺利实现交易目标，维护自身合法权益，更是维护市场经济秩序、促进社会经济健康发展的关键所在。

一、为什么履行合同

合同履行是指合同当事人按照合同约定，全面、适当地完成各自承担的义务，使合同目的得以实现的过程。这一过程并非"一手交钱、一手交货"那么简单，还包括根据合同性质、目的和交易习惯所产生的通知、协助、保密等一系列的法定附随义务。例如，在企业租赁房屋时，合同中的出租方不仅要按时交付符合约定条件的房屋，还需履行告知承租方房屋设施使用方法、协助办理相关入住手续等附随义务；承租方则需按时支付租金，并在租赁期间妥善保管房屋及附属设施，遵守小区物业管理规定等。

任何合同的订立，各方当事人都希望实现合同目的。如卖方希望获得价金，买方希望获得商品或者服务。而履行合同是实现合同目的的唯一途径，让当事人各自获得预期的经济利益，满足生产、生活的需求，推动经济活动的有序开展。

二、如何履行合同

（一）要全面履行

全面履行，要求当事人按照合同约定的标的、数量、质量、价款或者报酬、履行期限、履行地点、履行方式等，全面、准确地履行合同义务。例如，在买卖合同中，卖方必须按照合同约定的品牌、规格、型号交付货物，数量不得短缺或超出约定范围，质量要符合合同约定的标准，交货时间应严格遵守合同规定的期限，交货地点需明确无误，履行方式如运输方式、交付方式等也应与合同一致。任何一项履行要素不符合约定，都可能构成违约。

(二) 要诚实信用

诚实信用是民事活动中非常重要的一项基本原则，在合同履行的时候，它就像一盏指明灯，有着关键的指导意义。简单来说，就是签订合同的双方，在履行合同的过程中，要心怀善意，互相信守承诺，不欺不诈。绝对不能编造谎言、隐瞒真实情况、欺骗对方；也不能利用自己在合同中的优势地位，逃避该承担的义务和责任。如在技术服务合同中，服务提供方应如实告知委托方技术的实际情况和可能存在的风险，在服务过程中尽最大努力为委托方提供优质服务，不得敷衍了事；委托方则应积极配合服务提供方开展工作，提供必要的协助和支持，按时支付服务费用。

(三) 要协作履行

协作履行，强调合同当事人之间的相互协作和配合。在合同履行过程中，一方的履行行为往往依赖于对方的协助，只有双方密切配合，才能顺利实现合同目的。例如，在建筑工程合同中，发包方需要按时提供施工场地、支付工程款项，协助承包方办理相关施工手续；承包方则应按照工程进度和质量要求进行施工，及时向发包方反馈工程进展情况，接受发包方的监督和检查。双方任何一方不履行协作义务，都可能导致工程延误或质量问题。

(四) 要经济合理

经济合理，要求当事人在履行合同的过程中，应当讲求经济效益，以最小的成本实现最大的合同利益。在选择履行方式、履行时间、履行地点等方面，应综合考虑各种因素，选择最经济、最合理的方案。例如，在货物运输合同中，运输方应根据货物的性质、数量、运输距离等因素，选择合适的运输工具和运输路线，在保证货物安全及时送达的前提下，降低运输成本；托运方也应合理安排货物的包装和装卸，避免因不合理的包装导致货物损坏或增加运输成本。

三、谁来履行合同

一般情况下，合同履行的主体通常是合同当事人，即签订合同的双方或多方。他们根据合同约定，各自承担相应的履行义务，享有相应的履行权利。但有时候，订立合同的主体和履行合同的主体也会不同。即在某些情况下，合同可以约定由第三人代替债务人履行债务，或者向第三人履行债务。例如，甲与乙签订了一份货物买卖合同，约定甲向乙交付货物，乙向丙支付货款，此时丙即为向第三人履行的对象；又如，甲与乙签订运输合同，约定由丙负责将货物运输至指定地点，丙就是第三人履行的主体。但无论是第三人履行还是向第三人履行，都需遵循合同约定和法律规定，且第三人不履行或不当履行时，债务人仍需承担违约责任。

确定合同的履行主体，才能保证合同履行的正确性，否则，可能会面临承担违约责任。

四、履行合同的内容是什么

合同生效后，到了履行期限，各方就要遵守合同约定，按照合同内容履行自己应当承担的合同义务。合同义务主要分为主给付义务、从给付义务和附随义务，它们的内容和作用各不相同：

1. 主给付义务。这是合同里最核心、最关键的基本义务，就像房子的大梁，直接决定了合同的类型和本质。比如在买卖合同中，卖家把货物交到买家手上，买家把钱付给卖家，这就是主给付义务；再比如租房合同，房东把房子交给租客使用，租客按照约定支付给房东租金，这也是主给付义务。少了这些，买卖和租赁就无法成立。

2. 从给付义务。从给付义务是辅助主给付义务达成合同目标的义务，虽然没有独立存在的关键意义，但对主给付义务的履行能起到补充和推动作用。就买卖合同而言，卖家除了交货，还得提供货物质量检验报告、产品说明书，让买家清楚了解货物情况；在技术转让合同里，转让方帮受让方进行技术培训，让受让方真正掌握技术，这些都属于从给付义务，能让主给付义务完成得更圆满。

3. 附随义务。附随义务是按照诚实信用的原则，在履行合同的过程中产生的通知、协助、保密、保护等方面的义务。它不是合同里白纸黑字一定要写清楚的，而是依据合同的性质、想要实现的目的，还有大家交易时的习惯来确定。比如雇佣合同里，雇主得保障雇员工作时的安全；商业合作合同里，双方都得对知道的商业秘密守口如瓶，这些都是附随义务，即法定义务。

五、合同履行的过程

对于即时清结的合同，往往"一手交钱，一手交货"，合同义务的履行在瞬间就能完成。但对于企业来讲，大多数合同可能面临着履行期限比较长、交付的货物数量和质量往往有着特殊的要求、交付地点为异地，这就表明合同的履行需要一个较长的周期，因此在合同履行过程中要注重每一个交易环节，不能大意。

(一) 履行准备阶段

1. 审查合同条款。合同签订后，当事人首先要对合同条款进行仔细审查，明确双方的权利义务,特别是履行的时间、地点、方式、质量标准等关键条款,确保对合同内容的准确理解。

2. 制定合同履行计划。根据合同要求,结合自身实际情况,制定详细的履行计划,包括确定履行的步骤、人员安排、物资准备、时间进度等,为合同履行做好充分的准备工作。例如,在建设工程合同签订后,施工方需要制定施工组织设计,明确施工进度计划、施工人员安排、材料采购计划等。

3. 合同履行条件的落实。检查合同履行所需的条件是否具备,如是否获得相关审批手续、是否筹集到足够的资金、是否具备生产或服务所需的设备和技术等。对于需要对方配合才能实现的履行条件,及时与对方沟通协调,确保履行条件按时落实。

(二)实际履行阶段

1. 按照合同约定履行义务。当事人应当按照合同约定的时间、地点、方式等,全面、适当地履行自己的义务。在履行过程中,要严格遵守合同约定和相关法律法规,确保履行行为的合法性和有效性。例如,在货物买卖合同中,卖方按照合同约定的时间和地点交付货物,并提供货物的相关单证和资料;买方在收到货物后,按照合同约定的检验期限和检验标准进行检验,如无异议,按时支付货款。

2. 履行过程中的沟通与协作。保持与对方当事人的密切沟通,及时交流履行过程中的信息,共同解决出现的问题。对于需要对方协助的事项,及时提出请求,并积极配合对方的工作。如在技术开发合同中,委托方和开发方要定期沟通项目进展情况,委托方根据开发方的需求提供必要的技术资料和实验条件,开发方及时向委托方汇报技术研发成果和遇到的问题。

3. 履行情况的记录与监控。建立合同履行情况记录制度,对合同履行的各个环节进行详细记录,包括交付货物的数量、质量检验结果、付款时间和金额等。同时,加强对合同履行过程的监控,及时发现和纠正履行偏差,确保合同履行符合约定要求。

(三)履行完毕阶段

1. 验收与结算。合同履行完毕后,根据合同约定进行验收和结算。对于交付的货物或完成的工作成果,按照合同约定的验收标准和程序进行验收;对于价款或报酬,按照合同约定的结算方式进行结算。如在建设工程竣工后,发包方组织相关部门和人员对工程进行验收,验收合格后,按照合同约定的工程价款结算方式与承包方进行结算。

2. 合同文件的归档与保管。将合同履行过程中产生的各种文件、资料进行整理归档，妥善保管。这些文件包括合同原件、履行记录、验收报告、结算凭证等，它们不仅是合同履行的历史记录，也是解决可能出现的合同纠纷的重要证据。

3. 总结与评估。对合同履行的全过程进行总结和评估，分析履行过程中存在的问题和不足，总结经验教训，为今后的合同履行提供参考和借鉴。同时，对在合同履行过程中表现优秀的人员或部门进行表彰和奖励，激励员工提高合同履行的质量和效率。

合同履行是一个复杂而又严谨的过程，涉及合同当事人的切身利益和市场经济秩序的稳定。通过遵循合同履行的原则，明确履行主体和内容，科学规划合同履行过程，有效防范和应对风险，妥善处理特殊情况，当事人能够最大程度地实现合同目的，维护自身合法权益。在不断变化的经济环境中，合同履行的理论和实践也在持续发展和完善，企业和个人应不断加强对合同履行的重视和研究，提高合同履行的能力和水平，以适应市场经济发展的需求，在商业活动中稳健前行，实现社会效益与经济利益的双赢。

学习单元二　合同履行法律风险防范

在市场经济的大舞台上，合同是企业参与各类经济活动的纽带，承载着企业的商业期望与利益诉求。从原材料采购、产品销售，到技术研发合作、服务外包等，无一不是通过合同来明确各方权利义务，构建起经济往来的秩序框架。然而，合同签订只是商业活动的起点，合同履行才是实现交易目的的核心环节，也是法律风险的高发地带。一旦合同履行出现偏差，不仅可能导致商业目标无法达成，还可能引发法律纠纷，使企业面临经济损失、声誉受损甚至法律制裁等严重后果。因此，深入剖析合同履行过程中的法律风险，并制定行之有效的防范措施，是企业实现稳健发展、规避潜在危机的必修课。

一、合同履行法律风险的常见类型

（一）主体不适格风险

1. 一方主体变更风险。在合同履行过程中，一方企业可能因合并、分立、股权转让等原因发生主体变更。如果变化后的企业主体未能及时与合同相对方沟通并达成一致，明确合同权利义务由变化前的企业履行还是变化后的企业履行，可能导致合同履行出现混乱。例如，A 公司与 B 公司签订了一份设备采购合同，在合同履行期间，A 公司被 C 公司并购。如果 C 公司未及时通知 B 公司并购事宜，且未明确表示继续履行合同，B 公司可能对合同的履行对象产生疑虑，进而影响设备的交付和款项的支付，引发纠纷。

2. 主体资质不符风险。合同双方在签订合同时，往往会对对方的主体资质进行审查，确保其具备履行合同的能力和资格。在实际履行过程中，一方主体的资质可能发生变化，如企业的经营范围变更、相关经营许可被吊销等。如果合同相对方未能及时察觉并采取措施，可能导致合同无法正常履行。

现行法律对以下行业有特殊的资质要求：

(1) 建筑行业：从事建筑活动的建筑施工企业、勘察单位、设计单位和工程监理单位，应具备相应资质，如施工总承包资质、专业承包资质等；再如电梯安装工程、消防设施工程、古建筑工程等特殊项目，需具备独立施工资质。

(2) 金融行业：银行需取得《金融许可证》或经营范围标明有相关业务许可的《营业执照》；证券、期货公司要拥有《经营证券期货业务许可证》；保险公司需由保险监督管理机构核发《经营保险业务许可证》等。

(3) 医疗行业：药品生产企业需取得省药品监督管理部门核发的《药品生产许可证》，药品经营企业需取得省药品监督管理部门核发的《药品经营许可证》。从事医疗器械生产、经营的企业，要办理《医疗器械生产企业许可证》或者《医疗器械经营企业许可证》。

(4) 特种行业：酒店住宿业需办理《特种行业许可证》；典当行要取得商务部核发的《典当经营许可证》和市公安局核发的《特种行业许可证》；公章刻制业经营者需由县级人民政府公安机关报设区的市人民政府公安机关批准并颁发《特种行业许可证》。

(5) 交通运输行业：从事道路运输经营的企业或个人，需办理《道路运输许可证》；从事水路运输的企业和船舶，要具备相应的水路运输经营资质和船舶营运证件等。

(6) 教育行业：开办学校、教育培训机构等，需取得教育部门颁发的办学许可证等相关资质。

(二) 合同条款不明风险

1. 关键条款表述模糊不清。合同中的标的、数量、质量、价款或报酬、履行期限、地点和方式等关键条款若表述模糊，容易引发双方对合同内容的理解分歧，导致履行争议。例如，在一份农产品买卖合同中，对于农产品的质量标准仅约定为"优质"，但对于"优质"的具体内涵和判断标准未作明确界定。在交货时，买卖双方可能因对"优质"的理解不同而产生争议，卖方认为自己交付的农产品符合行业普遍认可的优质标准，而买方则可能以自己的主观标准为由，认为农产品质量不符合要求，拒绝接收货物或支付货款。

2. 违约责任约定不明。合同中如果对违约责任的承担方式、违约金数额或计算方法等约定不明，当一方违约时，另一方难以准确主张权利，获得相应的赔偿。例如，合同仅约定"违约方应承担违约责任"，但对于违约责任的具体形式，如继续履行、采取补救措施、赔偿损失、支付违约金等未作明确规定。在发生违约情况时，守约方可能因无法确定具体的索赔依据，导致维权困难，增加了合同履行的不确定性和风险。另外，违约责任条款约定需要符合立法规定，如违约金条款和定金条款不能同时适用，如果合同中既约定了违约金条款，也给付了定金，那么就涉及非违约方如何主张违约责任的问题，是主张定金责任还是违约金责任，需要非违约方在谈判或者诉讼、仲裁之前做好选择，以实现利益最大化。

(三) 履约能力变化风险

1. 资金周转困难。企业在经营过程中，可能因市场波动、经营不善、资金链断裂等导致出现资金周转困难，无法按时支付合同款项。例如，一家制造企业因原材料价格大幅上涨，产品销售不畅，导致资金回笼困难，无法按照合同约定向供应商支付货款，构成违约。通过数字化财务系统实时监控现金流数据，设置预警阈值，可提前识别付款风险并触发协商机制，避免违约。企业的生产能力可能受到原材料供应短缺、设备故障、劳动力不足等因素的影响，导致无法按时、按质、按量交付合同产品。利用物联网（IoT）技术对生产设备进行远程监控，实时采集生产数据，可及时预警设备故障或产能瓶颈，保障合同履行进度。

2. 生产能力受限。企业的生产能力可能受到原材料供应短缺、设备故障、劳动力不足等因素的影响，导致无法按时、按质、按量交付合同产品。例如，一家电子产品制造企业因主要原材料供应商出现生产事故，无法按时供应原材料，导致该企业生产线停工，无法按时向客户交付订单产品，不仅要承担违约责任，还可能失去客户信任，影响企业的市场份额。

(四) 外部环境变化风险

1. 法律法规政策调整。国家法律法规和政策的变化可能对合同履行产生重大影响。例如，环保政策的收紧可能导致一些高污染企业的生产受到限制，无法按照合同约定的时间和标准生产产品；税收政策的调整可能增加企业的运营成本，影响合同的经济效益。如果合同中未对政策变化的应对措施作出明确约定，企业可能面临合同履行困难或违约的风险。

2. 不可抗力事件。不可抗力事件的发生可能导致合同无法履行或部分无法履行。例如，在疫情期间，各地实施交通管制、企业停工停产等防控措施，许多合同的履行受到严重影响。如果合同双方未在合同中明确约定不可抗力事件的处理方式，可能在责任承担、损失分担等问题上产生争议。

（五）合同变更与转让风险

1. 合同变更程序不规范。合同变更需经双方协商一致，并签订书面协议。若一方未经对方同意擅自变更合同内容，或者变更程序不符合法律规定和合同约定，可能导致变更无效，引发合同纠纷。例如，A公司与B公司签订了一份货物运输合同，A公司在未与B公司协商的情况下，擅自将货物运输路线进行变更，导致运输成本增加，B公司拒绝按照变更后的路线运输货物。A公司的擅自变更行为构成违约，可能需要承担相应的法律责任。

2. 合同转让未经同意。合同转让是指合同当事人一方将其合同权利、义务全部或部分转让给第三人。根据法律规定，合同转让需经对方同意，否则转让行为对对方不发生效力。例如，甲公司与乙公司签订了一份技术服务合同，甲公司未经乙公司同意，将其在合同中的权利义务全部转让给丙公司。乙公司有权拒绝丙公司的服务请求，并要求甲公司承担违约责任。

二、合同履行法律风险的防范措施

（一）合同签订前的风险评估与防范

1. 全面审查合同主体资格。在签订合同前，要对合同相对方的主体资格进行全面审查，包括核实其营业执照、资质证书、法定代表人身份证明等，确保其具备签订和履行合同的合法资格和能力。同时，通过信用查询平台、工商登记信息、行业评价等渠道，了解对方的商业信誉、经营状况、涉诉情况等，评估其履约能力和潜在风险。例如，对于一家拟合作的供应商，不仅要审查其生产资质和产品质量认证，还要查询其过往的商业纠纷记录，了解其是否存在拖欠货款、产品质量纠纷等不良行为。

2. 详细拟定合同条款。合同条款应尽可能详细、明确、具体，避免模糊不清或有歧义。对于关键条款，如标的、数量、质量、价款或报酬、履行期限、地点和方式等，要进行精确的表述和界定。同时，明确违约责任的承担方式、违约金数额或计算方法,增强合同的可操作性和约束性。虽然合同违约金和定金不能同时适用,但在合同中可以同时约定,一旦对方违约,非违约方可以根据自身情况,选择适用对自己更为有利的条款;虽然法律规定合同定金不能超过主标的额的20%,但在订立合同时,接受定金一方可以提高定金比例,增加对对方的约束,一旦对方违约,多出部分视为提交的预付款,对于非违约一方有益无害;可以在违约条款中约定单方解除权,并为解除权设置长于1年的除斥期间,给非违约方留有更多回旋的余地;如果担心对方出现违约,可以在合同中约定担保条款,但需要注意保证责任约定为连带保证,防止约定不明按照一般保证处理;保证期间约定长于法定的6个月期间。因此,在订立合同时,只有翔实细致地拟定合同条款,才可能将合同风险降至最低。

3. 设置合同生效条件。根据合同的性质和交易目的,合理设置合同生效条件,如约定合同自双方签字盖章且满足特定条件(如获得政府部门批准、取得相关许可证等)时生效。这样可以在一定程度上控制合同风险,确保合同在具备履行条件时才正式生效。例如,在一份涉及重大项目投资的合同中,约定合同自双方签字盖章且项目获得政府主管部门的立项批准文件后生效,避免因项目审批风险导致合同签订后无法履行。也可以约定合同在签订后的某个时间生效,即为合同约定一个始期,让合同订立后不立即生效,为各方留有更多的准备时间。

(二)合同履行过程中的风险监控与应对

1. 建立合同履行跟踪机制。企业应建立合同履行跟踪台账,对合同履行的各个环节进行实时记录和监控,及时掌握合同履行进度、质量、款项支付等情况。定期对合同履行情况进行分析和评估,发现问题并及时采取措施解决。例如,对于一份大型设备采购合同,设立专人负责跟踪设备的生产进度、运输情况、安装调试等环节,定期向企业管理层汇报,确保合同按照约定顺利履行。

2. 加强沟通与协商。在合同履行过程中,合同双方应保持密切的沟通与协商,及时解决履行过程中出现的问题。对于可能影响合同履行的重大事项,如一方主体变更、生产计划调整、外部环境变化等,要及时通知对方,并协商解决方案。例如,当企业因市场需求变化需要调整产品交付时间时,应及时与客户沟通,说明情况并争取客户的理解和同意,避免因擅自变更履行期限而构成违约。

3. 及时行使抗辩权。当出现符合行使抗辩权的情形时，企业应及时行使抗辩权，维护自身合法权益。例如，在买卖合同中，卖方未按照合同约定交付货物，买方可以行使同时履行抗辩权，拒绝支付货款；在有先后履行顺序的合同中，先履行一方未履行或履行不符合约定，后履行一方可以行使先履行抗辩权，拒绝履行自己的义务；当先履行一方有确切证据证明后履行一方存在经营状况严重恶化、转移财产、抽逃资金以及逃避债务等情形时，可以行使不安抗辩权，中止履行合同，并要求对方提供适当担保。

4. 妥善处理合同变更与转让。如果需要对合同进行变更或转让，必须严格按照法律规定和合同约定的程序进行。合同变更应经双方协商一致，并签订书面变更协议；合同转让应取得对方同意，并办理相关的手续。在变更或转让过程中，要注意保留相关的证据，如协商记录、变更协议、转让通知等，以避免日后产生纠纷。例如，在一份技术转让合同中，若转让方需要将合同权利义务转让给第三方，应事先向受让方发出书面通知，征得受让方同意，并签订三方转让协议，明确各方的权利义务。

（三）合同履行后的风险总结与反思

1. 合同档案管理。合同履行完毕后，要对与合同相关的文件、资料进行整理和归档，建立完善的合同档案管理制度。合同档案应包括合同原件、履行过程中的往来文件、验收记录、付款凭证、变更协议等，确保合同履行的全过程有迹可循。合同档案不仅是企业内部管理的重要依据，也是在发生纠纷时维护企业合法权益的重要证据。例如，企业可以按照合同类型、签订时间等对合同档案进行分类管理，便于查询和调用。

2. 风险总结与评估。定期对合同履行过程中的风险事件进行总结和评估，分析风险产生的原因、影响和应对措施的有效性。通过总结经验教训，完善企业的合同管理制度和风险防范机制，提高企业应对合同法律风险的能力。例如，针对某一类型合同在履行过程中频繁出现的质量纠纷问题，深入分析原因，是合同质量条款约定不明，还是履行过程中的质量监控不到位，然后针对性地完善合同条款和质量管控流程。

3. 法律培训与宣传。加强对企业员工的法律培训和宣传，提高员工的法律意识和合同风险防范意识，使员工了解合同签订、履行过程中的法律规定和风险点，掌握基本的法律知识和合同管理技能。例如，定期组织法律讲座，邀请专业律师为员工讲解合同法律知识和典型案例，通过实际案例分析，加深员工对合同法律风险的认识和理解。

合同履行法律风险贯穿于企业经济活动的始终，对企业的生存与发展具有重大影响。通过深入了解合同履行法律风险的常见类型，采取全面、系统的防范措施，从合同签订前的风险评估与防范，到合同履行过程中的风险监控与应对，再到合同履行后的风险总结与反思，企业能够有效地降低合同履行法律风险，保障合同的顺利履行，维护自身的合法权益。同时，通过不断地总结经验教训，完善合同管理制度和风险防范机制，企业能够提升自身的风险管理能力和市场竞争力，在复杂多变的市场环境中稳健前行。在未来的商业活动中，随着法律法规的不断完善和市场环境的持续变化，企业应持续关注合同履行法律风险的新动态，及时调整防范策略，以适应不断变化的市场需求和法律要求。

学习单元三　企业合同留痕存证管理

在当今复杂多变的商业环境中，合同作为企业经济活动的重要载体，贯穿于企业运营的各个环节。从原材料采购、产品销售，到技术合作、服务外包，合同的签订与履行是企业实现商业目标的关键步骤。然而，合同不仅带来了商业机遇，也伴随着潜在的法律风险。在数字化时代，合同履行过程中的电子数据存证已成为风险防范的关键环节。企业应建立电子数据存证机制，通过区块链技术对合同签订、变更、履行等全流程数据进行加密存储，确保数据不可篡改、可追溯。例如，电子签名合同采用符合《电子签名法》的可靠电子签名，确保合同签署行为的真实性和合法性；区块链存证将合同文本、验收单据、往来函件等文件上链存储，生成唯一哈希值，作为纠纷处理时的证据链支撑；数字化履行记录通过企业资源计划（ERP）系统或合同管理系统（CLM）自动记录履行节点数据，如交货时间、验收结果、付款凭证等，减少人工记录误差和证据灭失风险。因此，建立健全的企业合同留痕存证管理制度，对于保障企业合法权益、维护企业稳定运营具有至关重要的意义。

一、合同留痕存证的重要性

（一）法律层面

在司法实践中，"谁主张，谁举证"是基本的举证原则。在合同纠纷诉讼案件中，我们发现，很多企业败诉在证据的欠缺上，导致明明是对方违约，自己行使的是抗辩权，但就是因为此前忽略了证据的留痕和管理，导致后期想搜集证据,却无处搜集,最终企业无法提供有效的证据来支持自己的主张,只能面临败诉。合同留痕存证所积累的各类文件、记录,往往能构成强有力的证据链条,能够清晰呈现合同签订的背景、双方的权利义务、履行的过程和结果。根据《民事诉讼法》及相关司法解释,书证、物证、电子数据等均是法定的证据形式。企业妥善留存的合同原件、往来邮件、电子签名合同等,在符合法律规定的证据规则时,可以被法院采信,成为判定案件胜负的关键因素。

(二)企业管理层面

1. 能有效地做好风险防控。全面的合同留痕存证使企业能够实时监控合同履行情况,及时发现潜在的风险点。例如,通过对交货记录、付款凭证的分析,企业可以察觉对方是否存在延迟交货、拖欠款项等违约行为,从而提前采取措施,如发函催告、协商解决方案或启动法律程序,避免损失进一步扩大。

2. 为企业下一步发展做好决策支持。合同履行过程中的各类数据和信息,如成本支出、交付周期、质量反馈等,经过整理和分析,能够为企业管理层提供决策依据。管理层可以据此评估业务合作伙伴的信誉和能力,优化合同条款和业务流程,提升企业整体运营效率。

3. 强化合同的合规管理。在一些特定行业,如金融、医疗、建筑等,法律法规对企业的合同管理和信息留存有严格要求。企业建立完善的合同留痕存证管理体系,有助于满足监管合规要求,避免因违规而面临行政处罚、声誉受损等风险。

二、合同文本的管理

(一)原件留存

合同原件是最直接、最具证明力的证据。企业应设立专门的合同档案库,采用防火、防潮、防虫等措施,确保合同原件的安全保存。对于电子合同,同样要采取可靠的存储方式,如使用加密的电子文档存储系统,定期进行数据备份,并确保数据的可读取性和完整性。在合同档案库中,合同应按照一定的分类标准进行存放,如按业务类型、签订时间、合同金额等进行分类编号,建立详细的索引目录,方便快速检索和查阅。例如,一家制造企业可以将原材料采购合同、产品销售合同、设备租赁合同等分别归类,每个类别下再按照签订时间的先后顺序排列,同时为每份合同编制唯一的编号,通过索引目录可以迅速定位到所需合同。

(二)多版本记录

在合同履行过程中,由于各种原因,合同可能会出现修改、补充的情况。无论是通过书面协议、电子邮件还是其他方式进行的变更,企业都应留存所有版本的合同文件,并详细记录变更的原因、时间、参与人员以及各方的确认信息。例如,一份技术服务合同在履行过程中,由于服务范围的调整,双方通过邮件协商并达成一致,随后签订了补充协议。企业不仅要保存补充协议原件,还要将相关的邮件往来一并归档,在邮件中注明与原合同的关联信息以及变更的具体内容,确保合同内容演变的全过程清晰可追溯。这样,在出现纠纷时,企业能够准确展示合同的变更轨迹,避免因对合同条款的理解分歧而产生争议。

三、履行过程记录

(一)往来文件

1. 邮件的管理。在现代商业活动中,电子邮件是合同沟通和履行的重要工具。企业应制定规范的邮件管理策略,要求员工在涉及合同事宜的邮件往来中,明确邮件主题,包含合同编号或项目名称,确保邮件内容清晰、简洁、准确。同时,定期对邮件进行备份,防止邮件丢失。可以使用专业的邮件归档软件,将邮件按照合同项目进行分类存储,并设置关键词搜索功能,便于快速查找相关邮件。例如,在一份软件开发合同的履行过程中,双方就软件功能需求的变更通过邮件进行沟通,企业通过邮件归档系统,能够迅速找到这些邮件,证明双方对软件功能变更的协商过程和最终达成的一致意见。

2. 传真与信函。尽管在数字社会飞速发展的当下,传真和信函的使用频率相对变低,但在一些重要的合同通知、催告等场景中仍具有重要作用。企业应妥善保存传真记录和信函原件,记录传真发送和接收的时间、对方号码或地址,信函则要保留邮寄凭证和签收记录。对于重要的传真和信函,还可以进行复印或扫描备份,以防原件损坏或丢失。

3. 即时通讯记录。随着即时通讯工具的广泛应用,如微信、QQ等,企业应认识到这些工具产生的聊天记录在合同履行中的证据价值。员工在使用即时通讯工具与合同相关方沟通时,应避免使用模糊、随意的语言,确保沟通内容具有法律效力。同时,企业可以采取截图、录屏等方式对重要的即时通讯记录进行留存,并注明截图或录屏的时间、参与人员等信息。对于涉及重大合同事项的沟通,建议及时将聊天记录转化为书面文件,经双方签字确认后存档。

(二) 验收单据

1. 货物交付验收单据。在买卖合同中，货物的交付和验收是关键环节。企业应制定详细的货物验收标准和流程，在货物到达时，及时组织相关人员进行验收。验收单据应包括货物名称、规格、数量、质量状况、验收时间、验收人员签字等内容。对于不符合合同约定的货物，要在验收单据中明确注明问题所在，并及时与对方沟通协商解决方案。例如，一家服装企业采购面料时，发现部分面料的颜色与合同约定不符，验收人员应在验收单据上详细记录颜色偏差情况，并拍照留存证据，同时通知供应商进行处理。

2. 服务完成验收单据。对于服务合同，同样需要建立完善的验收机制。在服务完成后，根据合同约定的服务标准和验收要求，对服务质量进行评估。验收单据可以包括服务内容、服务期限、服务效果评价、客户满意度调查结果等。例如，一家广告公司为客户提供广告策划和投放服务，在服务结束后，客户应根据双方事先约定的广告效果指标，如曝光量、点击率、转化率等，对广告公司的服务进行验收，并出具验收单据，明确服务是否达到合同要求。

(三) 付款凭证

1. 银行转账记录。银行转账是企业合同付款的主要方式之一。企业应定期从银行获取转账记录，并与合同进行核对，确保付款金额、付款时间与合同约定一致。银行转账记录应包括转账日期、付款方账号、收款方账号、转账金额、用途备注等信息。对于重要的付款记录，还可以向银行申请开具付款证明，作为更具法律效力的付款凭证。

2. 发票与收据。发票是企业财务核算和税务申报的重要凭证，同时也是合同付款的重要证明。企业在支付款项后，应及时向对方索取发票，并核实发票内容的真实性和准确性。对于一些小额款项或特殊情况下无法取得发票的，应要求对方出具收款收据，并注明收款事由、收款金额、收款时间等信息。发票和收据应按照财务制度的要求进行妥善保管，建立发票和收据的登记台账，便于查询和管理。

四、沟通记录管理

(一) 会议纪要

1. 会议组织与记录。在合同履行过程中，企业可能会就合同相关问题召开会议，如项目进度协调会、质量问题沟通会等。每次会议都应指定专人负责记录，会议纪要应包括会议时间、地点、参会人员、会议主题、讨论内容、达成的共识或决议等。记录人员要确保会议纪要的准确性和完整性，避免遗漏重要信息。

2. 签字确认与存档。会议结束后，会议纪要应及时发送给参会人员进行审核和确认。如有异议，应及时进行修改和补充。经参会人员签字确认后的会议纪要，作为合同履行的重要文件进行存档。会议纪要既可以与合同原件一并存放，也可以按照会议时间和主题进行分类归档，便于后续查阅和参考。

（二）电话录音

1. 注重合法录音。在进行电话录音时，企业必须遵守法律法规的规定，确保录音的合法性。一般来说，在通话前应明确告知对方正在进行录音，并获得对方的同意。对于一些涉及商业秘密或个人隐私的通话，更要谨慎处理，避免因非法录音而侵犯他人权益。否则会产生侵犯个人隐私或者商业秘密的侵权行为。

2. 录音管理与保存。录音设备应选择音质清晰、存储容量大的产品，确保录音质量。录音文件应按照合同编号、通话时间等进行命名和分类存储，同时建立录音文件索引目录，方便快速查找。定期对录音文件进行备份，防止文件丢失或损坏。在需要使用录音作为证据时，要注意将录音文件转化为可播放的格式，并按照法律规定的程序提交给相关部门或机构。在诉讼或仲裁中，录音证据需要出示原始载体，如果复刻在电脑、光盘中，也要注意原始载体的保管。最好采用录音笔，不建议采用手机，否则会因为手机的更换、丢失导致原始载体丢失，有效证据变成无效证据。

五、电子数据存证

（一）电子签名与认证

根据《电子签名法》，可靠的电子签名与手写签名或者盖章具有同等的法律效力。企业在使用电子签名签订合同时，应确保电子签名符合法律规定的可靠性要求，如电子签名制作数据用于电子签名时，属于电子签名人专有；签署时电子签名制作数据仅由电子签名人控制；签署后对电子签名的任何改动能够被发现；签署后对数据电文内容和形式的任何改动能够被发现。

为了进一步增强电子签名的可信度和安全性，企业可以选择合法的第三方电子认证服务机构对电子合同进行认证。第三方电子认证服务机构通过颁发数字证书等方式，对电子签名人的身份进行验证，确保电子合同的真实性和完整性。企业在选择第三方电子认证服务机构时，要综合考虑机构的资质、信誉、服务质量等，确保选择的机构能够提供可靠的认证服务。

(二) 区块链存证

区块链是一种分布式账本技术,具有去中心化、不可篡改、可追溯等特点。在合同存证领域,区块链技术通过将合同数据加密后存储在多个节点上,形成一个分布式的账本。任何一方对合同数据的修改都需要得到其他节点的共识,否则修改无效。这种特性使得合同数据的安全性和可靠性得到极大提升。

企业可以利用区块链存证平台将合同及相关履行数据存储在区块链上。在合同签订时,将合同文本、双方的电子签名等信息上传至区块链存证平台进行存证。在合同履行过程中,将往来文件、验收单据、付款凭证等数据也同步上传至区块链存证平台。一旦发生纠纷,企业可以通过区块链存证平台获取完整的合同数据和履行记录,这些数据由于其不可篡改的特性,具有极高的可信度和证明力。

六、定期审查与更新

(一) 定期自查

1. 自查内容与频率。企业应定期对合同留痕存证情况进行自查,自查内容包括合同文本的完整性、履行过程记录的准确性、沟通记录的保存情况、电子数据存证的安全性等。自查频率可以根据企业的业务规模和合同数量确定,一般建议每季度或每半年进行一次全面自查。

2. 问题整改与跟踪。在自查过程中,如发现存在合同留痕存证不完整、管理不规范等问题,应及时制定整改措施,明确整改责任人、整改期限和整改要求。整改完成后,要对整改情况进行跟踪和复查,确保问题得到彻底解决。例如,在自查中发现部分合同的验收单据缺少对方签字,企业应及时与对方沟通,补充签字手续,并对相关责任人进行培训,防止类似问题再次发生。

(二) 制度更新

1. 法律法规变化。随着法律法规的不断完善和更新,企业的合同留痕存证管理制度也需要与时俱进。例如,《民法典》的颁布实施,对合同的订立、效力、履行、变更、转让、终止等方面做出了一系列新的规定。企业应及时组织相关人员学习新的法律法规,对合同留痕存证管理制度进行相应的调整和完善,确保企业的合同管理活动符合法律要求。

2. 企业业务发展。企业的业务规模、业务范围、组织架构等可能会随着市场环境的变化而发生调整。当企业业务发生重大变化时,合同留痕存证管理制度也需要进行适应性更新。例如，企业拓展新的业务领域，涉及新的合同类型和业务流程，此时就需要对合同留痕存证的内容、方式和管理要求进行重新梳理和规范，以满足新业务领域的管理需求。

总之，企业合同留痕存证管理是一项系统而复杂的工作，贯穿于合同签订、履行的全过程。通过加强合同文本管理、履行过程记录、沟通记录管理、电子数据存证以及定期审查与更新等措施，企业能够建立起一套完善的合同留痕存证管理体系，有效防范合同法律风险，维护企业的合法权益。在未来的商业活动中，随着信息技术的不断发展和法律法规的日益完善，企业合同留痕存证管理也将不断创新和优化，为企业的稳健发展提供更加坚实的保障。

企业合同留痕存证管理表

管理环节	主要内容	关键措施/工具	注意事项
合同文本管理	1. 合同原件保存 2. 多版本记录变更过程	设立防火、防潮的专用档案库； 电子合同加密存储并备份； 建立合同索引目录	纸质合同应避免涂改、缺页； 电子合同需定期验证可读性
履行过程记录	1. 往来文件（邮件、传真、信函） 2. 验收单据（货物、服务） 3. 付款凭证（转账、发票）	邮件按项目分类归档； 验收单需双方签字； 保留银行转账记录、发票原件	重要邮件需打印存档； 验收问题需书面注明； 发票与合同金额一致
沟通记录管理	1. 会议纪要 2. 电话录音 3. 即时通讯记录	会议纪要需参会人员签字确认； 电话录音前告知对方并获得同意； 聊天记录截图存档并转为书面文件（必要时）	录音需合法； 聊天记录避免删除、修改； 敏感信息加密存储

续表

管理环节	主要内容	关键措施/工具	注意事项
电子数据存证	1. 电子签名与认证 2. 区块链存证	使用第三方认证机构（如CFCA）； 区块链平台存证（如蚂蚁链、腾讯至信链）	电子签名需符合《电子签名法》； 区块链存证需选择合规平台
定期审查与更新	1. 自查合同完整性 2. 更新管理制度	每季度/半年全面自查； 跟踪法律法规变化； 业务调整后修订流程	发现问题及时整改； 制度更新需内部培训； 保留历史版本对比记录

经典案例分析

某A公司与某B公司签订的《商品砼买卖合同》系双方真实意思表示，其内容不违反法律、行政法规的强制性规定，应为有效，双方均应当按照约定全面履行自己的义务。当事人一方不履行合同义务或者履行合同义务不符合约定，造成对方损失的，损失赔偿额应当相当于因违约所造成的损失，包括合同履行后可以获得的利益；但是，不得超过违约一方订立合同时预见到或者应当预见到的因违约可能造成的损失。关于违约金，一审中，双方均认可案涉项目已于2022年12月19日竣工验收，双方合同约定质量保证金在工程竣工验收合格后12个月内无息返还，且买方逾期付款的违约金的上限为欠付货款金额的2%。一审法院基于双方的合同约定、供货对账及实际履行情况，判决某B公司支付某A公司违约金101 393元并无不当，某B公司所持不应支付违约金的上诉主张缺乏依据，因此两审判决均判决某B公司承担违约责任。

法律法规索引

任务实训

实训1：单项选择题

体育培训机构与学员王某签署协议约定，学员参加训练应自甘风险，自行承担训练受伤的后果。后王某在训练中受伤索赔，法院认为体育培训机构负有对学员的安全保障义务，本案不应适用自甘风险原则，该免责条款有悖公平原则，按法律规定应确认为无效。对此下列哪一说法是正确的？

A. 对学员的安全保障义务属于体育机构不能免除的绝对义务

B. 本条所涉免责条款无效，体现了法律家长主义原则对自由的限制

C. 法院在适用公平原则之前对自甘风险原则的强度进行了衡量

D. 王某与体育培训机构签订协议，形成了双方的保护性法律关系

——该题目来源于2023年国家统一法律职业资格考试真题

实训2：多项选择题

甲用其拾得的乙的身份证在丙银行办理了信用卡，并恶意透支，致使乙的姓名被列入银行不良信用记录名单。根据我国《民法典》的规定，下列哪些表述是正确的？

A. 甲侵犯了乙的姓名权   B. 甲侵犯了乙的名誉权

C. 甲侵犯了乙的个人信用利益   D. 丙银行不应承担责任

——该题目来源于全国技能大赛法律事务赛项2023年真题

实训3：起草合同

背景材料：王某要开一家洗衣店，需要资金50万元，可是其只有30万元，于是找到老朋友李某，请求借款20万元。李某与王某关系虽然很好，可

是也不敢轻易把钱借给他，于是就说道："亲兄弟，明算账，我可以帮你筹到这笔钱，但是你要给我提供一定的担保。"王某就同意将坐落在市中心阳光街25号的门市房抵押给李某，该门市房价值25万元。为此，双方要签订一份抵押合同。

根据《民法典》"合同编"关于合同主要条款的规定以及《民法典》"物权编"关于抵押担保的规定，起草该合同。

实训4：审查合同

案情简介：下面是杭州奇威特玻璃有限公司业务人员与芜湖市永达机械有限公司草签的一份生产设备购置合同，试从购买方杭州奇威特玻璃有限公司角度对其进行审查并修改之。

订货合同

甲方（买方）：杭州奇威特玻璃有限公司

乙方（卖方）：芜湖市永达机械有限公司

根据《中华人民共和国民法典》合同编及我国相关法律法规，为保护甲、乙双方的合法权益，经双方充分友好协商，现就甲方购买乙方的CNC-×××全自动玻璃切割机流水线达成以下合同条款：

一、产品名称

名称	型号规格	单位	数量	单价	合计
全自动单向单工位玻璃上片台	CNC-×××	台	1	万	
全自动数控玻璃切割机	CNC-×××	台	1	万	
气垫玻璃开片台	QZ-×××	台	1	万	
合计人民币	×元整				

二、付款方式

1. 首付定金为货款的50%，即×××元整，定金支付后合同生效；
2. 合同生效后2个月内支付30%货款，即×××元整；
3. 提货时付10%，即×××万元整；
4. 安装调试合格后1周内付货款的10%，即×××元整。

三、物品的质量技术标准和权利保障

乙方提供的设备质量技术标准应符合国家法律法规规定的标准。

四、合同产品的交付

1. 交货时间：合同正式生效后 60 天内交货；

2. 交货地点：甲方所在地；

3. 交货方式：现场交接，设备的运输费、运输保险费由卖方负责支付，买方先行垫付，据实结算。

五、验收

1. 设备初验：乙方将合同约定设备运至交货地点后，由甲方进行当面验收。初次验收合格后双方办理交接手续。

2. 设备的安装调试由乙方负责，甲方协助。乙方的安装调试人员的差旅费、补贴由甲方承担。

3. 安装调试期限为设备到达甲方所在地后 1 周内。安装调试完成后双方进行交接，甲方验收合格后应当出具验收报告。

4. 乙方免费对甲方工作人员进行操作培训等，直至该设备可以正常使用。

六、乙方售后服务

1. 设备免费保修期为 1 年，自设备安装调试完毕之日起计算。

2. 乙方免费保修服务响应时间为自接到甲方通知起 7 日内，维护人员到达甲方设备现场。

七、违约责任

1. 乙方不能交货的，按照定金规则赔偿损失。

2. 乙方逾期交货的，或逾期安装调试完毕的，按全部货款计算，向甲方偿付每日 5‰的违约金。

3. 甲方不按照合同约定时间付款的，应按照逾期付款部分每日 5‰的比例向乙方偿付违约金。

4. 甲方违反合同规定拒绝接货的，应当承担由此对乙方造成的损失。

八、不可抗力

甲乙双方任何一方由于不可抗力原因不能履行合同时，应及时向对方通报不能履行或不能完全履行的理由，以减轻可能给对方造成的损失，允许延期履行、部分履行或不履行合同，并根据情况可部分或全部免予承担违约责任。不可抗力事由由双方协商确认。

九、争议的解决

执行本合同发生纠纷，当事人双方应当及时协商解决，协商不成时，双方可向法院提起诉讼或者申请仲裁。

十、本合同变更修改应以书面形式进行。

十一、本合同及附件一式二份，甲方、乙方各执一份。双方确认签字盖章即生效。

供货方：××××××	需货方：××××××
地址：××××××	地址：××××××
供方代表：×××　138×××5500	需方代表：×××　136×××5599
电话：0××2-40×××67	电话：0××1-40×××88
传真：0××2-40×××87	传真：0××1-40×××66
开户行：建行×××支行	开户行：工行×××支行
账号：340××××××80	账号：580××××××86
税号：34××××××15	税号：64××××××18
日期：　年　月　日	日期：　年　月　日

附录：

1. 设备技术合同书
2. 设备备件清单
3. 售后技术服务合同书

该实训的问题与提示：

1. 分析该合同缺少哪些要素，加以补充完善。
2. 审查哪些约定不够清楚或缺失，进一步明确。
3. 审查哪些语句或表述不够规范、清楚，给予修改。
4. 审查哪些约定对买方不利，揭示其风险。
5. 审查哪些约定不符合法律规定，并加以修改。

实训5：辩论题目

诚信主要靠社会机制的他律还是自律？

（建议：①学生利用北大法宝AI或通义法睿AI，创建一个AI辩论对手，与AI进行模拟辩论，帮助学生思考如何加强自己的论据和应对反驳，为学生实时提供反馈，指出学生的逻辑漏洞、证据不足或表达不清的地方。②学生再进行课堂辩论。）

> **思政园地**
>
> ## 社会主义核心价值观——诚信
>
> "诚者，天之道也；思诚者，人之道也。"人无信不立，企业和企业家更是如此。社会主义市场经济是信用经济、法治经济。企业家要同方方面面打交道，调动人、财、物等各种资源，没有诚信寸步难行。由于种种原因，一些企业在经营活动中还存在不少不讲诚信甚至违规违法的现象。法治意识、契约精神、守约观念是现代经济活动的重要意识规范，也是信用经济、法治经济的重要要求。企业家要做诚信守法的表率，带动全社会道德素质和文明程度提升。
>
> ——习近平总书记在企业家座谈会上的讲话（2020 年 7 月 21 日）[1]

> **拓展学习**
>
> ## 失信被执行人
>
> 1. 概念：失信被执行人，根据《最高人民法院关于适用〈中华人民共和国民事诉讼法〉的解释》以及《最高人民法院关于公布失信被执行人名单信息的若干规定》，失信被执行人是指未履行生效法律文书确定的义务并具有"有履行能力而不履行""抗拒执行"等法定情形，从而被人民法院依法纳入失信被执行人名单的人。
>
> 2. 情形：应当纳入失信被执行人名单的情形包括：①有履行能力而拒不履行生效法律文书确定义务的；②以伪造证据、暴力、威胁等方法妨碍、抗拒执行的；③以虚假诉讼、虚假仲裁或者以隐匿、转移财产等方法规避执行的；④违反财产报告制度的；⑤违反限制消费令的；⑥无正当理由拒不履行执行和解协议的。
>
> 3. 期限：纳入失信被执行人名单的期限为 2 年。被执行人以暴力、威胁方法妨碍、抗拒执行情节严重或具有多项失信行为的，可以延长 1

---

[1]《（受权发布）习近平：在企业家座谈会上的讲话》，载 http://www.xinhuanet.com/politics/leaders/2020-07-21/c_1126267575.htm，最后访问日期：2025 年 2 月 25 日。

年至3年。失信被执行人积极履行生效法律文书确定义务或主动纠正失信行为的，人民法院可以决定提前删除失信信息。

4. 惩戒措施：国家发展改革委和最高人民法院牵头，人民银行、中央组织部、中央宣传部、中央编办、中央文明办、最高人民检察院等44个部门联合签署了《关于对失信被执行人实施联合惩戒的合作备忘录》，共提出55项惩戒措施，分为八大类，第一类是对失信被执行人设立金融类机构的限制措施；第二类是对失信被执行人从事民商事行为的限制措施；第三类是对失信被执行人行业准入的限制措施，例如限制招录（聘）其为公务员或事业单位工作人员等；第四类是对失信被执行人担任重要职务的限制措施，例如限制担任金融机构的董事、监事、高级管理人员等；第五类是对失信被执行人享受优惠政策或荣誉的限制措施；第六类是对失信被执行人高消费及其他消费行为的限制措施，例如限制乘坐飞机、列车软卧、高铁，限制子女就读高收费私立学校等；第七类是对失信被执行人限制出境、定罪处罚的限制措施；第八类是协助查询和公示失信被执行人信息的措施。

此外，《刑法》第313条第1款规定："对人民法院的判决、裁定有能力执行而拒不执行，情节严重的，处三年以下有期徒刑、拘役或者罚金；情节特别严重的，处三年以上七年以下有期徒刑，并处罚金。"

学习领域五

雇员工——企业劳动用工法律实务

学习目标

1. 知识目标：
（1）了解企业的劳动用工形式；
（2）了解员工入职、在职、离职管理的基本过程；
（3）掌握劳动合同解除的法定事由和程序；
（4）掌握劳动争议的受理范围和处理程序；
（5）掌握经济补偿金和赔偿金的适用条件和程序。

2. 能力目标：
（1）培养订立和解除劳动合同的实践能力；
（2）能够运用所学知识起草或审查劳动合同，并参与风险管理；
（3）能够运用所学知识预防和化解劳动争议纠纷。

3. 素质目标：
（1）培养学生遵守劳动合同法律制度，塑造"有诺必守""诚实信用"的契约精神和爱岗敬业的职业素养；
（2）学会分辨处理劳动争议案件，了解劳动争议案件的处理规则与技巧，

中小企业法务

增强处理劳动争议案件的能力。

> **学习重点与难点**

劳动合同管理；劳动用工风险管理；多元化用工管理；预防和化解劳动争议纠纷。

> **法律典故**

知人善任
萧何月下追韩信

——选自《史记·淮阴侯列传》

信数与萧何语，何奇之。至南郑，诸将行道亡者数十人，信度何等已数言上，上不我用，即亡。何闻信亡，不及以闻，自追之。人有言上曰："丞相何亡。"上大怒，如失左右手。居一二日，何来谒上，上且怒且喜，骂何曰："若亡，何也？"何曰："臣不敢亡也，臣追亡者。"上曰："若所追者谁何？"曰："韩信也。"上复骂曰："诸将亡者以十数，公无所追；追信，诈也。"何曰："诸将易得耳。至如信者，国士无双。王必欲长王汉中，无所事信；必欲争天下，非信无所与计事者。顾王策安所决耳。"王曰："吾亦欲东耳，安能郁郁久居此乎？"何曰："王计必欲东，能用信，信即留；不能用，信终亡耳。"王曰："吾为公以为将。"何曰："虽为将，信必不留。"王曰："以为大将。"何曰："幸甚。"于是王欲召信拜之。何曰："王素慢无礼，今拜大将如呼小儿耳，此乃信所以去也。王必欲拜之，择良日，斋戒，设坛场，具礼，乃可耳。"王许之。诸将皆喜，人人各自以为得大将。至拜大将，乃韩信也，一军皆惊。

> **基础知识概要**

明确的法律规定和规范的用工行为可以减少劳动者与企业之间的矛盾和纠纷，促进劳动关系的和谐稳定。企业为了遵守劳动法律法规，需要建立健全用工制度和流程，规范招聘、录用、劳动合同签订、工资支付、社会保险缴纳等环节。这有助于提高企业的管理效率和规范化程度，增强企业的竞争力。企业依法用工可以避免因违法用工而导致的劳动纠纷和法律诉讼，降低企业的经营成本和法律风险。要求企业与劳动者签订书面劳动合同，明确双方的权利和义务，这有助于避免劳动纠纷，当劳动者的权益受到侵害时，劳动合同是重要的维权依据。当出现劳动争议时，法律提供了相应的解决途径和机制，如劳动仲裁和诉讼，保障了双方的合法权益，维护了社会的稳定。本学习领域重点从企业员工入职、在职、离职三个方面进行常见的法律问题分析。

在我国的劳动用工体系中，劳动合同用工是企业的基本用工形式。而劳务派遣用工与非全日制用工，则是法定非典型用工的主要类型。

劳动合同用工是指企业直接与员工建立劳动关系、签订劳动合同，企业根据员工提供的劳动向员工支付劳动报酬，依法为员工缴纳社会保险，并由企业直接管理员工的用工形式。一般情形下，劳动合同都是指全日制用工劳动合同。全日制劳动合同是最典型的劳动合同，是基于全日制用工方式而设立的劳动合同。而全日制用工就是实行每日工作时间8小时，每周工作时间40小时标准工时的用工形式。

非典型用工作为一种特殊的用工形态，具备独特价值。一方面，它契合了用人单位灵活用工的需求。在生产、经营和服务过程中，企业常常会面临一些临时性、季节性或者具有特殊技能要求的工作任务，非典型用工能够精准匹配这些对劳动力的特殊需求，助力企业优化人力资源配置，降低用工成本，提升运营效率。另一方面，它为劳动者提供了灵活就业的渠道，使那些因各种原因无法从事全日制工作的人员，如学生、家庭主妇、退休人员等，能够利用碎片化时间参与劳动，增加收入，这在一定程度上提升了社会就业率，促进了劳动力市场的多元化发展。

劳务派遣用工是一种较为特殊的用工模式。在这种模式下，劳务派遣单位与被派遣劳动者订立劳动合同，建立起劳动关系，但劳务派遣单位并不直接使用劳动者进行劳动；而用工单位则实际管理和指挥劳动者开展工作，不过与劳动者之间不存在劳动关系。为了规范劳务派遣市场，保障劳动者权益，《劳动合同法》对其进行了严格规制，提高了劳务派遣单位的设立门槛，要求其必须依照《公司法》的相关规定设立，且注册资本不得少于一定金额，以此确保劳务派遣单位具备相应的经济实力和承担责任的能力。同时，加强了对劳务派遣单位的监管力度，促使其依法合规经营。此外，还着重强化了被派遣劳动者同工同酬的权利，明确规定被派遣劳动者享有与用工单位的劳动者同工同酬的权利，用工单位应当按照同工同酬原则，对被派遣劳动者与本单位同类岗位的劳动者实行相同的劳动报酬分配办法。并且，关于劳动合同、劳动报酬、工作时间、休息休假、劳动安全卫生、社会保险等方面的规定，同样适用于劳务派遣中的劳动者，全方位保障了被派遣劳动者的合法权益。而且，劳务派遣用工只能在临时性（存续时间不超过6个月的岗位）、辅助性（为主营业务岗位提供服务的非主营业务岗位）或者替代性（用工单位的劳动者因脱产学习、休假等原因无法工作的一定期间内，可以由其他劳动者替代工作的岗位）的工作岗位上实施，从岗位适用范围上对其进行限制，防止劳务派遣用工的滥用。

非全日制用工是指以小时计酬为主，劳动者在同一用人单位一般每日工作时间平均不超过4小时，每周工作时间累计不超过24小时的用工形式。非全日制用工即人们通常所说的短时工，顾名思义，就是并非按照标准工时全天工作，不是按日按月计酬而是按小时计酬的一种短时用工形式。这种用工形式极为灵活，与全日制用工存在诸多区别。在合同订立方面，非全日制用工双方当事人可以订立口头协议；而全日制用工双方则应当订立书面劳动合同。在劳动关系终止方面，非全日制用工双方当事人不得约定试用期，双方当事人任何一方都可以随时通知对方终止用工，且终止用工时，用人单位无需向劳动者支付经济补偿，实质上豁免了用人单位的解雇保护义务和经济补偿义务；全日制用工在劳动合同终止或解除时，除特殊情况外，用人单位通常须向劳动者支付经济补偿金。在社会保险缴纳方面，用人单位应当按照国家有关规定为建立劳动关系的非全日制劳动者缴纳工伤保险费，而对于其他社会保险费，法律并未强制要求用人单位缴纳；全日制用工的用人单位则必须依法为劳动者缴纳各种社会保险费用。在工资支付方面，非全日制用工以小时计酬，计酬标准不得低于用人单位所在地人民政府规定的最低小时工资标准，结算支付周期最长不超过15日；全日制用工一般是按月以货币形式定时向劳动者支付工资。

非全日制用工是一种短时而灵活的就业形式。采用此种方式就业，劳动者可以同时服务于1个以上的用人单位，形成事实上的兼职劳动状态。从事非全日制用工的劳动者可以与1个或者1个以上用人单位订立劳动合同，但是，后订立的劳动合同不得影响先订立的劳动合同的履行。对于非全日制用工，法律并不强制要求其签订书面劳动合同。这样，劳动合同解除时用人单位就无须支付未签订书面劳动合同的 2 倍工资差额。非全日制用工形式在现实中应用广泛，尤其在餐饮、超市、社区服务等行业较为常见，为用人单位和劳动者提供了一种机动、可变通的合作方式。

学习模块一　企业劳动用工形式的选择

经典案例

刘某于 2020 年 6 月 14 日与某信息技术公司订立为期 1 年的《车辆管理协议》，约定：刘某与某信息技术公司建立合作关系；刘某自备中型面包车 1 辆提供货物运输服务，须由本人通过公司平台在某市区域内接受公司派单并驾驶车辆，每日至少完成 4 单，多接订单给予加单奖励；某信息技术公司通过平台与客户结算货物运输费，每月向刘某支付包月运输服务费 6000 元及奖励金，油费、过路费、停车费等另行报销。

刘某从事运输工作期间，每日在公司平台签到并接受平台派单，跑单时长均在 8 小时以上。某信息技术公司通过平台对刘某的订单完成情况进行全程跟踪，刘某每日接单量超过 4 单时按照每单 70 元进行加单奖励，出现接单量不足 4 单、无故拒单、运输超时、货物损毁等情形时按照公司制定的费用结算办法扣减部分服务费。

2021 年 3 月 2 日，某信息技术公司与刘某订立《车辆管理终止协议》，载明公司因调整运营规划，与刘某协商一致提前终止合作关系。刘某认为其与某信息技术公司之间实际上已构成劳动关系，终止合作的实际法律后果是劳动关系解除，某信息技术公司应当支付经济补偿。某信息技术公司以双方书面约定建立合作关系为由否认存在劳动关系，拒绝支付经济补偿，刘某遂向劳动人事争议仲裁委员会申请仲裁。[1]

学习单元一 企业劳动用工的主要类型

一、按劳动合同类型划分

（一）固定期限劳动合同用工

用人单位与劳动者约定劳动合同终止时间，劳动合同期满，劳动关系即告终止。经当事人双方协商同意，可以续订劳动合同。合同期限明确，利于企业在特定时期内稳定用工，劳动者也有相对稳定的工作预期。

固定期限劳动合同适用范围广泛，是当下较为普遍的劳动合同类型。这种用工形式适用于企业中一些有明确项目周期，或业务需求在特定期限内稳定的岗位，如特定产品的研发项目组、项目制工作、季节性生产等。

（二）无固定期限劳动合同用工

劳动合同只约定合同成立和生效日期，未明确约定合同的终止日期。是否签订无固定期限劳动合同，需要双方协商一致，除法律法规规定外，当事人双方应当约定变更和解除劳动合同的条件。因为没有明确的合同终止时间，除非出现法定或约定的解除情形，劳动关系可长期存续，能增强员工的归属感和忠诚度。

无固定期限劳动合同的解除条件更为严格，约定的变更和解除劳动合同的条件没有发生时，用人单位不得随意变更和解除劳动合同。与固定期限劳动合同相比，无固定期限劳动合同对劳动者更加有利，若用人单位不当解除无固定期限劳动合同，劳动者有权要求用人单位继续履行合同，或向用人单位主张经济补偿金或者经济赔偿金。无固定期限劳动合同常用于企业的核心岗位、关键人才以及长期稳定发展的部门，如企业的高级管理人员、资深技术专家、长期服务的行政骨干等。

（三）以完成一定工作任务为期限的劳动合同用工

用人单位与劳动者约定以某项工作的完成作为合同终止的条件，工作任务明确，合同期限随任务进度而定，灵活性较高。这种劳动合同类似于特殊

---

[1] 参见《人力资源社会保障部、最高人民法院关于联合发布第三批劳动人事争议典型案例的通知》。

的固定期合同，但表现形式有所区别。完成一定工作任务的劳动合同是以一项工作或项目的起始与完成作为时间节点的，这种劳动合同双方当事人之间的依附性没有固定期限的劳动合同稳定，劳动关系随用人单位的发展规划而变化或者受外界环境的影响较大。这类劳动合同常用于一些临时性、季节性或特定项目性的工作，如建筑施工企业的特定工程项目、影视制作公司的某部影视作品拍摄等。

二、按工作时间和工作性质划分

（一）全日制用工

劳动者每日工作时间和每周工作时间有明确的法定限制，企业需依法为员工缴纳社会保险和住房公积金，员工享有完整的法定福利和劳动权益。适用于企业的主体业务岗位，需要员工全身心投入、长期稳定工作的岗位，如生产制造企业的生产工人岗位，企业的管理岗位、专业技术岗位等。

（二）非全日制用工

以小时计酬，工作时间灵活，劳动者在同一用人单位的工作时间相对较短，企业只需缴纳工伤保险，双方解除用工关系较为便捷。适用于临时性、辅助性、灵活性高的岗位，如超市的兼职收银员、餐厅的钟点工、社区的兼职网格员等。

三、按用工关系的复杂程度划分

（一）直接用工

企业与劳动者直接建立劳动关系，企业直接管理劳动者，负责其薪酬福利、培训发展等所有劳动事务，关系清晰，管理集中。适用于企业的核心业务和关键岗位，便于企业直接掌控人力资源，实现高效管理和战略执行，如企业的研发部门、市场营销部门等核心团队。

（二）间接用工

企业通过第三方机构或平台实现用工的形式包括多种类型：如通过劳务派遣单位用工的劳务派遣、通过外包服务商承接业务的劳务外包、通过灵活用工平台匹配短期人力的灵活用工等，不同形式在法律关系和管理模式上存在差异。企业与劳动者之间的关系相对间接，管理责任有所转移或分担。

随着近年来就业形势的变化和用工需求的改变，产生和发展起来一种新的劳动用工形式——劳务派遣。劳务派遣，又称劳动派遣或劳动力派遣，是指劳务派遣单位（又称用人单位）与劳动者签订劳动合同，与用工单位签订劳务派遣协议，将劳动者派遣至用工单位从事约定的生产劳动的一种用工方式。

劳动者与劳务派遣公司签订劳动合同，建立劳动关系后，由劳务派遣公司将劳动者派遣至用工单位工作，由用工单位直接管理员工。劳务派遣单位与劳动者建立劳动关系，但不直接使用劳动者，不直接管理和指挥劳动者从事劳动；用工单位直接管理和指挥劳动者从事劳动，但与劳动者之间没有建立劳动关系。

在当前的社会经济生活中，有的企业为了降低用工成本，设立劳务派遣机构向本单位或者所属单位派遣劳动者（即"自我派遣"），这种行为人为割裂了完整的劳动关系，不利于对劳动者合法权益的保护，更对构建和发展和谐稳定的劳动关系造成了不利影响，是法律明确禁止的。而合法的劳务派遣主要适用于企业的临时性、辅助性岗位，这类岗位通常属于非核心业务范畴，且用工期限有明确上限。业务外包等其他灵活用工形式则更适合专业性较强的业务（如IT系统开发、专业设备维护等），以及需要灵活调配人力资源的场景，帮助企业降低用工风险和成本，提高用工效率。例如，企业将保安、保洁业务外包给专业机构，或通过灵活用工平台招募临时性项目人员等。

学习单元二　企业劳动用工形式的选择

一、企业劳动用工形式的选择依据

企业劳动用工的选择对企业运营影响重大，不同用工方式各有优劣。一般以业务需求、成本因素、市场环境和行业趋势、法律因素四个方面来作为选择用工方式的依据。

（一）业务需求

1. 工作性质和任务。如果是核心业务，需要专业技能和长期稳定的人力支持，如研发部门，适合选择劳动用工；若是临时性、季节性或一次性的工作任务，像短期项目、旺季促销等，可考虑劳务用工、灵活用工或非全日制用工等形式。

劳动合同用工（全日制用工）适用于那些需要长期、稳定的人力资源投入的企业，尤其是核心业务部门和关键岗位，如研发团队、管理岗位。稳定性强，员工对企业的忠诚度高，有助于形成稳定的企业文化。员工享有完善的劳动保障和福利待遇，能够激发员工的工作积极性和创造力。但用工成本相对较高，包括工资、社保、公积金等费用，增加了企业的财务负担。招聘、培训和员工管理等环节需投入大量时间和资源，灵活性相对较差，难以快速应对市场变化和项目需求变化。

　　劳务派遣用工适用于那些需要短期、临时或项目性的人力资源投入的企业，如季节性需求、临时项目或特定技能需求等情况。能利用劳务派遣公司的专业优势，快速获取具备专业技能的员工，提升企业的业务水平。用工成本相对较低，有助于降低企业的财务负担。企业与劳务派遣公司建立合作关系时，可能面临合作风险，如服务质量不稳定、合作纠纷等。劳务用工的员工归属感较弱，可能影响团队的稳定性和凝聚力。企业需要遵守相关法律法规，避免用工风险。

　　非全日制用工适合一些临时性、辅助性的工作岗位，如超市收银员、小时工等，更为便捷、灵活，在节约用工成本、灵活安排工作、易于解除劳动关系等方面存在优势。用人单位只需为劳动者缴纳工伤保险。但员工的流动性较大，可能会影响企业的生产效率。员工在同一企业平均日工作时间不超过4小时，每周工作时间累计不超过24小时，难以承担较为复杂和长期的工作任务。

　　灵活用工适用于那些业务需求波动大、需要快速调整用工规模的企业，如互联网、零售、餐饮等行业，灵活性高，能够快速应对市场变化和项目需求的变化。用工成本相对较低，有助于降低企业的财务负担。但员工的稳定性较差，可能导致项目进度受阻或团队文化受到影响。员工管理难度较大，需要投入更多的精力。灵活选择用工形式可根据不同的工作任务和需求，选择兼职、临时工、远程工作等多种用工形式，满足企业多样化的业务需求。

　　如果企业选择灵活用工形式，那企业与灵活用工人员通常不存在直接的雇佣关系，而是合作关系，减少了因劳动合同、解聘补偿等问题引发的劳动纠纷风险。另外将一些非核心业务或临时性业务外包给灵活用工人员，可将部分业务风险转移给外部合作伙伴，降低企业自身的风险集中度。但在某些情况下，灵活用工的法律边界并不十分清晰，特别是在劳动者权益保护、税收缴纳等方面，存在一定的法律风险和争议。如果企业未能正确处理，可能会面临法律诉讼和罚款。

　　实践中，中小型企业可合理采用实习生用工模式，其适用场景集中在两类：一是有长期人才储备规划、希望系统培养后备力量的企业；二是基础性岗位且对实操经验要求较低的情况（如基础数据整理、行政事务辅助等）。企业能在合规范围内优化人力成本，同时通过实践发掘潜力人才；实习生可将理论转化为实操能力，积累经验并明确职业方向。需注意的是，实习生因经验不足，企业需提供细致的岗前培训（如岗位流程、基础技能）及持续指导。同时，企业必须严守合规底线，依据实习生是否为在校学生，明确用工性质，签订规范协议，保障实习报酬达标，杜绝借"实习"规避用工责任，如此才能实现可持续双赢。

2. 业务量和用工规模。对于业务量稳定且规模较大的企业，劳动用工能保证人力资源的稳定供应；而针对业务量波动大的企业，灵活用工方式可根据业务量的变化灵活调整用工数量，避免人力闲置或不足。

（二）成本因素

涉及直接成本和间接成本两方面。直接成本包括工资、社保、公积金、福利等。劳动用工的直接成本相对较高，而劳务用工、灵活用工等方式在工资和福利方面可能有一定的灵活性，能降低部分成本。间接成本如招聘成本、培训成本、管理成本等。劳动用工在招聘和培训上可能投入较大，但管理相对规范；灵活用工的招聘和培训成本较低，但管理难度可能较大，需要投入更多精力。

（三）市场环境和行业趋势

1. 劳动力市场供求状况。当劳动力市场供大于求时，企业在选择用工方式上有更多的主动权，可以选择更灵活、成本更低的用工方式；反之，当劳动力市场供小于求时，可能需要通过提供更稳定的劳动用工方式来吸引和留住人才。

2. 行业特点和发展趋势。一些行业的用工需求具有明显的季节性或周期性，如旅游、农业等，适合采用灵活的用工方式；而一些技术密集型行业，对员工的专业技能和稳定性要求较高，劳动用工可能更为合适。

（四）法律因素

1. 法律法规规定。不同的用工方式受到不同的法律法规约束，企业要确保用工方式符合相关法律法规，规避劳动纠纷和法律风险。例如，劳务派遣用工有明确的岗位限制和比例要求，"三性"原则（临时性、辅助性、替代性）是法律红线，企业若违规使用劳务派遣员工从事主营业务核心岗位工作，可能面临法律制裁。同时，劳务派遣单位和用工单位的责任划分也需明确，如员工工伤赔偿责任等。劳务外包中，企业要与外包公司清晰界定双方的权利义务,确保外包业务在合法合规的框架内运行,从合同签订到业务执行各个环节都需谨慎把控,避免因出现法律漏洞导致经济损失和企业声誉受损。非全日制用工在工作时间、工资支付等方面也有特殊规定。

2. 合同签订和管理。无论选择哪种用工方式,都要重视合同的签订和管理。合同应明确双方的权利和义务,包括工作内容、工资待遇、工作时间、社会保险、违约责任等条款,以保障企业和员工的合法权益。

二、企业劳动用工的招聘和管理注意事项

(一) 全日制用工

1. 招聘注意事项。

明确岗位需求:详细分析岗位的职责、技能要求、工作环境等,确保招聘到的人员能完全胜任工作。

严格筛选简历:根据岗位要求,仔细筛选简历,关注工作经验、专业技能、学历等关键信息,初步确定符合条件的候选人。

规范面试流程:设计科学合理的面试流程,包括多轮面试、专业技能测试、背景调查等,全面评估候选人的综合素质。

2. 管理注意事项。

遵守劳动法规:严格遵守国家和地方关于劳动时间、休息休假、工资福利、社会保险等方面的法律法规,避免违法。

建立完善的培训体系:为员工提供入职培训、技能提升培训、职业发展培训等,帮助员工不断提升能力,适应企业发展需求。

明确绩效考核制度:制定明确、客观、可量化的绩效考核指标和评价方法,定期对员工进行考核,将考核结果与薪酬调整、晋升、奖励等挂钩。

(二) 非全日制用工

1. 招聘注意事项。

注重工作时间灵活性:在招聘过程中,明确告知应聘者工作时间的灵活性,吸引那些能够适应非固定工作时间的人员。

关注技能匹配度:由于非全日制员工工作时间有限,更要注重其技能与岗位的匹配度,确保其能在短时间内高效完成工作任务。

简化招聘流程:相比全日制用工,招聘流程可适当简化,重点考察应聘者的工作能力和时间可用性。

2. 管理注意事项。

合理安排工作任务:根据员工的工作时间和技能水平,合理分配工作任

务，确保工作的连续性和高效性。

明确计酬方式：以小时计酬为主，明确每小时的工资标准，以及加班、法定节假日工作的计酬方式，避免薪酬纠纷。

保持沟通畅通：非全日制员工虽然工作时间不固定，但仍要保持良好的沟通，及时传达工作要求和企业信息，了解员工的工作进展和需求。

（三）劳务派遣用工

1. 招聘注意事项。

选择合适的劳务派遣机构：要选择资质齐全、信誉良好、服务专业的劳务派遣机构，审查其营业执照、劳务派遣经营许可证等相关证件。

明确双方权利义务：与劳务派遣机构签订详细的合作协议，明确双方在招聘、培训、管理、薪酬支付、工伤处理等方面的权利和义务。

参与招聘过程：企业可根据自身需求，参与劳务派遣员工的招聘过程，提出岗位要求和用人标准，确保招聘到符合企业要求的人员。

2. 管理注意事项。

遵守相关法律法规：了解并遵守关于劳务派遣的法律法规，如劳务派遣用工比例限制、同工同酬等规定，避免法律风险。

做好员工培训：虽然劳务派遣员工的招聘和部分培训由派遣机构负责，但企业仍需根据自身业务特点，对员工进行必要的入职培训和岗位技能培训。

建立有效沟通机制：与劳务派遣员工保持良好的沟通，了解其工作情况和需求，同时与劳务派遣机构保持密切联系，及时解决管理过程中出现的问题。

（四）劳务外包用工

1. 招聘注意事项。

确定外包业务范围和要求：明确需要外包的业务内容、工作标准、质量要求等，以便选择合适的外包公司。

考察外包公司实力：对外包公司的资质、经验、信誉、专业能力、人员配备等进行全面考察，可通过实地考察、案例分析、客户评价等方式进行。

签订详细合同：与外包公司签订详细的劳务外包合同，明确双方的权利义务，包括服务内容、服务期限、费用结算方式、质量标准、违约责任等。

2. 管理注意事项。

关注服务质量：定期对外包业务的完成情况进行检查和评估，按照合同约定的质量标准进行验收，确保外包业务达到企业要求。

避免直接管理外包员工：劳务外包中，外包员工由外包公司管理，企业应避免直接干预外包员工的日常工作管理，以免引发法律纠纷。

保持合作关系的稳定性：与外包公司建立良好的合作关系，及时沟通业务需求的变化，共同解决合作过程中出现的问题，保持合作的稳定性和连续性。

(五) 灵活用工平台用工

1. 招聘注意事项。

选择可靠的平台：挑选知名度高、口碑好、运营规范、安全有保障的灵活用工平台，平台应具备完善的实名认证、资质审核、交易保障等功能。

明确任务要求：在平台上清晰描述工作任务的内容、要求、交付时间、质量标准等信息，以便吸引到合适的自由职业者。

审核人员资质：利用平台提供的审核机制，对报名的自由职业者进行资质审核，查看其相关证书、工作经验、过往评价等，确保其具备完成任务的能力。

2. 管理注意事项。

遵守平台规则：企业要熟悉并遵守灵活用工平台的各项规则和流程，包括任务发布、人员匹配、薪酬结算、纠纷处理等，确保操作规范。

保护信息安全：注意保护企业和自身的商业秘密、敏感信息，同时也要尊重自由职业者的个人信息隐私，防止信息泄露。

及时沟通反馈：与自由职业者保持及时有效的沟通，解答他们在工作过程中的疑问，对工作成果进行及时反馈和评价，促进双方合作的顺利进行。

经典案例分析

本案争议焦点是，刘某与某信息技术公司之间是否符合确立劳动关系的情形？

《劳动合同法》第7条规定："用人单位自用工之日起即与劳动者建立劳动关系"。《关于维护新就业形态劳动者劳动保障权益的指导意见》第18条规定："根据用工事实认定企业和劳动者的关系"。以上法律规定和政策精神体现出认定劳动关系应当坚持事实优先原则。

《关于确立劳动关系有关事项的通知》相关规定体现出，劳动关系的核心特征为"劳动管理"，即劳动者与用人单位之间具有人格从属性、经济从属性、组织从属性。在新型就业形态下，由于平台企业生产经营方式发生较大变化，劳动管理的体现形式也相应具有许多新的特点。当前，认定新型就业形态劳动者与平台企业之间是否存在劳动关系，应当对照劳动管理的相关要素，综合考量人格从属性、经济从属性、组织从属性的有无及强弱。

从人格从属性看，主要体现为平台企业的工作规则、劳动纪律、奖惩办法等是否适用于劳动者，平台企业是否可通过制定规则、设定算法等对劳动者劳动过程进行管理控制；劳动者是否须按照平台指令完成工作任务，能否自主决定工作时间、工作量等。

从经济从属性看，主要体现为平台企业是否掌握劳动者从业所必需的数据信息等重要生产资料，是否允许劳动者商定服务价格；劳动者通过平台获得的报酬是否构成其重要收入来源等。

从组织从属性看，主要体现在劳动者是否被纳入平台企业的组织体系当中，成为企业生产经营组织的有机部分，并以平台名义对外提供服务等。

本案中，虽然某信息技术公司与刘某订立《车辆管理协议》，约定双方为合作关系，但依据相关法律规定和政策精神，仍应根据用工事实认定双方之间的法律关系性质。某信息技术公司要求须由刘某本人驾驶车辆，通过平台向刘某发送工作指令、监控刘某工作情况，并依据公司规章制度对刘某进行奖惩；刘某须遵守某信息技术公司规定的工作时间、工作量等要求，体现了较强的人格从属性。某信息技术公司占有用户需求数据信息，单方制定服务费用结算标准；刘某从业行为具有较强持续性和稳定性，其通过平台获得的服务费用构成其稳定收入来源，体现了明显的经济从属性。某信息技术公司将刘某纳入其组织体系进行管理，刘某是其稳定成员，并以平台名义对外提供服务，从事的货物运输业务属于某信息技术公司业务的组成部分，体现了较强的组织从属性。

综上，某信息技术公司对刘某存在明显的劳动管理行为，符合确立劳动关系的情形，应当认定双方之间存在劳动关系。某信息技术公司与刘某订立《车辆管理终止协议》，实际上构成了劳动关系的解除，因此，对刘某要求某信息技术公司支付经济补偿的仲裁请求，应当予以支持。

该案提醒企业要规范用工行为，降低法律风险。依法依规建立劳动关系，加强内部管理，不能通过一些规避手段，如仅签订类似《车辆管理终止协议》等非正规合同来逃避法律责任。用人单位需要明确，只要存在实际的劳动管理行为，就应当按照劳动关系的相关规定履行义务，包括支付经济补偿等，从而促使其规范用工流程，签订正式的劳动合同，保障劳动者的合法权益。

学习模块二　企业劳动用工管理常见法律问题

经典案例

2017年8月，某服务公司（已依法取得劳务派遣行政许可）与某传媒公司签订劳务派遣协议，约定某服务公司为某传媒公司提供派遣人员，每天工作11小时，每人每月最低保底工时286小时。2017年9月，某服务公司招用李某并派遣至某传媒公司工作，未为李某缴纳工伤保险。2018年8月、9月、11月，李某月工时分别为319小时、293小时、322.5小时，每月休息日不超过3天。2018年11月30日，李某工作时间为当日晚8时30分至12月1日上午8时30分。李某于12月1日凌晨5时30分晕倒在单位卫生间，经抢救无效于当日死亡，死亡原因为心肌梗死。2018年12月，某传媒公司与李某近亲属惠某等签订赔偿协议，约定某传媒公司支付惠某等工亡待遇42万元，惠某等不得再就李某工亡赔偿事宜或在派遣工作期间享有的权利，向某传媒公司提出任何形式的赔偿要求。上述协议签订后，某传媒公司实际支付惠某等各项费用共计423 497.80元。此后，李某所受伤害被社会保险行政部门认定为工伤。某服务公司、惠某等不服仲裁裁决，诉至人民法院。

惠某等请求判决某服务公司与某传媒公司连带支付医疗费、一次性工亡补助金、丧葬补助金、供养亲属抚恤金等共计1 193 821元。某服务公司请求判决不应支付供养亲属抚恤金；应支付的各项赔偿中应扣除某传媒公司已支付款项；某传媒公司承担连带责任。

一审法院判决：按照《工伤保险条例》，因用人单位未为李某缴纳工伤保险，其工亡待遇由用人单位全部赔偿。某服务公司和某传媒公司连带赔偿惠某等医疗费、一次性工亡补助金、丧葬补助金、供养亲属抚恤金合计766 911.55元。某传媒公司不服，提起上诉。二审法院判决：驳回上诉，维持原判。[1]

学习单元一 员工入职管理常见法律问题

一、员工的招录

(一) 员工招聘的方式

在企业人力资源管理体系中，员工招聘是获取优质人才、推动企业发展的关键环节。招聘可分为内部招聘与外部招聘，各有其独特流程与方法。

1. 内部招聘。

(1) 提拔晋升。当企业出现职位空缺时，人力资源部门联合用人部门，依据员工过往绩效、工作能力以及职业规划，筛选符合晋升条件的内部候选人。以销售主管岗位为例，从业绩突出、具备团队管理能力且有晋升意愿的资深销售中选拔。确定候选人名单后，组织面试或述职答辩，由公司高层及相关部门负责人组成评审团评估，最终确定晋升人员。这一过程能激励员工积极工作，且内部员工熟悉公司环境，能更快适应新岗位。

(2) 岗位调换与轮换。基于企业内部人才优化配置需求，人力资源部门与各部门沟通，明确可进行岗位调换或轮换的职位。工作调换时，评估员工的技能、经验与新岗位的匹配度，如将市场部文案策划人员调至品牌推广岗，有助于拓展员工的业务能力。工作轮换则制定周期性计划，如新入职管培生在生产、销售、财务等部门各轮岗3个月，使其全面了解企业运营，提升综合能力。

(3) 人员重聘。企业因业务变化、人员流失等情况需要重新启用曾离职的员工时，人力资源部门先整理离职人员名单，分析其离职原因、在职表现

---

[1] 参见《人力资源社会保障部、最高人民法院联合发布10起第二批劳动人事争议典型案例之七：某服务公司等与某传媒公司劳动争议纠纷案——劳动者超时加班发生工伤，用人单位、劳务派遣单位是否承担连带赔偿责任》。

及技能水平；再通过电话、邮件等方式联系符合岗位需求的离职人员，说明企业现状、岗位情况及福利待遇，邀请其重新入职。例如，企业研发部门业务扩张，联系曾因个人原因离职的资深研发人员回归。重聘能快速补充人才，且离职员工对企业有一定了解，融入成本相对较低。

（4）职位公告。企业一旦出现职位空缺，人力资源部门在公司内部办公系统、公告栏等显著位置发布职位公告。公告详细说明职位名称、职责范围、任职要求（学历、工作经验、技能证书等）、薪资待遇及申请截止日期等信息。员工看到公告后，在规定时间内填写内部应聘申请表，提交至人力资源部门，参与后续选拔流程，如面试、技能测试等。职位公告为员工提供公平竞争的机会，促进内部人才流动。

（5）员工推荐。人力资源部门制定员工推荐奖励制度，明确推荐成功可获得的奖励，如现金奖励、购物卡、晋升加分等。在公司内部宣传推荐政策，鼓励员工将身边符合公司岗位需求的亲戚朋友推荐给公司。员工填写推荐表，附上候选人简历及与岗位匹配的简要说明，提交至人力资源部门。人力资源部门对推荐候选人进行初步筛选，符合条件的安排面试，面试通过并入职后，按奖励制度给予推荐员工相应奖励。员工推荐可利用员工的人脉，提高招聘效率，且推荐人员可能与公司文化更契合。

2. 外部招聘。

（1）现场招聘。招聘会由政府及人才介绍机构发起组织，具有诸如"应届毕业生专场""研究生学历人才专场""IT类人才专场"等特定主题。企业基于自身招聘需求关注此类招聘会信息，挑选合适场次，提前向主办方预订展位，精心设计制作吸引人的展位宣传海报，备好公司的宣传资料、招聘职位介绍手册等。招聘会当天，安排招聘人员提前到位布置展位，与前来咨询的求职者面对面交流，了解其求职意向并收集简历，对初步符合要求的候选人现场进行简单面试，记录面试情况以便后续通知复试，该方式能集中接触大量求职者，适合快速补充人才。而人才市场作为长期分散式的固定场所，企业需与当地人才市场管理部门联系，办理入驻手续，确定长期招聘摊位，依据招聘职位特点，制作统一的招聘海报，放置在摊位显眼处，日常安排招聘人员值守，接待求职人员、收取简历并进行初步沟通，定期对收到的简历整理筛选，对符合要求的候选人进行电话邀约面试，例如企业长期招聘行政、客服等基础岗位时，可在人才市场持续接收求职者简历。其适合招聘基础岗位，成本相对较低。

（2）网络招聘。企业在官方网站首页设置"加入我们"或"招聘信息"板块，设计专门的招聘页面。详细发布招聘职位信息，包括职位描述、任职要求、薪资福利等，同时展示公司简介、企业文化、发展历程等内容，提升企业吸引力。搭建在线招聘系统，方便求职者注册、投递简历。安排专人定期查看简历投递情况，对符合条件的简历进行筛选，通过邮件或电话与候选人沟通，安排面试。此外，还可利用主流招聘网站（如智联招聘、前程无忧）、行业垂直招聘平台（如互联网行业的拉勾网）发布招聘信息，扩大招聘范围，提高招聘效果。网络招聘覆盖面广，信息传播快，能吸引不同地域的人才。

（3）校园招聘。企业提前规划校园招聘行程，根据所需专业及人才层次，选择目标高校。与高校就业指导中心联系，确定校园招聘时间、场地等事宜。制作精美的校园招聘宣传资料，包括企业宣传册、海报、视频等，突出企业优势及对人才的培养和发展规划。在校园招聘宣讲会上，企业招聘负责人介绍公司情况、企业文化、招聘职位及职业发展路径，吸引学生关注。现场收集学生简历，通过笔试、面试等环节选拔优秀学生，确定录用意向，签订三方协议。校园招聘能吸引高素质的应届毕业生，为企业注入新鲜血液。

（4）刊登广告招聘。企业根据目标受众及招聘职位特点，选择合适的广告媒体。招聘高端技术人才，可在专业技术杂志、行业网站刊登广告；招聘基层岗位，可在当地报纸、社区宣传栏投放广告。广告内容涵盖公司简介、招聘职位信息（职责、要求、待遇）及应聘方式（电话、邮箱、网址等）。安排专人负责接收广告投放后的应聘信息，及时对候选人进行筛选和联系。刊登广告能精准触达目标人群，但需注意广告成本与效果评估。

中小企业在招聘方面存在独特偏好。一方面，他们倾向于在当地知名人才网或区域性招聘平台注册企业账号，完善企业信息后，按平台要求详细地发布招聘职位，包括岗位内容、任职条件及薪资待遇等，并定期登录平台查看简历投递情况，及时与候选人沟通、安排面试，如当地小型制造企业便常借此在地方人才网发布普工、技术工人岗位信息，这种方式成本低且能精准吸引当地人才，契合中小企业本地化发展需求；另一方面，中小企业积极鼓励员工、合作伙伴、朋友等介绍合适人才，通过制定熟人介绍奖励机制，如介绍成功给予一定金额的奖励或礼品，相关人员介绍候选人时填写推荐表并附上简历与简单推荐理由，企业对推荐候选人进行面试等考核流程，面试通过办理入职手续后对推荐人给予奖励，以此提升招聘信任度与成功率，降低招聘风险，提高招聘效率，满足中小企业对人才快速且可靠的需求。

（二）员工招录的程序

在企业人力资源管理中，员工招录需遵循严格且规范的程序，这对保障企业与员工双方权益、构建稳定劳动关系至关重要。

1. 录用前的如实告知义务。

（1）企业的如实告知义务：企业在员工招录过程中，肩负着主动且全面的告知责任。无论应聘者是否主动询问，企业都必须如实向应聘者披露工作内容、工作条件、工作地点、职业危害、安全生产状况、劳动报酬，以及应聘者期望了解的其他相关情况。这一义务贯穿招聘的各个环节，从招聘信息发布至正式录用前的沟通交流阶段，均需严格履行。其目的在于确保应聘者充分了解未来工作环境与权益，基于完整信息做出职业选择，体现了企业对劳动者知情权的尊重与保障。例如，某制造企业在招聘一线工人时，应明确告知工人具体操作的生产设备、每日工作时长、车间工作环境的潜在危害、薪资构成及发放方式等。

（2）应聘者的如实告知义务：应聘者的告知义务具有条件性。仅当企业要求了解应聘者与劳动合同直接相关的基本情况时，应聘者才负有如实说明的责任。若企业未提出此类要求，应聘者并无主动说明的义务。这些与劳动合同直接相关的基本情况，通常涵盖教育背景、工作经历、专业技能、职业资格证书、是否存在竞业限制等内容，因其会直接影响企业对劳动者是否胜任岗位的判断以及劳动合同的订立。倘若应聘者未履行如实告知义务，故意提供虚假信息或隐瞒重要事实，依据《劳动合同法》，可能致使劳动合同无效或部分无效。一旦企业察觉员工存在欺诈行为，有权依法解除劳动合同，且无需向员工支付经济补偿。不仅如此，若员工的不实告知给用人单位造成实际损失，如因虚假学历导致企业给予过高薪酬、因隐瞒竞业限制造成商业纠纷等，员工还需承担相应的赔偿责任。比如，员工通过提供虚假学历证明获得工作岗位，后续企业发现其实际能力与学历不符且无法胜任工作，企业有权解除劳动合同，并可要求员工赔偿招聘过程中产生的费用，如招聘平台会员费、面试成本，以及对该员工进行培训所投入的费用等。

此外，企业在招录员工时，法律明确禁止扣押被录用人员的身份证等证件，也不得要求应聘者提供担保或以其他名义向劳动者收取财物。在实践中，企业违法向员工收取财物主要呈现两种情形：一是在与员工建立劳动关系之时，企业凭借自身优势地位，以押金、保证金等名目收取费用，对于拒绝缴纳者，拒绝与其建立劳动关系；而对于已缴纳费用者，在建立劳动关系后又随意解除劳动关系，且不退还所收取的风险抵押金等费用。二是在建立劳动关系之后，企业向员工收取风险抵押金等费用，对于不缴纳者，采取开除、辞退或使其下岗等手段。因此，无论是劳动关系建立前还是建立后，只要企业进行员工招用，都严禁要求员工提供担保或以任何名义收取财物，以此维护劳动者的合法财产权益。

2. 发出录用通知。当企业决定录用应聘者时，应及时向其发出录用通知。录用通知可采用多种形式，如纸质信件、电子邮件、电话通知、手机短信、即时通讯软件消息等。目前，法律尚未对录用通知的具体内容作出明确规定，相关政府部门也未提供统一的示范文本。然而，录用通知书虽形式多样且内容自主确定，但却具有一定的法律效力。一旦企业发出录用通知，便在一定程度上受到约束，不得随意反悔。若因特殊情况，如企业经营策略临时调整、岗位需求取消等原因，企业需撤销录用通知，极有可能承担违约责任。例如，企业向应聘者发出录用通知，约定入职时间与薪资待遇等，应聘者基于此辞去原工作并做好入职准备，此时企业若单方面撤销录用通知，应聘者可能因错过其他就业机会而遭受损失，企业可能需对应聘者的经济损失进行赔偿，包括但不限于求职成本、因待业产生的生活费用损失等。

3. 签订书面劳动合同。应聘者收到企业发出的录用通知并决定前往该企业工作后，企业与应聘者务必签订书面形式的劳动合同。《劳动合同法》针对劳动合同所涵盖的关键内容，如合同期限、工作内容和工作地点、工作时间和休息休假、劳动报酬、社会保险、劳动保护、劳动条件和职业危害防护等，作出了明确且详尽的规定。同时，为便于用人单位规范劳动合同的订立，人力资源和社会保障部在其官方网站提供了劳动合同的示范文本，用人单位可登录下载并参考使用。这一示范文本不仅符合法律规定，还为企业提供了标准化的合同框架，有助于企业完善劳动合同条款，避免因合同内容缺失或不规范引发的法律风险，保障企业与员工双方在劳动关系中的合法权益。

4. 办理入职手续。不同企业的入职手续在具体细节上存在一定差异，但总体而言，普遍涵盖以下核心流程：

(1) 填写《入职登记表》：员工需详细填写个人基础信息，包括姓名、性别、出生日期、身份证号码、家庭住址、联系方式、教育背景、工作经历等。同时，需明确入职部门、入职岗位、入职时间以及员工声明等相关事项。员工声明部分通常涉及员工对所提供信息真实性的承诺，以及对企业相关规章制度已知悉并遵守的确认等内容，确保所记录信息的完整性与准确性，为企业建立员工档案、进行人力资源管理提供基础资料。

（2）创建员工名册：企业根据员工填写的《入职登记表》等信息，创建员工名册。员工名册应包含员工的基本信息、入职时间、岗位信息、劳动合同期限等关键内容，以便企业对员工进行统一管理，同时也是企业履行劳动法律法规要求的重要举措，如在劳动监察、社保缴纳等方面提供准确的员工信息依据。

（3）开展入职培训并发放员工手册与企业规章制度：入职培训是帮助新员工快速了解企业、融入企业文化、熟悉工作流程与规范的重要环节。培训内容一般包括企业发展历程、组织架构、企业文化、岗位职责、工作流程、安全知识、规章制度等方面。企业同时向新员工发放员工手册，员工手册集中体现了企业的各项规章制度，如新员工的试用期规定、考勤制度、薪酬福利政策、绩效考核办法、奖惩制度等，确保员工清楚知晓企业的管理规范与自身权益义务，促进员工行为符合企业要求，保障企业运营秩序。

（4）签署《入职承诺书》：《入职承诺书》是员工对遵守企业规章制度、保守企业商业秘密、履行工作职责等方面作出的书面承诺。通过签署《入职承诺书》，进一步强化员工对企业的责任意识，明确员工在企业中的行为准则，为构建和谐稳定的劳动关系提供保障。

（三）员工招录阶段的法律风险

中小企业与大型企业在员工招录方面存在显著差异。大型企业通常具备规范且繁杂的员工招录流程，而多数中小企业由于缺乏固定且长期的用工规划，在员工招录上呈现出独特特点。其招录流程往往较为简易和灵活，招录行为并非按部就班，具有一定随机性。这种随意性虽在一定程度上契合中小企业快速响应市场变化的需求，但不可避免地在规范性上出现漏洞，为后续用工关系埋下潜在风险。在此情形下，法务人员在中小企业员工招录过程中扮演着至关重要的角色。虽然招聘和录用工作主要由人力资源部负责，但法务人员应积极主动介入，凭借专业法律知识和严谨工作态度，助力人力资源部规避潜在风险，防止不必要的纠纷产生。

1. 确保招聘信息合规。

（1）信息的完整性与准确性。招聘信息内容应全面涵盖任职资格、具体工作岗位、实际工作条件以及工作待遇等关键方面。清晰呈现这些信息意义重大，一方面，应聘者可依据自身实际情况，精准判断自身与岗位的匹配度，从而决定是否应聘，减少盲目投递；另一方面，用人单位可以降低审查应聘材料的时间成本，提高招聘效率。在发布招聘信息时，必须确保信息真实可靠，坚决杜绝虚假宣传或过度夸大福利待遇的行为，以免因不实信息构成欺诈，损害企业信誉并引发法律纠纷。

（2）广告合规要求。若通过广告形式进行招聘，必须严格遵守《广告法》相关规定。广告内容应合法、清晰，不得含有虚假、误导性信息。发布虚假招聘广告不仅可能遭应聘者投诉，还将面临主管部门的严厉处罚。

（3）禁止就业歧视。除国家规定不适合的工种和岗位外，中小企业在非特定岗位招聘启事中，严禁以性别、民族、种族、身高、宗教信仰、户籍、残疾人等为由拒绝录用或提高录用标准。例如，常见的地域限制，如明确只招某地人或不招某地人，此类做法违反平等就业原则。若企业存在特定用人需求，可采用合理变通条件来实现。例如，若期望招聘熟悉北京情况的人员，可设定需有过在京工作经验的条件。此外，如非特殊岗位，不得在招聘启事中以传染病病原携带者为由拒绝录用，切实保障劳动者平等就业权利。

2. 严格审核应聘者主体资格。

（1）法定年龄要求。根据我国法律规定，劳动者需达到法定年龄且具有劳动能力，以从事社会劳动获取收入为主要生活来源。一般而言，法定就业年龄范围是年满16周岁至国家规定的退休年龄。我国明确禁止用人单位招用未满16周岁的公民就业，否则将承担相应法律责任。对于可能危害未成年人健康、安全或道德的职业或工作，《劳动法》规定劳动者年龄不应低于18周岁，如禁止用人单位雇佣不满18周岁的劳动者从事过重、有毒、有害的劳动或者危险作业。但文艺、体育和特种工艺等特殊行业，经遵守国家有关规定并保障其接受义务教育权利的前提下，可招用未满16周岁的未成年人。

针对招录已过退休年龄的职工，依据《最高人民法院关于审理劳动争议案件适用法律问题的解释（一）》第32条第1款规定，用人单位与其招用的已经依法享受养老保险待遇或者领取退休金的人员发生用工争议而提起诉讼的，人民法院应当按劳务关系处理。

（2）劳动能力判断。劳动者需具备劳动能力，这可通过精神状况和身体机能加以判断。无民事行为能力人以及完全丧失劳动能力的残疾人通常不具备劳动能力，不能成为劳动者。此外，部分职业或工种存在准入要求，应聘者还需满足这些特殊要求。

合格劳动者一般应为中国公民。依据《外国人在中国就业管理规定》第5条，外国人在我国就业须经就业许可并办理就业许可证后，方可成为劳动者。在校生利用业余时间勤工俭学，不视为就业，未建立劳动关系，可以不签订劳动合同。

3. 规范开展背景调查。

（1）背景调查的重要性。对拟录用员工开展背景调查，是企业招聘过程中的关键环节。背景调查有助于企业规避用工风险，节省用工成本，保护企业声誉，优化人力资源管理。通过背景调查获取的全面、客观信息，企业可据此制定更科学合理的招聘、培训、晋升等人力资源管理策略。例如，深入了解员工工作经历和能力水平后，企业能够为其量身定制个性化培训计划，提升员工工作满意度和忠诚度。

（2）调查信息范畴。背景调查涵盖应聘者多方面信息，包括身份信息、学历学位证书、社会关系、职业资质与技能、工作时间、工作经历、工资待遇、是否离职、是否与原单位解除或终止劳动关系、离职原因、身体健康状况、有无经济纠纷、有无犯罪记录等。若招聘高级管理人员，还需审查其是否存在违反保密协议、竞业限制协议、服务期协议的情形。对于存在职业病风险的岗位，应进行职业病体检，有效防范职业病风险。

（3）合法调查途径。背景调查应征得应聘者同意，或采取其他合法、正当途径。例如，让应聘者签署《背景调查授权书》，明确授权企业对其相关信息进行调查，这是背景调查合法开展的重要依据，既保护企业避免法律风险，又体现对候选人隐私权的尊重。企业可要求应聘者出示身份证、学历证书、资质证书等原件，并通过专门网站或部门系统核查证书真实性，如学历证书可通过学信网查询，身份证可通过公安部门相关系统验证。要求应聘者签署确保信息和材料真实的承诺书，明确告知提供虚假信息的后果，促使其对自身提供的信息负责。针对一些对身体条件有特殊要求的岗位，如食品行业、高空作业等，要求应聘者出具近期体检报告或到指定医院体检，确保其身体状况符合工作要求。同时，要求应聘者出具上一家单位的离职证明，或通过电话向原单位了解情况。离职证明可证明应聘者与原单位已解除劳动关系，避免劳动纠纷；向原单位了解情况能够获取应聘者工作表现、离职原因等关键信息。若应聘者尚未从原单位离职，在其接受本单位录用通知前，暂不向原单位做背景调查，避免给应聘者带来不必要的麻烦，彰显企业人性化管理。

4. 明确录用通知要素。录用通知可通过纸质信件、电子邮件、电话通知、手机短信、即时通讯软件等多种方式发出。录用通知应明确要求应聘者在规定时间内回复，确认是否接受录用；详细告知应聘者报到的具体日期和时间，确保其按时入职，并清晰说明逾期不回复和不报到的后果。例如，对于不按期确认的，公司有权取消此职位或另招新人；对于未在规定时间内报到的，公司可要求应聘者承担相应违约责任。清晰准确地发出录用通知，有助于明确企业与应聘者双方的权利义务，避免后续纠纷。

  5. 及时订立书面劳动合同。企业对应聘者完成综合评估并作出录用决策后，应迅速与应聘者签订书面劳动合同。企业与应聘者签订书面劳动合同的最后期限为自实际用工之日起1个月内，务必严格遵守，切不可逾期。即便双方尚未签订书面劳动合同，也不必然导致劳动关系无法认定。

  若企业在开始用工之日起，超过1个月但不满1年的时间里，仍未与员工签订书面劳动合同，按照规定，企业需向该员工每月支付2倍工资。若企业不与员工签订书面劳动合同超过1年，视为双方签订了无固定期限劳动合同。双方未签订劳动合同，无法在合同中约定试用期，若员工不符合单位录用要求，不能以试用期不符合录用条件为由解除劳动合同关系。而解聘试用期内劳动者的难度远低于解聘非试用期内员工。

  若在员工入职起1个月内，企业书面通知后员工仍不与用人单位订立书面劳动合同，企业书面通知劳动者终止劳动关系，无需支付经济补偿金及2倍工资。若员工入职已超过1个月，企业再通知终止劳动关系，则需支付经济补偿金及2倍工资。即便员工明确拒绝签订书面劳动合同，企业也不宜立即终止劳动关系，需先"书面"通知签订，员工拒绝签订后，才能"书面"通知终止劳动关系，上述通知及解除均需采用"书面"形式。若未经过上述程序，用人单位可能被认定为违法终止，员工拒签劳动合同，用人单位必须在入职后1个月内终止，否则，仍面临支付2倍工资及经济补偿金的风险。企业不签订劳动合同，员工可向劳动监察部门投诉，一经查实，劳动行政部门可责令企业改正，并给予罚款处罚。

  6. 完善入职手续与培训。

  (1) 入职登记表的关键作用。认定员工入职时间的关键证据并非劳动合同，而是入职登记表。完善的入职登记表能够明确员工的入职时间。因用人单位作出的开除、除名、辞退、解除劳动合同、减少劳动报酬、计算劳动者工作年限等决定而发生的劳动争议，用人单位负举证责任。由此可见，企业负有登记和保管劳动者入职资料的义务和责任。若企业未能提交反映员工入职情况的直接证据，法院将采信劳动者主张的入职时间。即便用人单位在员工入职时即签订劳动合同，发生诉讼时，员工可能抗辩此前存在事实劳动关系，未签订书面合同，此时仅凭劳动合同证明入职时间，主张可能不被支持。

企业可要求员工在入职登记表上张贴近期照片，签名确认登记表内容，并将学历证书及其他资质证明作为附件。若员工提供虚假资料或虚构工作经历入职，入职登记表中员工确认的内容，可作为单位主张劳动合同无效或解除劳动合同的依据。此外，企业可让员工在入职时签署入职承诺书，承诺如提供虚假资料可被无条件解除劳动合同，认可单位对岗位、工作地点的调整及岗随薪变等内容，这既保障企业在处理欺诈行为时的权益，又有利于单位行使用工自主权，也可将承诺内容单独列入入职登记表或劳动合同。

完善的员工入职登记表对企业规避用工风险意义重大。其能固定员工信息，这些信息常与企业录用条件相关。若企业在规章制度中明确规定，员工入职时提供虚假信息或材料属于严重违纪行为，企业有权解除劳动合同且无须支付经济补偿。员工在入职登记表上签字确认信息真实有效后，若日后发现虚假陈述，企业可依此合法解除劳动合同，避免法律纠纷和经济赔偿。在入职登记表中明确员工通信地址作为法律认可的送达地址，并注明地址变更时员工需主动上报公司，确保企业在送达重要文件（如解除劳动合同通知）时有效送达，降低法律风险。通过在入职登记表中明确员工的岗位职责，可作为日后判断员工是否胜任工作的依据，员工若不能按要求履行工作任务，企业可依据规定对员工进行调岗、培训或解除劳动合同等。

入职登记表应由员工现场亲自填写并签名，确保信息真实准确。对于身份证、学历证书、学位证书、职业资格证书等有书面材料的关键信息，企业查看原件后，应将复印件交员工签名留档。企业应要求员工对入职登记表中的关键事项（如信息真实性、送达地址、岗位职责等）进行确认，确认方式可为单独签署确认文书，或由员工在登记表上直接抄写相关确认话语。

（2）入职培训的重要性。除要求员工认真填写入职登记表与建立员工名册外，企业应尽快安排新入职员工培训，发放员工手册和规章制度手册等，并做好培训签到、资料领取等工作。这有助于新员工快速了解企业、融入企业文化、熟悉工作流程与规范，避免日后新员工以"不知道""没听说过"等为由违反企业规章制度。

7. 依法缴纳"五险一金"。"五险一金"包含养老保险、医疗保险、失业保险、工伤保险和生育保险以及住房公积金，是企业必须为员工缴纳的法定福利。部分企业为节约支出，不愿为员工缴纳"五险一金"，在此情形下，员工有权依据《劳动合同法》第38条规定解除劳动合同。同时，依据第46条规定，用人单位应当向劳动者支付经济补偿。此外，企业还需承担员工的社保待遇损失，具体如下：

工伤赔偿：依照《工伤保险条例》第62条第2款规定，应当参加工伤保险而未参加工伤保险的用人单位职工发生工伤的，由该用人单位按照本条例规定的工伤保险待遇项目和标准支付费用。

生育津贴支付：根据《女职工劳动保护特别规定》第8条第1款，女职工产假期间的生育津贴，对未参加生育保险的，按照女职工产假前工资的标准由用人单位支付。

非工伤医疗费用承担：员工在职期间因患病住院治疗产生大额医疗费用，若单位未依法为其缴纳社会保险，该笔医疗费用在大病统筹可报销范围内由单位承担。

养老保险待遇承担：员工在职期间，如单位未依法为其缴纳社会保险，劳动者超过法定退休年龄请求用人单位赔偿养老保险待遇损失，且经社会保险经办机构审核确实不能补缴或者继续缴纳养老保险费的，用人单位需支付劳动者养老保险待遇赔偿。

此外，企业还将面临社保机构的罚款、缴纳滞纳金等行政处罚，以及社保征收机构采取划扣银行账户和扣押、查封、拍卖财产等强制措施。实践中，企业与员工协商将社保费以现金形式发给员工的做法存在法律风险，员工无法享受养老保险、医疗保险、失业保险、工伤保险和生育保险等社保福利，且该做法可能被视为逃税行为，企业可能面临税务部门的调查和处罚。同时，企业和劳动者关于社保折现的约定因违反法律强制性规定而无效，企业仍需承担补缴社保费用的义务。

二、劳动合同的订立

（一）签订书面劳动合同

劳动合同是劳动力资源市场配置的一种法律媒介。通过确立劳动关系，明确劳动权利和义务，可以避免或减少劳动纠纷。劳动合同明确规定劳动权利、义务和责任，这对合同双方既是一种保障，也是一种约束，有助于在协调的劳动法律关系中实现劳动者的劳动权和用人单位的应有权利。劳动合同是认定劳动关系的重要依据，但不是唯一依据。没有劳动合同，但存在用工事实，符合劳动关系从属性、支配性和持续性等特点，也可以认定存在劳动关系。

劳动合同应当采用书面形式。劳动关系自用工之日起成立。用工之日起1

个月内，用人单位应当与劳动者订立书面劳动合同。用人单位自用工之日起超过1个月但不满1年未与劳动者订立书面劳动合同的，应当向劳动者每月支付2倍的工资。用人单位自用工之日起满1年不与劳动者订立书面劳动合同的，视为用人单位与劳动者已订立无固定期限劳动合同。

在实践中，仍然有许多企业或者劳动者不愿意签订书面劳动合同。这样，发生纠纷时就必须先确定双方是事实劳动关系还是劳务关系。如果是劳务关系，用人单位在劳务关系中只需要支付劳动报酬。但如果确认是劳动关系，劳动者在劳动关系中能享有更多的利益，除劳动报酬外，还有社会保险、加班费、奖金、福利待遇、未休假加倍工资、经济补偿或经济赔偿等。劳动关系更强调对劳动者的特殊保护。

判断用人单位和劳动者是劳务关系还是事实劳动关系，根据《关于确立劳动关系有关事项的通知》第1条的规定，需要考虑三个方面：①用人单位和劳动者是否符合法律法规规定的主体资格。劳务合同的用工单位可以是自然人，但劳动关系的一方主体只能是单位，另一方只能是自然人。自然人要成为合格的劳动者则需达到法定就业年龄且具有劳动能力，同时未与其他用人单位建立劳动关系。比如，未满16周岁的未成年人不能与用人单位建立劳动关系；已享受养老保险待遇的退休人员与用人单位之间一般也不构成劳动关系。②用人单位依法制定的各项劳动规章制度是否适用于劳动者，劳动者是否受用人单位的劳动管理，从事用人单位安排的有报酬的劳动。③劳动者提供的劳动是否是用人单位业务的组成部分。根据《关于确立劳动关系有关事项的通知》第2条的规定，用人单位应提供工资支付凭证或记录（职工工资发放花名册）、缴纳各项社会保险费的记录，以及劳动者填写的用人单位招聘"登记表""报名表"等招用记录、考勤记录。如果用人单位拒绝提供或者无法提供，就推定为劳动关系存在。此外，还可以通过提供用人单位发放的"工作证""服务证"等能够证明身份的证件和其他劳动者的证言等来证明劳动关系的存在。

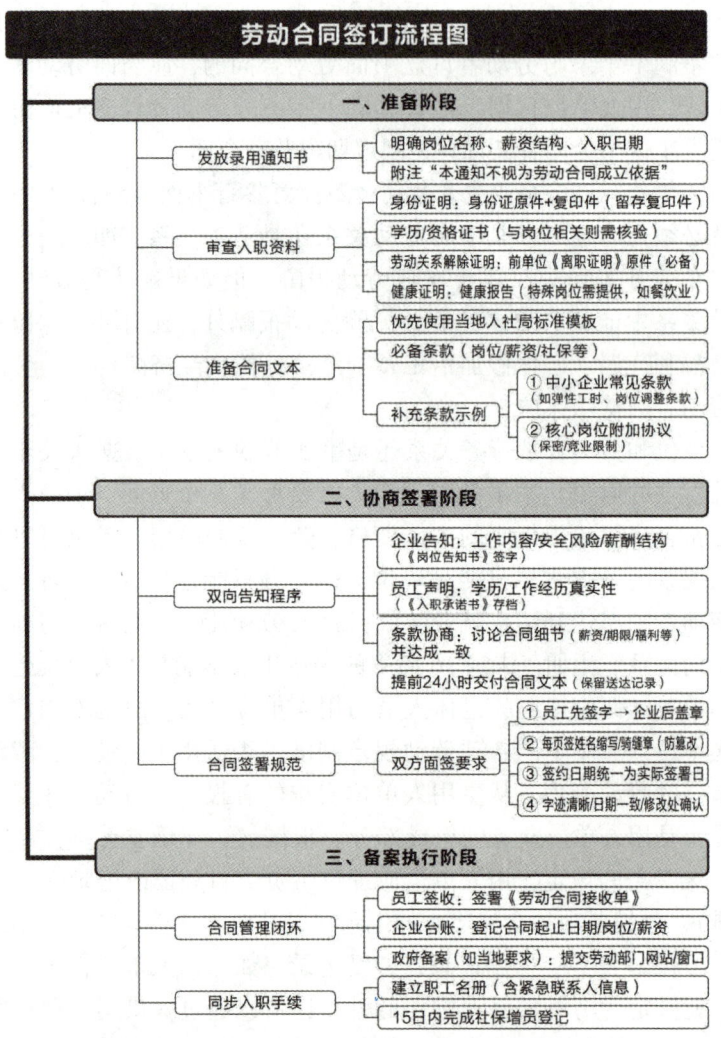

(二) 确定劳动合同的种类

依据劳动合同期限，劳动合同分为固定期限、无固定期限和以完成一定工作任务为期限这三种类型，签订时仅能择一，不可重复选择。实践中，固定期限劳动合同最为常见。

1. 固定期限劳动合同。固定期限劳动合同，即用人单位与劳动者签订明确约定合同生效及终止时间的合同。比如，合同中写明"本合同为固定期限劳动合同，于×年×月×日生效，×年×月×日终止，其中试用期2个月"。

双方协商一致即可订立，期限长短由用人单位、岗位及劳动者情况决定，短则半年、2年，长则可达5年、10年等。合同期满，劳动关系解除，若双方同意，可续订劳动合同。

2. 无固定期限劳动合同。无固定期限劳动合同，是指用人单位与劳动者约定无确切终止时间的合同。协商一致后才能订立此合同。《劳动合同法》明确规定无固定期限劳动合同的订立情形。[1]

此外，用人单位自用工之日起满1年未与劳动者订立书面劳动合同的，视为已订立无固定期限劳动合同。这一立法赋予劳动者有条件选择签订无固定期限合同的权利，保障其工作稳定性。

3. 以完成一定工作任务为期限的劳动合同。以完成一定工作任务为期限的劳动合同，是指用人单位与劳动者约定以某项工作的完成期限作为合同期限的合同。双方协商一致可订立此类合同，当该项工作完成，劳动合同随即终止。因这类合同期限通常较短，不得约定试用期，但用人单位仍需依法为劳动者缴纳社会保险费。

(三) 明确劳动合同的内容

1. 约定试用期。试用期又称为考察期，应当把试用期理解为双方相互试用的期限，不能单纯理解为只是用人单位试用劳动者的期限，否则对劳动者不公平。通过试用期的考察，用人单位可以全面了解劳动者的工作能力、工作态度、职业素养等是否符合岗位要求，避免招聘到不合适的人员。同时也让劳动者有时间深入了解用人单位的工作内容、劳动条件、企业文化等，判断这份工作是否符合自己的职业规划和期望，从而决定是否继续留在该单位工作，避免盲目签订长期劳动合同后才发现不合适的情况。试用期还可以为双方提供一个解除劳动合同的相对容易和灵活的方式，以应对工作不匹配或不适应的情况。

试用期包含在劳动合同的期限内。对于试用期约定，企业需要注意以下几点：

---

[1]《劳动合同法》第14条第2款规定，有下列情形之一，劳动者提出或者同意续订、订立劳动合同的，除劳动者提出订立固定期限合同外，应当订立无固定期限劳动合同：(一) 劳动者在该用人单位连续工作满十年的；(二) 用人单位初次实行劳动合同制度或者国有企业改制重新订立劳动合同时，劳动者在该用人单位连续工作满十年且距法定退休年龄不足十年的；(三) 连续订立二次固定期限劳动合同，且劳动者没有本法第三十九条和第四十条第一项、第二项规定的情形，续订劳动合同的。

(1) 试用期时间不能超过法定的最长期限。劳动合同期限 3 个月以上不满 1 年的，试用期不得超过 1 个月；劳动合同期限 1 年以上不满 3 年的，试用期不得超过 2 个月；3 年以上固定期限和无固定期限的劳动合同，试用期不得超过 6 个月。以完成一定工作任务为期限的劳动合同或者劳动合同期限不满 3 个月的，不得约定试用期。违法约定试用期的，用人单位要承担赔偿责任。

(2) 不能多次试用。同一用人单位与同一劳动者只能约定一次试用期。双方合同期满续签合同时，就不再有试用期了。现实生活中，有些员工在试用期表现平平，用人单位想通过延长试用期来继续观察。对于此种行为，法律没有明确规定，各地的认识也不统一。

(3) 不能单独订立试用期合同。试用期包含在劳动合同期限内，劳动合同仅约定试用期的，试用期不成立，该期限为劳动合同期限。

(4) 试用期工资应符合法律规定。劳动者在试用期的工资不得低于本单位相同岗位最低档工资或者劳动合同约定工资的 80%，并不得低于用人单位所在地的最低工资标准。

(5) 试用期内要为劳动者缴纳社会保险费。用人单位应当自用工之日起 30 日内为其职工向社会保险经办机构申请办理社会保险登记。如果用人单位没有为试用期员工缴纳社会保险费，工伤产生的所有费用就由用人单位自己承担。

(6) 不符合录用条件要及时解除合同。用人单位在试用期内解除劳动合同，需要证明劳动者在试用期不符合录用条件。对不符合录用条件的劳动者，企业一定要在试用期届满前发出解除合同的通知。实践中，有企业碍于情面或者担心一时招录不到其他人，拖到试用期结束才向劳动者提出解除合同。只要超过试用期被解除，就可能需要支付较高的辞退成本。

2. 确定工作时间和休息休假。工作时间即法律规定劳动者从事生产或工作的时长，涵盖工作日与工作周，分标准和特殊工作时间，受法定最高工时限制。我国工作时间类型多样，有标准、缩短、不定时、综合计算、计件及非全日制工作时间等。现行工时制度为每日不超 8 小时，每周不超 40 小时（原 44 小时已调整）。

标准工作时间即常规的每日 8 小时、每周 40 小时工作制度。

缩短工作时间适用于特定岗位职工，如矿山井下、有毒有害等重体力劳动者；夜班职工（工作时间一般为 22 时至次日 6 时，比标准工时少 1 小时）；哺乳未满 12 个月婴儿的女职工；16 至 18 岁未成年劳动者。

不定时工作时间适用于高级管理人员、外勤推销人员、部分值班人员、长途运输司机及因工作性质特殊需机动作业的职工等。

综合计算工作时间适用于交通、铁路等需连续作业行业的职工；受季节、自然条件限制行业的部分职工；生产任务不均衡单位的职工；需集中工作、休息的职工。企业实行不定时和综合计算工时工作制，要按《关于企业实行不定时工作制和综合计算工时工作制的审批办法》履行审批手续，申报时需提交申请报告、营业执照副本及组织机构代码证复印件、工会或职工大会意见等材料。

休息休假是指除工作时间之外用于休息和休闲的时间。休息时间包含每日工作8小时外及每周的两个休息日（一般为周六、日，但企业可自行安排）。工作日内休息在员工连续工作4小时后开始，休息时长由企业自定，一般为1小时~2小时，不低于半小时，以保证员工休息和进餐。若因生产不能间断，需确保员工有吃饭时间，休息时间不计入工作时间。

休假有法定节假日和各种事假。法定节假日分全民放假（元旦、春节、清明节、劳动节、端午节、中秋节、国庆节，共11天）和部分公民放假（妇女节、青年节等）两类。全民放假涉及节日补假及加班工资支付。企业职工连续工作1年以上可享带薪年休假，天数与工龄相关，劳动者可放弃年休假换工资。此外，劳动者享有婚丧假，但非国有企业职工婚丧假时间和待遇国家未统一规定，各企业做法不一。

3. 明确加班相关规定。延长工作时间，也就是常说的加班加点，指用人单位遵循特定程序，要求劳动者超出法律规定的最高日工作时长与周工作天数进行工作。其中，加班是用人单位依法定批准手续，安排职工在法定节日或公休假日工作；加点则是依法定批准手续，让职工在正常工作日之外额外工作。企业安排员工延长工作时间时，需留意以下方面：

（1）员工同意原则：企业因生产经营需延长工时，要与工会及劳动者协商。无工会企业，必须征得劳动者同意。

（2）时间限制：一般每日延长不得超1小时；特殊情况下，保障劳动者健康，每日延长不得超3小时，每月累计不得超36小时。但在面临自然灾害、事故威胁生命财产安全需紧急处置，或生产设备、交通线路、公共设施故障影响生产和公共利益必须即刻抢修等情形时，不受此时间约束。

（3）企业安排属性：员工自愿加班，企业无需支付加班费。企业可设定加班审批流程，只有按流程审批通过的加班，企业才支付相应费用。同时，要留存好考勤及加班审批记录，作为员工获取加班工资的依据。

（4）工资支付标准：工作日延长工作时间的，支付不低于工资 150% 的报酬；休息日加班的，优先安排补休，无法补休的支付不低于工资 200% 的报酬；法定节假日加班的，支付不低于工资 300% 的报酬，且法定节假日加班不能用补休替代工资支付，即便安排补休，节假日工资仍需正常发放。

（5）办理审批手续：企业特殊情况组织加班，需事前说明理由，核算工作量及加班人数，征得同级工会同意后办理审批手续。加班加点延长工作时间的审批权限，由各省、自治区、直辖市人民政府和国务院各部门确定。

4. 商定员工工资与福利。员工工资与福利是劳动报酬的关键部分，合同未明确薪资内容易引发争议。

员工工资是企业以货币形式支付给劳动者的劳动对价。其工资水平需符合地区最低工资标准及集体劳动合同约定。工资总额包含计时工资、计件工资、奖金、津贴补贴、加班工资以及特殊情况支付的工资。已货币化改革的交通、住房、通信补贴等，应纳入工资总额管理。

我国对企业工资自主分配权加以限制，设最低工资标准，分月最低工资标准（适用于全日制劳动者）和小时最低工资标准（适用于非全日制劳动者）。最低工资不涵盖加班工资、特殊工作环境津贴、法定福利待遇以及非货币性补贴。

试用期员工工资不得低于本单位相同岗位最低档工资或劳动合同约定工资的 80%，同时不得低于用人单位所在地最低工资标准，企业多按最低标准发放。劳动合同中的工资条款，除明确工资支付水平外，还应涵盖工资支付项目、形式、时间及特殊情况支付等内容。工资须以法定货币形式，在约定日期支付给劳动者本人，可现金或转账支付，不能用实物、有价证券替代。工资至少每月支付一次，周、日、小时工资制按相应周期支付，遇节假日或休息日提前至最近工作日支付。企业需建立工资台账，记录工资数额、支付时间、领取人姓名及签字，保存 2 年以上，支付工资时向劳动者提供个人工资清单。

员工福利是企业用以保留和激励员工的非现金报酬，是指工资外的现金补贴和非货币性服务，日益成为吸引和留住人才的重要手段。

法定福利由政府立法强制企业提供，包含社会保险（养老、医疗、失业、工伤、生育保险）、住房公积金、带薪年假、病假、产假、陪产假、丧假等。

企业福利由企业自行决定是否提供，旨在吸引或稳定员工，如工作餐、工作服、团体保险、节日礼物、健康体检、旅游津贴、礼金或购物券等。企业福利具有集体性，其项目、标准等需经规定程序确定并向员工公开，纳入财务预算。

工资是对员工劳动的直接回报，是主要经济来源；福利为员工提供全方位保障支持，提升生活质量与满意度，增强归属感和忠诚度。

5. 缴纳社会保险。缴纳社会保险是法律强制性要求，没有选择和取舍的可能。企业应当依法履行为职工缴纳社会保险费的义务。例如，孙某于2022年入职某电脑公司，与该公司签订了劳动合同。劳动合同中约定孙某自愿放弃"五险一金"，不要求公司缴纳，双方签字盖章。对于孙某与公司的此项约定是无效的，因为缴纳"五险一金"是法律规定的用人单位的强制性义务，劳动者和用人单位不能约定放弃。

6. 劳动保护、劳动条件与职业病防护要点。劳动保护、劳动条件和职业危害防护条款，要求用人单位为劳动者提供符合国家规定的劳动安全卫生条件及必要的劳动防护用品，对从事职业危害作业的劳动者定期进行健康检查。其目的是保障劳动者生命健康，提供良好工作环境。合同中这部分多为原则性规定，具体落实依法律法规和规章制度执行。原则性规定包含：用人单位告知义务——需明确告知劳动者工作条件、职业病危害等事项，若隐瞒，剥夺劳动者知情权，可能构成欺诈，致劳动合同无效；职业病健康检查义务——一方面，上岗前健康检查可判断劳动者是否适合特定作业，发现职业禁忌症，减少健康损害；另一方面，规范的入职前检查结果正常，一定程度上能证明劳动者入职后若患职业病，与本单位无关，免除单位医疗责任。

若劳动者入职后发现此前已患职业病，在诊断或医学观察期间，依《劳动合同法》，从事、接触职业病危害作业的劳动者未进行离岗前职业病健康检查，或疑似职业病病人处于诊断、医学观察期，用人单位不得依第40条、第41条规定解除劳动合同。

7. 约定其他事项。企业与员工可依据行业特性、双方需求等协商确定部分事项，如培训、保密和竞业限制等。

（1）培训。《劳动法》第68条规定，用人单位应建立职业培训制度，按照国家规定提取和使用职业培训经费，根据本单位实际，有计划地对劳动者进行职业培训。从事技术工种的劳动者，上岗前必须经过培训。除常规入职和业务培训外，企业可能会为特定员工提供专项培训。因专项培训并非法定义务，企业支付培训费后，有权要求员工提供相应服务回报。

（2）保密。劳动者有义务保守用人单位的商业秘密。大企业或高新技术企业常与能接触商业秘密的技术人员、关键岗位员工签订保密条款。签订时注意：①明确保密范围与事项，企业需划分商业秘密内容、等级，制定保密制度；②针对不同员工签订个性化条款或协议，明确保密事项与法律责任，签署保密协议后，企业要支付保密费，接触不到商业秘密的员工无需签订；③保密期最好与劳动合同期限一致或更长，保密条款有利于保护企业利益，维护市场公平竞争。

（3）竞业限制。竞业限制旨在限制劳动者在特定时期涉足与原单位竞争的业务领域，禁止劳动者在劳动合同存续及解除或终止后的一定时间内，入职竞争企业或自行开展竞争业务。竞业限制的范围、地域、期限由用人单位与劳动者协商确定并书面约定，且不得违反法律法规，劳动者离职后的竞业限制期限最长为 2 年。在竞业限制期内，用人单位需按月支付经济补偿，这是条款有效的关键。若劳动者违反约定，需支付违约金。

学习单元二　员工在职管理常见法律问题

一、员工在职管理

（一）运用劳动合同进行管理

1. 全面履行劳动合同。

（1）亲自履行原则。在劳动合同履行过程中，用人单位与劳动者须亲自承担约定义务。劳动关系具有人身属性，企业基于对劳动者个人能力与素质的认可建立雇佣关系，因此一般不允许第三方替代履行。例如，企业不能安排他人替代员工工作，员工也不能找人代班。仅因工伤导致劳动者丧失劳动能力等法定特殊情形，或合同明确约定时除外。

（2）权利义务一致性。劳动合同中，一方权利对应另一方义务。劳动者履行劳动义务，有权获得劳动报酬、劳动保护等；用人单位要求劳动者尽责，就有义务支付劳动报酬、提供劳动条件。比如员工完成工作任务，就应获得约定报酬，企业则需按时足额支付。

（3）严格依约履行。双方应按合同约定全面履行义务，不得变更合同内容。既要履行主要义务，也要履行附随义务，按约定时间、地点、方式，保质保量完成。比如，合同约定员工的工作岗位是销售专员，工作地点在公总部所在城市，工作时间为每周一至周五的9时至17时，那么员工就应按此时间、地点和岗位要求履行职责，不能擅自变更工作地点或者调整工作时间。企业也需按照合同约定，提供相应的办公设备、销售培训等支持。

（4）协作履行原则。履行过程中，双方要相互协作。企业业务繁忙时部门间相互支持，员工遇技术难题时企业积极协助，企业业务调整时员工积极配合，通过沟通，解决合同履行中的问题。

劳动者应按合同提供劳动、完成任务、提升技能、遵守规章纪律与职业道德，履行服从管理和保密的忠实义务，遵守企业合法规章制度。在履行劳动义务之后，劳动者有权享有劳动报酬、社保福利、休息休假、劳动安全卫生保护等法定权利。用人单位的权利包括劳动者劳动、下达工作指令、处分违规员工等。用人单位履行合同义务的行为包括依法建立和完善规章制度、按时足额付薪、提供劳动保护、合理使用劳动力、出具证明、说明劳动条件，遵守女职工"四期保护"规定。不得拖欠工资，禁止强制加班，安排加班需依法支付加班费等。

企业与员工签订的劳动合同到期后，若未及时续签，可能需向员工支付双倍工资。若员工继续工作而企业未续签书面劳动合同，超过1个月不满1年的期间，企业需每月支付2倍工资。符合订立无固定期限劳动合同情形，如员工在企业连续工作满10年等，企业应与员工订立无固定期限劳动合同，否则需承担相应法律责任。

2. 合法变更劳动合同。劳动合同变更，即在劳动者与用人单位达成一致的情况下，对原劳动合同的部分或全部条款进行调整，使其更新为符合双方新需求的合同内容。

依据《劳动法》，变更劳动合同的核心前提是双方协商一致。当企业因业务拓展、战略调整等原因，或是员工因个人职业规划、身体状况等因素，需要对劳动合同进行变更时，双方应积极沟通，充分交换意见。例如，企业计划将员工从销售岗位调至市场策划岗位，需提前与员工沟通岗位变动原因、新岗位的职责和要求等。员工在了解情况后，若认为新岗位符合自身发展，可同意变更；若有异议，也应与企业进一步协商，寻找双方都能接受的解决方案。

一旦双方就变更事项达成共识，务必采用书面形式进行记录。企业可拟定《劳动合同变更协议》，详细写明变更的具体条款，如岗位变更、薪资调整、工作地点变动等。以薪资调整为例，协议中应明确新的薪资标准、生效日期等关键信息。协议拟定后，由企业和员工双方签字盖章确认，各留存一份，作为变更劳动合同的有效凭证。

特别要注意的是，在未经双方协商一致的情况下，用人单位不可擅自对劳动合同进行变更。若企业单方面变更员工岗位、降低薪资等，这种行为通常不具备法律效力。员工有权拒绝，并可依据相关法律法规维护自身合法权益。

从变更类型来看，劳动合同变更主要包括主体变更和内容变更。主体变更一般涉及用人单位因生产经营的需要发生合并、分立、重组等情形，或者劳动者因工作调动等原因导致劳动关系主体的变化。为了保障劳动者的合法权益，由变更后的用人单位承接原用人单位的劳动合同，同时继续履行原劳动合同的内容。需要注意的是，若企业名称、法定代表人、主要负责人或投资者等信息发生变更，这些变化不会影响劳动合同的效力。在用人单位合并或分立的情况下，原劳动合同将继续有效，由继承权利和义务的新企业继续履行。例如，企业 A 被企业 B 收购，原企业 A 的员工劳动合同主体相应变更为企业 B，此时需按照法定程序，重新签订或变更劳动合同，明确新的劳动关系主体及相关权利义务。

内容变更则涵盖岗位、薪资、工作时间、工作地点等合同条款的调整。引起合同内容变更的原因，既有用人单位的原因，例如，用人单位经上级主管部门批准或者根据市场变化决定转产、调整生产任务或者生产经营项目等，导致原劳动合同签订条件改变。有些工种、岗位因转产等原因被撤销或被新的工种、岗位替代；又有劳动者个人的原因，例如，劳动者的身体健康状况发生变化、劳动能力部分丧失、所在岗位与其职业技能不相适应、职业技能提高了一定等级等，造成原劳动合同不能履行或者继续履行原合同规定的义务对劳动者明显不公平；还可能有其他客观原因，例如，订立劳动合同所依据的法律法规已经修改或者废止；由于不可抗力的发生，使得原来合同的履行成为不可能或者失去意义；由于物价大幅度上涨等客观经济情况变化致使劳动合同的履行会花费太大代价而失去经济上的价值。

若在变更劳动合同内容的协商环节，双方无法达成共识，用人单位可在满足特定条件的前提下解除劳动合同。具体而言，用人单位需提前 30 天，以书面形式向劳动者本人送达通知；或者选择额外支付劳动者 1 个月的工资。满足上述两个条件之一后，用人单位方可依法解除劳动合同。这一规定既保障了劳动者的知情权和相应权益，也为用人单位在面临劳动合同变更僵局时，提供了合法合规的解决路径，维护了劳动关系处理过程中的公平与秩序。

无论是主体变更还是内容变更，都需遵循协商一致、书面记录的操作原则，确保变更行为合法有效。

（二）运用企业规章制度进行管理

当员工因违反用人单位的规章制度和劳动纪律而受到处罚时，常常容易与用人单位产生矛盾。为了确保规章制度能够在劳动争议发生时作为有效的解决依据，用人单位应注意以下问题：

1. 规章制度的制定必须合法。

（1）制定程序合法。企业在制定、修改或者决定有关劳动报酬、工作时间等直接涉及员工切身利益的规章制度时，应经职工代表大会或者全体职工讨论，提出方案和意见，与工会或者职工代表平等协商确定，并进行公示或告知劳动者。这些规章制度的制定必须履行法定的程序，否则，该规章制度可能不具有法律效力。

（2）公示公告程序合法。在实际的职场环境中，部分用人单位存在这样的情况：他们制定的规章制度并未向员工进行任何形式的公示，一直处于内部保密状态。直到员工出现违反规章制度的行为，用人单位才突然将这些规定告知员工。这种做法极易引发员工对规章制度法律效力的质疑，导致双方在劳动争议中产生纠纷。

为避免纠纷，依法依规制定的规章制度应该进行公示。一般可以采取以下公示方法：将规章制度张贴于企业的公告栏内；将员工手册发到劳动者手中，由员工签收，保留签收的记录；在劳动合同中约定，员工已详细阅读规章制度，并将规章制度以附件的形式附在劳动合同的后面；组织规章制度培训，做好签到记录；定期举办公司规章制度书面考试，保留好每位员工答过的试卷。

（3）内容合理或明确。规章制度的内容应合理、明确，符合法律法规的规定。如对员工的违纪行为处罚应过罚相当，不能存在扩大化处罚等不合理情形。

2. 规章制度的执行必须合法。

（1）固定员工违反规章制度的证据。对于员工违反规章制度和劳动纪律的事实，用人单位需要有确凿的证据，以下是一些常见的证据类型：

①员工本人的书面材料。如员工自己书写的检讨书、悔过书、情况说明书等，这些材料应详细陈述违纪行为发生的时间、地点、原因、经过以及造

成的后果等，并且要有员工本人的亲笔签名并注明时间。

②证人证言。与违纪员工共事的同事对违纪行为了解较为清楚，其证言可作为证据，但由于存在利害关系，证明力较低。若有其他辅助证据形成完整证据链，则可成为确定事实的依据。非单位员工的证人证言，证明力大于单位员工出具的证言。

③物证。如被违纪员工损坏的机器设备、办公用品等物品，能够直接证明员工的违纪行为。

④视听资料。用人单位内部的监控录像、录音等资料，可以记录员工违纪行为的过程和场景。此外，员工违纪时的照片、记录证言的视频等也可作为证据，但这类证据容易被修改，需要与其他证据相互印证。

⑤政府有关部门的处理意见、处理记录及证明。若员工违纪行为影响严重导致企业受到行政处罚，政府有关部门出具的行政处罚决定书；因员工违纪导致企业赔偿第三人违约金或其他损失的相关书面证据；对于有违法行为（如赌博、盗窃等）的员工，政府有关部门的处理结论或者记录，都可作为有力证据。

（2）认真遵守规章制度中的处罚程序。用人单位在对违反规章制度和劳动纪律的员工进行处罚时，应遵守既定的处罚程序，通常处罚是循序渐进的，例如，对连续旷工不同天数或者重复的违纪事件有不同的处理方式。在处罚时不能跳过中间步骤，直接进行最严厉的处罚，如不能在第一次发现员工上班时间玩手机时就直接将其开除。

（3）规范违纪处罚单。违纪处罚单是用人单位对违纪员工进行处罚的重要书面文件，应详细记录以下内容：

①员工违纪的事实。清晰、准确地描述员工违纪行为发生的时间、地点、具体行为等。

②处罚的理由和依据。明确指出员工的行为违反了规章制度中的哪一条款，以及为什么该行为为构成违纪。

③相关部门的审批程序。经过用人单位内部相关部门的审核和批准，由相关部门领导签字确认。

④用人单位的印章。加盖用人单位的公章，以表明处罚行为是由用人单位作出的，具有法律效力。

⑤送达员工本人并签字确认。将违纪处罚单送达员工本人，并要求员工签字确认收到。如果员工拒绝签字，用人单位应注意保留证据，如现场录音、

录像、拍照，或者按照员工入职时提供的通信地址邮寄送达，并保留邮寄凭证。若是以扣工资、奖金的方式进行处罚，员工签名的工资单也可作为其认可处罚的证据。

二、员工在职管理的法律风险及防控措施

在员工在职管理期间，企业面临着诸多法律风险，若处理不当，不仅可能引发劳动纠纷，还会给企业带来经济损失和声誉影响。

（一）劳动合同变更风险与防控

1. 法律风险。劳动合同变更需双方协商一致并采用书面形式，若企业擅自变更，如单方面调整员工岗位、降低薪资等，可能被认定为无效行为。一旦员工申请劳动仲裁或提起诉讼，企业将面临支付赔偿金、恢复原岗位等不利后果。例如，某企业因业务收缩，未经员工同意便将其从核心业务岗位调至边缘岗位，薪资也大幅降低，员工拒绝后企业将其辞退，最终企业被判定违法解除劳动合同，需支付高额赔偿金。

2. 防控措施。企业在变更劳动合同前，应与员工进行充分沟通，详细说明变更原因、内容及对员工的影响。若员工同意变更，及时签订书面变更协议，明确变更后的各项条款；若员工不同意变更，不可强行变更，可尝试寻找其他解决方案，如提供培训、调整工作安排等。若确实无法达成一致，企业在满足提前30日书面通知或额外支付1个月工资的条件下，可依法解除劳动合同，但需支付经济补偿。

（二）工作时间与加班管理风险及防控

1. 法律风险。我国实行标准工时制度，企业安排员工加班需严格遵守法律规定，并支付相应加班费。部分企业存在超时加班、未足额支付加班费等情况，这不仅违反工时制度，还可能导致员工投诉、提起劳动仲裁或诉讼，企业将面临支付高额加班费、受到行政处罚等风险。此外，对于不定时工作制和综合计算工时工作制，若企业未经劳动行政部门审批就擅自实施，也会面临法律风险。

2. 防控措施。企业应严格按照法定工作时间安排员工工作，确需加班的，要制定完善的加班审批制度，明确加班申请、审批流程，确保员工加班是基于工作需要且经过审批。按照法律规定足额支付加班费，在工资条中清晰列明加班工资项目及金额。对于需要实行不定时工作制和综合计算工时工作制的岗位，及时向劳动行政部门申请审批，获批后按照审批的工时制度执行。

(三）薪酬福利与工资支付风险及防控

1. 法律风险。企业必须按照劳动合同约定和国家规定，及时足额支付员工工资，不得无故克扣或拖欠。否则，员工有权要求企业足额支付，并可主张加付赔偿金。在薪酬构成方面，绩效工资、奖金等的发放应符合约定及相关制度规定，若企业随意变更薪酬发放标准或不按规定发放，可能构成违约。同时，企业未依法为员工缴纳社会保险和住房公积金，将面临补缴、罚款等处罚。

2. 防控措施。建立健全薪酬管理制度，明确工资支付周期、支付方式、薪酬构成及发放标准等内容，并向员工公示。严格按照制度和劳动合同约定支付工资，避免拖欠和克扣。对于绩效工资、奖金等，制定明确的考核标准和发放条件，确保发放过程公平、公正、透明。依法为员工缴纳社会保险和住房公积金，及时办理参保登记、缴费申报等手续，避免因疏漏导致的法律风险。

（四）员工奖惩与规章制度风险及防控

1. 法律风险。企业制定规章制度需遵循法定程序，内容要合法、合理，且需向员工公示告知。若企业依据未经合法程序制定、内容不合法或未公示的规章制度对员工进行奖惩，可能引发劳动纠纷，企业的奖惩行为可能被认定无效。在员工罚款方面，多数地区不允许企业随意设定罚款条款，若企业因员工失误造成损失要求赔偿，需通过合法途径进行。此外，企业不合理的绩效考核方式，如"末位淘汰"，也可能引发法律纠纷。

2. 防控措施。在制定规章制度时，通过职工代表大会或全体职工讨论等民主程序，充分听取员工意见，确保规章制度内容合法、合理。规章制度制定完成后，采用书面形式向员工公示，如发放员工手册、组织员工培训并要求员工签字确认等，保留公示证据。对于员工奖惩，明确奖惩标准和程序，做到有章可循。对于员工因失误造成的损失，可依据相关法律法规和劳动合同约定，通过协商或法律途径要求员工赔偿。在绩效考核方面，制定科学合理的考核标准，避免采用"末位淘汰"等不合理方式，考核结果应与员工充分沟通，确保员工认可。

（五）休假管理风险及防控

1. 法律风险。员工依法享有年假、病假、婚假、产假等各类假期，企业若不依法保障员工休假权利，如以"过期作废"等不合理约定剥夺员工年假，随意拒绝员工合理病假申请，在员工休婚假、产假期间降低其工资待遇或解除劳动合同等，将面临法律纠纷，需支付赔偿金、恢复劳动关系等。

2. 防控措施。企业应制定完善的休假管理制度，明确各类假期的申请流程、休假天数、工资待遇等内容。按照法律规定，为员工安排年假，不得设置不合理限制条件，对于员工未休年假，应按照规定支付未休年假工资报酬。对于员工病假申请，要求员工按规定提供医疗证明，若存疑可进一步核实，但不得随意拒绝合理申请。在员工休婚假、产假期间，依法保障其工资待遇，不得解除劳动合同，维护员工合法权益。

（六）竞业限制风险及防控

1. 法律风险。企业与员工约定竞业限制，若限制范围、地域、期限等约定不明确，或在竞业限制期限内未按约定支付经济补偿，可能导致竞业限制约定无效。若员工违反竞业限制约定，企业可能面临商业秘密泄露、市场份额受损等风险，但如果企业无法有效举证员工违约，也难以追究员工责任。

2. 防控措施。在与员工签订竞业限制协议时，明确限制范围、地域、期限等关键内容，确保约定合法、合理、清晰。按照约定及时、足额向员工支付竞业限制经济补偿，避免因疏漏导致协议无效。同时，加强对员工离职后的监督，若发现员工有违反竞业限制约定的行为，及时收集证据，通过法律途径追究员工违约责任，维护企业合法权益。

学习单元三 员工离职管理常见法律问题

一、离职类型及相关法律规定

（一）协商离职

经协商一致，员工与用人单位就解除劳动合同达成共同真实的意思表示，且协商内容合法、无欺诈和胁迫等情形。协商时要就补偿数额、工作交接等重要事项达成一致，并签订书面协议。提出的主体不同，会影响经济补偿的支付。如果是由用人单位提出解除劳动合同，用人单位就要支付经济补偿；如果是由员工提出解除劳动合同，用人单位就不需要支付经济补偿。签订协议后反悔难度较大，需承担较高的举证责任。

员工在符合法律规定的情形下，可以单方解除劳动合同，无须用人单位同意，也无须支付违约金。

(二) 员工预告离职

员工提前 30 日以书面形式通知用人单位，或是在试用期内提前 3 日通知用人单位，可以解除劳动合同。书面形式包括短信、微信、邮件等，但要注意表达清楚并及时存证。与用人单位约定服务期的劳动者，在服务期内未经同意擅自离职，可能需承担违约责任。

(三) 因用人单位过错离职

当用人单位存在未按照法律规定或者劳动合同约定为员工提供劳动保护或者劳动条件，未及时足额支付劳动报酬，未依法为员工缴纳社会保险费，以欺诈、胁迫的手段或者乘人之危，使员工在违背真实意思的情况下订立或者变更劳动合同等过错时，劳动者可单方解除劳动合同且无须预告通知。但对于用人单位未及时足额支付劳动报酬的情形，要判断其是否存在主观恶意。当用人单位以暴力、威胁或者非法限制人身自由的手段强迫员工劳动，或者违章指挥、强令冒险作业危及员工人身安全时，员工可以立即解除劳动合同。

(四) 用人单位单方解除劳动合同的离职

1. 预告解除。用人单位解除劳动合同，需要根据不同解除情形提前通知员工，如试用期内提前 3 天通知；无过失性辞退，需提前 30 日以书面形式通知员工本人，或额外支付员工 1 个月工资。出现以下情形时，用人单位可以预告解除劳动合同：①员工患病或者非因工负伤，在规定的医疗期满后不能从事原工作，也不能从事由用人单位另行安排的工作；②员工不能胜任工作，经过培训或者调整工作岗位，仍不能胜任工作；③劳动合同订立时所依据的客观情况发生重大变化，致使劳动合同无法履行，经用人单位与员工协商，未能就变更劳动合同内容达成协议。由于用人单位和员工都没有过错，解除时就要兼顾双方的利益。用人单位应提前 30 日以书面形式告知员工解除合同，或者额外给员工支付 1 个月的工资。

2. 随时解除。随时解除适用于员工有过错的情形，所以无须提前通知员工。当出现以下情形时，用人单位可以随时解除劳动合同：①试用期不合格；②严重违反规章制度；③严重失职，营私舞弊，给用人单位造成重大损失；④与其他单位建立劳动关系，对完成本单位的工作任务造成严重影响，或者经用人单位提出，拒不改正；⑤员工以欺诈胁迫手段或乘人之危订立合同；⑥被追究刑事责任。如果用人单位未能证明员工有过错却解除劳动合同，员工有权要求恢复劳动关系或者主张违法解除的赔偿金。

3. 经济性裁员。用人单位出现依照《企业破产法》规定进行重整，生产经营发生严重困难，企业转产、重大技术革新或者经营方式调整，经变更劳动合同后仍需裁减人员，其他因劳动合同订立时所依据的客观经济情况发生重大变化致使劳动合同无法履行等情形，需要裁减人员 20 人以上或者裁减不足 20 人但占企业职工总数 10% 以上的，用人单位提前 30 日向工会或者全体职工说明情况，听取工会或者职工的意见后，裁减人员方案经向劳动行政部门报告，可以裁减人员，需支付经济补偿。

为了保护劳动者的利益，法律规定了用人单位不得解除劳动合同的情形：①从事接触职业病危害作业的劳动者未进行离岗前职业健康检查，或者疑似职业病病人在诊断或者医学观察期间；②在本单位患职业病或者因工负伤并被确认丧失或者部分丧失劳动能力的；③患病或者非因工负伤，在规定的医疗期内；④女职工在孕期、产期、哺乳期；⑤在本单位连续工作满 15 年，且距法定退休年龄不足 5 年；⑥法律、行政法规规定的其他情形。

值得注意的是，用人单位需以书面形式向员工送达解除劳动合同的通知，在通知中清晰阐明解除劳动合同的具体原因、生效时间等关键信息。为确保员工能够顺利收到该通知，可选用直接送达、邮寄送达等符合法律规定的送达方式。

（五）符合劳动合同终止情形的离职

1. 退休。员工达到法定退休年龄，开始依法享受基本养老保险待遇，劳动合同终止。

2. 劳动合同到期不再续签。劳动合同期满，双方未续签劳动合同，劳动关系终止。若用人单位维持或者提高劳动合同约定条件续订劳动合同，劳动者不同意续订的，用人单位无需支付经济补偿；若用人单位降低劳动合同约定条件续订劳动合同，劳动者不同意续订，或者用人单位直接不与劳动者续订劳动合同，用人单位应当向劳动者支付经济补偿。

3. 员工失踪或死亡。员工因故失踪或死亡，劳动合同终止。

二、员工离职程序

（一）离职申请阶段

1. 提交申请。员工一般需提前 30 日以书面形式（如辞职信、邮件等）向直属上级或人力资源部门提交离职申请，试用期员工通常需提前 3 日提交。申请内容应包括离职原因、预计离职日期等。

2. 上级审批。直属上级收到申请后，对员工的工作表现、离职原因等进行评估，同意离职则告知员工下一步流程；不同意则与员工沟通挽留。

3. 人力资源部门确认。人力资源部门收到申请及上级审批意见后，与员工沟通确认离职日期等事宜，开始着手工资结算、社保和公积金处理等工作。

(二) 离职交接阶段

1. 工作交接。离职员工与用人单位指定的交接人员对工作任务、项目进展、客户信息、文件资料等进行详细交接，可制定工作交接清单，交接完成后双方签字确认。人力资源部凭交接清单，结算工资，需要支付经济补偿的，支付经济补偿，为员工办理正式离职手续。

2. 物品归还。员工向相关部门归还公司发放的工作证、工作服、办公用品、电脑、手机、门禁卡等物品，由接收人检查确认后签字。

3. 财务结算。财务部核查员工与公司的财务往来，如借款、报销等，如有拖欠需当场还清，无拖欠则签字确认，同时确定工资、奖金、补贴等结算金额和支付时间。

(三) 离职手续办理阶段

1. 出具解除合同决定。当离职手续表上所有必要的签名都完成后，用人单位应及时向员工出具解除或者终止劳动合同的证明。

2. 社保公积金处理。用人单位在解除或终止劳动关系之日起 15 日内告知社会保险经办机构，为劳动者办理档案和社会保险关系转移手续。人事部门到相关机构办理终止、解除劳动关系备案手续，中止职工社会保险关系，封存或转移离职员工的公积金。

3. 开具离职证明。人力资源部门为员工开具离职证明，注明员工姓名、身份证号、工作岗位、入职时间、离职时间等信息。

4. 档案处理。人力资源部对离职员工的人事档案进行整理归档或按规定转移至指定机构。

实践中，有些用人单位会以双方还存在纠纷为由扣留劳动者的档案和社会保险，这不仅会使企业面临罚款，如果给劳动者造成损失，还需要承担赔偿责任。有些企业由于疏忽，未及时给劳动者办理退工手续，导致劳动者无法领取失业救济金，也要承担相应的赔偿责任。

(四) 离职后续阶段

1. 工作反馈与总结。公司对此次离职事件进行反馈与总结，分析员工离职原因、公司管理上的不足等。

2. 协议履行监督。监督离职员工是否遵守保密协议、竞业限制协议等，若发现员工违反协议，及时采取法律措施维护公司权益。

三、员工离职管理中的常见法律风险

（一）制度建设方面

1. 完善规章制度。内容要全面、具体且合法，明确界定各类过错行为及相应后果，如详细规定怎样的行为属于"严重违反规章制度""严重失职"等。制定过程需遵循民主程序，经职工代表大会或全体职工讨论，提出方案和意见，与工会或职工代表平等协商确定。同时，要确保规章制度公示或告知员工，可采取让员工签署《规章制度签署单》、组织培训并保留签到记录与培训资料、进行规章制度考试等方式。

2. 明确劳动合同条款。劳动合同中除约定基本劳动条件、工资待遇等内容外，还应将与员工过错相关的事项进行进一步明确，如对试用期录用条件进行清晰描述，约定员工兼职、竞业限制、保密义务等条款，避免出现歧义。

（二）证据管理方面

1. 日常行为记录。建立员工工作表现档案，记录员工日常工作中的行为、绩效、奖惩等情况。对于员工的过错行为，要有详细的时间、地点、事件经过记录，如员工迟到早退，要记录具体日期和时间；员工工作失误，要记录失误内容、造成的影响等。

2. 收集相关证据材料。当发现员工存在可能导致过错离职的行为时，及时收集证据。如员工违反操作规程导致事故，要收集事故现场照片、视频、相关设备数据、证人证言等证据；员工涉嫌商业欺诈，要收集相关合同、往来邮件、聊天记录等证据。

（三）处理流程方面

1. 调查核实。在决定是否因员工过错而解除劳动合同之前，需要进行全面、客观、公正的调查。由专门的调查小组或人力资源部门与相关部门配合，与员工本人、同事、上级领导等进行谈话，了解事情全貌，确保所依据的事实准确无误。

2. 遵循法定程序。如果是依据规章制度解除劳动合同，要确保员工的行为符合规章制度中规定的解除条件，并按照规定的程序进行处理，如给予员工申辩机会，让员工对自己的行为进行解释和说明；如果符合过失性辞退的法定情形，要按照《劳动合同法》等法律法规的要求，履行通知工会（如有）、出具解除劳动合同证明等程序。

3. 出具书面通知。以书面形式向员工送达解除劳动合同的通知，在通知中明确说明解除劳动合同的原因、依据、生效日期等内容，让员工清楚了解公司的决定和理由，并要求员工签收。

（四）沟通协商方面

一旦发现员工有过错行为，尽快与员工进行沟通，了解员工的想法和情况，给予员工解释和改正的机会。如员工因家庭原因导致工作失误，可先了解情况，看是否可以给予一定的帮助和支持，而不是直接采取辞退措施。

根据员工过错的程度和实际情况，与员工协商可能的解决方案，如调岗、降薪、限期改正等，而不是一味地采取辞退手段。若员工愿意改正并采取积极措施弥补过错，可考虑给予其继续工作的机会，同时制定相应的监督和改进计划。

（五）离职后续方面

1. 办理离职手续。

（1）未出具离职证明或离职证明内容不当。根据法律规定，用人单位应在解除或终止劳动合同时出具离职证明。若不履行，可能导致劳动者无法顺利入职新单位，产生的损失用人单位需承担赔偿责任。离职证明内容应真实，若提供虚假信息，可能对新用人单位造成误导，引发法律纠纷，用人单位需承担相应法律责任。

离职证明中不得包含侵犯员工隐私的内容，也不能对员工进行诋毁、污蔑等，否则可能构成侵权，员工有权追究用人单位的法律责任。

（2）档案和社保转移不及时。用人单位需在15日内为劳动者办理档案和社会保险关系转移手续，否则可能面临劳动监察部门的处罚，给劳动者造成损失的，也需承担赔偿责任。

（3）扣押证件或财物。用人单位不得扣押劳动者的居民身份证和其他证件，不得要求劳动者提供担保或者以其他名义向劳动者收取财物。否则，劳动行政部门可责令限期退还并给予处罚。

按照法律规定和公司制度，及时、准确地为员工办理离职手续，包括结算工资、支付经济补偿（如需要）、办理档案和社会保险关系转移等，避免因手续办理不及时或不规范引发纠纷。

2. 进行离职面谈。在员工离职时，安排离职面谈，进一步了解员工对公司的意见和建议，同时再次向员工强调离职的原因和相关事项，确保员工清楚自己的权利和义务，也让员工感受到公司的尊重和关怀。

（六）经济补偿与赔偿方面

1. 协商离职时经济补偿问题。协商解除劳动合同时，若用人单位胁迫劳动者放弃经济补偿，协议可能被认定无效，用人单位仍需支付经济补偿。

2. 未足额支付经济补偿金。解除或终止劳动合同，用人单位应按法定标准足额支付经济补偿金，否则可能面临加付赔偿金的风险。

3. 违法解除劳动合同的赔偿。用人单位无合法依据辞退员工，属于违法解除，需支付赔偿金，标准通常为经济补偿金的2倍。

（七）竞业限制与保密方面

1. 未明确启动竞业限制。竞业限制协议一般在入职时签订，但员工离职时企业若未明确告知是否启动，可能导致员工离职后自由择业，给企业商业秘密保护带来风险。

2. 竞业限制补偿金支付问题。若用人单位未按约定支付竞业限制补偿金，可能导致竞业限制协议无法约束员工，员工可不再履行竞业限制义务。

3. 保密协议执行不力。如果没有在离职时与相关员工强调保密义务和违约责任，员工离职后泄露商业秘密，企业可能面临经济损失，且维权难度较大。

（八）特殊员工处理方面

对处于孕期、产期、哺乳期的女职工，用人单位不得无正当理由解除劳动合同，否则属于违法解除，需承担相应法律责任。

对于因工负伤被确认丧失或者部分丧失劳动能力的员工，用人单位不能随意解除劳动合同，应根据工伤等级和相关规定处理，否则可能构成违法解除。

员工患病或非因工负伤，在规定的医疗期内，用人单位不得解除劳动合同，医疗期满后，也需按规定程序处理，否则可能面临法律风险。

经典案例分析

本案的争议焦点是李某超时加班发生工伤，用工单位与劳务派遣单位是否应承担连带赔偿责任。

休息权是劳动者的基本劳动权利，即使在支付劳动者加班费的情况下，劳动者的工作时间仍然受到法定延长工作时间上限的限制。劳务派遣用工中，劳动者超时加班发生工伤，用工单位和劳务派遣单位对劳动者的损失均负有责任，应承担连带赔偿责任。劳动者与用工单位、劳务派遣单位达成赔偿协议的，当赔偿协议存在违反法律、行政法规的强制性规定，欺诈、胁迫或者乘人之危情形时，不应认定赔偿协议有效；当赔偿协议存在重大误解或者显失公平情形时，应当支持劳动者依法行使撤销权。

　　本案中，某服务公司和某传媒公司协议约定的被派遣劳动者每天工作时间及每月工作保底工时，均严重超过法定标准。李某工亡前每月休息时间不超过 3 日，每日工作时间基本超过 11 小时，每月延长工作时间超过 36 小时数倍，其依法享有的休息权受到严重侵害。某传媒公司作为用工单位长期安排李某超时加班，存在过错，对李某在工作期间突发疾病死亡负有不可推卸的责任。惠某等主张某传媒公司与某服务公司就李某工伤的相关待遇承担连带赔偿责任，应予支持。惠某等虽与某传媒公司达成了赔偿协议，但赔偿协议是在劳动者未经社会保险行政部门认定工伤的情形下签订的，且赔偿协议约定的补偿数额明显低于法定工伤保险待遇标准，某服务公司和某传媒公司应对差额部分予以补足。

　　本案系劳动者超时加班发生工伤而引发的工伤保险待遇纠纷，是超时劳动严重损害劳动者健康权的缩影。本案裁判明确了此种情况下应由用工单位、劳务派遣单位承担连带赔偿责任，可以有效避免劳务派遣用工中出现责任真空的现象，实现对劳动者合法权益的充分保障。同时，用人单位应依法为职工参加工伤保险，保障职工的工伤权益，也能分散自身风险。如用人单位未为职工参加工伤保险，那么工伤职工的工伤保险待遇全部由用人单位支付。

法律法规索引

任务实训

实训 1

张某应聘某快递公司的工作，约定试用期为 3 个月，工资为 6000 元。快递公司规定每天工作时间为 9 时到 21 时，每周工作 6 天，2 个月后，张某以工作时间严重超过法律规定上限为由，拒绝超时加班安排，快递公司即以张某在试用期间被证明不符合录用条件为由与其解除了劳动合同，张某提请了仲裁，要求快递公司给付 1 个月工资作为赔偿金，下列说法正确的是？

A. 快递公司解除与张某的劳动合同违法

B. 快递公司关于工作时间的规定无效

C. 张某严重违反了快递公司的规章制度，快递公司有权解除与张某的劳动合同

D. 仲裁委应驳回张某的仲裁申请

——该题目来源于 2022 年国家统一法律职业资格考试真题

实训 2

劳动者对于是否订立无固定期限劳动合同具有单方选择权？

基本案情：

张某与某公交公司连续订立 2 次固定期限劳动合同，其中第二次订立的劳动合同期限至 2020 年 7 月 31 日止。2020 年 6 月 10 日，某公交公司通知张某等人续订劳动合同。2020 年 6 月 12 日，张某在某平台实名投诉公司不按规定配发口罩。同日，某公交公司通知张某劳动合同到期终止，办理离职手续并交接工作。此后，张某多次要求某公交公司与其订立无固定期限劳动合同。2020 年 7 月，某公交公司通知张某，双方于 2020 年 7 月 31 日终止劳动合同，并通过转账方式向张某支付终止劳动合同的经济补偿。张某在某公交公司工作至 2020 年 7 月 31 日。张某向某劳动人事争议仲裁委员会申请仲裁，要求某公交公司于 2020 年 8 月 1 日起依法与其订立无固定期限劳动合同。

如果你是仲裁员，申请人的哪些请求可以获得支持？

实训 3

新型用工关系——劳动关系认定

案情简介：

某人力资源公司因美团网的业务需要，聘用隆某为美团网客户提供送餐服务，双方签订了《劳务服务协议》。隆某申请劳动仲裁要求确认在隆某入职该人力资源公司之日起双方建立劳动关系。

公司方观点：公司方认为，公司与隆某之间不存在劳动关系，这是双方的书面约定和真实意思表示。公司与美团网存在业务合作关系，基于美团网的业务需要，公司聘用隆某等 15 人为美团网客户提供送餐服务，双方签订了

《劳务服务协议》。隆某按照协议的约定自带交通工具，自购有美团标志的服装，自行在美团系统平台注册账号，自行在美团平台接单，然后按照美团系统平台的要求，为美团网深圳坪山片区客户提供送餐服务。隆某按派送单数计算报酬，工作时间自由安排，没有固定的工作地点，没有固定须完成的工作量，每个人一经上线完成接单任务后可以随时决定下线（下班）。因隆某不愿意继续提供劳务服务，截至申请劳动仲裁前隆某已从公司处自行离职。

骑手观点：隆某认为其是公司全职员工。隆某每天要接受公司的考勤打卡制度（每天至少在岗 8 小时，雨天或其他情况下必须无条件接受延长在岗时长，否则会得到相应处罚），每月由坪山站站长制定每月排班表，要在 APP 上进行请假申请或申诉等一系列管理约束。每天都要进行开早会总结、训导、喊口号，对违反公司制度的员工进行相应处罚，开早会的地点为坪山影剧院，这些都足以证明双方属于正常的劳动关系。

请确认某人力资源服务有限公司与隆某之间是否存在劳动关系？

组织法律诊所实践活动：学生需分别模拟法官、律师、当事人等诉讼参与人角色，严格依照法定诉讼程序开展模拟庭审活动。在模拟过程中，应根据实际情形进行合理且灵活的应变与发挥。

> **拓展学习**
>
> ## 黑砖窑事件推动劳动合同法立法
>
> 2007 年，中国发生了一起震惊全国的"黑砖窑事件"，这一事件不仅揭露了非法用工和强迫劳动的恶劣现象，还直接推动了《劳动合同法》的立法进程。
>
> ### 事件背景
>
> 2007 年 3 月，河南一位母亲羊某发现她未满 16 岁的孩子失踪。经过多方打听，她得知孩子可能被拐卖到山西的黑砖窑厂。羊某随即前往山西，走访了上百家窑厂，目睹了孩子们被迫劳动的悲惨境遇。这些孩子每天工作近 20 小时，生活条件极其恶劣，甚至有人因逃跑未遂被打成残疾或致死。
>
> 羊某通过媒体曝光了这一事件，引发了社会的广泛关注。经河南电视台报道，数千名家长联系电视台寻求帮助，数百名家长自发前往山西

运城寻找失踪的孩子。2007年6月，一篇题为《谁来救救我们的孩子？400位父亲泣血呼救》的帖子在网上广泛传播，进一步引发了全国范围内的关注。

事件调查与处理

2007年5月，山西洪洞县公安局在一次行动中发现了一处无证经营的"三无"砖窑。该砖窑由当地村党支部书记的儿子王某兵经营，工头衡某从西安、郑州等地诱骗或强迫32名农民工（包括9名智障人员）到砖窑劳动。这些工人每天工作近20小时，生活条件极差，且经常遭受殴打，工资也被克扣。

事件曝光后，国务院派出由劳动和社会保障部、公安部、全国总工会组成的工作组前往山西进行调查。山西省也成立了专项领导小组，对全省的小砖厂、小采矿厂、小冶炼厂进行"地毯式"检查。在整治过程中，共解救了359名被拐骗的农民工，其中121名智障人员得到了妥善安置。

司法机关对涉案的窑主、承包经营者和渎职的公职人员进行了严肃处理，共起诉了27起案件中的69人，其中60人已被依法判刑。

《劳动合同法》的立法背景

早在2004年，劳动和社会保障部就开始了《劳动合同法》的起草工作。2006年，全国人大常委会对《劳动法》进行了执法检查，发现《劳动法》的实施情况不容乐观，尤其是在劳动合同签订、工资支付、劳动条件等方面存在严重问题。2006年3月，《劳动合同法》草案向社会公开征求意见，但由于用人单位的强烈反对，草案的修订进程一度受阻。

2005年至2006年，中国矿难事故频发，许多矿主隐瞒死亡人数，暴露出劳动者权益保护的严重缺失。为此，《劳动合同法》草案在第三稿中加入了更多保护劳动者权益的条款，要求用人单位从用工之日起建立劳动关系，并建立职工名册。

黑砖窑事件对《劳动合同法》的影响

"黑砖窑事件"的曝光引发了社会舆论的强烈反响，尤其是在《劳动合同法》审议期间，这一事件让立法者意识到保护劳动者权益的紧迫性。许多全国人大常委会委员认为，必须通过立法严惩类似的黑砖窑事件，避免悲剧重演。

在这一背景下，2007年6月29日，十届全国人大常委会第二十八次会议全票通过了《劳动合同法》。该法律的出台标志着中国在劳动者权益保护方面迈出了重要一步,特别是在劳动合同签订、工资支付、劳动条件等方面为劳动者提供了更全面的法律保障。

2007年的"黑砖窑事件"不仅揭露了非法用工和强迫劳动的黑暗面,还直接推动了《劳动合同法》的立法进程。《劳动合同法》的出台为劳动者提供了更坚实的法律保障,成为中国劳动法治建设的重要里程碑。

学习领域六

促产销——企业生产经营法律实务

学习目标

1. 知识目标：

（1）了解企业生产经营相关的法律规范；

（2）了解企业生产经营相关的法律责任；

（3）了解企业生产经营过程中可能存在的法律风险；

（4）掌握企业生产经营的风险防范措施。

2. 能力目标：

（1）能够运用所学内容，分析、了解企业生产经营中存在的潜在法律风险；

（2）在发现企业生产经营法律风险的前提下，有针对性地提出解决措施与防范路径。

3. 素质目标：

培养学生有关企业在安全生产、产品质量、产品销售中的风险防范意识，严格遵守相关的法律规范。

学习重点与难点

熟悉掌握企业生产经营涉及的法律规范，发现企业生产经营中存在的法律风险及隐患，并有针对性地提出、落实风险防范与解决措施。

法律典故

党的领导是推进全面依法治国的根本保证。国际国内环境越是复杂，改革开放和社会主义现代化建设任务越是繁重，越要运用法治思维和法治手段巩固执政地位、改善执政方式、提高执政能力，保证党和国家长治久安。

——2020年11月16日至17日，习近平总书记在中央全面依法治国工作会议上发表重要讲话

基础知识概要

企业生产经营活动不仅是市场主体实现经济价值、创造社会财富的核心途径，更是其履行法律义务、承担社会责任的基础载体。企业生产过程中的安全生产、产品质量保障以及产品销售过程中可能产生的法律风险，对于企业开展生产、实现价值至关重要。本学习领域重点从企业安全生产、产品质量以及产品销售三个方面出发，论述企业生产经营涉及的法律规范、法律责任、法律风险及其防范措施等内容。

企业安全生产是指在生产经营活动中，为避免发生造成人员伤害和财产损失的事故，有效消除或控制危险和有害因素而采取的一系列措施，使生产经营过程在符合规定的条件下进行，以保证从业人员的人身安全与健康、设备和设施免受损坏、环境免遭破坏，保证生产经营活动得以顺利进行的相关活动。

产品责任是指产品生产者、销售者生产销售的产品存在缺陷，造成他人损害，产品的生产者、销售者承担的侵权责任，也就是产品侵权责任。《民法典》第1202条规定，因产品存在缺陷造成他人损害的，生产者应当承担侵权责任。产品责任中所谓产品缺陷，是指危及他人人身财产安全的不合理性危

险。产品责任采用无过错责任。只要产品有缺陷，因产品缺陷导致使用人受侵害，生产者、销售者都需要承担无过错责任，且为连带责任。生产者与销售者任何一方向被侵权人承担责任后，按照过错责任，一方可以向有过错的一方追偿。

虚假宣传是指在商业宣传过程中，经营者对其商品或者服务做出与实际内容不相符的虚假评述，或者利用引人误解的宣传方式，导致相关公众产生误解，从而不当提升其商品或服务市场竞争力的行为。

学习模块一　企业安全生产法律实务

经典案例

2015 年 8 月 12 日，位于天津市滨海新区天津港的瑞海公司危险品仓库发生火灾爆炸事故，造成 165 人遇难，8 人失踪，798 人受伤，304 幢建筑物、12 428 辆商品汽车、7533 个集装箱受损。截至 2015 年 12 月 10 日，依据《企业职工伤亡事故经济损失统计标准》的标准和规定统计，已核定的直接经济损失达 68.66 亿元。事故调查组查明，事故的直接原因是：瑞海公司危险品仓库运抵区南侧集装箱内硝化棉由于湿润剂散失出现局部干燥，在高温（天气）等因素的作用下加速分解放热，积热自燃，引起相邻集装箱内的硝化棉和其他危险化学品长时间大面积燃烧，导致堆放于运抵区的硝酸铵等危险化学品发生爆炸。经国务院调查组调查认定，天津港"8·12"瑞海公司危险品仓库火灾爆炸事故是一起特别重大生产安全责任事故。[1]

学习单元一　企业安全生产法律实务概要

随着社会生产力的不断发展进步，一些新的生产技术、工艺、设备和材料应用日益广泛，在提高生产效率、提升产品质量的同时，也给生产安全带

---

[1]《天津港"8·12"瑞海公司危险品仓库特别重大火灾爆炸事故调查报告公布》，载 https://www.gov.cn/xinwen/2016-02/05/content_ 5039785.htm，最后访问日期：2025 年 3 月 29 日。

来风险隐患。特别是一些人员密集、环境特殊、设备操作要求较高的能源化工企业、矿山、林场、建筑企业等，在生产过程中如果不能很好地防控风险隐患，极有可能导致各种责任事故发生，造成重大人身伤亡和财产损失，甚至涉嫌犯罪。因此，企业开展安全生产合规建设，最大限度防范重大责任事故风险，对于保障企业规范经营和可持续发展具有重大现实意义。本单元将从企业安全生产中主要的法律规范、法律风险以及法律责任三个方面出发，简述企业安全生产涉及的法律事务，以此为企业开展安全生产提供一定的指引。

一、企业安全生产的主要法律规范

(一) 核心法律——《安全生产法》

《安全生产法》作为我国安全生产领域的基础性、综合性法律，为企业安全生产活动提供了根本遵循与要求。其立法目的涵盖多个层面：旨在加强安全生产工作，从宏观层面为安全生产事业筑牢根基；防止和减少生产安全事故，切实保障人民群众的生命和财产安全；同时促进经济社会持续健康发展，凸显安全生产与经济社会发展的紧密联系，只有确保安全生产，才能为经济社会的可持续发展创造稳定环境。

《安全生产法》的主要内容丰富且全面，从生产经营单位的安全生产保障，到从业人员的安全生产权利义务，再到安全生产的监督管理、生产安全事故的应急救援与调查处理以及法律责任等方面，均作出了详尽规定。在生产经营单位的安全生产保障方面，明确要求企业应具备相应的安全生产条件，建立健全安全生产责任制和规章制度，加大安全生产投入，改善安全生产条件等。2021年《安全生产法》的修正亮点突出，着重强化了企业的主体责任。明确规定生产经营单位的主要负责人是本单位安全生产第一责任人，对安全生产工作全面负责，其他负责人对职责范围内的安全生产工作负责，将责任明确到具体个人，避免责任推诿；构建安全风险分级管控和隐患排查治理双重预防机制，要求企业主动识别风险、排查隐患，从源头上防范事故发生；高危行业强制实施安全生产责任保险制度，通过保险的风险分担机制，增强企业应对事故风险的能力。

(二) 其他部分相关法律法规概览

除《安全生产法》外，《消防法》《职业病防治法》《特种设备安全法》《危险化学品安全管理条例》等一系列法律法规、规章等，共同构成了企业安全生产法律体系的坚实内容。不同于《安全生产法》对于企业安全生产的概括性、根本性要求，上述法律规范在不同生产领域对于企业安全生产提出更为具体的要求。

《消防法》对企业的消防设施建设、消防安全管理、火灾预防与扑救等方面提出了明确要求。企业必须按照规定配置消防设施和器材，定期组织消防演练，确保员工具备必要的消防安全知识和应急逃生技能，以有效预防火灾事故，减少火灾造成的损失。《职业病防治法》聚焦于保护劳动者的职业健康权益，要求企业采取有效的职业病防护措施，为劳动者提供符合要求的工作环境和劳动保护用品，定期组织职业健康检查，建立健全职业病防治管理制度，从源头上预防和控制职业病的发生，切实保障劳动者的身体健康。《特种设备安全法》针对特种设备的生产、经营、使用、检验、检测等环节进行严格规范，确保特种设备的安全运行。企业在使用特种设备时，必须依法办理使用登记，定期进行检验检测，对操作人员进行专业培训，防止因特种设备故障引发安全事故。《危险化学品安全管理条例》则对危险化学品的生产、储存、使用、经营、运输等全过程实施严格监管。企业涉及危险化学品相关活动时，必须遵守相关规定，落实安全管理措施，防止危险化学品泄漏、爆炸等事故的发生，保障人民群众生命财产安全和生态环境安全。

这些法律法规、规章等相互补充、协同配合，共同织就了一张严密的安全生产法律防护网，从不同角度、不同层面规范和保障企业的安全生产活动。

二、企业安全生产中的常见法律风险

(一) 生产经营单位未履行安全生产保障义务

根据《安全生产法》的规定，生产经营单位负有提供安全生产条件，具备安全生产条件所必需的资金投入，对从业人员进行安全生产教育和培训，了解新工艺、新技术的安全技术特性并采取有效安全防护措施，落实建设项目安全设施"三同时"制度，设置明显安全警示标志，取得从事特殊行业生产的许可及资质，安全事故发生后及时组织抢救等一系列安全生产保障义务。但实践中，出于种种原因，许多企业无法完全落实法律所规定的义务，从而导致安全生产事故的发生，造成人身、财产的巨大损失。以下举例生产经营单位未积极履行安全生产保障义务的常见情形：

1. 企业未取得行政许可而从事生产经营。例如，2024年7月18日，福建省三明市三元区应急管理局接区市场监管局线索移送，并进行核实：2024年7月1日，三明某运输有限公司在未取得危险化学品经营许可证的情况下，将公司内设加油站的800升柴油加注给不属于该公司所有车辆，并按照购买该批柴油的成本价收取费用4920元整。该公司上述行为违反了《危险化学品安全管理条例》第33条第1款的规定，[1] 依据《危险化学品安全管理条例》第77条第3款的规定，[2] 三元区应急管理局依法对该公司作出罚款人民币10万元的行政处罚。

2. 生产经营单位未提供安全生产环境。例如，在（2022）浙0784刑初791号刑事案件中，浙江省某酒店用品有限公司因安全生产需要，在油漆仓库等生产作业区域安装了可燃气体报警器。2021年10月，被告人李某远作为公司负责人为节约生产开支而擅自予以关闭。2022年5月10日，该公司作业区域发生火灾。同年5月16日至17日，消防部门对该公司进行检查，责令该公司立即整改，并将上述案件线索移送市公安局。经检验，公司存储的清面漆、固化剂均系易燃液体，属于危险化学品。人民法院以危险作业罪判处李某远有期徒刑8个月。《危险化学品安全管理条例》第21条规定，生产、储存危险化学品的单位，应当在其作业场所设置通信、报警装置，并保证处于适用状态。因此，在涉及可燃气体逸散的情形下，企业有义务安装可燃气体报警装置。就此，《安全生产法》同样在第36条第3款规定，生产经营单位不得关闭、破坏直接关系生产安全的监控、报警、防护、救生设备、设施。该公司关闭可燃气体报警器，违反安全保障义务，未提供安全生产环境。

3. 从业人员未取得资质而从事生产。在（2021）浙0723刑初226号刑事案件中，被告人邵某以浙江某建设公司分公司的名义与某公司签订拆装钢构协议。2020年11月16日，邵某作为实际施工方，雇佣无相应特种作业资质的盛某某等人，对某公司车间钢结构顶部的彩钢瓦进行拆除。当天盛某某不慎从棚顶坠落当场死亡。经县应急管理局等部门成立的事故联合调查组调查，并报县人民政府批复，该起事故系一般生产安全责任事故，邵某承担主要责

---

[1] 《危险化学品安全管理条例》第33条第1款：国家对危险化学品经营（包括仓储经营，下同）实行许可制度。未经许可，任何单位和个人不得经营危险化学品。

[2] 《危险化学品安全管理条例》第77条：未依法取得危险化学品安全生产许可证从事危险化学品生产，或者未依法取得工业产品生产许可证从事危险化学品及其包装物、容器生产的，分别依照《安全生产许可证条例》、《中华人民共和国工业产品生产许可证管理条例》的规定处罚。违反本条例规定，化工企业未取得危险化学品安全使用许可证，使用危险化学品从事生产的，由安全生产监督管理部门责令限期改正，处10万元以上20万元以下的罚款；逾期不改正，责令停产整顿。违反本条例规定，未取得危险化学品经营许可证从事危险化学品经营的，由安全生产监督管理部门责令停止经营活动，没收违法经营的危险化学品以及违法所得，并处10万元以上20万元以下的罚款；构成犯罪的，依法追究刑事责任。

任。人民法院以重大责任事故罪判处被告人邵某有期徒刑1年，缓刑1年6个月。

(二) 从业人员未履行安全生产相关义务

根据《安全生产法》的规定，除生产经营单位负有安全保障义务外，从业人员同样负有相应义务以保障安全生产，如遵守安全生产规章制度和操作规程，服从企业安全管理，正确佩戴和使用安全防护用品，发现事故隐患及时报告，接受安全生产培训教育等义务。实践中，许多生产事故的发生，存在从业人员安全防护意识较薄弱，未按规定佩戴、使用防护用品，或者未取得相应从业资质而进行生产、作业的情形。

(三) 安全生产监督管理部门未积极履行监督管理职责

根据《安全生产法》的规定，县级以上地方各级人民政府应当根据本行政区域内的安全生产状况，组织有关部门按照职责分工，对本行政区域内容易发生重大生产安全事故的生产经营单位进行严格检查。负有安全生产监督管理职责的部门依照有关法律、法规，对涉及安全生产的事项需要审查批准或者验收的，必须严格依照有关法律、法规和国家标准或者行业标准规定的安全生产条件和程序进行审查。实践中，部分安全生产监督管理部门在履行审批、检查、监督职责过程中存在疏忽、渎职的行为。例如，在江苏响水天嘉宜化工有限公司"3·12"特别重大爆炸事故中，应急管理部门、生态环境部门、工业和信息化部门等对企业安全生产负有监督管理职责的部门，存在未认真履行监督管理职责、监管执法存在漏洞、复产验收把关不严以及督促整改不力的情形。

三、企业违反安全生产要求的法律责任

(一) 民事法律责任

生产经营单位负有遵守相关安全生产法律法规，加强安全生产管理的责任与义务，如因违反安全生产管理相关要求，导致安全生产事故发生，侵害员工或第三人的人身健康、财产安全的，往往构成侵权行为，依据《民法典》《安全生产法》的规定，应承担民事侵权损害赔偿责任。例如，《安全生产法》第103条第1款中规定，生产经营单位将生产经营项目、场所、设备发包或者出租给不具备安全生产条件或者相应资质的单位或者个人，导致发生生产安全事故给他人造成损害的，与承包方、承租方承担连带赔偿责任。

除生产经营单位外，如安全评价、认证、检测、检验机构出具失实报告的，给他人造成损害的，也应依法承担赔偿责任。

(二) 刑事法律责任

《安全生产法》中多处规定相关违法行为"构成犯罪的,依照刑法有关规定追究刑事责任"。而《刑法》中涉及生产经营单位及人员安全生产相关刑事责任的罪名主要包括如下内容:

1. 重大责任事故罪(《刑法》第 134 条第 1 款)。

违法行为:在生产、作业中违反有关安全管理的规定,因而发生重大伤亡事故或者造成其他严重后果。

责任后果:处 3 年以下有期徒刑或者拘役;情节特别恶劣的,处 3 年以上 7 年以下有期徒刑。

2. 强令、组织他人违章冒险作业罪(《刑法》第 134 条第 2 款)。

违法行为:强令他人违章冒险作业,或者明知存在重大事故隐患而不排除,仍冒险组织作业,因而发生重大伤亡事故或者造成其他严重后果。

责任后果:处 5 年以下有期徒刑或者拘役;情节特别恶劣的,处 5 年以上有期徒刑。

3. 危险作业罪(《刑法》第 134 条之一)。

违法行为:在生产、作业中违反有关安全管理的规定,具有发生重大伤亡事故或者其他严重后果的现实危险。

责任后果:处 1 年以下有期徒刑、拘役或者管制。

4. 重大劳动安全事故罪(《刑法》第 135 条)。

违法行为:安全生产设施或者安全生产条件不符合国家规定,因而发生重大伤亡事故或者造成其他严重后果。

责任后果:对直接负责的主管人员和其他直接责任人员,处 3 年以下有期徒刑或者拘役;情节特别恶劣的,处 3 年以上 7 年以下有期徒刑。

5. 危险物品肇事罪(《刑法》第 136 条)。

违法行为:违反爆炸性、易燃性、放射性、毒害性、腐蚀性物品的管理规定,在生产、储存、运输、使用中发生重大事故。

责任后果:造成严重后果的,处 3 年以下有期徒刑或者拘役;后果特别严重的,处 3 年以上 7 年以下有期徒刑。

6. 消防责任事故罪(《刑法》第 139 条)。

违法行为:违反消防管理法规,经消防监督机构通知采取改正措施而拒绝执行。

责任后果:造成严重后果的,对直接责任人员,处 3 年以下有期徒刑或者拘役；后果特别严重的，处 3 年以上 7 年以下有期徒刑。

7. 不报、谎报安全事故罪（《刑法》第 139 条之一）。

违法行为：在安全事故发生后，负有报告职责的人员不报或者谎报事故情况，贻误事故抢救。

责任后果：情节严重的，处 3 年以下有期徒刑或者拘役；情节特别严重的，处 3 年以上 7 年以下有期徒刑。

(三) 行政法律责任

行政责任是制裁、处罚生产经营单位及其员工违反《安全生产法》行为的常见形式，了解企业与人员的安全生产义务及潜在的行政责任风险，对于企业安全生产合规至关重要，以下试举几例分析。

1. 缺乏重要的管理制度或人员。《安全生产法》对企业的安全生产管理制度和人员的配备要求有所提升，主要体现在：要求危险物品的装卸单位设置安全生产管理机构或者配备专职安全生产管理人员，应当由注册安全工程师从事安全生产管理工作，装卸单位主要负责人和安全生产管理人员应具有合格的安全生产知识和管理能力，否则，将被责令限期改正、处以罚款甚至责令停产停业整顿。

2. 不符合安全生产条件或者存在重大事故隐患。《安全生产法》规定对于存在重大事故隐患等情形的单位，可以依法予以关闭，限制其负责人担任任何生产经营单位的主要负责人，甚至终身不得担任本行业生产经营单位的主要负责人，这是在行政责任方面极为严厉的处罚措施。具体情形包括：①存在重大事故隐患，180 日内 3 次或者 1 年内 4 次受到《安全生产法》规定的行政处罚的；②经停产停业整顿，仍不具备法律、行政法规和国家标准或者行业标准规定的安全生产条件的；③不具备法律、行政法规和国家标准或者行业标准规定的安全生产条件，导致发生重大、特别重大生产安全事故的；④拒不执行负有安全生产监督管理职责的部门作出的停产停业整顿决定的。

例如，在（2018）云 71 行初 12 号案件中，由于永飞材料厂采矿许可证、安全生产许可证逾期，监管部门责令其立即停止生产，并限期整改，但直至整改期限到期后，相关证照过期问题仍未得到解决。据此，县政府对永飞材料厂作出关闭的行政处罚。

3. 未采取措施消除事故隐患。对于生产经营单位未按照规定采取措施消除事故隐患的，《安全生产法》在责令立即消除或限期消除的基础上增加了罚款处罚，同时提高了相关责任人员的罚款金额。

4. 企业内部人员未履行法定的安全生产职责。如果未履行法律规定的安全生产管理职责，对于单位主要负责人，《安全生产法》不仅规定可以对其处以罚款、撤职，甚至可以限制其担任任何生产经营单位的主要负责人或终身不得担任本行业生产经营单位的主要负责人；而对于其他责任人和安全生产管理人员，则可以责令其限期改正、罚款、暂停或者吊销其与安全生产有关的资格。另外，对于各责任主体均提高了罚款的金额或比例，加大了处罚力度。

5. 中介服务机构出具失实报告或虚假报告。除了生产者、经营者外，中介服务机构出具失实报告或虚假报告的，根据《安全生产法》规定，除经济处罚之外，还可以责令停业整顿、吊销相应资质和资格、限制从业，甚至实行终身行业和职业禁入。此外，《安全生产法》将"租借资质、挂靠"也列入处罚情形。

6. 企业发生生产安全事故。生产经营单位如发生安全事故，企业可能会被关闭、吊销其有关证照等，主要负责人可能会被撤职、处以罚款等，个人经营的投资人也可能会被处以罚款。《安全生产法》大幅提高对安全事故的处罚力度，除提高了单位罚款金额外，对情节特别严重、影响特别恶劣的，还可以处以一般罚款金额 2 倍以上 5 倍以下的惩罚性罚款。企业主要负责人未履行安全生产管理职责，导致发生生产安全事故的，最高可被处上一年年收入 100% 的罚款。

学习单元二　企业安全生产法律风险防范

为履行法律规范等关于企业安全生产的要求，保障各主体人身安全以及财产安全，尽可能避免安全生产事故的发生，企业可以从如下几方面出发，防范安全生产风险：

一、严格遵守安全生产相关法律法规，落实安全生产要求

我国《安全生产法》《特种设备安全法》《危险化学品重大危险源监督管理暂行规定》等有关法律法规以及规范性文件等，对于企业安全生产提出了众多管理要求，生产经营单位应按照相关规定从事生产活动。例如，涉及危险物品生产，企业应当在取得相关行政许可及资质，并配备符合国家安全标准的生产设备及条件的情况下，从事危险物品的生产、储存、运输、使用等

活动。企业在生产经营过程中应当加强管理,确保员工严格按照相关规定从事危险物品的生产、储存、运输、使用等活动。企业将危险物品交由第三方存储、运输的,应确认该第三方具有相关资质,避免因无资质的第三方行为导致本企业承担责任。国家对于与安全生产有关设备(如锅炉、压力容器、电梯、起重机械等)的安装、使用、检测、改造和报废等都制定有详细的标准和规范,企业应当严格执行这些标准、规范,防止安全事故的发生。

二、加强企业安全生产警示教育及安全培训

企业应当充分认识安全生产不仅关系到企业自身的经济利益,还关系到劳动者及其他第三人的生命财产安全。因此企业应定期组织企业员工学习相关法律法规,观看安全生产警示教育片,提升从业人员的守法意识及安全生产意识。

除此之外,生产经营单位应按照每年的安全培训需求调查,制定有针对性的年度安全培训计划,定期组织进行安全生产培训,使各级人员充分认识到自己在安全生产中的安全职责和应当具备的相应的安全管理能力。在生产作业前,将相关工作的安全流程、操作规范及注意事项告知所有生产作业人员,使上述人员明知将要从事的工作的风险情况。同时,加强对班组基层员工岗位技能的培训,增强员工的履职能力和防控生产事故发生的能力,并定期实地抽检,通报上班安全生产情况,查看本班员工的精神状况、劳保穿戴情况及工器具是否符合规定,进行安全讲话和工作布置,并对本班组员工的安全生产规程掌握情况进行抽查。

三、健全企业安全生产规章制度

《安全生产法》第22条规定,生产经营单位的全员安全生产责任制应当明确各岗位的责任人员、责任范围和考核标准等内容。生产经营单位应当建立相应的机制,加强对全员安全生产责任制落实情况的监督考核,保证全员安全生产责任制的落实。因此,不同的生产经营者可以根据其各自的单位架构、生产经营情况落实全员安全生产责任制,建立健全安全生产责任体系,通过制定详细的安全生产规章制度,明确企业员工的职责分工情况,确保安全生产规章制度严格执行,从而使得安全生产责任落到实处。

四、制定企业生产事故应对机制,积极处理安全事故

企业应建立相应的信息登记制度,并对相关事故隐患进行排查、消除,必要时必须停产停业,杜绝不采取措施的情况发生。在安全事故发生后应积

极组织、参与事故抢救，防止事故扩大，减少人员伤亡和财产损失，妥善保护事故现场，上报主管机关，并保持与企业法律顾问、安全评估顾问等专业机构沟通，商定应急处置及后续事宜，并积极配合负有安全监督管理职责的部门实施监督检查，杜绝采取弄虚作假、行贿等手段，故意逃避、阻挠检查的情况发生。按照法律规定进行安全事故的报告，企业的相关负责人应该及时报告事故的具体情况，而不能隐瞒不报、谎报或者拖延不报，不能故意破坏事故现场、毁灭有关证据，配合有关机关的调查处理。

经典案例分析

企业安全生产同时关系到人身安全以及财产安全，尤其在涉及易燃易爆生产领域，安全事故一旦发生，往往会造成极为严重的损失。我国相关法律对于企业安全生产中多方主体的责任与义务进行了明确规定，此次天津港爆炸事故是企业未落实安全生产责任、相关监管部门未履行监管责任等多方面原因共同造成。为防范安全事故的发生，无论生产企业还是企业员工，以及相关政府监管部门都应当严格落实安全生产义务，提高安全生产意识。

学习模块二　企业产品质量法律实务

经典案例

2021年1月，奶某某的亲戚伍某某从某烟花爆竹专营店处购买了一批烟花爆竹。燃放过程中，其中一箱爆竹出现侧面喷射及倾倒现象，导致奶某某以及在场多人受伤。奶某某右脚被炸伤，送至医院住院治疗，住院49天。因赔偿事宜协商未果，奶某某遂起诉要求某烟花爆竹专营店赔偿其医疗费、护理费、营养费、伙食补助费、交通费等共计14万余元。[1]

学习单元一　企业产品质量法律实务概要

在当今竞争激烈的商业世界中，产品质量无疑是企业立足市场、赢得消费者信赖的基石。优质的产品不仅能够满足消费者的需求，为企业带来良好的口碑和稳定的客户群体，更是企业实现可持续发展的关键所在。然而，随着市场环境的日益复杂和消费者权益意识的不断增强，企业在产品质量方面面临着诸多法律问题与挑战。一旦产品质量出现问题，不仅可能导致消费者的人身和财产损失，还会使企业陷入法律纠纷，承担巨额赔偿责任，甚至面

---

[1]《奶某某诉某烟花爆竹专营店产品责任纠纷案》，载 http://djysfy.scssfw.gov.cn/article/detail/2025/02/id/8724067.shtml，最后访问日期：2025年3月29日。

临声誉受损、市场份额锐减等严重后果。因此，本单元将重点从企业产品质量相关的法律规范、常见法律风险以及法律责任三个方面出发，深入探讨企业在产品质量方面的法律事务，以期为企业保障产品质量提供参考。

一、企业产品质量的主要法律规范

（一）核心法律——《产品质量法》

《产品质量法》作为产品质量领域的核心法律，于 1993 年颁布实施，并历经多次修正，其在规范产品质量、明确各方责任义务方面发挥着基础性作用。该法从产品质量的监督管理、生产者和销售者的责任与义务、损害赔偿以及罚则等多个维度，构建起了一套较为完善的产品质量法律规范体系。

在产品质量监督管理方面，《产品质量法》明确规定了各级政府部门在产品质量监管中的职责，构建了以抽查为主要方式的监督检查制度。政府有关部门有权对可能危及人体健康和人身、财产安全的产品，以及影响国计民生的重要工业产品等进行抽查，以确保市场上产品的质量符合基本要求。例如，市场监督管理部门可依法对食品、电器等产品进行随机抽检，一旦发现不合格产品，将采取相应措施，如责令整改、召回等，以防止劣质产品继续流通，保障消费者的合法权益。

对于生产者而言，该法严格界定了其产品质量责任。生产者必须确保其生产的产品不存在危及人身、财产安全的不合理危险，有保障人体健康和人身、财产安全的国家标准、行业标准的，应当符合该标准。产品应具备应有的使用性能，除非对产品存在的使用性能瑕疵作出了明确说明。同时，产品或其包装上的标识必须真实且符合一系列要求，包括有产品质量检验合格证明、中文标明的产品名称、生产厂名和厂址等。比如，某汽车制造商生产的汽车，其刹车系统必须符合国家安全标准，以确保在行驶过程中能够有效制动，保障驾乘人员的生命安全；汽车的说明书应准确、详细地描述车辆的各项性能、使用方法及注意事项等。若因产品存在缺陷造成他人人身、财产损害，生产者需承担侵权损害赔偿责任，这体现了法律对生产者严格责任的要求，促使生产者高度重视产品质量，从源头把控产品品质。

销售者同样承担着重要的产品质量责任。销售者应当建立并执行进货检查验收制度，验明产品合格证明和其他标识，这要求销售者在进货环节对产品进行严格把关，确保所售产品来源合法、质量合格。在销售过程中，销售者不得销售国家明令淘汰并停止销售的产品和失效、变质的产品。若销售者销售的产品存在质量问题，导致消费者权益受损，销售者应承担修理、更换、退货等民事责任；若该质量问题是由生产者或其他供货者造成的，销售者在向消费者赔偿后，有权向责任方追偿。例如，消费者购买到一台有质量问题的电视机，销售者应按照规定为消费者办理退换货手续，若该问题是由于生产环节的瑕疵所致，销售者可向电视机生产厂家进行追偿。

(二) 其他关联法律协同规制

除《产品质量法》外，《消费者权益保护法》《民法典》中"合同编"与"侵权责任编"等多部法律从不同角度对产品质量进行规范，共同构建起严密的法律防护网，各法律之间相互协同、互为补充，全方位保障产品质量相关各方的合法权益。

《消费者权益保护法》着重强调对消费者权益的保护，在产品质量问题上，赋予了消费者诸多权利。当消费者购买到不符合质量要求的产品时，有权依照国家规定、当事人约定退货，或者要求经营者履行更换、修理等义务。在没有国家规定和当事人约定的情况下，消费者自收到商品之日起7日内可选择退货；7日后，若商品符合法定解除合同条件，消费者仍可退货；不符合法定解除合同条件的，消费者可以要求经营者履行更换、修理等义务，且经营者应当承担运输等必要费用。该法还明确了消费者在产品质量纠纷中的知情权、选择权、求偿权等，进一步强化了对消费者的保护力度。例如，消费者对购买的化妆品出现过敏等不良反应，经检测确属产品质量问题，消费者可依据《消费者权益保护法》要求商家退货退款，并赔偿因此遭受的损失，如医疗费、误工费等。

《民法典》"合同编"则从合同关系的角度对产品质量进行规制。当企业作为出卖人向买受人提供产品时，双方形成买卖合同关系。出卖人需按照合同约定的质量要求交付产品，若交付的产品不符合质量约定，构成违约，应承担违约责任。违约责任的形式包括修理、更换、重作、退货、减少价款或者报酬等。合同中对产品质量标准有明确约定的，出卖人必须严格遵守；若合同未明确约定质量标准，可按照国家标准、行业标准履行；没有国家标准、行业标准的，按照通常标准或者符合合同目的的特定标准履行。

《民法典》"侵权责任编"在产品质量领域主要针对因产品缺陷造成他人损害的情形进行规范。因产品存在缺陷造成他人人身、财产损害的，被侵权人有权向产品的生产者或销售者请求赔偿。产品缺陷由生产者造成的，销售者赔偿后，有权向生产者追偿；因销售者的过错使产品存在缺陷的，生产者赔偿后，有权向销售者追偿。该规定明确了产品侵权责任的归责原则和赔偿范围，对于保障受害者的合法权益具有重要意义。比如，某品牌热水器因设计缺陷导致爆炸，造成消费者人身伤害和财产损失，消费者可依据《民法典》"侵权责任编"有关规定向热水器的生产者或销售者要求赔偿医疗费、护理费、财产损失等各项费用。

二、企业产品质量的常见法律风险

（一）产品质量不符合合同约定

企业与客户签订的销售合同中，通常会对产品质量标准作出明确约定。比如生产燃气热水器的生产企业给地产商配套一批燃气热水器，因房地产商的特殊安装环境，在双方签订的合同要求中，技术条款上约定配套提供加长烟管，但在实际发货时生产者没有提供加长烟管配套。这样的情况下，产品即使完全符合国家强制性安全标准要求，也是不符合合约标准要求的，此时生产者负有承担违约责任的法律风险。

（二）产品质量不符合国家标准、行业标准

为保障产品的质量安全，我国实施产品强制性标准、产品推荐性标准以及强制性产品认证制度。产品强制性标准是指通过法律、行政法规等强制性手段加以要求实施的产品标准，具有法律属性。如 GB 4706.12-2006《家用和类似用途电器的安全储水式热水器的特殊要求》、GB 21519-2008《储水式电热水器能效限定值及能效等级》等标准都属于产品强制性标准。产品强制性标准一经颁布，必须贯彻执行。否则造成恶劣后果和重大损失的企业和法人，都可能要受到经济制裁或承担法律责任。产品推荐性标准又称为产品非强制性标准。如 GB/T 17713-2011《吸油烟机》、GB/T 26572-2011《电子电气产品中限用物质的限量要求》等都属于推荐性标准。行业标准、地方标准也属于推荐性标准。这类标准不具有强制性，任何单位均有权决定是否采用，违反这类标准，在没有被生产者采用的情况下不构成经济或法律方面的责任。强制性产品认证制度是一种产品合格评定制度，是各国政府为保护消费者人身安全、国家安全、保护环境而订立的系列国家标准和技术法规，具有很强的法律约束性。我国 3C 强制性产品认证制度是通过制定《强制性产品认证目录》来管理，对列入中国强制性产品认证目录中的产品实施强制性的检测和审核，并要求获得认证证书。列入上述目录内的产品若没有按规定加施认证标志则一律不得进口、不得出厂销售和在经营服务场所使用。

另外根据《产品质量法》第 49 条的规定，企业生产、销售的产品应当符合保障人体健康和人身、财产安全的国家标准、行业标准，否则应当承担停

止生产、销售,没收违法生产、销售的产品,并处罚款等法律责任。因此,企业在生产产品的过程中,应当确保该产品质量符合我国有关产品质量标准,否则将承担相应的法律责任。我国实践中,存在部分企业生产出的产品不符合国家以及行业的相关规定,甚至存在质量缺陷,此时生产企业不仅存在承担违约责任的可能,还存在承担侵权损害责任的可能。

(三) 商事合同中,产品质量条款约定不明确

在产品生产以及销售过程中,还存在产品质量标准条款约定不明确、质量验收条款约定不明确以及产品质量认定的最终途径和费用承担约定不明确等情形。例如,合同双方就货物是否符合质量要求存在分歧时,由哪个第三方机构最终进行质量认定以及相关费用由谁承担产生争议,导致双方解决问题的成本增加。

三、企业产品质量的法律责任

(一) 民事责任:赔偿与退换货之责

企业一旦出现产品质量问题,首要面临的便是民事责任。根据《产品质量法》和《消费者权益保护法》等相关法律规定,当产品不具备应有的使用性能且事先未作说明,或者不符合产品标准、产品说明、实物样品等所表明的质量状况时,销售者需承担修理、更换、退货的责任。若因此给消费者造成损失,还需赔偿损失。例如,消费者购买的某品牌手机,在正常使用情况下频繁出现死机、自动关机等问题,严重影响正常使用,且该情况在购买时商家并未告知消费者,那么销售者应按照规定为消费者免费修理;若修理后仍无法正常使用,消费者有权要求更换同型号新机或退货退款。若因产品质量问题导致消费者其他财产损失,如因手机故障导致重要数据丢失,消费者有权要求销售者给予相应赔偿。

若产品存在缺陷,即产品存在危及人身、他人财产安全的不合理危险,造成人身、缺陷产品以外的其他财产损害的,生产者应承担赔偿责任。当销售者既不能指明缺陷产品的生产者,也不能指明缺陷产品的供货者时,同样需承担赔偿责任。比如,某品牌热水器因内胆材质问题发生爆炸,导致消费者家中财产受损,消费者可向热水器生产者要求赔偿财产损失;若销售者无法提供生产者或供货者的有效信息,消费者也可向销售者索赔。

此外,在产品质量纠纷中,销售者对消费者承担责任后,若该质量问题属于生产者或其他供货者的责任,销售者有权向其追偿。这一规定既促使销售者在进货环节严格把控产品质量,同时也保障了销售者在承担责任后的合

法权益。例如，某超市销售的某品牌食用油被检测出有害物质超标，超市在向消费者赔偿后，若查明是生产厂家的生产环节出现问题导致产品质量不合格，超市可向生产厂家进行追偿，要求其承担相应的赔偿费用。

（二）行政责任：监管处罚的重压

生产、销售不合格产品的企业，将面临来自行政部门的严厉处罚。依据《产品质量法》的规定，对于生产、销售不符合保障人体健康和人身、财产安全的国家标准、行业标准的产品，行政部门责令停止生产、销售，没收违法生产、销售的产品，并处违法生产、销售产品货值金额等值以上3倍以下的罚款；有违法所得的，并处没收违法所得；情节严重的，吊销营业执照。例如，某食品企业生产的食品被检测出含有非法添加剂，严重危害人体健康，相关部门将依法没收该企业违法生产的食品，对其处以罚款，若该企业有违法所得，一并予以没收；若情节严重，如多次出现类似问题或造成较大范围的食品安全事故，将吊销其营业执照，使其无法继续从事食品生产经营活动。

若企业在产品中掺杂、掺假，以假充真，以次充好，或者以不合格产品冒充合格产品，同样责令停止生产、销售，没收违法生产、销售的产品，并处违法生产、销售产品货值金额50%以上3倍以下的罚款；有违法所得的，没收违法所得；情节严重的，吊销营业执照。

此外，对于生产国家明令淘汰的产品，销售国家明令淘汰并停止销售的产品，以及销售失效、变质产品等行为，行政部门也将责令其停止生产、销售，没收违法产品，并给予相应罚款等处罚。这些行政责任的规定，旨在促使企业严格遵守产品质量法律法规，保障产品质量，维护市场的正常秩序。

（三）刑事责任：触碰红线的严惩

当产品质量问题达到一定严重程度，企业可能被追究刑事责任。其中，生产、销售伪劣产品罪是产品质量领域常见的罪名。根据《刑法》第140条规定："生产者、销售者在产品中掺杂、掺假，以假充真，以次充好或者以不合格产品冒充合格产品，销售金额五万元以上不满二十万元的，处二年以下有期徒刑或者拘役，并处或者单处销售金额百分之五十以上二倍以下罚金；销售金额二十万元以上不满五十万元的，处二年以上七年以下有期徒刑，并处销售金额百分之五十以上二倍以下罚金；销售金额五十万元以上不满二百万元的，处七年以上有期徒刑，并处销售金额百分之五十以上二倍以下罚金；销售金额二百万元以上的，处十五年有期徒刑或者无期徒刑，并处销售金额百分之五十以上二倍以下罚金或者没收财产。"

例如，某制药企业为追求高额利润，生产假药并大量销售，销售金额达数百万元，严重危害了消费者的生命健康。该企业的行为已构成生产、销售伪劣产品罪，相关责任人将面临严厉的刑事处罚，企业也可能面临巨额罚金和被没收财产的处罚。这不仅会使企业遭受巨大的经济损失，还会使其声誉一落千丈，难以在市场上继续立足。

若产品质量问题涉及特定领域，如食品、药品、医疗器械等，还可能触犯其他更为严重的罪名，如生产、销售不符合安全标准的食品罪，生产、销售、提供假药罪，生产、销售不符合标准的医用器材罪等，相关责任人将面临更为严厉的刑罚制裁。这些刑事责任的规定，为企业在产品质量方面划出了不可触碰的红线，警示企业必须高度重视产品质量，确保生产、销售的产品符合法律要求，否则将付出沉重的代价。

学习单元二　企业产品质量法律风险防范

防范产品质量责任风险，企业可以从事前和事后两个方面入手。事前防范的核心，就是要保证产品的质量符合国家法律法规等规范的要求，安全适用，不存在导致产品质量责任的瑕疵、缺陷；而事后防范就是在产品确实存在质量问题时及时采取适当的措施，使问题得到积极稳妥的解决，避免损失和风险的进一步扩大。属于事前防范的制度性措施包括建立健全质量管理体系、进行产品质量认证、严格履行各项质量义务等；属于事后防范的制度性措施则包括售后服务保障、缺陷产品召回、投保产品责任险等。

一、建立健全质量管理体系

产品质量是生产出来的而不是检验出来的，这应该算是质量管理界的名言。产品生产过程极其复杂，最终的质量取决于产品设计、原材料、零部件、制造、加工、组装、检验、包装保管、运输、安装和服务等一系列环节，因此，保证产品质量稳定并合格，离不开企业内部的质量管理体系。所谓质量管理体系，就是为保证产品质量而从组织机构、职责、程序、过程和资源等各个方面建立起来的具有有机联系的管理体系。国际标准化组织（ISO）给出的定义被广泛认同，即"在质量方面指挥和控制组织的管理体系"，通常包括制定质量方针、目标以及质量策划、质量控制、质量保证和质量改进等活动。实现质量管理的方针目标，有效地开展各项质量管理活动，必须建立相应的质量管理体系。由国家标准化组织制定的 ISO9000 系列标准，是目前通行且有效的建立质量管理体系的标准，按照这些标准建立本企业的质量管理体系并通过 ISO 质量管理体系认证，可以帮助企业组织实施运行有效的质量管理体系。

二、进行产品质量认证

产品质量认证，又称产品认证或者合格认证，是由一定的认证机构依据产品标准和相应技术要求，确认并通过颁发认证证书和认证标志来证明某一产品符合相应标准和相应技术要求的活动。产品认证按照内容分为强制认证和自愿认证两种。对于有关人身安全、健康和其他法律法规有特殊规定的产品实施强制认证，强制认证产品之外的其他产品由企业自愿决定是否认证。实践证明，产品质量认证对于企业开展全面质量管理，提高质量管理水平，保证产品质量具有积极的作用。通过认证的产品，不但质量有了保证，还相应地提高了市场竞争力。

三、严格履行质量义务

严格履行产品质量义务，不仅在于企业对国家和社会负责，同时也是企业保证产品质量的基础，另外，在某些情况下还是企业对发生的产品质量问题主张免责的依据。例如，法律要求"使用不当，容易造成产品本身损坏或者可能危及人身、财产安全的产品，应当有警示标志或者中文警示说明"。如果企业依法履行该义务，已经对产品的正当、恰当使用作出充分的说明和必要的警示，当发生产品损害事故且系使用不当造成时，企业可以因已履行必要告知义务而主张免责。

四、主动召回缺陷产品

所谓产品召回，就是生产经营者发现产品存在可能危及消费者人身健康、生命和财产安全的缺陷时，通过一定程序将缺陷产品从市场上或消费者手中收回，通过补充或修正消费说明、退货、换货、修理等方式，有效预防和消除因缺陷可能导致的损害的活动。召回缺陷产品是防止损害事故发生的有效手段和制度性措施。召回制度的适用条件包括：一是召回的前提是产品存在缺陷；二是召回的主体是缺陷产品的生产者；三是必须在缺陷产品尚未发生损害之前及时采取召回措施。表面上看，企业召回产品似乎增加了不少的支出，但相比较于因缺陷造成损害产生的巨额赔偿而言，召回实则极大地避免或者减轻了企业的责任。

五、加强和完善售后服务

完善的售后服务，特别是对那些技术复杂的产品而言，不但是企业提高市场竞争力、维系用户关系的要求，也是防止质量事故的一个重要方面。通过售后服务，可以帮助用户和消费者解决疑难问题，正确使用产品，维护产品的使用功能，还可以及时发现产品质量问题，以采取相应的解决措施。

六、适当选择投保产品责任险

产品责任险承保的责任范围，是生产经营者生产、销售的产品发生损害事故，造成使用、消费或操作该产品的人或其他任何人的人身伤害、疾病、死亡或财产损失时，依法应当由生产经营者承担的赔偿责任。产品责任实行的是无过错责任原则，有些情况下的产品责任是企业难以预料的，加之产品责任的损害赔偿数额与产品本身的价值相去甚远，往往是产品本身价值的几倍、几十倍，甚至成百上千倍，一次产品责任事故赔偿有时可以令企业就此倒闭，因此，对于潜在风险高的产品，企业可以适当选择投保产品责任险，以便将可能的巨额赔偿责任风险分散、转移出去。要提倡产品质量责任强制性保险，出现产品责任事故由保险机构先行赔偿。通过保险公司承保产品质量，企业的承诺是，一旦出现质量问题或责任事故，给消费者造成伤害、疾病、死亡等情况，消费者均可从保险公司领取赔偿金。目前，投保产品责任险的产品，以家电、药品及食品等产品居多。企业投保产品责任险后，可以把相关的风险转移给保险公司。

经典案例分析

《产品质量法》第13条规定："可能危及人体健康和人身、财产安全的工业产品，必须符合保障人体健康和人身、财产安全的国家标准、行业标准；未制定国家标准、行业标准的，必须符合保障人体健康和人身、财产安全的要求。禁止生产、销售不符合保障人体健康和人身、财产安全的标准和要求的工业产品。具体管理办法由国务院规定。"第43条规定："因产品存在缺陷造成人身、他人财产损害的，受害人可以向产品的生产者要求赔偿，也可以向产品的销售者要求赔偿。属于产品的生产者的责任，产品的销售者赔偿的，产品的销售者有权向产品的生产者追偿。属于产品的销售者的责任，产品的生产者赔偿的，产品的生产者有权向产品的销售者追偿。"国家标准《烟花爆竹安全与质量》（GB10631-2013）明确规定，烟花爆竹在燃放时不应产生倾倒，应符合发射偏斜角的要求。在该案中，案涉烟花在燃放时存在侧面喷射和倾倒现象，不符合国家标准，具有质量缺陷。缺陷产品造成人身、财产损害时，受害人有权请求生产者和销售者承担责任。受害人既包括直接购买并使用缺陷产品的人，也包括非直接购买使用缺陷产品但受到缺陷产品损害的其他人。奶某某虽非直接购买人，但属于因产品缺陷受到损害的人，其就人身损害请求赔偿具有事实和法律依据。法院判决某烟花爆竹专营店向奶某某支付医疗费、护理费、营养费、伙食补助费、交通费等各项损失共计13万余元。产品责任是指因产品存在缺陷导致人身或者财产损害，生产者、销售者应当承担的赔偿责任。该案认定非直接购买使用缺陷产品但受到缺陷产品损害的受害人有权向产品生产者、销售者请求赔偿，符合法律规定，对于督促生产者提升产品质量、销售者销售合格产品，保护受害人权益具有积极意义。

学习模块三　企业销售法律实务

经典案例

C公司与B公司及A之间发生了一起买卖合同纠纷。C公司向一审法院提起诉讼，指控B公司与A拖欠货款，并要求支付逾期付款损失，同时承担本案诉讼费用。一审法院作出判决，责令B公司在判决生效之日起3日内支付C公司货款及逾期付款利息，驳回C公司的其他诉讼请求，案件受理费由B公司承担。然而，B公司对一审判决结果不服，遂向二审法院提起上诉。在二审过程中，B公司提交了国家企业信用信息公示系统查询结果、高德地图截图等证据，试图证明C公司与B公司的经营地址处于同一工业区。同时，B公司虽确认案涉货物在其经营场所，但坚称货物归A所有，主张自己并非买卖合同的相对方。

该案的争议焦点为，A的行为是否构成对B公司的表见代理，进而确定B公司是否应当为A的行为承担支付货款及逾期利息的责任。B公司极力主张A与公司之间仅存在借用场所关系，买卖合同关系的真正相对方是A，且A的行为不构成表见代理，因此B公司与C公司之间不存在买卖合同关系，无需承担付款责任。

学习单元一　企业销售法律实务概要

企业销售是企业经营的重要环节，也是企业生产经营价值实现的最终环节，这一过程的顺利完成，对于企业至关重要。在当今竞争激烈的商业世界中，企业的销售活动宛如一场复杂而关键的战役，直接关系到企业的生存与发展。而企业销售活动中涉及合同签订与管理、知识产权保护、消费者权益保护、反不正当竞争与反垄断、广告宣传以及价格促销等多个方面的法律事务，本单元将重点从合同签订与管理、广告宣传以及价格促销等三个方面，简述企业销售过程中涉及的法律事务，对于上述内容的掌握，有利于企业开展合规销售，尽可能避免产生相应的法律风险。

一、合同的签订与管理

俗话说"口说无凭、立字为据"，企业与不同主体之间的销售更是需要留下痕迹。在企业销售活动中，销售合同是明确双方权利义务的关键依据，其条款的严谨性与完整性直接关乎交易的成败及企业的利益。一份漏洞百出的合同可能使企业陷入无尽的纠纷，导致经济损失与声誉损害。因此，企业必须高度重视销售合同的签订与管理，确保每一个环节都符合法律规定，切实保障自身合法权益。企业在销售合同签订前应当对合同对方当事人进行一定的资信调查，以确保合同当事人具有签订与履行合同的资格与能力，在合同签订时，双方应当进行充分交流协商，明确标的物、数量、质量、价格、交付方式及时间等合同必备条款，合同签订后，积极履行合同约定的义务并且督促对方履行相应义务，尽早收回货款。

二、广告宣传

企业生产出好的产品，更为重要的是将产品出售以获得利润。此时，广告不仅为企业与消费者之间搭建了桥梁，更为消费者提供了一个获取信息的途径。因此，广告营销在企业销售中扮演着至关重要的角色，其合法性、真实性直接关系到企业的切身利益与市场的良性竞争。为了规范广告活动，保护消费者的合法权益，促进广告业的健康发展，维护社会经济秩序，《广告法》应运而生。根据《广告法》相关规定，广告内容必须真实、准确，禁止使用"国家级""最高级""最佳"等绝对化用语，不得含有虚假或引人误解的内容。例如，不能夸大产品的功效、性能，不能虚构产品的产地、原材料等信息。企业在进行广告宣传过程中，除需遵守《广告法》相关规定外，还同样受到《反不正当竞争法》《商标法》《著作权法》等规定，不得通过广告诋毁其他企业，广告内容不得侵犯他人商标专用权、著作权等权利。

三、价格促销

价格行为是企业经营行为中最为普遍的行为之一，尤其是电商、商超、零售、快消领域的企业更是可能需要频繁开展各类价格宣传和价格促销，以在激烈的市场竞争中吸引更多的消费者和获取交易机会。企业在价格标示、价格宣传、价格促销、价款收取等环节，可能因各种不同原因导致容易违反国家关于价格相关的法律规定，给企业经营带来法律风险和纠纷，例如，企业未明码标价、低价出售构成不正当竞争以及价格欺诈等问题。

学习单元二　企业销售法律风险防范

企业销售是企业生产经营的最终环节，关系到企业最终价值能否实现，更是企业生存与发展的核心，而企业销售过程中的法律风险对于企业价值的实现至关重要。本单元将重点讨论企业销售过程中合同签订与管理、广告宣传、价格促销中存在的风险要点，为企业规避该等风险提供指引，保障企业销售过程中的合法合规。

一、销售合同签订及其管理中的法律风险与防范

（一）风险提示

1. 主体资格瑕疵。在企业销售活动中，合同主体资格审查至关重要。若审查不严，可能遭遇主体不适格问题。无履约能力的主体签订合同，如濒临破产、严重资不抵债的企业，即便签订合同，也难以履行义务，导致合同无法实现预期，给企业带来经济损失，包括前期投入成本浪费、预期收益落空。无权代理情况也不容忽视，行为人无代理权、超越代理权或代理权终止后以被代理人名义订立合同，若相对人无理由相信其有代理权，合同效力待定，被代理人不追认则对其无约束力，企业可能陷入合同纠纷，面临损失。

2. 合同条款漏洞。合同条款是明确双方权利义务的关键，条款不全、模糊或有歧义，易在履行过程中引发纠纷。交货条款方面，若未明确交货时间、地点和方式，可能出现交货延迟、地点争议等问题。如合同约定"尽快交货"，"尽快"概念模糊，双方理解不同，易产生纠纷。付款条款若对付款时间、方式、金额等约定不明，会影响企业资金回笼。如约定"收到货物后付款"，但未明确是收到全部货物还是部分货物后付款，可能引发争议。质量条

款若未明确质量标准、验收方式和期限，验收时易出现分歧。如仅约定产品质量合格，但未说明合格标准，双方易产生纠纷。

3. 恶意履行隐患。合同中可能存在对方恶意利用条款的风险。如设置不合理的免责条款，在出现问题时免除自身责任。或利用条款漏洞逃避责任，当合同条款不清晰时，故意曲解以逃避应承担的义务。有些企业在合同履行中可能拖延履行，以各种借口延迟交货或付款，影响企业资金周转和正常运营。

(二) 防范措施

1. 主体资格审核。在签订销售合同前，务必对交易对象的主体资格进行全面、深入的审查。若交易对象为法人，应仔细核实其法人营业执照，查看企业的注册登记信息，包括企业名称、法定代表人、注册资本、经营范围、注册地址、经营期限等是否真实有效，是否处于正常经营状态，有无被吊销或注销的情况。同时，要审查其相关资质许可，确保其具备从事相关业务的法定资格。若交易对象为自然人，需核实其身份证件，确认其身份真实性及是否具备完全民事行为能力。通过全国企业信用信息公示系统、第三方信用评级机构等渠道，查询交易对象的信用记录，了解其过往的商业信誉、履约情况及是否存在法律纠纷等信息。避免与信用不良、存在欺诈记录或频繁涉诉的主体进行交易，降低潜在的信用风险。

2. 标的物信息明确。合同中对标的物的描述必须精准无误，涵盖产品名称、型号、规格、数量、质量标准等关键要素。产品名称应使用通用、准确的名称，避免使用模糊、容易产生歧义的俗称。明确产品的型号、规格，详细列出产品的技术参数、性能指标等，确保交付的产品符合双方预期。对于数量，要使用准确的数字和计量单位，避免使用"大约""左右"等模糊表述。明确质量标准，可引用国家标准、行业标准或双方约定的具体质量要求。如无相关标准，应详细描述产品的质量特征、性能要求、验收方法等。对于涉及外观、颜色、尺寸等细节的产品，可通过附件、图片等形式加以明确，防止因质量标准不明确而引发纠纷。

3. 价款与支付条款。价格条款应清晰明确，注明产品单价、总价、计价货币及价格是否含税等信息。避免出现价格模糊不清、存在歧义的情况。对于分期付款的情况，要明确各期付款的时间节点、金额及支付方式。支付方式应选择安全、可靠的方式，如银行转账、支票、信用证等，并明确收款方的银行账户信息。同时，要约定逾期付款的违约责任，包括逾期利率、违约金的计算方式等,以促使买方按时支付货款。如约定买方逾期付款需按未付款项的一定比例支付违约金,且每日按逾期金额的一定比例支付逾期利息,以充分保障销售方的合法权益。

4. 合同跟进与管理。合同签订后,为避免己方或对方出现履行不当的行为,企业应当安排专人跟进合同的履行,及时掌握双方合同履行情况,确保合同价款能够及时收回,如合同相对方存在不利情形,也能够尽快保存证据,及时通过法律途径保护己方利益,避免出现"人去楼空"或者诉讼时效经过等情形。

二、广告宣传中的法律风险与防范

(一)风险提示

1. 虚假宣传误导。企业为吸引消费者,可能夸大产品功效、虚构事实或隐瞒真相。如某保健品企业宣传产品可治愈癌症,实际并无此功效,这属于典型的虚假宣传。根据《广告法》规定,发布虚假广告,欺骗、误导消费者,使购买商品或接受服务的消费者合法权益受损,广告主需承担民事责任,可能面临罚款、停业整顿甚至吊销营业执照等处罚。

2. 侵权风险重重。广告宣传中易出现商标、著作权、专利、肖像等侵权问题。未经授权使用他人商标,会侵犯商标专用权,可能面临停止侵权、赔偿损失等责任。例如,A公司在广告中擅自使用B公司的知名商标,误导消费者认为两者有关联,B公司有权要求A公司停止侵权并赔偿损失。使用未经授权的图片、音乐等素材,侵犯著作权,同样需承担法律责任。若广告中使用的创意、技术等侵犯他人专利,也会引发法律纠纷。未经他人同意使用其肖像进行宣传,侵犯肖像权,可能面临法律诉讼和赔偿。

3. 违规使用用语。广告中使用绝对化、禁用词语等违规表述,会遭受监管部门处罚。如使用"国家级""最高级""最佳"等绝对化用语,违反《广告法》规定。在一些特殊行业,如医疗、药品、保健食品广告中,使用禁止性用语,误导消费者,后果更为严重。例如,某药品广告宣传"药到病除",这属于违规用语,会受到监管部门严厉处罚。

(二)防范措施

1. 加强产品广告宣传管理。企业在利用广告进行产品和业务宣传时,不能盲目追求广告效果,还应注意广告的内容、发布程序等是否依法合规:一是广告内容不能违反法律的禁止性规定,不能有妨碍社会公共秩序和违背社会良好风尚的内容,不得含有虚假的内容,不得欺骗和误导消费者;二是注意广告中所使用的标语、字体、图像、形象设计等没有侵犯他人的著作权、商标权、专利权或肖像权等；三是注意广告应当符合《反不正当竞争法》的要求，广告中不得贬低其他生产经营者的商品或服务；四是发布医疗、药品、医疗器械、农药、兽药和保健食品广告以及法律、行政法规规定应当进行审查的其他广告，应当在发布前由有关部门对广告内容进行审查，未经审查，不得发布。

2. 严格规范与广告商合作。要严格审查合作广告商的主体资格及履行条件，优选履约能力强、信用好、报价合理的广告商。与广告商签订的广告委托设计合同条款应符合法律规定，广告作品著作权归属条款、权利瑕疵担保条款以及违约条款等须约定明确；若广告内容为广告商自主创作，应要求其提供原创素材及独创性声明；若广告商在广告创作中使用了他人作品，应要求其提供著作权许可使用协议，确保其作品来源合法。

三、价格促销中的法律风险及其规避

(一) 风险提示

1. 价格欺诈风险：常见表现有虚高定价再打折、虚构原价、以虚假折扣诱导消费者购买等。比如某些电商平台在促销活动中，事先抬高商品价格，再标注"特价""限时折扣"等吸引消费者，实际折扣后的价格与原价相差无几甚至更高，这属于典型的价格欺诈，一旦被发现，企业可能面临行政处罚和民事赔偿。

2. 不正当价格竞争风险：违反《反不正当竞争法》和《反垄断法》等规定，企业可能面临法律风险。如企业以排挤竞争对手为目的，以低于成本的价格销售商品；或者与竞争对手达成固定价格、限制价格变动等垄断协议，损害市场公平竞争和其他经营者、消费者的合法权益。

3. 价格歧视风险：如果企业没有合理理由，对条件相同的交易相对人在交易价格等交易条件上实行差别待遇，比如根据消费者的购买数量、支付方式、地域等因素进行不合理的价格歧视，可能会引发反垄断调查，损害企业的声誉和市场形象。

4. 虚假宣传风险：在促销过程中，企业可能会通过广告、宣传册、网络等渠道发布不真实或误导性的价格信息，如声称"全网最低价""史上最大优惠"等，但实际并非如此，以此吸引消费者购买，这也属于虚假宣传，可能会被认定为违法，面临罚款、赔偿等法律责任。

5. 违反明码标价规定风险：企业未按照规定明码标价，标价内容不真实、

明确、清晰，或者在标价之外加价出售商品或收取未标明的费用等，违反了《价格法》等相关规定，可能会受到行政处罚。

（二）防范措施

1. 建立完善的价格管理体系。

（1）准确核算成本与定价：企业应建立科学的成本核算制度，准确计算产品或服务的成本，在此基础上，结合市场需求、竞争状况和企业的利润目标等因素，制定合理的价格策略，确保价格既具有市场竞争力，又能保证企业的盈利空间，避免因盲目定价引发价格风险。

（2）价格监测与调整机制：建立价格监测系统，密切关注市场价格动态、竞争对手价格变化以及原材料成本波动等因素，及时调整自身价格策略。同时，在价格调整过程中，要确保符合法律法规的要求，避免价格欺诈等违法行为。

（3）明码标价规范：严格按照相关法律法规的要求，对商品和服务进行明码标价，做到标价内容真实、准确、完整，字迹清晰，货签对位，标识醒目。

2. 加强促销活动的合规管理。

（1）促销方案法律审核：在制定促销方案时，应邀请法务人员或法律顾问对方案进行法律审核，以确保促销活动的内容、形式和实施过程符合法律法规的规定，避免出现虚假宣传、价格欺诈等违法条款。

（2）规范促销宣传用语：对促销宣传的内容进行严格把关，确保宣传信息真实、准确、清晰，不夸大、不误导消费者。避免使用绝对化、夸大其词的宣传用语，如"最佳""第一"等。

（3）明确促销规则和条件：在促销活动中，要明确告知消费者促销的规则、条件、期限等重要信息，避免因规则不明引发消费者误解或纠纷。

经典案例分析

依据《民法典》第172条规定，行为人没有代理权、超越代理权或者代理权终止后，仍然实施代理行为，相对人有理由相信行为人有代理权的，代理行为有效。结合该案的案件事实，法院最终认定，首先，B公司未能提供充分且确凿的证据，证明其与A之间存在借用场所关系。其次，C公司提交的送货单明确记载收货单位为"B公司的经营地址",且交易行为发生地就在B公司的经营场所,这一系列客观事实表明交易对象具有明确的指向性,为C公司相信A代表B公司进行交易提供了重要依据。最后,A在聊天记录中提及"B公司老板"并承诺安排付款的行为,进一步强化了交易与B公司之间的紧密关联性,使C公司基于这些表象产生的信赖显得善意且合理。综上所述,法院认定A的行为构成表见代理,其法律后果应由B公司承担。B公司应向C公司支付货款及逾期利息。B公司与A之间的内部关系,不能成为对抗善意第三人C公司的理由,不影响B公司对外责任的承担。因此,二审法院依法驳回B公司的上诉,维持原判。

法律法规索引

任务实训

实训1

王某承包经营电镀厂,未按照国家标准为电镀设备安装漏电保护装置,导致2名工人作业时触电死亡。根据《刑法》的规定,王某的行为构成（　　）。

A. 失职渎职罪

B. 重大责任事故罪

C. 强令违章冒险作业罪

D. 重大劳动安全事故罪

实训2

生产经营单位将生产经营项目、场所、设备发包或者出租给不具备安全生产条件或者相应资质的单位或者个人,导致发生生产安全事故给他人造成损害的,与承包方、承租方承担（　　）。

A. 行政责任

B. 民事责任

C. 刑事责任

D. 连带赔偿责任

实训3

（多选）安全生产违法行为的责任主体,是指依照《安全生产法》的规定享有安全生产权利、负有安全生产义务和承担法律责任的社会组织和公民。《安全生产法》中责任主体主要包括（　　）。

A. 有关人民政府和负有安全生产监督管理职责的部门及其领导人、负责人

B. 生产经营单位及其负责人、有关主管人员

C. 生产经营单位的从业人员

D. 安全生产中介服务机构和安全生产中介服务人员

实训4

通过网络途径搜索江苏响水天嘉宜化工有限公司"3·21"特别重大爆炸事故,了解事故经过,分析、总结其中的法律风险及其法律责任,并形成案例分析报告。

实训5

甲公司向乙商场出售一批玻璃花瓶,称花瓶上有不规则的抽象花纹为新产品,乙商场接货后即行销售,后受到很多消费者投诉,消费者说花瓶上的花纹实际上是裂缝,花瓶漏水,要求乙商场退货并赔偿损失,乙商场与甲公司交涉,甲公司称此类花瓶是用于插装塑料花的,裂缝不影响使用,且有特殊的美学效果,拒绝承担责任。经查,消费者所述属实。下列答案中不正确的是哪项（　　）。

A. 乙商场应予退换并赔偿损失

B. 乙商场退换并赔偿损失后可向甲公司追偿

C. 消费者丙被花瓶裂缝划伤,可向甲公司直接索赔

D. 乙商场无过错,不应当对此负责

实训6

生产、销售不符合保障人体健康和人身、财产安全的国家标准、行业标准的产品构成犯罪的条件是（　　）。

A. 行为人主观上为故意

B. 实施了生产、销售的不符合保障人体健康和人身、财产安全的国家标准、行业标准产品的行为

C. 造成了或足以造成危害后果

D. 违法获利数额巨大

实训7

丁某、丁妻、丁子及邻居王某正在丁家闲聊，丁家刚买的彩电爆炸，将他们不同程度炸伤，经鉴定是电视机内部短路造成，（   ）均有权要求销售者赔偿。

A. 丁某　　B. 丁妻　　C. 丁子　　D. 王某

实训8

某公司开发一种新型节能炉具，先后制造出10件样品，后来样品有6件丢失。2009年某户居民的燃气罐发生爆炸，查明原因是使用了某公司丢失的6件样品炉具中的一件，而该炉具存在重大缺陷。该户居民要求某公司赔偿损失，某公司不同意赔偿，下列理由中哪一个最能支持某公司立场（   ）。

A. 该炉具尚未投入流通

B. 该户居民如何得到炉具的事实不清

C. 该户居民偷盗样品，由此造成的损失应由其自负

D. 该户居民应向提供给其炉具的人索赔

实训9

甲向乙购买一古董花瓶，约定价格为10万元，甲当即将价款打入乙的银行账户，乙将该花瓶委托物流公司丙运送给甲，物流公司丙在运送过程中遭遇泥石流，古董花瓶被毁。下列说法正确的是（   ）。

A. 依据买卖合同风险承担规则，甲可以要求乙返还10万元价款

B. 花瓶毁损灭失的风险应当由承运人丙物流公司承担

C. 由于花瓶已经交付运输，因此花瓶毁损灭失的风险由甲承担

D. 由于所有权并未转移，因此花瓶毁损灭失的风险仍然由乙承担

实训10

2015年5月10日，甲公司与方某签订房屋买卖合同，约定："2016年5月10日办理房屋过户登记手续，房屋价款分2次付清"。2015年6月10日，甲公司将该套房屋再次以400万元出卖给韩某，双方约定2016年5月6日交房，交房后10天内办理房屋过户登记手续。2016年5月10日，甲公司未按

约定与方某办理房屋过户登记手续。方某得知甲公司已于 2016 年 5 月 6 日将房屋交付韩某使用，遂产生纠纷。关于本案，下列哪一表述是错误的？

　　A. 甲公司与方某签订的房屋买卖合同系分期付款买卖合同

　　B. 如方某举证证明甲公司与韩某构成恶意串通，则甲公司与韩某的购房合同无效

　　C. 2016 年 5 月 6 日后，房屋毁损、灭失的风险由韩某承担

　　D. 方某可以催告甲公司在 3 个月内办理房屋过户登记手续，逾期不履行的，方某可以解除合同

实训 11

　　周某以 6000 元的价格向吴某出售一台电脑，双方约定 5 个月内付清货款，每月支付 1200 元，在全部价款付清前电脑所有权不转移。合同生效后，周某将电脑交给吴某使用。其间，电脑出现故障，吴某将电脑交给周某修理，但周某修好后以 6200 元的价格将该电脑出售并交付给不知情的王某。对此，下列哪些说法是正确的？

　　A. 王某可以取得该电脑所有权

　　B. 在吴某无力支付最后 1 个月的价款，催告后经过合理期限仍不支付的，周某可行使取回权

　　C. 如吴某未支付到期货款达 1800 元，周某可要求其一次性支付剩余货款

　　D. 如吴某未支付到期货款达 1800 元，周某可要求解除合同，并要求吴某支付一定的电脑使用费

实训 12

　　2023 年 3 月 25 日，乙公司向西河市人民法院提起诉讼，以甲公司、王某、李某为共同被告，提出诉讼请求如下：

　　1. 要求甲公司继续履行《买卖合同》，一次性支付全部剩余价款，赔偿迟延履行损失。同时要求甲公司的股东王某、王某的配偶李某对此承担连带责任。

　　2. 要求甲公司支付《培训合同》费用 20 万元，同时要求甲公司的股东王某、王某的配偶李某对此承担连带责任。

　　案件事由：2017 年，王某全资设立甲公司，后王某与李某结婚，婚后李某担任甲公司的财务负责人至今。为了扩大经营，增加生产线，2022 年 7 月，甲公司与乙公司签订《买卖合同》，甲公司购买乙公司价值 200 万元的生产设备，合同约定：甲公司首付款支付 100 万元，余款分十期支付，每个月支付

10万元，2023年4月底前支付完毕；合同中约定如发生纠纷由西河市人民法院管辖。同时王某提供担保，表示："甲公司不清偿款项，王某无条件承担担保责任。"王某在《买卖合同》中签字，李某未签字。甲公司支付了四期价款后，就未再付款。后乙公司了解到甲公司工人因不熟悉机器操作导致操作失误，设备无法正常使用，后与甲公司协商，双方协商后达成《培训合同》，约定乙公司为甲公司提供设备使用培训，培训费为20万元，甲公司应于2022年12月底付清。后乙公司派遣技术人员至甲公司培训，甲公司员工接受了培训，但到12月底甲公司并没有支付培训费。后经乙公司反复催告甲公司支付设备价款和培训费，但甲公司并不配合，只在2023年1月，给乙公司转账15万元，注明"履行乙公司合同"，乙公司询问这笔款项是哪一笔价款，甲公司并未回应。

乙公司起诉，诉讼请求为解除与甲公司的《买卖合同》并要求甲公司承担相应的责任。西河市人民法院受理后向甲公司送达了起诉状副本，甲公司答辩提出异议，反对合同解除，后乙公司调查了解到甲公司实际上并没有什么财产，诉讼也并没有实质意义，甲公司财务管理混乱，王某经常将甲公司财物用于自家消费。开庭时原告向法院申请撤诉，在未得到被告甲公司的同意下，西河市人民法院即裁定准予撤诉。甲公司在接到起诉状副本后，提出如下异议：

1. 甲公司认为生产设备已经安装完毕，无法移动，应属于不动产，应当适用专属管辖，由不动产所在地东山市人民法院管辖，西河市人民法院没有管辖权。

2. 甲公司认为买卖合同约定的管辖是西河市人民法院，但是培训协议并没有约定管辖，合同履行地与被告住所地都是东山市，因此西河市人民法院对《培训合同》没有管辖权。

3. 买卖类合同和培训合同之间没有实质关联，因此法院不能合并审理。

4. 乙公司的起诉状副本已经送达甲公司，故甲公司与乙公司的《买卖合同》已经解除，乙公司第二次起诉要求履行合同是不成立的，且乙公司并非适格原告。

王某同意甲公司的抗辩，承认自己对《买卖合同》承担连带保证责任，但主张自己不应承担《培训合同》连带责任。

李某同意甲公司的抗辩，并且认为自己在两份合同中都没有签字，不应当承担连带责任，自己不是适格被告。

在诉讼过程中乙公司提出了保全申请，并申请查封A房屋。法院经审查发现，2021年时，王某曾与丁房地产开发商签订A房屋买卖合同，该房屋坐落于某高档小区，面积为150平米，总价款为600万元，王某支付了400万元首付款，剩余房款自丙银行办理了按揭贷款，并为丙银行办理了A房屋抵押权预告登记。2022年1月房屋建成，2023年2月房屋办理权属初始登记，登记在丁公司名下。乙公司申请保全时，房屋尚未过户给王某，经查明王某是故意拖延不办过户。另外，法院查明王某名下并无其他房屋，该房屋属于王某的首套房屋。于是法院作出准予查封A房屋裁定，但由于王某没有取得房屋所有权，故无法进行查封登记，法院工作人员上门查封，王某、李某均在场，并在小区院内张贴了查封公告。法院还查明，乙公司发现甲公司将生产设备卖给了不知情的某公司，获得价款均用于装修自己的房屋。后A房屋被乙公司申请执行，丙银行提出异议，认为该房屋有自己的抵押预告登记，不能被执行。为求稳妥，丙银行专门咨询律师，律师提出了两个对丙银行不利的因素：一是王某没有取得房屋所有权，二是该房屋被查证属于王某的首套住房。

【问题】

1. 乙公司要求王某、李某对《买卖合同》债务承担连带责任的请求能否得到支持？

2. 对于丙银行的关于A房屋的执行异议，法院是否应当支持？

3. 乙公司要求王某、李某对《培训合同》债务承担连带责任的请求能否得到支持？

4. 乙公司要求甲公司一次性支付剩余的60万元以及承担迟延履行责任的主张能否得到支持？

5. 乙公司要求甲公司支付20万元培训费以及迟延履行的赔偿责任能否得到支持？

6. 针对律师提出的不利影响，对丙银行的优先受偿权是否产生影响？

思政园地

生命重于泰山。各级党委和政府务必把安全生产摆到重要位置，树牢安全发展理念，绝不能只重发展不顾安全，更不能将其视作无关痛痒的事，搞形式主义、官僚主义。要针对安全生产事故主要特点和突出问题，层层压实责任，狠抓整改落实，强化风险防控，从根本上消除事故隐患，有效遏制重特大事故发生。

——2020年4月10日，习近平总书记就安全生产作出重要指示

质量体现着人类的劳动创造和智慧结晶，体现着人们对美好生活的向往。今天，中国高度重视质量建设，不断提高产品和服务质量，努力为世界提供更加优良的中国产品、中国服务。

——2017年9月15日，习近平总书记给第二届中国质量（上海）大会致信

要健全法律面前人人平等保障机制，维护国家法制统一、尊严、权威，一切违反宪法法律的行为都必须予以追究。

——2021年12月6日，习近平总书记在十九届中央政治局第三十五次集体学习时讲话

> ★ 拓展学习 ▶
>
> ### 不可抗力
>
> 1. 概念：根据《民法典》第180条第2款规定，不可抗力是指不能预见、不能避免且不能克服的客观情况。
>
> 2. 常见的适用情形：①自然灾害：如台风、洪水、冰雹等。②政府行为（国家政策调整）：如征收、征用等。③社会异常事件：如罢工、骚乱等。
>
> 3. 法律后果：①在诉讼时效期间的最后6个月内，因不可抗力，不能行使请求权的，诉讼时效中止。②当事人一方因不可抗力不能履行合同的，根据不可抗力的影响，部分或者全部免除责任，但是法律另有规定的除外。因不可抗力不能履行合同的，应当及时通知对方，以减轻可能给对方造成的损失，并应当在合理期限内提供证明。
>
> ### 情势变更
>
> 1. 概念：根据《民法典》第533条规定，合同成立后，合同的基础条件发生了当事人在订立合同时无法预见的、不属于商业风险的重大变

化，继续履行合同对于当事人一方明显不公平的，受不利影响的当事人可以与对方重新协商；在合理期限内协商不成的，当事人可以请求人民法院或者仲裁机构变更或者解除合同。人民法院或者仲裁机构应当结合案件的实际情况，根据公平原则变更或者解除合同。

2. 适用条件：①存在情势变更的事实。"情势"是指合同订立、履行赖以存在的基础条件，是客观具体的事实，不包括合同主体的主观认识错误；而"变更"是指合同主体在订立合同时无法预见的、不属于商业风险的重大变化。②情势变更应当发生在合同订立后、履行完毕前。③情势变更是合同订立时不能预见的风险，否则应当视为合同双方自愿承受风险，或者是在合同中已经作出了安排。④情势变更的发生不可归责于合同主体。⑤继续履行对一方当事人明显不公平。这是情势变更制度适用的核心要件，涉及对"显失公平"后果的判断。总体而言，"显失公平"应当要达到双方权利义务明显违反公平及等价有偿原则的程度，一般需要结合个案的交易类型以及当时的社会环境等因素综合考量。

3. 法律后果：①再交涉义务，即如发生情势变更，合同双方当事人负有就合同的变更或者解除进行协商、交涉以达成合意的义务。②当事人进行再交涉后不能就变更或者解除合同达成一致意见时，有权请求裁决机构作出变更或解除合同的裁决。③人民法院或者仲裁机构应当结合案件的实际情况，根据公平原则变更或者解除合同。

表见代理

1. 概念：根据《民法典》第172条规定，行为人没有代理权、超越代理权或者代理权终止后，仍然实施代理行为，相对人有理由相信行为人有代理权的，代理行为有效。

2. 构成要件：①存在代理权的外观，即行为人无权代理行为在客观上形成具有代理权的表象。②相对人不知道行为人行为时没有代理权，且无过失，即合同相对人善意且无过失地相信行为人有代理权。

3. 法律后果：如相对人的行为被认定为表见代理的，代理行为对被代理人发生法律效力，因此产生的法律责任由被代理人承担。

学习领域七

明产权——企业知识产权管理法律实务

学习目标

1. 知识目标：

（1）了解企业知识产权管理制度建设，掌握商标、专利和商业秘密的基本管理制度；

（2）熟悉商标注册、专利申请及商业秘密保护的基本流程和法律依据；

（3）掌握商标、专利和商业秘密管理和保护的主要方式。

2. 能力目标：

（1）能够调查与分析企业知识产权现状，参与商标和专利布局规划，识别和保护商业秘密；

（2）能够撰写和审查商标许可合同、专利技术转让协议及商业秘密保密协议；

（3）能够管理和维护企业知识产权，识别和防范侵权风险，处理相关知识产权争议，维护企业合法权益。

3. 素质目标：

培养学生尊重知识产权、维护企业合法权益的法律意识与诚信经营的职业素养;加强学生的创新意识和风险防控意识。

> 学习重点与难点

商标申请的基本要求、流程、费用及审查重点;专利类型选择、申请文件撰写与维护管理;企业内部商业秘密保护机制设计,保密协议的起草与执行;复杂知识产权争议中的证据收集与法律适用,侵权风险监控、证据固定及维权策略。

> 法律典故

"同仁堂"牌匾的故事

同仁堂是中国历史悠久的中药老字号,始创于清代康熙八年(1669年),由乐显扬创办。以"炮制虽繁必不敢省人工,品味虽贵必不敢减物力"为经营宗旨,同仁堂在乾隆年间得到了皇室的赏识,成为"官药局",专为皇室提供中药。一天,乾隆皇帝微服私访,来到同仁堂药铺,观察其经营情况。乾隆对同仁堂的管理和诚信经营非常满意,随即以"御笔钦赐"在匾额上题下"同仁堂"三字,并命人挂于店铺门前。此后,同仁堂迅速在京城乃至全国打响了名号,成为诚信和质量的象征。

> 基础知识概要

在市场经济活动中,商标是企业品牌价值的重要体现,是区别于竞争对手、赢得市场竞争的核心标志。然而,在企业商标管理过程中存在着各种法律风险,例如,有些企业辛苦打造的品牌如果未获得商标注册保护,或注册商标的期限届满未及时续展,可能会被其他竞争对手抢注,甚至被用来混淆市场;有些企业在商标申请时未充分考虑未来扩展的业务范围,可能导致商标权受限。这些风险可能导致商标被侵权、恶意抢注、使用不当或权利丧失,从而对企业的市场竞争力、经济利益甚至品牌声誉造成严重影响。因此对于企业来说,识别和防范商标管理中的法律风险至关重要。企业的商标管理活动涉及商标注册、商标异议、商标许可、商标侵权纠纷、驰名商标的认定与保护等事项。对中小企业来说，法务人员极有可能要承担商标的形成、运用与维护等全生命周期的管理。本领域从商标注册、商标管理、商标使用和商标保护等多个方面进行风险防范提示。

商标是适用于区分商品与服务的一种标志，通过字、图形、字母、数字、三维标志、颜色组合和声音等以及这些要素的组合，使消费者一眼就能明白商品与服务的来源。例如，百度、携程等服务商的商标就属于服务商标，经典的米高梅狮子吼、诺基亚手机铃声就属于声音商标。申请注册的商标，应当有显著特征，便于识别，并不得与他人在先取得的合法权利相冲突。商标分为商品商标、服务商标、集体商标和证明商标四大类别。商品商标是用来标识商品的来源和生产者；服务商标主要用于标识服务来源和提供者的标记，通常与特定的服务项目、服务质量、服务提供者等有关；集体商标是由团体、协会或其他组织注册，供其成员在商业活动中使用，来证明其成员身份；证明商标往往是由对某种商品或者服务具有监督职能的组织申请注册，组织之外的公司或个人将其使用在商品或服务上，用于证明商品或服务的原产地、成分、生产方式、质量等特定特征。

对于被相关公众广泛认知的商标，其权利持有人若认为权益受到侵害，可根据法律主张驰名商标的特别保护。我国对驰名商标实行跨类别保护，即使未注册在特定类别的商品或服务上，也能因其高知名度获得法律保护，避免被恶意抢注或不正当使用。即使对于未注册驰名商标，法律也给了特别的关照，若是有人以复制、模仿或翻译的方式在相同或类似商品上申请注册商标，混淆市场秩序，有关主管部门会不予核准注册并禁止使用。

根据法律有关规定，以下情形往往构成侵犯注册商标专用权：未经允许直接在同类商品上使用；未经许可在同类商品上使用近似商标或在类似商品上使用相同、类似商标（如"奥利奥"与"粤利粤"，"康师傅"与"康帅傅"等）；销售侵犯注册商标专用权的商品；伪造、擅自制造他人注册商标标识或者销售伪造、擅自制造的注册商标标识；未经权利人同意，撤掉、更换其合法商标再将商品投入市场，向他人虚假表示商品的来源，窃取他人商誉；故意为侵犯他人商标专用权行为提供便利条件（如提供场地、机械、资金、人力等），帮助他人实施侵犯商标专用权行为；给他人注册商标专用权造成其他损害。简言之，商标侵权包括未经许可使用他人注册商标、假冒商标、销售伪劣商品、恶意抢注等行为。

商标法律责任主要涉及对商标权的侵犯和滥用。对侵权行为，商标权人可以通过行政控告或检举、诉讼等方式主张停止侵害并寻求赔偿。若侵权情节严重，行为人可能会面临刑事处罚。此外，恶意注册、虚假宣传及不正当竞争行为也会导致商标权的丧失或受到相关部门的处罚。因此，商标使用者和权利人需要遵循《商标法》的有关规定，规范使用商标，以确保商标的长期有效性和品牌价值的保障。

为了保护专利权人的合法权益，鼓励发明创造，激发社会活力，我国对专利进行了保护。申请专利既可以保护自己的发明成果不被他人仿冒，同时可以独占新技术及新产品的市场，获得相应的经济利益（如通过生产销售专利产品、转让专利技术、专利实施许可、专利入股等方式获利）。没有专利保护的公开技术，任何人都可无偿使用。

根据《专利法》的相关规定，专利主要包括发明、实用新型和外观设计三大类。发明是针对产品、方法或其改进提出的一种全新的技术方案。实用新型则是指针对产品的形状、结构或其组合提出的具有实用价值的新技术方案。外观设计是指对产品的整体或局部的形状、图案，或二者的结合，以及色彩与形状、图案的搭配所进行的创新设计，这种设计既具有美感又适合工业化应用。[1] 实践中，企业可以按照需求申请相应的专利。

专利具有三大特征，即独占性、时间性和地域性。在实践中，发明专利和实用新型专利获得授权必须满足新颖性、创造性和实用性这三项实质条件。发明的创造性体现在与现有技术相比具有显著的实质性差异以及明显的进步；而实用新型的创造性则表现为与现有技术相比存在实质性的特点和改进。相较之下，发明的创造性标准要远高于实用新型的创造性标准。申请的外观设

---

［1］《专利法》第2条：本法所称的发明创造是指发明、实用新型和外观设计。发明，是指对产品、方法或者其改进所提出的新的技术方案。实用新型，是指对产品的形状、构造或者其结合所提出的适于实用的新的技术方案。外观设计，是指对产品的整体或者局部的形状、图案或者其结合以及色彩与形状、图案的结合所作出的富有美感并适于工业应用的新设计。

计专利标准相对较低,但应当与现有设计或者现有设计特征显著区别。[1]

法律规定,发明专利保护20年,实用新型专利保护10年,外观设计专利保护10年。专利申请应当经过审查批准,由专利局授予专利权后,专利权才正式产生,专利权方可以禁止他人未经其允许,不得以生产经营为目的,制造、使用、销售、进口其专利产品或者使用其专利方法。

不同专利权的保护范围有所区别。发明和实用新型专利权的保护范围以权利要求的具体内容为依据,说明书及附图可作为解释权利要求内容的参考。外观设计专利权的保护范围则以图片或照片中展示的产品外观设计为准,简要说明可用于辅助解释图片或照片所呈现的外观设计内容。[2]

专利侵权的判定一般遵循三个步骤:一是对照权利要求书与外观设计的图片,确定保护范围;二是分析疑似侵权的技术方案包含了哪些技术特征;三是将权利要求的各个特征与涉嫌侵权的技术方案逐一对比,按照全面覆盖原则、等同原则,判断疑似侵权的技术方案是否落入被侵权方的权利要求保护范围。

专利权的终止是指因保护期限届满或特定原因导致专利权失效的情形,主要包括三种情况:未按规定缴纳年费、专利权人通过书面声明放弃专利权,以及专利保护期届满后专利权自动终止。

事实上,专利和商业秘密都是企业对技术研发的保护方式。具体选择哪种保护类别需结合具体情况。

商业秘密是指企业对其主张的权利采取合理的保密措施,不具有排他性,不能阻止他人合法开发、享有、使用等行为,但没有法定保护期限,企业的

---

[1]《专利法》第22条:授予专利权的发明和实用新型,应当具备新颖性、创造性和实用性。新颖性,是指该发明或者实用新型不属于现有技术;也没有任何单位或者个人就同样的发明或者实用新型在申请日以前向国务院专利行政部门提出过申请,并记载在申请日以后公布的专利申请文件或者公告的专利文件中。创造性,是指与现有技术相比,该发明具有突出的实质性特点和显著的进步,该实用新型具有实质性特点和进步。实用性,是指该发明或者实用新型能够制造或者使用,并且能够产生积极效果。本法所称现有技术,是指申请日以前在国内外为公众所知的技术。第23条:授予专利权的外观设计,应当不属于现有设计;也没有任何单位或者个人就同样的外观设计在申请日以前向国务院专利行政部门提出过申请,并记载在申请日以后公告的专利文件中。授予专利权的外观设计与现有设计或者现有设计特征的组合相比,应当具有明显区别。授予专利权的外观设计不得与他人在申请日以前已经取得的合法权利相冲突。本法所称现有设计,是指申请日以前在国内外为公众所知的设计。

[2]《专利法》第64条:发明或者实用新型专利权的保护范围以其权利要求的内容为准,说明书及附图可以用于解释权利要求的内容。外观设计专利权的保护范围以表示在图片或者照片中的该产品的外观设计为准,简要说明可以用于解释图片或者照片所表示的该产品的外观设计。

商业秘密只要没有被公开，就可以一直延续下去，成为企业立于市场不败之地的武器。而专利则是以公开换保护的形式，不仅对技术不采取保密的形式，而且还要求专利申请人在申请文件里，特别是在专利说明书中详细展示技术细节、实现方法、预期效果等。专利一旦获得国家知识产权局的授权，就可以在一定期限内依法享有独占实施权，防止他人未经许可使用、制造、销售或进口该专利技术或设计。当然，专利权人既有权将其专利权转让给他人，也可以授权他人使用其专利，收取使用费，甚至在特定条件下授予他人免费使用。专利权人还有权对侵犯其专利权的行为提起诉讼，要求停止侵权行为，并可要求赔偿损失。专利一旦到期，将变成公知技术。因此需要法务合理评估企业的产品与服务，如果评估后认为市场寿命不长、容易被技术破解、容易被创新取代的，那就可以申请专利。如果是企业核心技术难以被取代的，并且保密措施能够到位的，则可以通过商业秘密进行保护。

目前我国对商业秘密的保护没有以单行法的形式规定，而是散见于《民法典》《反不正当竞争法》《公司法》《刑法》等法律中。《民法典》第 123 条明确了商业秘密属于民事主体依法享有的知识产权。

关于商业秘密的定义主要见诸于《反不正当竞争法》，即指不为公众所知悉、具有商业价值并经权利人采取相应保密措施的技术信息、经营信息等商业信息。在经营过程中，经营者不得通过盗窃、贿赂、欺诈、胁迫、利用电子信息技术或其他不正当手段获取他人的商业秘密；也不得披露、使用或允许他人使用通过不正当手段获得的商业秘密。违反保密义务或未遵守权利人对商业秘密的保密要求，披露或使用其掌握的商业秘密；教唆、诱导或协助他人违反保密义务，获取、披露或使用商业秘密等行为都构成侵权。若除经营者外的其他个人、法人或非法人组织实施上述行为，或第三方明知/应知他人通过违法手段获取商业秘密，仍然获取、披露或使用该商业秘密的，也构成侵权。

在合同谈判或签订过程中，一方应当对知悉的商业秘密或其他应保密的信息进行保密，无论后续合同能否成立，都不得泄露或不当使用。如果因泄露或不当使用该信息，导致对方遭受损失，则应当承担相应的赔偿责任。

学习模块一　企业商标法律实务

经典案例

腾讯科技（深圳）有限公司诉国家工商行政管理总局商标评审委员会商标申请驳回复审行政纠纷案

自 2013 年我国《商标法》进行了修改后，商标认定上删除了必须属于"可视性标志"的要求，声音可作为识别商品和服务来源的标识。腾讯公司随即申请了"嘀嘀嘀嘀嘀嘀"的商标，2015 年 8 月，商标局以"申请商标由简单、普通的音调或旋律组成，在指定使用项目上缺乏显著性"为由驳回了腾讯公司的申请。后来，腾讯公司向商标评审委员会（以下简称商评委）提出复审申请，并提交了多份证据材料。商评委再次驳回了注册申请，理由是"该声音较为简单，缺乏独创性，难以起到区分服务来源的作用。"腾讯公司不服，向北京知识产权法院提起行政诉讼。最终法院判定，"嘀嘀嘀嘀嘀嘀"这一声音由于长期广泛使用于 QQ 软件，并且该软件在市场中的占有率和知名度逐渐提升，涵盖的用户群体也非常广泛，已与"QQ"商标及腾讯公司建立了明确的关联。因此，这一声音具备了识别服务来源的功能，具有显著性。这也是我国商标法领域首例声音商标案件。在后续腾讯公司等与华图公司等侵害商标权及不正当竞争纠纷案中，被告公司网站平台的在线咨询系统中持续使用了"嘀嘀嘀嘀嘀嘀"提示音的行为，法院最终判令被告停止实施侵害涉案商标权及不正当竞争行为，赔偿原告经济损失 100 万元及合理开支 13 万余元。该案成为了全国首例声音商标侵权民事案件。[1]

学习单元一 企业商标的注册与管理

一、商标的注册

国内申请人申请商标注册或者办理其他商标事宜，主要有两种途径：一是自行办理；二是委托在国家知识产权局商标局备案的商标代理机构办理。此处主要介绍自行办理的方法。

第一步，选取合适的商标。

我国《商标法》对商标的申请注册作出了明确规定，主要有两方面的要求：一是商标可以为文字、图形、字母、数字、三维标志、颜色组合和声音等，以及上述要素的组合；二是具有显著标识性，使人一目了然，与其他的商品或服务区别开来。

对企业来说，文字商标、图形商标等具有可视化的特征，能较直观地区分与其他商标的不同。文字商标主要是通过文字的排列组合，便于称呼，但由于我国常用汉字就有 2000 多个，要起一个独一无二且朗朗上口的名称并非易事。图形商标可以发挥创造力与想象力，容易让人印象深刻，但不方便称呼。相较之下，组合商标便于将文字与图形联系起来，但被驳回的风险大。这是由于商标局商标审查遵循单独审查的原则，在对组合商标进行审查时，只要其中的文字、图形、字母等任一组成部分与在先商标构成近似，或不符合《商标法》的相关规定，该申请商标将整体被驳回。

法律对禁用商标和禁注商标也作了相应的要求，根据我国《商标法》的有关规定，如果某些标志因涉及国家、国际组织、质量认证等特殊用途或具

---

[1] 北京知识产权法院（2016）京 73 行初 3203 号行政判决书；北京市高级人民法院（2018）京行终 3673 号行政判决书。

有误导性、歧视性、恶劣影响等特征，禁止作为商标使用。[1] 为了防止误导消费者，县级以上行政区划名称和知名的外国地名也不能用作商标的注册申请，除非是集体商标、证明商标所必需。实践中有些企业希望申请带有"国"字标的商标，但如果不具备特定的国资背景或者国家批文，此类商标一般不会通过申请。

商标的一个重要功能就是具有显著独特性，因此若是缺乏此类独特性，而仅仅是通用的名称、图形或型号，则不能被注册为商标；商标也不可以仅是描述商品质量、主要原料、功能、用途、重量、数量及其他特点的标志；如果是简单的线条、字母、数字组合，也不能被注册为商标。然而，如若上述标志通过使用取得了显著性并能够起到识别作用，则可申请注册。2021年，国家知识产权局发布了《商标审查审理指南》，其中指出，过于简单的线条、普通几何图形、单一字母、单一颜色或数字，或者过于复杂的文字、图形、数字、字母或其组合，以及常见的商品包装或装饰设计、描述商品特征的短语、常用广告语、行业常见的贸易术语或标志，都可能因缺乏显著特征而无法注册成功。仅由电话、地址、门牌号等构成的标志或常用的祝颂语也不具备显著性，无法注册为商标。因此，企业在拟定自己的商标时，应当对照法律与相关主管部门的规定，选取不与他人商标混淆，且具有显著性的商标，用作今后的商品或服务。

在商标近似的判定上，我国《最高人民法院关于审理商标民事纠纷案件适用法律若干问题的解释》作出了较为明确规定，商标近似通常是指被控侵权商标与原告注册商标在文字的书写形式、发音、意义，或在图案设计、颜色运用，以及整体元素的组合效果上存在相似之处，或者其立体造型与色彩搭配相近，从而容易引起相关公众对商品来源的混淆，或者误以为该商品与

---

[1]《商标法》第10条：下列标志不得作为商标使用：（一）同中华人民共和国的国家名称、国旗、国徽、国歌、军旗、军徽、军歌、勋章等相同或者近似的，以及同中央国家机关的名称、标志、所在地特定地点的名称或者标志性建筑物的名称、图形相同的；（二）同外国的国家名称、国旗、国徽、军旗等相同或者近似的，但经该国政府同意的除外；（三）同政府间国际组织的名称、旗帜、徽记等相同或者近似的，但经该组织同意或者不易误导公众的除外；（四）与表明实施控制、予以保证的官方标志、检验印记相同或者近似的，但经授权的除外；（五）同"红十字"、"红新月"的名称、标志相同或者近似的；（六）带有民族歧视性的；（七）带有欺骗性，容易使公众对商品的质量等特点或者产地产生误认的；（八）有害于社会主义道德风尚或者有其他不良影响的。县级以上行政区划的地名或者公众知晓的外国地名，不得作为商标。但是，地名具有其他含义或者作为集体商标、证明商标组成部分的除外；已经注册的使用地名的商标继续有效。

原告商标的商品存在某种联系。[1] 根据司法解释，人民法院一般会以相关公众的一般注意力为标准；既要进行对商标的整体比对，又要进行对商标主要部分的比对，在比对对象隔离的状态下分别进行；考虑请求保护注册商标的显著性和知名度予以综合判定。[2] 文字商标近似判定以实际文字内容为主，相同或排列顺序调整、个别汉字不同、读音或外观相近、字形相近、含义相同或接近都可能会被认为商标近似。此外，由于法律对驰名商标的保护力度较大，在选取商标的时候还要特别注意与驰名商标的区分。

第二步，确定注册类别并查询商标是否已被注册。

商标专用权是按类别进行申请及保护的，可以参照《类似商品和服务区分表》，其中商标的分类有45大类，1~34大类为商品商标，35~45类为服务项目商标，查询商标项目是否构成类似时，需结合在先商标与拟申请的商标所在具体小组与部分综合判定。

在初步确定好拟申请的商标后，需要在正式申请注册之前在中国商标局官网查询心仪的商标是否已经被注册，以评估成功率。

第三步，准备相关资料。

相关的资料通常包括：商标注册申请书、申请人资料（姓名、地址、邮箱等）、商标图样（清晰、规范的电子版）。如是以公司的名义申请，还需要企业营业执照复印件；如是以个体名义申请，还需要身份证及个体营业执照；如果委托他人代理，还需商标注册代理委托书。

第四步，提交注册申请，等待结果。

注册申请可以通过线上或线下的方式提交到商标主管部门，注意公司名称、地址、商标名称及图样、联系方式等内容需准确无误。

---

[1]《最高人民法院关于审理商标民事纠纷案件适用法律若干问题的解释》第9条：商标法第五十七条第（一）（二）项规定的商标相同，是指被控侵权的商标与原告的注册商标相比较，二者在视觉上基本无差别。商标法第五十七条第（二）项规定的商标近似，是指被控侵权的商标与原告的注册商标相比较，其文字的字形、读音、含义或者图形的构图及颜色，或者其各要素组合后的整体结构相似，或者其立体形状、颜色组合近似，易使相关公众对商品的来源产生误认或者认为其来源与原告注册商标的商品有特定的联系。

[2]《最高人民法院关于审理商标民事纠纷案件适用法律若干问题的解释》第10条：人民法院依据商标法第五十七条第（一）（二）项的规定，认定商标相同或者近似按照以下原则进行：（一）以相关公众的一般注意力为标准；（二）既要进行对商标的整体比对，又要进行对商标主要部分的比对，比对应当在比对对象隔离的状态下分别进行；（三）判断商标是否近似，应当考虑请求保护注册商标的显著性和知名度。

提交商标注册申请后，商标局会进行形式审查和实质审查，如果通过审查，商标会进行初审公告，公告期为3个月。公告期满无异议的，商标局将予以核准注册。

一般来说，如果提交的商标符合要求，初审和公告期顺利，商标会在1年内注册成功。如果商标被驳回，申请人认为商标主管部门驳回的理由不当，还可以申请商标评审委员会进行复审。如果经过初审公告后又被提出异议的，相关审理时间还会延长。因此企业需要提前进行规划，在申请商标时，应充分预估注册流程的复杂性，并妥善准备以应对各个环节的可能情况（商标注册申请流程如下图）。

商标申请注册流程

二、商标的管理

商标的管理往往包括商标申请注册及相关管理（续展、转让、注销等）、商标使用管理、商标变更、商标档案管理等内容。

1. 商标的续展。根据《商标法》和《商标法实施条例》相关规定，注册商标的有效期为10年，应提前12个月办理续展手续，续展成功后有效期为10年。在此期间未能办理的，可以给予6个月的宽展期。宽展期满仍未办理的，注销其注册商标。续展时需要准备商标续展注册申请书、企业营业执照副本复印件（需盖章）、个人身份证复印件（需签字）等材料。

线上办理可以通过中国商标网官网提交申请；如需线下办理，可以查询中国商标网→商标申请→申请指南，在官网上有受理窗口的信息。

值得注意的是，续展只是使已经取得的权利继续有效，而不是获得新的商标专用权。如果商标权人未能在注册商标的有效期届满前12个月内申请续展注册，而是在宽展期内提出申请的，在未获得核准之前，他人未经许可在相同或类似商品上使用相同或近似商标，导致消费者混淆的，按照《关于审理商标民事纠纷案件适用法律若干问题的解释》的规定，在此阶段商标注册人或利害关系人以他人侵犯其注册商标专用权提起诉讼的，人民法院应当受理。

2. 商标的转让。在实践中，企业由于经营策略的调整，会出现转让商标的情形。商标的转让涉及商标使用权的转移，因此需要订立书面转让协议，转让人和受让人共同向商标局提出申请。实践中，有些商标注册人会在同种商品或近似商品上注册相同或者类似的商标，那么在转让时应当将这些商标一并转让，防止对消费者造成混淆。经评估后，如商标局认为转让会导致市场混淆或者造成其他不良影响，可书面通知申请人不予核准并说明理由。

受理过程需要商标转让人和受让人共同提出转让申请，一般需要提交《转让/移转申请/注册商标申请书》、经盖章或者签字确认的转受让双方居民身份证明、法人资格证明或其他组织的身份证明文件（如企业的营业执照副本、自然人的身份证/护照等）复印件。受让人为内地自然人的，还需提供证明其从事生产经营活动的主体资格证明文件（如个体工商户营业执照、农村土地承包经营合同等）。

转让注册商标经核准后，予以公告。受让人自公告之日起享有商标专用权。

3. 商标的管理。注册商标后，企业应当建立商标使用档案，在生产、运营过程中对商标的任何使用都要及时记录在册。使用过程中，应当注意以下两点：一是商标应作为标识符号使用，而不是充当商品名称或描述性语言。在实际使用中，应保持商标的显著性，避免与其他元素混淆，可以通过调整字体、颜色、大小等方式强化商标的识别效果。不规范的使用或未经授权的他人使用，可能会导致商标逐渐丧失其显著特性，甚至变成通用名称，从而失去专有权。二是在商标使用的过程中，需妥善保存相关证据，如发票、合同、收据等，以备在商标权受到威胁时，提供有力证明来维护其法律效力。

学习单元二　企业商标常见法律问题

商标承载着企业的品牌效益。企业在生产经营中，有时会将自身的商标许可给其他企业使用，也有可能需要使用他人的商标。在商标许可活动中，相关业务部门需要对商标许可使用的对象、被许可人的资质、许可时间、许可费用等进行确定之后，再由法务人员起草或修改商标许可合同，并对该合同依法进行备案。如未提前做好商标许可、转让、使用等环节的风险防范，可能会出现一标多用、恶意竞争等情况，继而引发侵权、违约等法律问题。

一、商标的许可

（一）风险提示

有些企业不熟悉商标的管理与使用，就会引发系列问题。例如，未经授权使用商标可能导致侵权诉讼，继而需要承担昂贵的罚款或赔偿；未规范订立商标许可合同，引发合同效力、权利范围不清，商标权面临稀释或侵权，税务与收益分配等方面的问题，遇到纠纷时不知如何解决。因此，需谋划在前，规范审查许可合同，提前做好风险防范。

（二）防范措施

1. 许可前的信息核查。我国实行商标专用权注册取得制度，法律规定注册商标的有效期为10年。因此需要注意标的商标的有效期限，还需核查标的商标是否存在无效宣告，被撤销、质押，是否注册满3年且连续3年未使用等权利不稳定的情形，也需要查询转让商标是否成为通用名称、是否存在近似商标等相关情况。

2. 许可类别的确定。商标使用许可包括独占许可、排他许可以及普通许可三种类型。不同类型下被许可人对标的商标的使用权限不一样。独占许可只允许被许可人使用标的商标；排他许可只允许许可人和被许可人使用标的商标；普通许可既允许被许可人使用标的商标，也允许其他合格主体使用标的商标。因此在签订许可合同时，需要注意许可的类型，往往独占性和排他性越明显，许可费用就越高。

3. 许可合同的主要内容。除了许可期限、费用、标的商标等基础内容之外，许可合同还需要特别对以下几点作出约定：

（1）许可期间标的商标商誉增值利益。在商标独占许可中，被许可人在使用期间往往会投入大量的人力物力对标的商标进行推广宣传，进而可能显著提升标的商标的知名度和商誉。一旦许可合同约定的期限到期，被许可人将无权使用标的商标。因此，建议在许可合同中约定许可期间标的商标的商誉增值利益分配或对被许可人进行相应的补偿。

（2）标的商标的规范使用条款。不论是许可其他公司使用本公司的商标，还是本公司作为被许可人使用他人公司的商标，都需要规范使用注册商标。如前所述，所谓规范，主要包括不得任意改变标的商标的文字、图形或者组合，不得超越许可使用的范围使用标的商标。合同中还可以针对规范使用约定违约条款，在违约时要求支付违约金甚至解除合同。

（3）实施质量监控。由于商标关乎企业的信誉，许可人应定期对被许可人使用的商标商品或服务质量进行检查，确保符合质量标准。

（4）许可使用费条款。许可费一般分为固定费用模式和浮动费用模式。固定费用模式即一次性付款或分期付款。浮动费用模式是指以生产销售相关的比例作为许可费用的计算依据，如一定期限内的销售额或使用商标的数量。这种模式比较复杂，需要约定被许可人负有定期报告义务等。

（5）许可期间的约定。如商标许可的期限超出商标注册的有效期，该许可则无法在有关部门登记，但未备案登记的许可协议不代表协议本身无效。如标的商标为临界有效期的商标，建议先由商标持有人申请延期，之后再办理许可合同的登记手续。若双方希望许可期限能延伸至商标有效期之后，可以签订额外的协议，或者在合同中加入优先续约的条款。此外，还需要对许可合同到期后商品的处理或销售作出约定。

4.相关手续的履行。许可他人使用其注册商标的，许可人需将该商标使用许可情况向商标主管部门办理备案手续，由商标主管部门进行公告。商标使用许可未经备案不得对抗善意第三人。

二、商标侵权风险

（一）风险提示

商标侵权风险是指企业在未经授权的情况下使用与他人已注册或未注册商标相同或近似的标志。商标侵权的风险无处不在，例如，恶意模仿知名品牌的商标；在未进行充分商标检索的情况下，盲目设计和使用商标；使用与他人商标相似的标志等导致消费者混淆，甚至包括销售假冒商品、擅自更换商标、反向假冒、利用网络平台销售假冒商品、发布虚假广告等。在侵权的认定上，我国法律规定了四种情形：在相同商品或服务类别上使用相同商标；在相同商品或服务类别上使用近似商标；在类似商品或服务类别上使用相同商标；在类似商品或服务类别上使用近似商标。[1] 侵权行为既可能侵犯他人商品商标、服务商标，也可能侵害集体商标、证明商标等。

---

[1]《商标法》第57条：有下列行为之一的，均属侵犯注册商标专用权：（一）未经商标注册人的许可，在同一种商品上使用与其注册商标相同的商标的；（二）未经商标注册人的许可，在同一种商品上使用与其注册商标近似的商标，或者在类似商品上使用与其注册商标相同或者近似的商标，容易导致混淆的；（三）销售侵犯注册商标专用权的商品的；（四）伪造、擅自制造他人注册商标标识或者销售伪造、擅自制造的注册商标标识的；（五）未经商标注册人同意，更换其注册商标并将该更换商标的商品又投入市场的；（六）故意为侵犯他人商标专用权行为提供便利条件，帮助他人实施侵犯商标专用权行为的；（七）给他人的注册商标专用权造成其他损害的。

（二）防范措施

1. 鉴别商标是否构成相同或近似。如企业拟使用的商标与已注册商标相同或近似，就可能构成侵权，因此需要先自我审查商标的情况。按照相关司法解释，商标相同，是从视觉上判断被控侵权的商标与原告的注册商标基本无差别。换言之，从一般消费者的角度判断所对比的商标大体上不存在差别，就构成商标相同。商标近似则是指被控侵权商标与原告注册商标在文字的字形、读音、含义，或图形的构图、颜色，及其整体结构等方面存在相似之处，容易导致相关公众对商品来源产生误解，或者认为该商品与原告注册商标的商品之间存在某种特定联系。[1]

2. 鉴别是否属于相同或类似的商品或服务类别。我国注册商标专用权的保护属于"同类保护"，仅在核定的服务类别中取得专用权。根据相关司法解释，类似商品是指在功能、用途、生产部门、销售渠道、消费对象等方面相同，或者相关公众一般认为其存在特定联系、容易造成混淆的商品。类似服务是指在服务的目的、内容、方式、对象等方面相同，或者相关公众普遍认为存在特定联系、容易造成混淆的服务。[2] 商品与服务类似，是指商品和服务之间存在特定联系，容易使相关公众混淆。在具体认定上，可以参照《商标注册用商品和服务国际分类》《类似商品和服务区分》来综合判断。

3. 注意对证明商标、集体商标的合理使用。集体商标仅限于集体成员使用，而证明商标只要达到"原产地、原料、制造方法、质量或者其他特定品质"，任何人都有权获得许可使用。近年来，"潼关肉夹馍""逍遥镇胡辣汤""库尔勒香梨"等集体商标持有者大规模维权事件层出不穷，每家小吃店铺被索赔3万元至5万元不等，如想继续使用以上集体商标，需缴纳一定的费用，引发了社会的关注。我国现有《商标法》以及2023年12月29日国家知识产权局公布的《集体商标、证明商标注册和管理规定》，对涉地理标志的集体商标与证明商标作出了相应的限制。主要包括以下几点：

（1）如果注册商标包含商品的通用名称、图形、型号，或直接描述商品的质量、原料、功能、用途、重量、数量等特征，或者使用了地名，则该类行为属于正当使用，商标权人无权禁止他人使用。

（2）对下列正当使用集体商标、证明商标中含有地名的行为，注册商标

---

[1] 参见《最高人民法院关于审理商标民事纠纷案件适用法律若干问题的解释》第9条。

[2] 参见《最高人民法院关于审理商标民事纠纷案件适用法律若干问题的解释》第11条。

专用权人无权禁止：在企业名称字号中使用；配料表、包装袋等使用表明产品及其原料的产地；在商品上使用表明产地或者地域来源；在互联网平台或者店铺的商品详情、商品属性中客观表明地域来源；其他正当使用地名的行为。

（3）他人以事实描述方式在特色小吃、菜肴、菜单、橱窗展示、互联网商品详情展示等使用涉及餐饮类的集体商标、证明商标中的地名、商品名称等文字的，并且未导致误导公众的，属于正当使用行为，注册商标专用权人无权禁止。

（4）非集体成员生产的商品符合地理标志条件的，其可以正当使用该地理标志中的地名，但无权使用该地名作为地理标志注册的集体商标标识。例如，潼关肉夹馍协会在第30类"肉夹馍"商品上注册第14369120号"潼关肉夹馍"集体商标，该注册无权禁止生产的肉夹馍符合该地理标志条件的非集体成员正当使用该集体商标中的地名"潼关"和肉夹馍生产经营企业使用通用商品名称"肉夹馍"，但为了保护集体商标本身，非集体成员无权使用带有图形、特定书写方式的文字及拼音的"潼关肉夹馍"商标标识。

4. 注意对驰名商标的侵权。我国对驰名商标的保护，主要出于维护市场竞争秩序，企业应当避免恶意抄袭、模仿等"傍名牌""搭便车"的商标侵权行为，避免陷入不必要的侵权纠纷中。根据现有法律规定与司法实践，驰名商标受保护力度与保护范围均大于普通商标，主要表现在以下几个方面：一是普通商标的保护范围仅限于同种商品或者类似商品或服务，而已注册的驰名商标则受到跨类保护，对商品的保护范围扩大至不同类别上的商品或服务。二是未注册的驰名商标也能获得法律保护。未在我国注册的商标一旦被认定驰名，而他人对该驰名商标进行复制、模仿或者翻译，并在相同或类似商品或服务上进行使用，可能导致消费者对商品来源产生混淆的，也会受到《商标法》的保护。换言之，该驰名商标所有人有权阻止他人使用，商标主管部门对他人在相同或类似商品或服务上的注册申请不予核准。三是在我国，驰名商标仅用作法律实践的认定，因此生产、经营者不得将"驰名商标"字样用于商品、商品包装或容器上，或用于广告宣传、展览以及其他商业活动中。四是驰名商标权利人对于他人恶意注册自己驰名商标的行为请求国家知识产权局宣告该注册商标无效，不受5年争议期限限制。

驰名商标并不是一个商标类别，而是相较之下更普遍为公众所熟知的商标。驰名商标认定遵循个案认定、被动保护的原则。在司法实践中，驰名商标的认定主要存在于：侵犯商标权诉讼（即针对以相同或类似商品中复制、模仿或翻译他人驰名商标的行为为由提起的诉讼）、企业名称侵权或不正当竞争诉讼（以企业名称与其驰名商标相同或近似，可能导致混淆或损害驰名商标利益为由提起的诉讼）、抗辩或反诉（即被告以原告商标复制或模仿其在先未注册驰名商标为抗辩或反诉理由）[1]。驰名商标应当根据当事人的请求，作为处理涉及商标案件需要认定的事实进行认定。在商标行政确权案件中，法院如认定商标涉嫌与驰名商标混淆，会导致诉争商标被宣告无效或不予注册。在民事侵权纠纷中，如法院认为诉争商标相同或类似，确属侵犯驰名商标，则被告需要承担相应的民事责任，包括停止侵权、赔礼道歉、消除影响、赔偿损失等。驰名商标的认定应根据当事人的请求，作为处理商标案件时需要确认的事实进行综合判断，需要考虑相关公众对商标的知晓程度、商标使用的持续时间、宣传活动的时间长短、影响范围和程度，以及商标曾被认定为驰名商标并受保护的记录，同时还应结合其他能够体现商标驰名程度的因素进行综合评估。[2] 驰名商标由于其知名度高，显著性强，我国法律对其提供的保护强于普通商标。

5. 常见抗辩事由。如公司的商标不慎涉嫌侵犯他人的商标权，公司法务可以从以下几个方面考虑抗辩：

（1）描述性或指示性的合理使用。根据我国《商标法》规定，商标的使用主要是将商标用于商品、商品外包装或者容器以及商品交易文书上，或者

---

[1]《最高人民法院关于审理涉及驰名商标保护的民事纠纷案件应用法律若干问题的解释》第2条：在下列民事纠纷案件中，当事人以商标驰名作为事实根据，人民法院根据案件具体情况，认为确有必要的，对所涉商标是否驰名作出认定：（一）以违反商标法第十三条的规定为由，提起的侵犯商标权诉讼；（二）以企业名称与其驰名商标相同或者近似为由，提起的侵犯商标权或者不正当竞争诉讼；（三）符合本解释第六条规定的抗辩或者反诉的诉讼。

[2]《商标法》第14条：驰名商标应当根据当事人的请求，作为处理涉及商标案件需要认定的事实进行认定。认定驰名商标应当考虑下列因素：（一）相关公众对该商标的知晓程度；（二）该商标使用的持续时间；（三）该商标的任何宣传工作的持续时间、程度和地理范围；（四）该商标作为驰名商标受保护的记录；（五）该商标驰名的其他因素。在商标注册审查、工商行政管理部门查处商标违法案件过程中，当事人依照本法第十三条规定主张权利的，商标局根据审查、处理案件的需要，可以对商标驰名情况作出认定。在商标争议处理过程中，当事人依照本法第十三条规定主张权利的，商标评审委员会根据处理案件的需要，可以对商标驰名情况作出认定。在商标民事、行政案件审理过程中，当事人依照本法第十三条规定主张权利的，最高人民法院指定的人民法院根据审理案件的需要，可以对商标驰名情况作出认定。生产、经营者不得将"驰名商标"字样用于商品、商品包装或者容器上，或者用于广告宣传、展览以及其他商业活动中。

将之用在宣传、展览以及其他商业活动中,用于识别商品或服务来源的行为。如果是为了说明其所提供的商品或服务的名称、产地等必要范围内使用或者仅是指示商品或服务的真实信息,则属于描述性或指示性使用,不构成商标侵权。

(2) 在先权利抗辩。申请注册商标时,不得侵犯他人已有的在先权利,也不能通过不正当手段抢先注册他人已使用且具影响力的商标。[1] 如果在商标注册申请之前,他人在相同或类似商品上已使用与申请商标相同或相近的标志,并且该商标具有一定的知名度或影响力,注册商标专用权人无权禁止该人在原使用范围内继续使用该商标,但可以要求其附加适当区别标识。

(3) 三年不使用抗辩。如果注册商标专用权人请求赔偿,被控侵权人可以以注册商标专用权人未使用注册商标作为抗辩。[2] 此时,如果注册商标专用权人不能按照法院要求证明此前三年内实际使用过该注册商标,也无法证明因该侵权行为受到其他损失的,被控侵权人不承担赔偿责任。法律之所以设置三年不使用之抗辩,就是为了保护权利人的合法权益,维护市场经济秩序。商标只有经使用后才能产生实际市场效益,如商标权利人一直未使用,商标就会沦为一张空头的注册证明,无法与企业的商品或服务产生实际联系。此时,即使他人使用该商标,也不会挤占权利人的市场份额,进而不会导致权利的侵害。

除了上述事由之外,还有对地理标志和集体商标的正当使用抗辩,平行进口抗辩,商标不近似或商品不类似抗辩,主体不适格抗辩,等等。

三、企业出海过程中的商标法律风险

(一) 风险提示

1. 海外商标抢注。近年来,"瑞幸咖啡""王致和""小鹏汽车"等知名国内品牌均遭遇不同程度的海外商标抢注,究其原因,主要有以索要转让费为目的的恶意抢注、同业竞争者抢注、海外经销商抢注等类别。

---

[1]《商标法》第32条:申请商标注册不得损害他人现有的在先权利,也不得以不正当手段抢先注册他人已经使用并有一定影响的商标。

[2]《商标法》第64条:注册商标专用权人请求赔偿,被控侵权人以注册商标专用权人未使用注册商标提出抗辩的,人民法院可以要求注册商标专用权人提供此前三年内实际使用该注册商标的证据。注册商标专用权人不能证明此前三年内实际使用过该注册商标,也不能证明因侵权行为受到其他损失的,被控侵权人不承担赔偿责任。销售不知道是侵犯注册商标专用权的商品,能证明该商品是自己合法取得并说明提供者的,不承担赔偿责任。

2. 贴牌加工中的商标侵权。贴牌加工企业在承接外来客户加工订单时，应做好知识产权审查。需要审查的内容包括订单加工产品的知识产权合法性及有效性，避免因生产侵犯他人专利权或商标权的产品给企业造成损失。

(二) 防范措施

1. 提前布局。需要注意的是，通过国家知识产权局注册的商标只在我国境内有效。企业如需出口带有商标的商品，需要提前查询相关商标是否已在出口目的地被注册。如未注册，则需要提前了解海外法律法规，出口目的地的知识产权环境，包括但不限于该国家或地区的知识产权政策法律、司法程序、判定及侵权赔偿标准等。一方面，需要提前布局申请商标，涵盖企业现有产品和未来可能拓展的产品线；另一方面，注重商标防御，可以注册近似的商标来防止他人模仿。

2. 选取最优的申请方式。目前，企业出海的商标申请注册有单一国家申请和马德里申请两种方式。单一国家申请主要是指申请人分别向各个国家和地区商标局提出注册申请，各国家和地区根据本国商标法律制度进行独立审查。马德里申请则是指申请人依据在原属国已有的注册商标，通过原属国注册当局向世界知识产权国际局提交申请，并在马德里体系内的多个国家指定保护。两类方式各有利弊，不同方式手续难易程度不同，需要结合企业出海布局与实际情况，按需选取。

3. 做好商标使用记录台账。在日常经营中，及时留存商标使用的证据，内容包括但不限于企业的商标宣传材料、销售发票、销售范围、销售额说明、广告宣传费用统计等。特别对于出海的企业，参加各类国际展会的记录、带有企业商标标识的资质证明及荣誉证书也应当一并留存。

经典案例分析

随着时代的发展，商标的内容与形式逐渐丰富，除了传统的图片文字外，声音也可被认为是一种合格的商标标识。而在商标审查中，显著性是可注册性审查的核心内容，是任何一个标志成为商标的必要条件和前提基础。显著性既可来源于商标本身的固有显著，也可以通过长期使用获得显著性，也就是经过长期大量的使用产生了新的含义，从而具备标识商品来源的能力。本案中，腾讯"嘀嘀嘀嘀嘀嘀"声音商标是否具有显著性，还需要结合相关公众的认知来判断。而商标一旦获权，就受到法律的保护。许多中小企业会有"搭便车"的侥幸心理，希望借用知名品牌的商标来销售自己的商品或服务，但该类行为一旦被发现，就可能面临侵权诉讼和行政处罚。

学习模块二　企业专利法律实务

> **经典案例**

2011 年,苹果公司首次向美国法院提起诉讼,指控三星抄袭了苹果 iPhone 的外观设计及操作系统。苹果公司主张,三星的产品在外观和图标设计上与其 iPhone 和 iPad 过于相似,涉嫌侵犯苹果的外观设计专利。与此同时,苹果公司还指控三星侵犯了其在用户界面、触摸屏技术和软件方面的专利。2012 年,圣何塞联邦地方法院裁定三星侵权,要求其向苹果赔偿 10.5 亿美元(苹果原索赔金额为 27.5 亿美元)。苹果的指控主要涉及设计侵权(如外观和系统图标)以及功能专利(如滑动解锁、多点触控等)。同年,三星在多个国家对苹果提起反诉,但随后撤回了部分欧洲诉讼。苹果提出庭外和解,但谈判未果,三星对此结果提出上诉。2014 年,联邦巡回上诉法院认为初审判决可能导致苹果通过专利来垄断市场,要求重新审议,最终三星被判向苹果支付约 5.48 亿美元,并支付了其中的 3.99 亿美元。然而,2016 年,三星认为赔偿金额过高,将案件上诉至美国联邦最高法院。2018 年,美国联邦陪审团作出最终裁定,判定三星因侵犯苹果三项设计专利和两项实用专利,需赔偿近 5.39 亿美元。联邦最高法院驳回三星的进一步上诉,至此,这场跨越七年的全球专利纠纷正式落下帷幕。[1] 这场"世纪诉讼"横跨了六个国家,

---

[1] 系列案件包括:Apple, Inc. v. Samsung Electronics Co., Case No. 11-CV-01846-LHK (N.D. Cal. Dec. 9, 2015); Apple, Inc. v. Samsung Elecs. Co., 678 F. 3d 1314, 102 U. S. P. Q. 2d 1633 (Fed. Cir. 2012); Apple, Inc. v. Samsung Electronics Co., Case No. 12-CV-00630-LHK (N.D. Cal. Feb. 15, 2018); Samsung Elecs. Co. v. Apple Inc., 137 S. Ct. 429, 196 L. Ed. 2d 363 (2016) 等。

双方涉及的侵权产品达到 20 余项。双方公司互相指责对方侵犯知识产权，请求禁止对方销售侵权产品，并要求巨额赔偿，成为全球科技巨头间专利之争的标志性事件。

学习单元一　企业专利的申请与管理

一、企业专利的申请

第一步，确定专利类别。

发明的保护客体为产品、方法或者其改进，可分为产品发明和方法发明两大类型。产品发明包括所有由人的智力、体力创造出来的各种物品，例如，机械、装置、零件、仪表、器具、材料、混合物、化学组合等。方法发明包括所有利用自然规律的方法，又可以分为制造方法和操作使用方法两种类型，例如，在加工技术、生产流程、检测手段或产品应用方式等方面的创新。实用新型的申请仅限于具体形态的产品，不包括各种方法，也不能是没有固定形状的产品，实用新型的创造性要求不太高，适用于产品的形状、构造或其结合，相较之下实用性较强。而外观设计专利则保护产品的外观设计，侧重于产品的整体或者局部的形状、图案或者其结合以及色彩与形状、图案的结合。申请人需要根据其创新的特点和性质，选择最合适的专利类型进行申请。

法律规定，以下内容不受专利的保护：科学发现、智力活动的规则和方法、疾病的诊断和治疗方法、动物和植物品种、原子核变换方法及其所得物质，以及以标识为主要功能的平面印刷品的图案、色彩或其结合的设计。然而，对于动物和植物品种的生产方法，可以依据《专利法》规定申请专利保护。因此，企业需要做好判断，合理评估技术或方案可以申请哪类专利。

第二步，检索同类型专利并准备材料。

在申请之前，企业需要检索同类型专利，可自主检索，也可委托代理机构进行更全面地检索，以了解现有技术的状况，避免重复申请。在确认拟申请专利的新颖性之后，需要准备好申请材料。所需的材料包括发明专利请求书、说明书摘要（必要时应当提交摘要附图）、权利要求书、说明书（必要时应当提交说明书附图）；申请实用新型专利的，应当提交请求书、权利要求书、说明书及其摘要、说明书附图；申请外观设计专利的，应当提交外观设计专利请求书、图片或者照片（要求保护色彩的，应当提交彩色图片或者照片）以及对该外观设计的简要说明。

第三步，了解申请流程，提交申请。

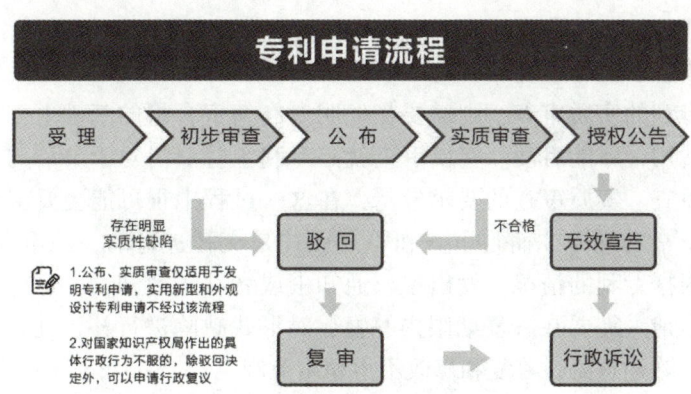

申请发明专利的流程为：提出申请→受理通知书→缴纳申请费、实审费、公布印刷费等相关费用→初步审查→初审合格进入公布阶段→实质审查阶段→审查意见→授权或驳回→授权缴纳第一次年费和印花税→授权公告→获得专利权及证书。

申请实用新型专利的流程主要有：提出申请→受理通知书→缴纳申请费等相关费用→初步审查→（审查意见→）授权或驳回→授权缴纳第一次年费和印花税→授权公告→获得专利权及证书。

申请外观设计专利的流程包括：提出申请→受理通知书→缴纳申请费等相关费用→初步审查→授予专利权通知书→办理登记手续→获得专利权及证书。

专利申请既可以以书面形式申请，也可以以电子形式申请。电子申请的，应当通过专利电子申请系统（电子申请客户端或在线业务办理平台）以电子文件形式提交相关专利申请文件及手续，提交文件的格式应符合国家知识产权局的相关要求。

提交申请后，申请人需要缴纳相关专利申请费，发明专利还需要缴纳实质审查费。如果还产生如附加费等其他相关费用都需要一并缴费。根据《专利收费减缴办法》，对于申请费（不包括公布印刷费、申请附加费）、发明专利申请实质审查费、年费（自授予专利权当年起 10 年内的年费）、复审费，专利申请人或者专利权人为个人或者单位的，减免 85%。2 个或者 2 个以上的个人或者单位为共同专利申请人或者共有专利权人的，减免70%。

专利局在收到申请文件后，会进行初步审查，确认文件的完整性和格式是否符合要求。如果一切符合规定，专利局会发出受理通知书，通知申请人其专利申请已被正式受理。

第四步，审查与答复环节。

发明专利的实质审查，则需要在发明专利初审合格的基础上，并缴纳了实质审查费用，才能启动。实质审查就是专利主管部门对于申请的实质技术特征进行审查。实质审查的要求较严，在这一过程中很可能会要求申请人答复，这是正常的现象，而且审查和答复往往是交替进行的，甚至会有多轮。审查员会根据专利的情况，发出授权通知书或者补正通知书，也有审查意见通知书，申请人需要在答复期限内答复，对形式缺陷进行补正处理，对实质性问题需要陈述意见，答复和修改不得超出范围。

第五步，等待结果，办理专利权登记手续。

如果实用新型和外观设计专利申请经过初步审查，或发明专利申请经过实质审查，且未发现驳回理由，专利局将向申请人发出授权及登记办理通知。收到这些通知后，申请人需在规定的2个月内按照通知要求完成登记并支付相关费用。一旦这些步骤完成，专利局将正式授予专利权，颁发专利证书，将相关信息记录在专利登记簿上，并在专利公报上进行公告，专利权从公告之日开始生效。申请人获得专利证书，经过公告期，就正式获得专利权的保护。如果申请人未能在规定的时间内按照要求完成登记手续，将被视为自动放弃获得专利权的机会。

二、企业专利的管理

（一）及时缴纳专利的年费

作为公司的法务，应当提前了解每项专利的年费到期时间，并设置定期提醒，避免因疏忽而导致专利失效。定期审核公司所有专利的续费情况，确认哪些专利仍在有效期内，哪些已经进入续费阶段。提前与财务部门对接，保证预算中有充足的资金用于缴纳专利年费，并及时跟进付款。如果公司聘请了外部的专利代理机构，法务需要主动与其沟通，确认专利年费的到期和缴纳情况。

按照相关规定，专利年费的缴纳，应于每一年度期满前1个月预缴下一年度的年费，具体可以参照国家知识产权局颁布的《专利和集成电路布图设计缴费服务指南》。期满未缴纳或未缴足，专利局会发出缴费通知，要求专利权人在规定的 6 个月内完成补缴，并支付滞纳金。滞纳金按照每延迟 1 个月，按当年年费的 5% 计算。如果超期未缴或缴费不足，专利权将自年费到期日起终止。

（二）职务作品的专利权属确认

我国法律还规定了一种特殊的作品类型——职务作品。一般来说，利用单位的资源或完成单位任务所产生的发明创造属于职务发明创造，其专利申请权归单位所有，专利获批后单位成为专利权人。单位可依法处理相关专利申请权和专利权，以推动发明创造的实施和应用。此外，若单位与发明人或设计人通过合同约定专利申请权和专利权的归属，则按照合同约定执行。[1]

作为公司的法务，既需要保护好公司发明创造的经济利益，同时也需要尊重发明人。如发明人确属为执行本单位的任务或者主要是利用本单位的物质技术条件而进行的发明创造，公司理应成为专利权人。但如果属于非职务发明创造（如利用业余时间，非利用公司基础设施条件，与公司所承担的任务不相干等），申请专利的权利属于发明人或者设计人。法律规定，对发明人或者设计人的非职务发明创造专利申请，任何单位或者个人不得压制。因此，公司法务需要提前了解情况，客观公正作出评判，不能一概将员工个人的发明归属于公司，也不允许职务作品流入个人手中。

（三）对专利的日常监管

对中小企业来说，知识产权的日常监管尤为重要，特别是专利关乎着企业的核心竞争力。因此需要法务部门协调有关部门，建章立制，严格执行知识产权档案管理，对知识产权的查看、借阅、调取和使用等进行登记或留痕，对原始资料、申请文件、证书及副本等进行妥善保管。日常工作中，法务还需要对员工进行专利法和专利知识的宣传培训、鼓励员工开展发明创造活动、保护公司专利权和防止侵犯他人的专利权。可以通过定期举办知识产权法规培训，提升公司员工特别是研发、市场营销等部门的知识产权意识，明确告知员工在工作中产生的知识产权归属问题以及保密责任。

---

[1]《专利法》第 6 条：执行本单位的任务或者主要是利用本单位的物质技术条件所完成的发明创造为职务发明创造。职务发明创造申请专利的权利属于该单位，申请被批准后，该单位为专利权人。该单位可以依法处置其职务发明创造申请专利的权利和专利权，促进相关发明创造的实施和运用。非职务发明创造，申请专利的权利属于发明人或者设计人；申请被批准后，该发明人或者设计人为专利权人。利用本单位的物质技术条件所完成的发明创造，单位与发明人或者设计人订有合同，对申请专利的权利和专利权的归属作出约定的，从其约定。

学习单元二　企业专利常见法律问题

一、专利许可的合同审查

通过协议购买或转让的方式是较为常见的取得知识产权的方式，企业在生产经营的过程中，既可能将自身专利许可给其他公司，也可能需要通过许可合同获得其他公司的授权，专利许可需要公司法务的参与，特别需做好审查专利许可合同、知识产权尽职调查等工作。

我国《专利法》与《民法典》分别对专利许可作了规定，任何单位或者个人实施他人专利的，应当与专利权人订立实施许可合同，向专利权人支付专利使用费。被许可人无权允许合同规定以外的任何单位或者个人实施该专利。在我国，专利许可主要分为三类：独占实施许可、排他实施许可与普通实施许可。独占实施许可是指在约定的许可范围内，让与人将专利仅许可给一个受让人使用，且让与人自身也不得使用该专利。排他实施许可是指在约定的许可范围内，让与人将专利仅许可给一个受让人使用，但让与人仍可以根据约定自行使用该专利。普通实施许可是指在约定的许可范围内，让与人既可以许可他人使用专利，也可以自行使用专利。如果双方对许可方式未作约定或约定不明确，则默认适用普通实施许可的形式。相较来说，独占实施许可具有独占性，能保持在市场中的竞争力，但许可费用较高。普通许可是与其他被许可人共享专利，相对专利费用较低。

（一）专利本身的审查

根据专利的申请号、名称等信息，进行详细检索，了解该专利的法律状态，包括其权利保护范围和有效期限，进而确定其是否为假冒专利、过期专利等，这部分将着重在本单元第二部分"专利尽职调查"中作介绍。

（二）专利许可合同的主要内容

发明专利权和实用新型专利权的权能包括：制造权、使用权、许诺销售权、销售权、进口权。外观设计专利权的权能包括：制造权、许诺销售权、销售权、进口权。在许可合同中，建议清楚列明权能，以免在后续合同履行中出现纠纷。

一般情况下，如果没有特别约定，专利许可合同中的技术范围默认为专利权项下所涵盖的全部内容。如果是对于基础性应用的专利，建议在合同中列明许可的具体技术范围与应用场景，避免引发争议。同时，由于专利的地域性，相同的技术方案在不同国家或地区可能存在不同的专利保护状态。如果专利许可合同涉及多国实施，应当首先审查专利是否在目标国已获得保护，明确合同标的是否包含相关的同族专利，否则可能涉及侵犯他国的知识产权。

由于专利存续期限直接决定专利技术的公开使用问题，为维护专利使用秩序，专利实施许可合同仅在该专利权的存续期限内有效。[1] 一旦专利权到期或被宣告无效，专利权人将无法就该专利再与他人签订实施许可合同。专利实施许可合同的许可人应当按照约定，许可被许可人实施专利，交付实施专利有关的技术资料，提供必要的技术指导。专利实施许可合同的被许可人应当按照约定实施专利，不得许可约定以外的第三人实施该专利，并按照约定支付使用费用。

（三）专利许可合同的形式与手续

专利技术许可合同应采用书面形式，还可以附上专利信息、技术参数、技术资料或专利证书的复印件等作为附件。鉴于专利信息可能涉及企业核心技术体系，双方可签订保密协议，以确保保密义务的履行。

由于专利许可需履行备案程序，建议提前准备相关文件并在签署合同时一并处理，以确保流程顺利进行。在许可合同签订后，应及时办理备案，备案可以起到对抗善意第三人的作用。因此建议在合同中约定由许可方负责或协助办理备案手续，同时将备案程序的完成作为支付后续相关款项的前提条件。

二、专利尽职调查

专利尽职调查是指对专利资产状况进行的确认与证实活动，其目的在于明确专利法律权利的权属关系、有效效力以及自由运作，从而规避潜在的法律风险。专利尽职调查在企业的生产经营活动中被广泛应用，如技术引进、产品上市、企业上市、并购、投资、专利诉讼等。专利尽职调查通常应在交易谈判开始前或早期阶段进行，对于中小企业而言，在任何知识产权投资前（如签订许可合同、转让专利等），对专利（知识产权）进行尽职调查，能更好地确认该知识产权资产，降低企业将来在经营合作中的风险。

专利尽职调查主要围绕相关专利的申请授权情况、专利权权属状况、法

---

[1]《民法典》第865条：专利实施许可合同仅在该专利权的存续期限内有效。专利权有效期限届满或者专利权被宣告无效的，专利权人不得就该专利与他人订立专利实施许可合同。

律状态、运营情况、涉诉情况及法律风险等方面开展，重点审查专利权利链的完整性、专利权属的稳定性、保护范围（规避难度）、专利实施的独立性（是否以其他专利为前提）、专利授权的妥适性、专利使用的正当性、专利侵权风险等问题。

(一) 尽职调查前的准备工作

1. 签订保密协议。如果企业将专利委托第三方（如律所等）进行尽职调查，需要向第三方披露大量目标公司的信息资料，可能会涉及商业秘密，因此在对外委托进行专利调查时，需签订保密协议，尽最大可能保证信息的保密性和安全性。

2. 确定调查的权利清单。不论是专利权转让，还是企业的合并或投资，公司法务应当根据交易的类型和价值，制定全面的调查清单，以调查和评估目标公司的专利权。

权利清单的内容通常包括：①是否已获得权利证书，比如是否已获得专利证书或商标注册证书。②权利人仅为目标公司或为多个权利人。③权利的获得方式，权利是原始取得，或继受取得，或许可方式获得。④许可的情况，比如权利许可的情况；或者被许可是通过独占许可、排他性许可或普通许可的情况。⑤是否存在质押等情况。

(二) 开展尽职调查

专利尽职调查主要分为两方面：一是对专利本身调查，二是对专利或产品实施调查。专利尽职调查包括但不限于以下内容：

1. 审查专利的法律状态：需要审查专利在确权阶段的各个环节中的情况，例如，专利在申请、公开、实质审查、驳回、复审等阶段的情况；如果是已确权的专利，需要审查其在权利维持阶段的情况，包括专利权的效力状态、剩余保护期限、年费缴纳、许可使用等情况。

2. 核查专利或专利申请是否存在权利负担：确认专利或专利申请是否涉及抵押、质押或许可等情况。如有许可，核实许可的类型、期限、范围和费用；检查是否已备案，若未备案，需评估是否存在授权第三方使用的情况；确认是否允许分许可或转许可。

3. 审查专利的权属状况和权属风险排查：核查当前权利登记情况；当前的专利权或专利申请人；是否存在专利权或申请权的转让。此外，还需要单独排查是否属于委托发明、职务发明或合作发明，如果有上述情况，则需要判断该发明是否与发明人所在单位或曾经所在单位相关，是否单独或共同享有相关权利，检查企业与技术人员关于职务发明的约定是否合法完善；如果不属于职务发明，则需确认发明人或其他相关人员是否拥有相关权利。此外，高校科研人员在孵化企业的过程中也可能存在专利权属风险，需要单独排查。

4. 他人权利风险排查：检查是否存在将他人商业秘密申请专利的情况，或是否涉及竞业禁止等问题。

5. 专利信息泄露风险：企业申请或被授权的专利是否能够自由实施；排查技术人员在同质化企业之间的流动容易产生的专利权属风险。

(三) 调查方法

1. 文件调查。文件调查主要是指获取目标公司相关文件后，核查和比对资料，通过检索系统验证其真实性、完整性和准确性。对于专利基本内容的调查，通常通过调取专利登记簿副本或批量法律状态记录来满足调查需求。

2. 人员调查。对于发明人或设计人可能涉及的权属纠纷和商业秘密争议，以及一些对于文本难以获得的信息，人员调查起着很重要的作用。人员调查主要是指通过与目标公司不同层级和职能的人员，特别是研发技术人员以及中介机构，进行面谈或线上沟通。对调查得知的信息不可一概相信，要注意甄别访谈人员提供不实信息，应将人员调查结果与其他资料进行交叉验证。如有需要，建议要求调查对象提供证明材料或签署保证书，以确保信息的真实性。

3. 专利检索。对于专利的基本信息，以及对同族专利的调查，都需要通过专利检索来完成。可以登录国家企业信用信息系统，查询专利出资登记公示信息；也可以通过世界知识产权组织（WIPO）等平台确认是否存在同族专利，并通过该专利所在国家的官方网站进一步核实。如果该国没有公开平台，可委托当地专利代理机构进行检索。此外，对于实用新型或外观设计专利，也可以委托第三方进行检索。

(四) 后续工作

通过前述尽职调查方法，明确专利的法律属性（确认知识产权的权属及其真实性和合法性）与技术属性（知识产权的稳定性、真实性、价值性）。如对合作方的专利存疑的，需要提醒公司高层注意，确定是否需要进行下一步的合作。如确定继续合作，需要通过谈判等方式确定好合同内容，拟定好违约责任条款或索赔条款，同时在协议履行过程中要注意及时办理过户或交接及相应的登记或备案手续。

学习模块三　企业商业秘密法律实务

经典案例

2000年,著名快消品巨头宝洁针对联合利华开展了商业间谍活动,旨在搜集联合利华洗发护发产品的情报。宝洁支付了300万美元雇佣了第三方公司,伪装身份潜入联合利华,趁人不备之时翻找垃圾桶中的信息,发现大约80份机密文件,其中包括联合利华洗发护发产品的一些商业细节,甚至还涉及了一款即将上市的洗发产品的详细资料。此事后来被宝洁的高层知悉,紧急叫停该行为,并迅速与联合利华展开了谈判与沟通,宝洁公司归还了窃取来的文件,并保证不会使用得来的情报,双方于2001年秋季达成了和解协议。

学习单元一　企业商业秘密的识别与管理

一、商业秘密的识别

对中小企业来说,在创业初期专利申请、维护以及信息披露的成本较高,采取商业秘密保护为主、专利保护为辅的知识产权保护策略相对稳妥。

按照法律规定,商业秘密是指不为公众所知悉、具有商业价值并经权利人采取相应保密措施的技术信息、经营信息等商业信息。简单来说,商业秘密主要有"三性":秘密性、价值性和保密性。"秘密性"是一个相对概念,并不是除了权利人之外的绝对保密,只要它不是通过正常的商业渠道或公开途径能够轻易获取的就足够了。因此,如果是其他权利人各自通过正当渠道获取并持有了相同的商业秘密,也符合"不为公众所知悉",同样能够构成商业秘密。相对来说,如果是原创的发明或创造,秘密性的认定就比较容易;如果是对现有技术的改进与创新,且该种创新程度不高,则秘密性就难以认定。商业秘密的"价值性"指的是商业秘密能够为权利人带来经济利益或竞争优势。这种价值既可以是现实的,也可以是潜在的,甚至是各种失败的试验、探索和创新所形成的记录,都可以成为一种价值。"保密性"指的是权利人通过主动实施合适的保密措施,使商业秘密保持在秘密状态,防止外界通过公开渠道轻易获取。如果权利人没有采取合理的措施保护商业秘密,那就意味着他认为该项信息不值得保护,权利的侵犯也就无从谈起。

商业秘密主要包括两大类别:技术信息与经营信息。我国《最高人民法院关于审理侵犯商业秘密民事案件适用法律若干问题的规定》以列举的形式对技术信息和经营信息作出了说明。其中,技术信息包括与技术有关的结构、原料、配方、材料、样品、样式、植物新品种繁殖材料、工艺、方法或其步骤、算法、数据、计算机程序及其有关文档等信息。经营信息则主要包括与经营活动有关的创意、管理、销售、财务、计划、样本、招投标文件、客户信息、数据等信息。此外,商业秘密的载体涵盖了以文字、图形、视频、音频、数据、符号等形式记录和存储机密信息的各种物品,包括文件、书籍、图纸、磁盘、磁带、设备、不同类型的光盘与闪存盘、模具以及电脑等。根据司法解释的相关规定,商业秘密中的客户信息,包括客户的名称、地址、联系方式以及交易习惯、意向、内容等信息,可以构成经营信息进而作为商业秘密的保护对象。[1] 但是,不可以简单以与特定客户保持长期稳定交易关系为由,主张该特定客户属于商业秘密。如果客户基于对员工个人的信赖而与该员工所在单位进行交易,该员工离职后,能够证明客户自愿选择与该员工或者该员工所在的新单位进行交易的,人民法院应当认定该员工没有采用

---

[1]《最高人民法院关于审理侵犯商业秘密民事案件适用法律若干问题的规定》第1条:与技术有关的结构、原料、组分、配方、材料、样品、样式、植物新品种繁殖材料、工艺、方法或其步骤、算法、数据、计算机程序及其有关文档等信息,人民法院可以认定构成反不正当竞争法第九条第四款所称的技术信息。与经营活动有关的创意、管理、销售、财务、计划、样本、招投标材料、客户信息、数据等信息,人民法院可以认定构成反不正当竞争法第九条第四款所称的经营信息。前款所称的客户信息,包括客户的名称、地址、联系方式以及交易习惯、意向、内容等信息。

不正当手段获取权利人的商业秘密。

作为中小企业的法务，需要积极与有关部门、公司管理人员沟通，及时甄别公司的商业秘密，尽到提醒义务与保密义务。

二、商业秘密的管理

法务对商业秘密的管理，主要在于采取措施加以保护，开展保护商业秘密的培训，提示商业秘密泄露的风险，做好商业秘密留痕管控工作，做好商业秘密泄露的后续侵权纠纷处理。除了保护本单位的商业秘密不被泄露之外，还要提示公司管理层不侵犯他人的商业秘密，恪守行业信用规范。一般来说，保密措施可以分为两大类：一种是制度类的保密措施，另一种是物理类的保密措施。

（一）制度类保密措施

文本制度的措施包括通过规章制度、培训等方式向员工、前员工、供应商等相关人员提出保密要求，签订保密协议或者在劳动合同中约定保密义务，专门签订保密协议或承诺书等。

对中小企业来说，企业最好是设立专门的商业秘密保护部责任人，负责制定和执行商业秘密管理制度。企业出于规模的原因，很可能需要法务人员承担起风控的职责，建立商业秘密保护制度。具体来说，可以从以下几个方面入手：首先，可以对所有涉及商业秘密的工作岗位进行保密分级管理，明确各岗位员工接触信息的权限范围，确保敏感信息仅限特定员工知晓。其次，对于商业秘密的流转和使用，应当设立审批程序，由相关人员提出申请，责任人员签字审批，全过程留痕。再次，日常工作中应定期做好保密培训，员工在外出或离职时应进行保密审查，确保相关文件和数据不被擅自携带或转移。最后，如果企业有自己的信息技术部门，可以建立信息监控机制，通过授权性进入指令对员工的办公软件、办公电脑、电子邮件、文件储存等进行管理。通过设定明确的指令和规范，确保员工在处理公司敏感信息时遵守相关安全措施，从而有效防止信息泄露和滥用。

（二）物理类保密措施

对法务来说，在意识到商业秘密的第一时间就需要提示公司做好保密措施。哪怕是将来出现了侵犯商业秘密的侵权案件，合理的保密措施也将成为法院考量的重要因素。

物理层面的保密措施则主要是对特定场所的访问进行限制（如对生产场所、设备等进行访问限制或分区管理），采用标记、加密、封存等手段对商业秘密及其载体进行保护，对特定计算机设备、软件系统及其存储的信息采取限制使用、访问、存储和复制等保护措施，要求离职员工返还或销毁接触过的商业秘密载体并继续承担保密责任，等等。在涉密文件存储上，企业应当明确规定，所有涉密文件必须存储在公司指定的电脑、信息化系统或企业网盘内，严禁存储在个人网盘、个人共享文档、个人U盘或硬盘等非公司授权存储设备上。这样可以确保敏感信息不被泄露或禁止未经授权访问。在涉密文件传输上，企业要明确规定，涉及敏感信息的外部传输必须使用公司邮箱或企业网盘加密链接等可以追踪的安全方式。内部传输可通过OA系统、企业微信、企业网盘、企业邮箱等安全渠道进行，禁止使用微信、QQ、个人邮箱等非正式传输方式。

三、保密协议的签订

企业不论是信息发布、技术合作、并购重组等对外商业交往活动，还是对内部的涉密员工管控，都会涉及保密协议的签订。接下来主要对照保密协议的几个重要条款予以提示：

1. 鉴于条款。该条款明确合同签订的背景及目的。通常的表述为："鉴于合同双方正在就××进行谈判，为了充分保护双方的合法权益，特签订本合同。"该条款旨在解释签署保密协议的原因和重要性。

2. 合同主体条款。该条款涉及保密协议的权利人和义务人，即明确哪方是保密信息的拥有者，哪方承担保密义务。合同主体条款中需要清楚地列明双方的身份与基础信息。

3. 保密内容条款。一般来说，企业都是对涉密的商业信息进行保密。在保密协议中，如果仅进行笼统的原则性描述，而没有详细且具体地列明涉及的具体信息和范围，可能会给后续的商业秘密侵权诉讼带来隐患。例如，若保密协议中仅简单约定"保密信息包括生产技术信息、业务销售信息、经营管理信息等"，这种表述过于模糊，无法有效确定商业秘密的保护客体，法院在审理此类案件时，可能会认为企业的保密制度或保密协议未能满足《反不正当竞争法》规定的保密措施要求，从而导致企业败诉。为了避免此类风险，企业应当在保密协议中清楚、具体地列明保密信息的详细类别及其具体内容，确保每一项信息都有明确的保护范围，避免因模糊或不清晰的表述而影响法律效力。

此外还需要注意以下几点：一是保密信息的时间范围。要注意应明确规定保密信息是否仅限于接收方在签署保密协议后从披露方获得的信息，还是包括签署保密协议之前以及签署后的所有信息。二是信息的表现形式。保密信息的形式是否仅限于书面信息，还是应包括口头、电子邮件、电子文档等其他形式的保密信息。三是标记与确认要求。是否需要披露方明确标明信息为"保密"或通过书面形式确认为"保密"，才视为保密信息。

4. 保密主体条款。该条款明确了承担保密义务的主体，其中披露方指保密信息的来源方，接收方指保密信息的获得方。而当双方互相需要向对方披露保密信息时，双方同时具有披露方和接收方的身份。

企业在市场交易和经营过程中，还应主动与相关交易方签订保密协议，此外在涉及会计师事务所、律师事务所等中介服务提供者，以及技术鉴定、评估、评审等机构时，尽管这些机构可能负有一定的默示保密义务，但如果其保密义务不明确或不确定，企业应当主动要求与其签订正式的保密协议，以确保商业秘密得到充分保护，避免在法律层面产生不必要的争议。

如果是对公司的内部员工，还需要遵守《劳动合同法》的相关规定。一般来说，只有比较重要的岗位才会签订书面保密协议。即使没有签订书面保密协议，员工同样对商业秘密负有保密义务，但还是建议企业与重要岗位以及涉密岗位的劳动者签订保密协议较为稳妥。保密协议与竞业限制协议在实践中往往会整合在一份协议中，可命名为"保密与竞业限制协议"。对于负有保密义务的劳动者，公司可以在劳动合同或者保密协议中与劳动者约定竞业限制条款，并约定在解除或者终止劳动合同后，在竞业限制期限内按月给予劳动者经济补偿。劳动者违反竞业限制约定的，应当按照约定向用人单位支付违约金。值得注意的是，并非所有员工都受竞业限制的约束，并非所有员工离职后都不能去同类型的企业工作。受到竞业限制的人员主要包括高级管理人员、高级技术人员和其他负有保密义务的人员。竞业限制的范围、地域、期限可以由公司与劳动者约定，并且此类约定不得违反法律法规的规定。

5. 保密期限条款。保密期限可以是约定永久（直至保密信息被依法公开披露为止），也可以是约定在双方的合作期限内以及合作解除或终止后一定期限内承担保密义务。一般来说，商业秘密披露方通常倾向于设定较长的保密期限，以最大限度地保护其商业秘密，而信息接收方往往主张保密期限越短越好，以便于在尽可能短的时间内解除相关保密义务。对法务来说，实现公司利益最大化才是最终目标，需要结合公司的立场、信息的价值、市场的预估等因素确定保密期限。特别需要注意的是，如果其所披露的商业秘密来自第三方，披露方必须确保将第三方要求的保密责任期限传达给接收方。也就是说，披露方应明确告知接收方，相关信息的保密期限不仅受披露方的要求约束，还可能受到第三方合同或协议的限制。若接收方的保密期限与第三方的保密期限不一致，可能会导致披露方因未能履行对第三方的保密承诺而面临违约责任。

6. 保密义务条款。该条款明确应当履行的积极义务和不作为义务。例如，接收方应采取合理措施保护信息的机密性，且不得擅自披露或利用保密信息。此外，应规定在何种情形下接收方的保密义务可以解除，例如，信息变为公共信息或得到披露方书面同意。

7. 违约条款。在此条款中，通常会约定违约方需支付违约金或承担损失赔偿的方式。需要明确违约金的数额或赔偿损失的具体计算方式，以便在违约发生时有明确的执行依据。

8. 争议解决条款。该条款需要明确在争议发生时的解决方式。需要特别注意的是，如果信息接收方违反保密义务，不仅构成违约，还可能构成侵权，可能会涉及两种诉讼管辖，因此需要明确相关法院或仲裁机构的管辖。

9. 其他程序性条款。这类条款主要包括合同的生效条件、签署份数以及附件等。确保合同的正式生效程序及相关附件内容明确，以避免因程序问题影响合同的执行。

除了上述保密条款的主要内容之外，还需要注意在签订保密协议之前，企业应仔细核对签署人的身份信息，确保签署人具有合法授权和资格。签订保密协议时，企业需要认真阅读协议条款，特别是保密要求和泄密后果部分，确保对保密义务的具体内容有清晰的理解，避免模糊或不清晰的表述，确保协议的严密性和可执行性。签署完毕后，企业还应对协议进行审查，确保所有签名完整且清晰。若发现有漏签、错签或签名模糊等情况，应及时纠正，确保协议的法律效力和可执行性。

学习单元二　企业商业秘密常见法律问题

一、员工泄露的商业秘密

（一）风险提示

对于具有一定创新能力的中小企业来说，需要重点防范员工泄露商业机密。在职员工可能会出于个人利益驱动，故意向外部披露企业的敏感信息；

也可能缺乏保密意识，例如，出差人员对所带的资料、存储设备保管不善而泄露商业秘密；一些员工可能会在离职后加入竞争对手的公司，并将其在原公司知悉的商业秘密披露给新雇主，甚至创办同类企业。这些都给中小企业带来了商业秘密泄露的风险。

(二) 防范措施

为了确保商业秘密的安全，企业应当对涉密人员进行全方位管理，包括入职、在职及离职等各个阶段。在新员工入职时，需要与其签署保密协议，明确保密的具体范围、期限、双方的权利义务以及违反保密条款的责任等内容。制定并定期更新涉密岗位及人员清单，确保根据岗位变动和人员流动及时调整，同时定期组织涉密人员参加商业秘密保护相关的培训。对于离职的涉密人员，企业应采取相应措施进行脱密处理，包括评估是否需要执行原有的竞业限制协议，或重新签订新的竞业限制协议。

员工泄露商业秘密，最好的预防措施就是签订保密协议。保密协议的签订方法如前所述。法务应当定期审查保密合同的签订情况，着重注意两类签订的情形：一类是在入职时签订劳动合同附件中的保密协议。该协议通常在员工入职时与劳动合同一并签署，作为附加条款存在，而且往往以格式化条款的形式出现，笼统地约定保密义务。另一类是入职后签署针对特定项目或技术的单独保密协议。这类协议通常在企业研发新技术、专利申请或者进行特定项目研发时，针对参与该项目的员工单独签署。协议内容通常更加具体，重点保护企业的核心技术、商业秘密及其他敏感信息。如果员工离职，公司发现其岗位涉密而未签订相应协议的，需要及时签订，办妥手续后再准允员工离职。

二、对外交往中的商业秘密泄露风险

(一) 风险提示

企业在对外进行商业活动交往过程中，往往会涉及信息发布，学术、技术交流，参加展会，进行技术合作，并购重组等，或者在与律师事务所、会计师事务所等专业服务机构开展委托服务过程中，不可避免地向客户或合作伙伴等披露企业一定的商业信息或敏感数据。如果合作方不遵守行业规范，就可能存在商业秘密泄露的风险。

(二) 防范措施

合作前的风险评估：在进行商业合作前需要对合作伙伴的资质、信誉进行评估，包括但不限于保密管理制度、信息保护措施、安全技术能力、数据

安全管理体系、历史合作记录，等等，确保其对商业秘密的保护能达到相应的标准。与合作伙伴保持密切联系，定期审查合作过程中涉及商业秘密的信息流通情况，确保保密协议的执行。

事前审批：所有外部公开的材料（如宣传文案、技术报告等）应经过严格的审批程序，尤其是涉及技术方案、商业计划、财务数据等敏感信息时，确保其内容不涉及核心商业秘密。可以事先设定不同层级的审批权限，根据信息的敏感性决定需要审核的级别。重点审查是否包含有价值的商业秘密或敏感数据，是否存在过度披露的风险，确保所有发布的信息都经过精心筛选。

控制信息内容：在公开讲话、展览演示、发布材料前，需要对材料进行二次把关，尽量避免详细披露涉及技术、财务等核心机密的内容。明确不同信息的保密级别，并根据其重要性设定不同的管理措施。仅在合作关系需要的情况下提供最必要的信息，避免无意间泄露多余的细节。例如，在技术合作中，除非绝对必要，否则不向合作方披露完整的技术方案或源代码。

定期培训相关业务人员：定期对公司的外联部门、营销团队进行培训，确保他们了解哪些信息可以公开，哪些信息需要保密。

经典案例分析

商业秘密的窃取广泛存在于竞争对手之间，一旦出现了侵犯商业秘密的行为，被侵权方（联合利华）可以依据商业秘密相关法律进行追责，要求侵权方（宝洁）停止侵权行为，归还所有泄露的机密信息，并要求赔偿经济损失。侵犯商业秘密的代价是巨大的，一旦被揭露，不仅会对企业的声誉造成不利的影响，还要承担巨额的经济赔偿。宝洁与联合利华的案件也给其他企业敲响了警钟，企业在生产经营活动中，不仅要注意商业秘密的保护，同时也要注意规范自己的行为，可以通过正当途径（如商业秘密的转让、许可使用等方式）来实现自己的经营计划，不得侵犯他人的商业秘密。

法律法规索引

任务实训

实训1（单项选择题）

约翰雷欧是著名的足球运动体育明星，提起足球运动，雷欧的名字无人不知。中国的A公司注册了"雷欧"商标，B公司用"雷欧"作为企业名称，并于产品上显著标明公司名称为"雷欧"，A公司向法院起诉B公司侵权，下列有关说法正确的是（　　）。

A. B公司可以A公司侵权在先为由抗辩

B. B公司可以其企业名称系合法工商登记为由抗辩

C. 如果约翰雷欧在A公司商标被注册后5年内未申请宣告无效，5年后不能再申请

D. 雷欧无权以姓名权被侵犯为由主张A公司的侵权责任

——该题目来源于2019年国家统一法律职业资格考试真题

实训2（多项选择题）

神仙湖市阳光好空气好水质好，当地盛产银鱼，当地渔民成立了神仙湖渔业协会，并申请注册了"神仙湖银鱼"商标，供渔业协会的会员使用。甲公司未加入神仙湖渔业协会，但其在其他地区养殖的鱼销售时也使用了"神仙湖银鱼"商标。下列说法正确的是（　　）。

A. "神仙湖银鱼"属于集体商标

B. "神仙湖银鱼"属于证明商标

C. 甲公司未经许可使用"神仙湖银鱼"商标，属于侵权行为

D. 如果甲公司也注册了"神仙湖银鱼"商标，神仙湖渔业协会有权随时申请其商标被宣告无效

——该题目来源于2019年国家统一法律职业资格考试真题

实训3（商标申请书填写）

以下为国家知识产权局商标局的商标注册申请业务书式，请自主设计一个商标，并按照要求填写申请书（此处选取了几点填写要求，特作提醒）。

1. "国内申请人联系地址""邮政编码"栏：国内申请人填写此栏，用于接收该商标后继商标业务的法律文件；同时，也用于自行办理的国内申请人接收本申请的各种文件。国内申请人未填写联系地址的，文件送达至申请人地址栏填写的地址。国家知识产权局文件无法送达的，通过公告方式送达。

2. "商标申请声明"栏：申请注册集体商标、证明商标的，以三维标志、颜色组合、声音标志申请商标注册的，2个以上申请人共同申请注册同一商标的，应当在本栏声明。申请人应当按照申请内容进行选择，并附送相关文件。

3. 要求优先权声明栏：申请人依据《商标法》第二十五条要求优先权的，选择"基于第一次申请的优先权"，并填写"申请/展出国家/地区""申请/展出日期""申请号"栏。申请人依据《商标法》第二十六条要求优先权的，选择"基于展会的优先权"，并填写"申请/展出国家/地区""申请/展出日期"栏。申请人应当同时提交优先权证明文件（包括原件和中文译文）；优先权证明文件不能同时提交的，应当选择"优先权证明文件后补"，并自申请之日起三个月内提交。未提出书面声明或者逾期未提交优先权证明文件的，视为未要求优先权。

4. "申请人章戳（签字）"栏：该栏中，如果申请人是法人或其他组织的，需要加盖公章；申请人为自然人的，应当由本人签字。

5. 如有代理机构，则"代理机构章戳""代理人签字"处需要签字并盖章。将设计好的商标图样粘贴在图样框内。

6. 清楚填写"商标说明"栏：以三维标志、声音标志申请商标注册的，应当说明商标使用方式。以颜色组合申请商标注册的，应当提交文字说明，注明色标，并说明商标使用方式。商标为外文或者包含外文的，应当说明含义。自然人将自己的肖像作为商标图样进行注册申请应当予以说明。申请人将他人肖像作为商标图样进行注册申请应当予以说明，附送肖像人的授权书。

7. "类别""商品/服务项目"栏：申请人应按《类似商品和服务项目区分表》填写类别、商品/服务项目名称。商品/服务项目应按类别对应填写，每个类别的项目前应分别标明顺序号。类别和商品/服务项目填写不下的，可按本申请书的格式填写在附页上。全部类别和项目填写完毕后应当注明"截止"字样。

8. "商标注册申请书附页——其他共同申请人名称列表"栏：此栏填写其他共同申请人名称，外国申请人应当同时填写中文名称和英文名称，并在空白处按顺序加盖申请人章戳或由申请人本人签字。

9. 收费标准：一个类别受理商标注册费 300 元人民币（限定本类 10 个商品/服务项目，本类中每超过 1 个另加收 30 元人民币）。受理集体商标注册费 1500 元人民币。受理证明商标注册费 1500 元人民币。

其他申请要求详见中国商标网（https：//sbj.cnipa.gov.cn/sbj/index.html）首页>商标申请>申请书式。

实训 4（单项选择题）

甲、乙、丙、丁分别就无人驾驶汽车用摄像装置各自独立地先后完成了同样的发明创造，并就该发明创造分别向国家知识产权局提交了专利申请。根据下述选项所述的情形，应当被授予专利权的是（　　）。

A. 甲于 2014 年 8 月 1 日向国家知识产权局受理部门提交的符合规定的发明专利申请文件

B. 乙于 2014 年 8 月 6 日向国家知识产权局受理部门提交的符合规定的发明专利申请文件，并享有 2013 年 8 月 6 日的优先权

C. 丙于 2013 年 8 月 1 日通过顺丰速递向国家知识产权局受理部门寄交的符合规定的发明专利申请文件，国家知识产权局受理部门于 2013 年 8 月 2 日收到该申请文件

D. 丁于 2013 年 7 月 30 日通过邮局向国家知识产权局受理部门寄交的符合规定的发明专利申请文件，国家知识产权局受理部门于 2013 年 8 月 8 日收到该申请文件

——该题目来源于 2018 年全国专利代理人资格考试

实训 5（单项选择题）

甲公司向知识产权局递交专利侵权纠纷处理请求，称乙公司制造的产品侵犯其发明专利权，请求知识产权局责令乙公司停止侵权。知识产权局作出

决定，认定乙公司对甲公司不构成专利侵权。甲公司向法院请求撤销该局决定，并一并请求判令乙公司停止制造销售侵犯其发明专利权的产品，下列哪个选项是正确的（　　）。

A. 法院应对甲公司请求乙公司停止侵犯其发明专利权行为单独立案
B. 本案应按行政案件标准收取诉讼费
C. 法院应另行组成合议庭审理
D. 法院审理甲公司提出的民事争议适用民事法律规范的相关规定

——该题目来源于2022年国家统一法律职业资格考试客观题

实训 6

请在国家知识产权局官网 https：//pss-system.cponline.cnipa.gov.cn/conventionalSearch 上，完成专利检索。专利的内容不限。

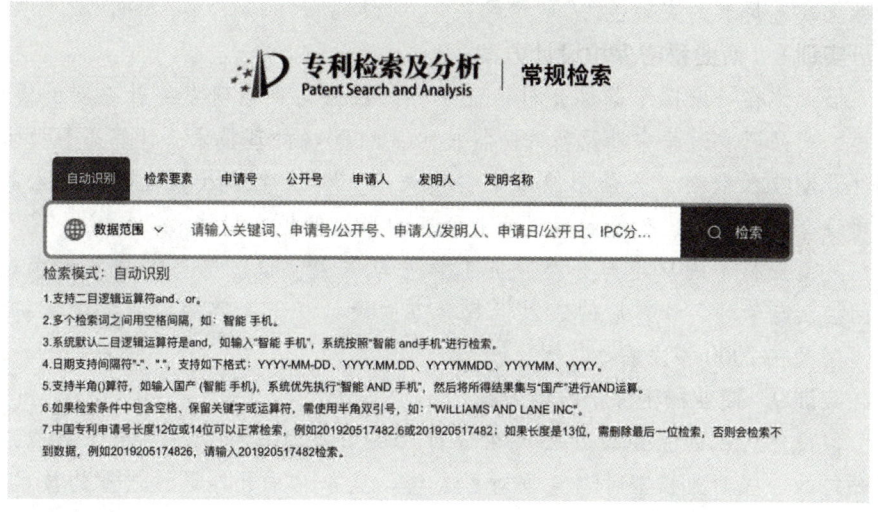

实训 7

请根据审查员的审查意见，准备专利答复意见说明书，回复审查意见并提出修改意见和方案。

案例背景：

某企业（申请人）申请了一项新型智能家居设备的专利，旨在通过智能语音控制系统来实现家庭设备的自动化管理。该设备结合了传感器、无线通信和语音识别技术，可以根据用户指令调节家中的照明、空调、安防系统等设备。申请人提交了该设备的专利申请，涵盖了硬件构造、语音识别技术的应用及系统集成方案。

审查员对该专利申请提出了以下审查意见：

1. 缺乏创造性：审查员认为，申请的智能家居设备在现有技术基础上并未体现出创新性。现有技术文献（例如，CN1234567A，CN7654321B）中已有类似的智能家居设备，这些设备使用了传感器、语音识别和无线通信技术，因此本申请的技术方案不足以体现出明显的创新。

2. 不明确的权利要求：审查员指出，申请中的权利要求"通过语音控制系统与设备的交互"未明确描述语音控制的具体技术方案，包括语音识别的算法、硬件配置及通信协议等，这使得权利要求存在不明确的情况，缺乏清晰的技术界定。

3. 实用性问题：审查员认为，现有技术中已有类似功能的智能家居系统，申请中的智能语音控制系统并未解决现有技术中已有系统的不足，因此在实用性上缺乏足够的突破性。

实训 8　商业秘密保护设计方案

假设你在一家摄影器材公司担任法务，该公司正在研发一款全新的摄影器材。产品研发过程中涉及新的防抖技术、AI 影像处理技术、计算摄影技术、软件开发技术框架、全景图像采集拼接技术、模块化防水相机设计技术等，公司没有申请专利，而是希望以商业秘密的形式保护这些技术。

从商业秘密的界定与分类、员工管理与保密协议、信息保护技术手段、访问控制与管理、泄露后的应对机制等方面设计一份完整的商业秘密保护方案，字数在 2000 字左右。

实训 9　商业秘密保护设计方案

假设你所在的服装设计公司在进行产品研发过程中，一名员工离职后，将公司的一些商业秘密带到竞争对手公司。竞争对手开始通过泄露的技术方案开发出相似的产品并迅速推出市场，导致你的公司遭受了经济损失。你的公司已经掌握了部分证据，准备提起诉讼。

请分析基本案情，制定出一份合理的法律应对方案，包括如何搜集证据，如何评估损失，如何向法院提起诉讼等。

思政园地

"洛阳纸贵"——《晋书·左思传》

"于是豪贵之家竞相传写,洛阳为之纸贵。"——《晋书·左思传》

西晋文学家左思因创作《三都赋》而闻名,他的作品大受欢迎,有钱的富豪们都竞相传写,导致洛阳的纸张价格飞涨。由这一典故可进一步认识到企业品牌的重要性,知名商标能给企业带来巨大的商业效益,商标的影响力和认知度直接影响消费者的购买决策。商标与企业品牌紧密相连,一旦深入人心,不仅能提升产品销量,还能提升品牌价值,形成独特的竞争优势。

"工欲善其事,必先利其器。"——《论语·卫灵公》

当代科技发展日新月异,企业竞争愈发激烈,技术成为企业竞争的核心。我国鼓励创新,鼓励科技发展,而专利的核心恰恰在于保护创新,使得发明者能够利用其创新成果获得经济利益。

"言必信,行必果。"——《论语·子路》

在企业的商业交往中,企业与员工之间、企业与合作伙伴之间的信任至关重要。正如孔子所言,言必信,行必果。员工应当恪尽职守,遵照企业的保密协议与竞业禁止,合作方应当信守承诺,保守秘密,这也是维护市场竞争秩序的内在要求。

拓展学习

与商标有关的国际保护条约与协定

1. 《保护工业产权巴黎公约》于1883年制定,是世界上第一个有关商标保护的国际条约。中国于1985年加入该公约,成为其成员国。其主要内容有:

优先权原则:规定了商标在缔约国之间的优先权原则,允许在一个缔约国注册的商标在其他缔约国享有相同的优先权。商标的优先权期限为6个月。

独立性原则:商标在一个成员国内注册,与其他成员国内的注册是相互独立的。即一个商标注册在某一个成员国内过期或撤销,并不影响在其他成员国内注册的效力。

国民待遇:各缔约国的国民在其他缔约国享有与本国国民相同的待遇。

2.《商标国际注册马德里协定》是用于规定和规范国际商标注册的国际条约。该协定于1891年签订,旨在通过国际注册的方式,使商标在多个国家获得保护。其主要内容有:

国际商标注册保护:缔约国的国民可以通过其原属国的注册当局,向世界知识产权组织公约中的知识产权国际局提出商标注册申请,进而可以在一切其他缔约国取得相应的商标保护,用于其已在所属国注册商品或服务标记。

"领土延伸"请求:所有将通过国际注册取得的保护延伸至某一缔约方的请求,应当在国际申请中特别说明。

有效期:在国际局注册商标以10年为期进行,并可以按照规定条件申请续展。

3.《商标法条约》(TLT),1994年缔结,宗旨是统一和简化国家和地区商标注册的程序。该条约对商标注册程序进行了原则规定,主要包括主管机关不得要求申请人提供商业注册证明,可以在一份申请书上同时申请多类别的注册(以及变更、转让),也无需通过公证、认证、证明、确认等方式来确认签字的效力。我国于1994年10月28日签署了该条约。

4. 国际商标分类体系:《商标注册用商品和服务国际分类尼斯协定》《建立商标图形要素国际分类维也纳协定》。

《商标注册用商品和服务国际分类尼斯协定》于1957年6月15日在法国南部城市尼斯签订,1961年4月8日生效。我国于1994年8月9日加入了尼斯联盟。该协定的宗旨是建立一个共同的商标注册用商品和服务国际分类体系,并保证其实施。目前,国际分类共包括45类,其中商品34类,服务项目11类,共包含一万多个商品和服务项目。

《建立商标图形要素国际分类维也纳协定》的主要目的是建立一个国际通用的商标图形要素的国际分类,以促进国际商标合作,以便于对商标进行检索和管理。维也纳分类体系中的"图形要素"包括图样、立体形状标记和"特别式样的"文字及字母。该分类法采用级别制度,把图形要素分为 29 个类别、144 个组别及 1887 个分项。

5.《关于与贸易有关的知识产权的协定》是世界贸易组织（WTO）框架下的一个重要协定，规定了商标权的最低保护标准，并要求 WTO 成员国提供商标权的国际保护。其主要内容包括：

商标注册条件：成员可要求商标标记应以视觉可感知作为注册条件。

关于"混淆"的规定：《与贸易有关的知识产权协定》（TRIPS）第16条规定，商标权人应享有防止任何第三方未经许可而在贸易活动中使用与注册商标相同或近似的标记去标示相同或类似的商品或服务，以造成混淆。

不得损害在先权利：注册商标不得损害任何已有的在先权利，这就意味着不但商标注册后不得损害在先权利，而且在商标注册过程中如发现损害在先权的，也不能对其予以授权注册。

驰名商标保护：《与贸易有关的知识产权协定》强调了驰名商标的特殊保护，即使其未在相关国家申请或注册，只要该商标已广为人知，那么在其所有商品和服务类别中都应予以保护。

标准必要专利

标准必要专利：是指实施标准必不可少的专利。标准必要专利权人及相关权利人，是指享有标准必要专利权的经营者或者有权许可他人实施标准必要专利的经营者。如果某项技术被定义为行业标准，并且该标准包含了某些专利技术，那么这些专利就成为标准必要专利。标准必要专利通常由标准化组织（如 ISO、IEEE、3GPP 等）在制定技术标准时指定。标准必要专利的许可是其价值实现的主要形式，标准必要专利的许可原则是 FRAND 原则，FRAND 原则（Fair, Reasonable and Non-discriminatory，即公平、合理、无歧视原则）旨在平衡专利权人与标准实施者之间的利益。按照我国市场监管总局发布的《标准必要专利反垄断指引》的有关规定，参与标准制修订的专利权人或者专利申请人需明确作出专利实施许可声明，同意在公平、合理、无歧视原则的基础上，免费或者收费许可其他经营者在实施该标准时使用其专利。在这一原则之下，标准必要专利权人和标准实施方之间就标准必要专利许可的费率、数量、时限、使用范围和地域范围等许可条件开展善意谈判，以达成公平、合理、无歧视的许可条件。

企业的商业秘密与知识产权保护

商业秘密与知识产权在本质上都属于企业的核心资产,都是对企业创新成果的保护。相较之下,商业秘密主要指企业在经营活动中为了维持竞争优势而采取保密措施的技术信息、经营信息等,如客户数据、生产工艺、市场策略等。与知识产权不同,商业秘密不需要注册或公开披露,只要企业采取了合理的保密措施,即可获得法律保护。因此,商业秘密如果能一直维持保密状态,其保护期限理论上是无限的。而知识产权则包括专利权、商标权、著作权等,通常是通过申请、注册并向公众公开的方式来获得保护。法律对知识产权的保护设定了明确的期限,例如,注册商标的有效期为 10 年,发明专利权的期限为 20 年。然而,知识产权由于其公开性,技术实则为公知技术,一旦过了保护期限,其他任何企业都可以使用该技术。

一般来说,知识产权和商业秘密是企业技术的一体两面。例如,专利申请过程中披露的技术细节,可能在专利申请之前是企业的商业秘密。知识产权的创造与实施常常伴随着商业秘密的积累和运用。在企业生产经营过程中,需要衡量商业秘密与知识产权这两种方式,合理地保护自己的创造成果,确保不暴露核心信息。

学习领域八

防风险——企业行政与刑事风险法律实务

学习目标

1. 知识目标：
（1）认识理解企业行政法律风险与刑事法律风险的定义、特点；
（2）熟悉企业在运营过程中可能遇到的各类风险；
（3）了解和熟悉相关法律法规，为企业行政法律风险与刑事法律风险防范提供法律依据。

2. 能力目标：
（1）能够识别企业在不同运营阶段面临的行政法律风险与刑事法律风险，并结合案例进行分析；
（2）能够根据企业实际情况，制定有效的行政与刑事法律风险防范方案。

3. 素质目标：
（1）强化法律底线思维，培养合规经营的意识，提高法律风险管理能力；
（2）培养严谨的职业态度，在实务中注重程序合法性和证据规范性；

(3) 增强社会责任感，引导学生关注企业行为的社会影响，推动诚信法治文化建设。

学习重点与难点

1. 学习重点：
(1) 学会识别和分析企业运营过程中可能遇到的各类行政法律风险和刑事法律风险；
(2) 学会制定针对性的行政与刑事法律风险防范措施；
(3) 理解单位犯罪的认定与处罚原则。

2. 学习难点：
(1) 准确识别与判断企业运营过程中产生的行政法律风险与刑事法律风险；
(2) 针对风险设计并执行有效的风险防范措施；
(3) 明确单位犯罪中单位与个人的责任界限。

法律典故

法治是最好的营商环境。
——2019年2月25日，习近平总书记在中央全面依法治国委员会第二次会议上强调

基础知识概要

一、企业行政法律风险的概念

企业行政法律风险是指企业在设立、经营、终止等活动中，因违反行政法律法规，可能面临行政机关的行政处罚、强制措施，进而导致经济损失、声誉损害或运营受限等不利后果的风险。

相较于大型企业，中小企业经济实力较弱、内部管理不完善、对法律法规更新敏感度低、风险识别能力不足，抗风险能力相对较弱，在生产经营中更容易出现违反国家或行业相关法律法规的情况，导致企业受到行政处罚，不仅影响企业的社会信誉，还严重影响生产效率，不利于企业发展。因此中

小企业更需重视潜在性风险，做到"未病先防"。

二、中小企业行政法律风险的特点

（一）普遍性

中小企业在注册设立、日常经营到注销清算的全生命周期中，均可能面临行政法律风险。无论是企业设立时的虚假注册、经营中的偷税漏税，还是清算时的未通知债权人，都可能使企业面临行政处罚或法律纠纷。中小企业需接受市场监管、税务、环保、劳动等多个行政部门的严格监管。任何违反相关行政法律法规的行为，都可能使企业受到行政处罚，甚至影响企业的正常经营。

（二）多样性

中小企业行政法律风险来源广泛。不同行业、不同经营环节都存在多样的行政法律风险。这些风险可能单独存在，也可能相互交织，共同对企业的经营构成威胁。行政管理部门也会根据企业的违法情况依法给予形式多样的行政处罚，这些处罚措施不仅会给企业带来直接的经济损失，还可能对企业的声誉和品牌形象造成负面影响。

（三）隐蔽性

部分行政法律风险较为隐匿，不易被企业察觉。行政法律法规处于动态更新中，修订频率较高。中小企业受限于规模和成本，往往缺少专业的法务团队，同时对法律法规的关注度不够，无法及时跟踪和掌握最新变化，这就使得企业在日常经营里，可能在毫无察觉的情况下违反相关规定。另外，行政监管的方式多样，其中不定期抽查是常见的手段之一。在这种监管模式下，企业日常经营时可能自认为符合规定，但一旦遭遇抽查，潜在问题便会浮出水面，暴露出长期以来被忽视的行政法律风险。

（四）后果严重性

中小企业自身规模不大，在抗风险能力上相对薄弱。一旦行政法律风险从潜在状态转变为现实的行政处罚，其产生的后果往往极具破坏性。中小企业资金储备通常有限，罚款可能使企业资金链紧张，影响正常生产经营；被列入经营异常名录或严重违法失信名单，企业在招投标、贷款融资、政府采购等方面将受限，阻碍企业发展壮大，甚至可能导致企业破产倒闭，对企业生存造成致命打击。

（五）可预防性

虽然行政法律风险具有隐蔽性，但这并不意味着企业只能被动承受，无法避免风险的发生。实际上,行政法律法规作为公开明示的行为规范,其规则具有明确性。企业只要主动学习和深入了解这些法律法规,就能清晰地明确自身在经营活动中的权利和义务,进而为有效预防行政法律风险奠定基础。同时,中小企业也可以通过建立健全内部管理制度、加强员工培训、定期进行风险评估等措施,有效预防行政法律风险。

随着社会经济的不断发展和法律法规的不断完善,行政监管法规政策更新频繁,中小企业需要密切关注相关法律法规的变化,及时调整自身的经营策略和管理制度,避免因法律法规政策调整,未能及时适应新的监管要求而带来法律风险。而随着互联网营销、数据合规等新兴领域的不断涌现和技术的不断进步,中小企业也面临新的行政法律风险点。企业管理者要充分认识这些特点,时刻保持警惕,加强风险防控意识,建立健全内部管理制度和风险控制体系,确保企业在合法合规的轨道上稳健发展。

学习模块一　企业行政风险法律实务

> **经典案例**

广州市抖音电商科技有限公司从事混淆行为案

广州市抖音电商科技有限公司在经营过程中，在其经营场所装潢及宣传海报上突出使用"抖音电商"及"抖音图形"的商标标识字样，在其宣传单上标注"官方申请商业版账号，由北京抖音总部1~2个工作日内发放"字样等，引人误认为其与"抖音短视频"App软件权利人北京字节跳动科技有限公司存在特定联系。当事人通过上述经营手段与19名客户签订了《抖音电商服务合同》并提供相应服务。

当事人违反了《反不正当竞争法》第6条第4项的规定，构成其他足以引人误认为是他人商品或与他人存在特定联系的混淆行为。执法机关依法责令其立即停止违法行为，在收到处罚决定书后30日内办理名称变更登记，并处罚款32万元。[1]

学习单元一　企业运营中的行政风险清单构建

在中小企业的运营过程中，行政法律风险如影随形。从市场准入的注册

---

[1]《广东公布10起反不正当竞争执法典型案例》，载 https://www.samr.gov.cn/jjj/fbzdjz/art/2023/art_ 6afa7092bbaa46039df9754463ab24d3.html，最后访问日期：2025年2月25日。

登记，到日常经营的生产经营、合同签订、税务缴纳，再到劳动用工、数据管理等各个环节，稍有不慎就可能触碰行政法律红线，面临罚款、停业整顿甚至吊销执照等处罚，严重影响企业的生存与发展。构建一份全面、准确且具有针对性的行政法律风险清单，成为中小企业有效防控行政法律风险的关键起点。这份清单不仅能帮助企业清晰地认识到自身面临的风险状况，更为后续制定精准的风险应对策略提供了重要依据。

一、明确牵头部门与专业支持

（一）确定牵头部门

企业的风控部门应作为构建行政法律风险清单的牵头部门。风控部门对企业整体运营状况有着较为全面的了解，熟悉各个业务流程的关键节点和潜在风险区域。其主要职责包括统筹规划风险清单构建工作的整体流程，协调企业内部各部门之间的信息沟通与协作，确保风险信息收集的全面性与准确性。同时，负责与外部法律专业支持力量进行对接，及时反馈企业实际情况，共同推动风险清单构建工作的顺利开展。

（二）引入专业支持

引入专业的法律人员，如外部法律顾问或律师事务所团队，能够为风险清单构建提供坚实的法律专业保障。这些专业人士具备深厚的法律知识储备，熟悉各类行政法律法规的具体条款和实际应用案例。他们可以运用专业视角，对企业业务流程进行深入的法律剖析，精准识别潜在的行政法律风险点，并依据法律规定对风险后果进行准确判断。在风险分类框架构建、风险信息筛选优化以及风险点属性完善等关键环节，法律专业支持发挥着不可或缺的作用，确保风险清单的构建符合法律规范和行业标准。

二、多渠道收集风险信息

行政法律风险信息的收集，可以采用问卷调查、访谈调研、案例梳理、法规梳理等方法。

（一）问卷调查法

设计一套科学合理的调查问卷，面向企业全体员工发放。问卷内容应涵盖企业各个业务部门的日常工作流程，重点询问在执行工作任务过程中，员工所接触到的与行政法律法规相关的事项。通过广泛收集员工的反馈，能够从基层工作实际出发，挖掘出那些容易被管理层忽视但却真实存在的行政法律风险点。同时，设置开放性问题，鼓励员工分享他们在工作中遇到的具体行政法律风险事件及处理经验，为风险信息收集提供更丰富的素材。

（二）访谈调研法

针对企业关键岗位人员，如部门经理、业务骨干等，以及企业管理层开展访谈调研。访谈过程中，深入了解他们在业务决策、工作协调等方面所面临的行政法律挑战。与企业管理层交流时，关注企业战略规划、重大投资决策等活动中涉及的行政法律风险，如在新业务拓展时，是否对相关行业准入政策和监管法规进行了充分研究。通过这种面对面的深度交流，获取企业运营中核心业务环节的行政法律风险信息。

（三）案例梳理法

收集企业自身过往发生的涉及行政法律纠纷的案例，详细分析事件的起因、经过、处理结果以及对企业造成的影响。广泛研究同行业其他企业的类似案例，尤其是那些具有典型性和警示性的案例。通过对自身及同行业案例的梳理，总结出具有普遍性和规律性的行政法律风险点。

（四）法规梳理法

组织专业人员对与企业运营密切相关的各类行政法律法规进行全面梳理。按照企业业务板块，如市场监管、税务、环保、劳动用工等，分类整理相关法规条款。对于每一项法规，详细解读其适用范围、具体要求以及违反规定所应承担的法律责任。通过法规梳理，确保企业对行政法律法规的要求有清晰准确的认识，为识别潜在风险点提供明确的法律依据。

三、筛选优化风险信息并入库

（一）制定信息筛选标准

制定严格的风险信息筛选标准，确保入库信息的质量和有效性。首先，判断信息的真实性，对于来源不明、未经核实的风险信息予以排除。其次，评估信息与企业实际运营的相关性，剔除那些与企业业务流程、经营活动无关的信息。此外，还要考虑信息的时效性，对于因法律法规修订、政策调整而失效的风险信息，及时予以清理。

（二）筛选流程与方法

组织由风控部门、法律专业人员以及相关业务部门骨干组成的筛选小组，对收集到的风险信息进行集中筛选。采用逐一审查的方法，对每条风险信息按照既定标准进行判断。在审查过程中，对于存在争议的信息，通过查阅相关法律法规、参考类似案例以及组织专家论证等方式进行确定。经过筛选，将符合标准的风险信息保留，不符合标准的信息予以舍弃。

(三) 风险信息优化与入库

对于通过筛选的风险信息，进一步进行优化处理。对风险信息的描述进行规范和细化，使其能够准确清晰地表达风险的核心内容和关键特征。同时，按照之前构建的行政法律风险分类框架，将优化后的风险信息准确归入行政法律风险库。在入库过程中，为每条风险信息赋予唯一的识别编码，方便后续的查询、管理和更新。

四、完善风险点属性并形成风险库

(一) 风险发生可能性评估

采用定性与定量相结合的方法对风险发生的可能性进行评估。定性方面，根据风险信息所反映的情况，结合企业以往经验、行业惯例以及法律法规执行的严格程度等因素，将风险发生可能性划分为高、中、低三个等级。定量方面，可以引入概率统计方法，通过对历史数据的分析，估算出某一风险在一定时间内发生的概率数值。将定性与定量评估结果相结合，确定每个风险点发生的可能性程度，并记录在风险库中。

(二) 风险影响程度评估

从经济损失、声誉损害、业务运营受限等多个维度评估风险发生后的影响程度。经济损失方面，估算风险一旦发生可能导致企业面临的罚款金额、赔偿费用、资产损失等直接经济损失，以及因业务停滞、客户流失等带来的间接经济损失。声誉损害方面，考虑风险事件对企业品牌形象、市场信誉的负面影响程度，通过分析类似案例在行业内和社会上引起的反响来进行评估。业务运营受限方面，判断风险发生后是否会导致企业生产停顿、销售渠道受阻、许可证被吊销等影响企业正常运营的情况。同样将风险影响程度划分为高、中、低三个等级，并在风险库中明确标注。

(三) 明确关联法律法规及责任主体

对于每个风险点，详细列出其所涉及的具体行政法律法规条款，确保风险点与法律依据紧密关联。同时，确定风险点对应的责任部门和责任人，以便在后续风险防控工作中能够精准落实责任。例如，如果是因生产部门操作不当导致的环保风险，则明确生产部门为责任部门，生产部门负责人及相关操作人员为责任人，并在风险库中记录相关信息。通过完善这些风险点属性，形成一个全面、准确、具有实际应用价值的企业行政法律风险库。

五、拆分风险库并生成风险清单

（一）按部门和业务单元进行拆分

将行政法律风险库按照企业内部部门和业务单元进行拆分。将涉及销售业务的风险点归为销售部门风险清单，涵盖销售合同签订、产品宣传推广、客户投诉处理等环节的行政法律风险；将涉及人力资源管理的风险点归为人力资源部门风险清单，包括员工招聘、劳动合同签订、薪酬福利管理、劳动纠纷处理等方面的风险。对于跨部门的风险点，如企业整体的税务合规风险，根据风险产生的主要环节和责任划分，合理分配到相关部门清单中，并在清单中注明涉及的其他部门，以便协同防控。

（二）风险描述与分类细化

在拆分过程中，对每个风险点进行进一步详细描述，突出风险在不同部门和业务单元中的具体表现形式。同时，按照之前确定的风险分类框架，对拆分后的风险点进行更细致的分类，使风险清单的结构更加清晰，便于各部门针对性地进行风险识别和防控。

（三）分析风险来源与影响范围

针对拆分到各部门和业务单元的风险点，深入分析其风险来源。风险来源可能包括法律法规更新、内部管理制度不完善、员工法律意识淡薄、外部监管环境变化等。评估风险影响范围时，明确风险一旦发生将对本部门业务、相关部门业务以及企业整体运营产生的影响。在风险清单中详细记录风险来源和影响范围，为制定有效的风险应对措施提供依据。

（四）归纳潜在后果与生成清单

归纳每个风险点可能导致的潜在后果，包括直接后果和间接后果。直接后果如行政处罚、经济赔偿等，间接后果如企业声誉受损、业务合作关系破裂等。根据各部门和业务单元拆分后的风险点的详细信息，生成最终的企业行政法律风险清单。清单应包括风险点编号、风险描述、风险分类、风险来源、影响范围、潜在后果、风险发生可能性、风险影响程度、责任部门、责任人以及关联法律法规条款等内容，以直观、清晰的形式呈现企业各层面面临的行政法律风险状况，为企业行政法律风险防控工作提供全面、翔实的指导。

构建中小企业行政法律风险清单是一项系统且复杂的工程，这一过程并非一蹴而就，而是需要企业持续关注法律法规变化、市场环境动态以及自身业务调整，不断对风险清单进行更新和完善。只有拥有一份精准有效的行政法律风险清单，中小企业才能在复杂的市场竞争环境中，提前识别、有效防控行政法律风险，为企业的稳健发展保驾护航。

在此基础上，笔者针对企业经营中可能触及的各类行政法律风险，系统梳理和分类形成风险清单，既全面覆盖潜在风险点，又能方便企业快速查询与对照。

中小企业运营过程中主要行政法律风险清单

编号	风险描述	风险分类	风险来源	影响范围	潜在后果	风险发生可能性	风险影响程度	责任部门	责任人	关联法律法规条款
1	提交虚假材料或者采取其他欺诈手段隐瞒重要事实取得公司登记	登记注册风险	企业主观故意违规，对登记法规认识不足	公司设立及后续运营，影响公司信誉与市场准入资格	公司登记机关对虚报注册资本的公司，处以虚报注册资本金额5%以上15%以下的罚款；对提交虚假材料或者采取其他欺诈手段隐瞒重要事实的公司，处以5万元以上200万元以下的罚款，情节严重的，吊销营业执照；对直接负责的主管人员和其他直接责任人员处以3万元以上30万元以下的罚款	中	高	行政部（负责登记事务）	负责公司登记办理人员	《中华人民共和国公司法》第250条

续表

编号	风险描述	风险分类	风险来源	影响范围	潜在后果	风险发生可能性	风险影响程度	责任部门	责任人	关联法律法规条款
2	发起人、股东虚假出资或未按期出资	登记注册风险	资金筹备不足，对出资责任认识不清	公司资本结构，运营资金保障，影响公司正常运转及合作信任	公司登记机关责令改正，可以处以5万元以下的罚款；情节严重的，处以虚假出资额5%以上15%以下的罚款；对直接负责的主管人员和其他直接责任人员处以1万元以上10万元以下的罚款	中	高	财务部（涉及资金筹备）、行政部（配合登记事务）	股东、负责资金筹备及登记事务的相关人员	《中华人民共和国公司法》第252条
3	公司的发起人、股东在公司成立后抽逃出资	登记注册风险	股东资金挪用需求，法律意识淡薄	公司资金安全，运营稳定性，损害公司及债权人利益	公司登记机关责令改正，处以所抽逃出资金额5%以上15%以下的罚款；对直接负责的主管人员和其他直接责任人员处以3万元以上30万元以下的罚款	中	高	财务部（资金管理）、行政部（监督公司合规）	涉及抽逃出资的股东、财务监管人员	《中华人民共和国公司法》第253条

续表

编号	风险描述	风险分类	风险来源	影响范围	潜在后果	风险发生可能性	风险影响程度	责任部门	责任人	关联法律法规条款
4	未依法登记为公司或分公司而冒用公司或分公司名义	登记注册风险	对登记程序漠视，企图规避监管	市场秩序，公司信誉，面临法律追责	公司登记机关责令改正或者予以取缔，可以并处10万元以下的罚款	低	中	行政部（负责登记合规）	涉及冒用行为的决策及实施人员	《中华人民共和国公司法》第259条
5	公司成立后无正当理由超过6个月未开业，或者开业后连续停业6个月以上；公司登记事项发生变更时，未依照规定办理有关变更登记	登记注册风险	经营策略调整失误，对法规变更关注不足	公司经营合法性，市场形象，可能导致营业执照被吊销	公司成立后无正当理由等情况，可由公司登记机关吊销营业执照；变更未登记，责令限期登记，逾期不登记的，处1万元以上10万元以下罚款	中	高	行政部（负责登记事务）	公司管理层，负责登记事务的相关人员	《中华人民共和国公司法》第260条

续表

编号	风险描述	风险分类	风险来源	影响范围	潜在后果	风险发生可能性	风险影响程度	责任部门	责任人	关联法律法规条款
6	公司在合并、分立、减少注册资本或者进行清算时,不依法通知或者公告债权人	公司运营风险	对相关程序法规不熟悉,内部管理混乱	公司债权人权益,清算进程与结果,影响公司注销或变更的合法性	公司登记机关责令改正,对公司处以1万元以上10万元以下罚款	中	高	行政部(负责公司重大事项程序推进)、财务部(涉及资金清算)	公司决策层、负责清算事务的主管及相关人员	《中华人民共和国公司法》第255条
7	隐匿财产,对资产负债表或者财产清单作虚假记载,或者在未清偿债务前分配公司财产	公司运营风险	清算流程不规范,责任心缺失	公司注销流程、债权人及股东权益,导致清算结果不准确	公司登记机关责令改正,对公司处以隐匿财产或者未清偿债务前分配财产金额5%以上10%以下的罚款;对直接负责的主管人员和其他直接责任人员处1万元以上10万元以下的罚款	低	中	行政部(负责公司重大事项程序推进)、财务部(涉及资金清算)	公司决策层、负责清算事务的主管及相关人员	《中华人民共和国公司法》第256条

续表

编号	风险描述	风险分类	风险来源	影响范围	潜在后果	风险发生可能性	风险影响程度	责任部门	责任人	关联法律法规条款
8	在合同签订过程中，故意虚构事实、隐瞒真相，误导对方签订合同，如夸大自身履约能力、虚构产品或服务性能等	合同欺诈与不正当竞争风险	企业逐利心态，缺乏商业道德与法律意识	合同交易对方权益、企业商业信誉，扰乱市场交易秩序	相关管理部门责令停止违法行为，根据情节单处或者并处警告，没收违法所得，处以罚款；情节严重的，责令停业整顿，吊销营业执照；给对方造成损失的，需承担民事赔偿责任	高	高	市场部（合同洽谈）、法务部（合同审核）	合同谈判人员、法务专员	《中华人民共和国民法典》第148条；《中华人民共和国消费者权益保护法》第56条

学习领域八　防风险——企业行政与刑事风险法律实务　327

续表

编号	风险描述	风险分类	风险来源	影响范围	潜在后果	风险发生可能性	风险影响程度	责任部门	责任人	关联法律法规条款
9	通过商业贿赂手段，如向交易相对方的工作人员、代理人等给付财物或其他利益，以谋取交易机会或竞争优势	合同欺诈与不正当竞争风险	市场竞争激烈，企业企图走捷径获取业务	市场公平竞争环境、其他合法经营者权益、破坏行业风气	由监督检查部门没收违法所得，处10万元以上300万元以下的罚款。情节严重的，吊销营业执照。	高	高	市场部（业务拓展）、采购部（供应商合作）	涉及商业贿赂的相关决策及执行人员	《中华人民共和国反不正当竞争法》第7条、第19条
10	恶意诋毁竞争对手的商业信誉、商品声誉，通过散发虚假信息、网络谣言等方式，损害竞争对手形象	合同欺诈与不正当竞争风险	企业竞争手段不当，为打击对手不择手段	竞争对手的市场声誉、企业自身形象，扰乱市场竞争秩序	监督检查部门责令停止违法行为，消除影响，处10万元以上50万元以下的罚款；情节严重的，处50万元以上300万元以下的罚款	中	高	市场部（市场推广）	市场推广负责人、参与诋毁行为的相关人员	《中华人民共和国反不正当竞争法》第11条、第23条

续表

编号	风险描述	风险分类	风险来源	影响范围	潜在后果	风险发生可能性	风险影响程度	责任部门	责任人	关联法律法规条款
11	未经授权，擅自使用与他人有一定影响的商品名称、包装、装潢等相同或者近似的标识，造成市场混淆，误导消费者	合同欺诈与不正当竞争风险	对知识产权及市场规则漠视，企图搭便车获取利益	被侵权企业权益、消费者权益、破坏市场竞争的公平性	由监督检查部门责令停止违法行为，没收违法商品。违法经营额 5 万元以上的，可以并处违法经营额五倍以下的罚款；没有违法经营额或者违法经营额不足 5 万元的，可以并处 25 万元以下的罚款。情节严重的，吊销营业执照	高	高	市场部（品牌策划）、产品部（产品设计包装）	品牌策划人员，产品设计主管	《中华人民共和国反不正当竞争法》第 6 条、第 18 条

续表

编号	风险描述	风险分类	风险来源	影响范围	潜在后果	风险发生可能性	风险影响程度	责任部门	责任人	关联法律法规条款
12	进行虚假的或者引人误解的商业宣传,或通过组织虚假交易等方式,帮助其他经营者进行虚假或者引人误解的商业宣传	合同欺诈与不正当竞争风险	营销追求短期效果,忽视法律规定与商业诚信	消费者购买决策,市场竞争秩序,损害其他经营者信经营者利益	由监督检查部门责令停止违法行为,处20万元以上100万元以下的罚款;情节严重的,处100万元以上200万元以下的罚款,可以吊销营业执照	高	高	市场部(营销宣传)	营销宣传策划及执行人员	《中华人民共和国反不正当竞争法》第8条、第20条

续表

编号	风险描述	风险分类	风险来源	影响范围	潜在后果	风险发生可能性	风险影响程度	责任部门	责任人	关联法律法规条款
13	在招投标过程中，相互串通投标报价，损害招标人或者其他投标人利益；或与招标人串通投标，损害国家利益、社会公共利益或者他人的合法权益	违法交易行为风险	企业为获取项目不择手段，漠视招投标法规	招投标市场秩序，招标人及其他投标人权益，导致项目质量存在隐患	中标无效，处中标项目金额5‰以上10‰以下的罚款，对单位直接负责的主管人员和其他直接责任人员处5%以上10%以下的罚款；有违法所得的，并处没收违法所得，情节严重的，取消其1年至2年内参加依法必须进行招标的项目的投标资格并予以公告，直至吊销营业执照；构成犯罪的，依法追究刑事责任	高	高	投标部门（负责招投标业务）	投标项目负责人、参与串通投标的相关人员	《中华人民共和国招标投标法》第53条

续表

编号	风险描述	风险分类	风险来源	影响范围	潜在后果	风险发生可能性	风险影响程度	责任部门	责任人	关联法律法规条款
14	在拍卖活动中，竞买人之间、竞买人与拍卖人之间恶意串通，损害他人利益	违法交易行为风险	拍卖市场管理不善，参与者法律意识淡薄	拍卖市场公平性，其他竞买人及委托人权益	拍卖无效，由工商行政管理部门对参与恶意串通的竞买人处最高应价10%以上30%以下的罚款；对参与恶意串通的拍卖人处最高应价10%以上50%以下的罚款	中	高	参与拍卖业务的相关部门	参与恶意串通的竞买人代表、拍卖公司相关人员	《中华人民共和国拍卖法》第65条
15	从事无证经营行为，未依法取得许可证或者其他批准文件和营业执照，擅自从事经营活动	违法交易行为风险	对市场准入法规不重视，企图逃避监管快速获利	市场经营秩序，消费者权益，影响行业规范发展	由查处部门责令停止违法行为，并处1万元以下的罚款，明知属于无照经营而为经营者提供经营场所，或者提供运输、保管、仓储等条件的，由查处部门责令停止违法行为，没收违法所得，可以处5000元以下的罚款	高	高	行政部（证照办理）、市场部（业务开展）	负责证照办理人员、涉及无证经营业务的相关负责人	《无证无照经营查处办法》第13条、第14条

续表

编号	风险描述	风险分类	风险来源	影响范围	潜在后果	风险发生可能性	风险影响程度	责任部门	责任人	关联法律法规条款
16	销售的产品存在质量缺陷，不符合相关质量标准；在产品中掺杂、掺假，以假充真，以次充好，或者以不合格产品冒充合格产品的；失效、变质的产品	产品质量风险	生产环节管控不严，采购原材料质量把关不足	客户权益、企业声誉，可能引发产品召回、客户索赔及监管处罚	责令停止生产、销售，没收违法生产、销售的产品，并处罚款；有违法所得的，并处没收违法所得；情节严重的，吊销营业执照；构成犯罪的，依法追究刑事责任	高	高	生产部（负责产品生产），采购部（负责原材料采购），质量检测部（负责质量把控）	生产主管，采购负责人，质量检测主管	《中华人民共和国产品质量法》第49条，第50条，第52条

续表

编号	风险描述	风险分类	风险来源	影响范围	潜在后果	风险发生可能性	风险影响程度	责任部门	责任人	关联法律法规条款
17	未经商标权人许可，在同一种商品或类似商品上使用与其注册商标相同或近似的商标，进行商品销售或服务提供，生产或假冒名牌商品	知识产权侵权风险	对商标法规缺乏敬畏，企图借助知名商标获利	商标权人权益、市场竞争秩序、损害消费者利益	工商行政管理部门责令立即停止侵权行为，没收、销毁侵权商品和主要用于制造侵权商品、伪造注册商标标识的工具，违法经营额5万元以上的，可以处违法经营额5倍以下的罚款，没有违法经营额或者违法经营额不足5万元的，可以处25万元以下的罚款。对5年内实施2次以上商标侵权行为或者有其他严重情节的，应当从重处罚	高	高	市场部（产品销售与推广）、生产部（产品生产）	市场推广人员、生产主管	《中华人民共和国商标法》第57条、第60条

续表

编号	风险描述	风险分类	风险来源	影响范围	潜在后果	风险发生可能性	风险影响程度	责任部门	责任人	关联法律法规条款
18	销售侵犯注册商标专用权的商品，企业自身可能未直接生产侵权商品，但因进货渠道审查不严，购入并销售了侵权产品	知识产权侵权风险	供应链管理漏洞，对合作方资质审查不力	商标权人权益，企业信誉，影响市场正常流通秩序	工商行政管理部门责令停止销售，没收，并处以罚款侵权商品，销毁；销售不知道是侵犯注册商标专用权的商品，能证明该商品是自己合法取得并说明提供者的，由工商行政管理部门责令停止销售	高	高	采购部（商品采购），销售部（商品销售）	采购负责人，销售主管	《中华人民共和国商标法》第57条，第60条

续表

编号	风险描述	风险分类	风险来源	影响范围	潜在后果	风险发生可能性	风险影响程度	责任部门	责任人	关联法律法规条款
19	伪造、擅自制造他人注册商标标识或者销售伪造、擅自制造的注册商标标识	知识产权侵权风险	企业受利益驱使,从事非法商标标识制作与交易	商标权人、品牌形象、市场商标管理秩序	工商行政管理部门责令立即停止侵权行为,没收、销毁侵权商品和主要用于制造侵权商品和伪造注册商标标识的工具,违法经营额5万元以上的,可以处违法经营额5倍以下的罚款;没有违法经营额或者违法经营额不足5万元的,可以处25万元以下的罚款	高	高	生产部(标识制作,若涉及)、销售部(标识销售,若涉及)	涉及标识制作与销售的相关负责人	《中华人民共和国商标法》第57条、第60条

续表

编号	风险描述	风险分类	风险来源	影响范围	潜在后果	风险发生可能性	风险影响程度	责任部门	责任人	关联法律法规条款
20	未经著作权人许可，复制、发行、表演、放映、广播、汇编、通过信息网络向公众传播其作品，以及宣传资料、网站在企业宣传中使用未经授权的图片、文字作品等	知识产权侵权风险	对著作权法规认知不足，追求低成本获取内容资源	著作权人权益，文化创意产业秩序，损害企业形象	由主管著作权的部门责令停止侵权行为，予以警告，没收违法所得，没收、无害化销毁处理侵权复制品以及主要用于制作侵权复制品的材料、工具、设备等，违法经营额5万元以上的，可以并处违法经营额1倍以上5倍以下的罚款；没有违法经营额，违法经营额难以计算或者不足5万元的，可以并处25万元以下的罚款	高	高	市场部（宣传资料制作）、信息科技部（网站运营，涉及内容使用）	宣传资料制作人员、网站运营主管	《中华人民共和国著作权法》第53条

续表

编号	风险描述	风险分类	风险来源	影响范围	潜在后果	风险发生可能性	风险影响程度	责任部门	责任人	关联法律法规条款
21	未按规定申报纳税,包括漏报、少报应税收入或多列支出等	税务风险	财务人员业务不熟练,对税收政策理解偏差,企业内部税务管理混乱	企业财务状况、纳税信用评级,可能面临税务稽查	税务机关责令限期改正,补缴税款、滞纳金,并处以罚款;情节严重的,可能影响企业纳税信用等级,限制企业相关税收优惠政策享受	高	高	财务部	财务负责人、办税人员	《中华人民共和国税收征收管理法》第62条、第63条;《中华人民共和国企业所得税法》等相关税法实体税法
22	违规开具、取得发票,如虚开发票、开具与实际业务不符的发票	税务风险	企业为降低成本、获取非法利益,对发票管理法规重视不足	企业财务核算、税务合规,可能引发刑事风险	由税务机关没收违法所得;虚开金额在1万元以下的,可以并处5万元以下的罚款;虚开金额超过1万元的,并处5万元以上50万元以下的罚款;构成犯罪的,依法追究刑事责任	中	高	财务部(发票开具、发票管理)、采购销售等业务部门(发票取得)	涉及发票违规操作的相关人员、财务负责人	《中华人民共和国发票管理办法》第21条、第35条

续表

编号	风险描述	风险分类	风险来源	影响范围	潜在后果	风险发生可能性	风险影响程度	责任部门	责任人	关联法律法规条款
23	污染防治设施运行不正常，污染物超标排放，如废气、废水处理设施故障未及时修复仍继续排放	环境保护风险	设备老化，维护不及时，环保管理不善	周边生态环境，企业社会形象，居民生活质量	生态环境主管部门责令改正或者限制生产、停产整治，并处罚款；情节严重的，报经有批准权的人民政府批准，责令停业、关闭	高	高	环保部门（若有）、生产部（涉及污染产生环节）	环保负责人、生产部门主管	《中华人民共和国环境保护法》第59条；《中华人民共和国大气污染防治法》《中华人民共和国水污染防治法》等相关污染防治法律

续表

编号	风险描述	风险分类	风险来源	影响范围	潜在后果	风险发生可能性	风险影响程度	责任部门	责任人	关联法律法规条款
24	安全生产设施设备配备不足、老化或未定期维护，无法满足安全生产要求	安全生产风险	企业安全意识淡薄，成本控制过度，对安全生产法规不熟悉	生产作业安全、员工生命健康、企业正常生产秩序	发生安全生产事故，造成人员伤亡、财产损失；企业面临行政处罚，如责令停产停业整顿、罚款；严重的可能追究企业负责人刑事责任	高	高	安全管理部（若有）、生产部	安全管理负责人、生产部门主管	《中华人民共和国安全生产法》第93条
25	未对员工进行安全生产培训或培训不到位，员工缺乏安全生产知识与技能	安全生产风险	企业忽视员工培训投入，培训组织管理不善	员工操作安全、生产流程安全	员工因缺乏安全知识违规操作引发事故，企业面临监管部门处罚，如罚款，责令限期改正	高	高	人力资源部（培训组织）、安全管理部（培训内容指导）	人力资源主管、安全培训讲师	《中华人民共和国安全生产法》第97条

续表

编号	风险描述	风险分类	风险来源	影响范围	潜在后果	风险发生可能性	风险影响程度	责任部门	责任人	关联法律法规条款
26	未依法为员工缴纳社会保险费，或未按时足额支付工资	劳动用工风险	成本控制不当，对劳动法规理解不足	员工权益、企业声誉，可能引发劳动仲裁与员工流失	社会保险费征收机构责令限期缴纳或者补足，并自欠缴之日起，按日加收5‰的滞纳金；逾期仍不缴纳的，由有关行政部门处欠缴数额1倍以上3倍以下的罚款；劳动行政部门责令限期支付劳动报酬、逾期不支付的，责令用人单位按应付金额5%以上100%以下的标准向劳动者加付赔偿金	高	高	人力资源部（负责社保与薪酬管理）	人力资源主管，财务负责人	《中华人民共和国社会保险法》第86条；《中华人民共和国劳动合同法》第85条

续表

编号	风险分类	风险描述	风险来源	影响范围	潜在后果	风险发生可能性	风险影响程度	责任部门	责任人	关联法律法规条款
27	职业健康风险	未按照规定组织从事接触职业病危害作业的劳动者进行职业健康检查,建立职业健康监护档案	企业对职业健康重视不足,忽视员工权益保障	员工职业健康权益、企业合规运营	由卫生行政部门责令限期改正,给予警告,可以并处5万元以上10万元以下的罚款	中	高	人力资源部(员工健康管理)、生产部(涉及职业病危害岗位管理)	人力资源主管、生产部门主管	《中华人民共和国职业病防治法》第71条
28	职业健康风险	工作场所职业病危害因素超标,未采取有效治理措施,如噪声、粉尘、化学毒物浓度超过国家标准	生产工艺落后,防护设施不足或使用不正常,职业健康管理不到位	员工身体健康,可能导致职业病发生	责令限期治理,并处5万元以上30万元以下的罚款;情节严重的,责令停止产生职业病危害的作业,或者提请有关人民政府按照国务院规定的权限责令关闭	高	高	安全管理部(职业健康管理)、生产部	安全管理负责人、生产部门主管	《中华人民共和国职业病防治法》第72条

续表

编号	风险描述	风险分类	风险来源	影响范围	潜在后果	风险发生可能性	风险影响程度	责任部门	责任人	关联法律法规条款
29	广告宣传中使用虚假、夸大内容，误导消费者，或使用绝对化用语等违反《广告法》规定	广告合规风险	追求宣传效果，忽视法规限制；广告策划审核不严谨	产品推广、品牌形象、面临消费者投诉与监管处罚	市场监督管理部门责令停止发布广告，责令广告主在相应范围内消除影响，处广告费用3倍以上5倍以下的罚款，广告费用无法计算或者明显偏低的，处20万元以上100万元以下的罚款；2年内有3次以上违法行为或者有其他严重情节的，处广告费用5倍以上10倍以下的罚款，广告费用无法计算或者明显偏低的，处100万元以上200万元以下的罚款	高	高	市场部（负责广告策划和宣传）	广告策划人员，广告审核负责人	《中华人民共和国广告法》第55条

续表

编号	风险描述	风险分类	风险来源	影响范围	潜在后果	风险发生可能性	风险影响程度	责任部门	责任人	关联法律法规条款
30	企业相互串通，操纵市场价格，损害其他经营者或者消费者的合法权益	价格违规风险	企业追求超额利润、市场竞争无序、对价格法规缺乏敬畏	市场价格秩序、行业竞争公平性、消费者权益	责令改正，没收违法所得，并处违法所得5倍以下的罚款；没有违法所得的，处10万元以上100万元以下的罚款，情节较重的处100万元以上500万元以下的罚款；情节严重的，责令停业整顿，或者吊销营业执照	中	高	市场部（价格决策参与）、销售部（价格执行）	企业决策层、价格制定与执行相关负责人	《中华人民共和国价格法》第14条、第40条；《价格违法行为行政处罚规定》第5条
31	捏造、散布涨价信息，哄抬价格，推动商品价格过高上涨	价格违规风险	市场信息不对称、企业逐利冲动、市场监管存在漏洞	市场物价稳定、消费者生活成本、企业信誉	责令改正，没收违法所得，并处违法所得5倍以下的罚款；所得的，处5万元以上50万元以下的罚款，情节较重的处50万元以上300万元以下的罚款；情节严重的，责令停业整顿，或者吊销营业执照	中	高	市场部（市场信息发布）、销售部（价格调整）	企业决策层、市场信息发布与价格调整相关人员	《中华人民共和国价格法》第14条、第40条；《价格违法行为行政处罚规定》第6条

续表

编号	风险描述	风险分类	风险来源	影响范围	潜在后果	风险发生可能性	风险影响程度	责任部门	责任人	关联法律法规条款
32	未采取技术措施和其他必要措施,保障网络安全、稳定运行,有效应对网络安全事件,保护网络数据的完整性、保密性和可用性	网络安全风险	对网络安全重视不足、技术投入不够、安全管理制度缺失	企业网络系统、业务运营、涉及数据存储与传输	由有关主管部门责令改正,给予警告;拒不改正或者导致危害网络安全等后果的,处1万元以上10万元以下罚款,对直接负责的主管人员处5000元以上5万元以下罚款	高	高	信息科技部(若有)、网络安全管理部门(若有)	信息科技部负责人、网络安全专员	《中华人民共和国网络安全法》第21条、第25条、第59条

续表

编号	风险描述	风险分类	风险来源	影响范围	潜在后果	风险发生可能性	风险影响程度	责任部门	责任人	关联法律法规条款
33	网络关键设备和网络安全专用产品未按照相关国家标准的强制性要求进行安全认证和安全检测,便投入使用	网络安全风险	设备采购环节把关不严,对相关法规标准不熟悉	网络设备运行安全、企业网络安全防护	由有关主管部门责令改正,给予警告;拒不改正或者导致危害网络安全等后果的,处5万元以上50万元以下罚款,对直接负责的主管人员处1万元以上10万元以下罚款	中	高	采购部(设备采购)、信息科技部(设备验收)	采购负责人,信息科技部负责设备验收人员	《中华人民共和国网络安全法》第23条、第60条

续表

编号	风险描述	风险分类	风险来源	影响范围	潜在后果	风险发生可能性	风险影响程度	责任部门	责任人	关联法律法规条款
34	收集用户数据时，未向用户明示收集、使用数据的目的、方式和范围，或未经用户同意收集自收集；超范围使用用户数据，如将用于产品推荐的数据用于其他商业用途	数据合规风险	对数据收集法规漠视、内部数据管理混乱	用户权益、企业信誉、可能引发用户投诉与监管处罚	由有关主管部门责令改正，可以根据情节单处或者并处警告、没收违法所得，处违法所得1倍以上10倍以下罚款；没有违法所得的，处100万元以下罚款，对直接负责的主管人员和其他直接责任人员处1万元以上10万元以下罚款；情节严重的，责令暂停相关业务、停业整顿、关闭网站、吊销相关业务许可证或者吊销营业执照	高	高	信息科技部（数据收集技术支持）、市场部（用户数据使用）	数据收集负责人、数据使用部门主管	《中华人民共和国网络安全法》第41条、第64条；《中华人民共和国个人信息保护法》

续表

编号	风险描述	风险分类	风险来源	影响范围	潜在后果	风险发生可能性	风险影响程度	责任部门	责任人	关联法律法规条款
35	企业内部存储数据安全防护不足，如未采取加密技术、访问权限管理混乱，导致数据泄露，尤其是敏感数据（如客户身份证号、银行卡信息等）	数据合规风险	技术投入不足，安全意识淡薄	用户权益，企业运营，面临法律责任追究和经济赔偿	被有关部门责令改正，给予警告；拒不改正或造成严重后果的，处1万元以上10万元以下罚款，并可以责令暂停相关业务、停业整顿、关闭网站、吊销相关业务许可证或者吊销营业执照，对直接负责的主管人员处5000元以上5万元以下罚款；针对关键信息基础设施的运营者，拒不整改或造成严重后果的，处10万元以上100万元以下罚款，对直接负责的主管人员处1万元以上10万元以下罚款	高	高	信息科技部（数据存储管理）	信息科技部负责人，数据安全专员	《中华人民共和国网络安全法》第21条、第42条、第59条；《中华人民共和国数据安全法》

续表

编号	风险描述	风险分类	风险来源	影响范围	潜在后果	风险发生可能性	风险影响程度	责任部门	责任人	关联法律法规条款
36	涉及重要数据出境时，未按照规定进行数据出境安全评估，或未履行数据出境申报程序	数据合规风险	对跨境数据法规不了解，业务拓展忽视合规	企业跨境业务开展、数据安全，面临监管禁止数据出境及处罚	违反规定，向境外提供重要数据的，由有关主管部门责令改正，给予警告，可以并处10万元以上100万元以下罚款，对直接负责的主管人员和其他直接责任人员可以处1万元以上10万元以下罚款；情节严重的，处100万元以上1000万元以下罚款，并可以责令暂停相关业务、停业整顿、吊销相关营业许可证或者吊销营业执照，对直接负责的主管人员和其他直接责任人员处10万元以上100万元以下罚款。	中	高	信息科技部（数据跨境管理）、法务部（法规合规）	数据跨境业务负责人、法务专员	《中华人民共和国数据安全法》第31、46条；《数据出境安全评估办法》

续表

编号	风险描述	风险分类	风险来源	影响范围	潜在后果	风险发生可能性	风险影响程度	责任部门	责任人	关联法律法规条款
37	企业作为数据处理者，未建立健全数据安全管理制度，未对数据处理活动进行定期风险评估；或未对员工进行数据安全培训，员工数据安全意识薄弱	数据合规风险	企业对数据合规重视不够，内部管理缺失	企业整体数据安全，易引发数据安全事件	由有关主管部门责令改正，给予警告，可以并处5万元以上50万元以下罚款，对直接负责的主管人员和其他直接责任人员可以处1万元以上10万元以下罚款；拒不改正或者造成大量数据泄露等严重后果的，处50万元以上200万元以下罚款，并可以责令暂停相关业务、停业整顿、吊销相关营业许可证或者吊销营业执照，对直接负责的主管人员和其他直接责任人员处5万元以上20万元以下罚款。	高	中	信息科技部（数据安全管理）人力资源部（员工培训）	信息科技部负责人、人力资源主管	《中华人民共和国数据安全法》第27条、第45条

学习单元二 企业运营中的行政法律风险防范措施

中小企业作为国民经济不可或缺的一部分，扮演着激发经济活力与推动市场创新的重要角色。然而，在复杂且多变的市场环境中，它们面临着诸多行政法律风险，一旦处理不当，就可能遭受行政处罚乃至承担刑事责任，这对企业的生存和发展构成了严重威胁。本单元旨在针对中小企业运营过程中遇到的主要行政法律风险点，提供切实可行的风险防范措施建议，帮助企业构建起全面的法律风险防护体系。

一、企业设立与登记风险

（一）虚假注册信息风险

风险行为具体表现：在企业设立阶段，部分企业为了快速获取市场准入资格或达到某些特定资质要求，可能会故意虚报注册资本金额，提交伪造的验资报告、股东出资证明或虚假的经营场所证明等文件。这些虚假信息不仅会对监管部门的正常监管工作造成误导，也会使社会公众产生错误认知，严重破坏市场秩序，损害公共利益。

行政法律后果：市场监督管理部门一旦查实，将依据《公司法》等相关法律法规对企业处以罚款，并可能吊销其营业执照。情节严重的，还可能追究企业法定代表人或相关责任人员的刑事责任，如诈骗罪等。

防范措施：1. 建立内部审核机制，对注册文件实行双重审核，即由企业法务部门与专业的第三方机构共同把关。

2. 充分运用数字化工具，如搭建企业信息管理平台，实时跟踪注册信息的变更情况。

3. 要定期对注册文件的真实性进行自查，妥善留存原始凭证以便日后查验。

（二）未按规定办理变更登记风险

风险行为具体表现：企业在实际经营过程中，名称、住所、法定代表人、经营范围等登记事项发生变化时，未按照《公司法》等法律法规的规定，及时向市场监督管理部门办理变更登记手续，就会导致企业对外公示的信息与实际情况不符。这不仅会给交易相对方在开展业务时带来诸多困扰，也会增加监管部门的监管难度。

行政法律后果：市场监督管理部门一旦发现企业存在未按规定办理变更登记的情况，会责令企业限期改正，并视情节轻重处以罚款。若企业逾期仍未改正，除了可能被吊销营业执照外，还可能面临更为严厉的行政处罚措施。

防范措施：1. 建立变更登记跟踪制度，指定专人监控企业信息变动，制定变更登记时间表，确保15个工作日内完成手续。

2. 设置预警系统，利用企业信息管理系统自动触发变更登记提醒，与市场监督管理部门、工商部门数据接口对接，并实时更新。

二、合同与交易风险

（一）合同欺诈与不正当竞争风险

风险行为具体表现：企业在签订合同时，可能通过虚假宣传、夸大产品性能或服务质量、隐瞒重要信息等手段诱使对方当事人作出错误意思表示，从而导致签订不公平的合同。此外，企业还可能从事商业贿赂、侵犯商业秘密、诋毁竞争对手商誉等不正当竞争行为，以获取不正当的竞争优势。

行政法律后果：市场监督管理部门将依据《反不正当竞争法》、《民法典》"合同编"等相关法律法规对企业处以罚款，没收违法所得，并可能吊销营业执照。情节严重的，还可能追究企业法定代表人或相关责任人员的刑事责任。

防范措施：1. 企业应加强合同审核工作，建立完善的合同合法性审查流程，设置专业的法务岗对合同条款进行合规性把关。

2. 定期组织销售人员开展反不正当竞争培训，深入学习《反不正当竞争法》，并建立举报奖励机制，鼓励员工积极举报不正当竞争行为。

3. 运用大数据技术建立合规监控体系，对企业的交易行为进行实时监控，及时发现并处理异常交易行为。

（二）违法交易行为风险

风险行为具体表现：有些企业可能从事一些非法经营活动，如未经许可擅自销售特定商品或服务（如烟草、药品等）、超范围经营等。此外，销售假冒伪劣产品、侵犯他人知识产权（如商标权、专利权等）的行为也时有发生，这些行为不仅严重损害了消费者的合法权益，也对合法权利人造成了极大的伤害。

行政法律后果：当相关监管部门发现企业存在违法交易行为时，将依据《产品质量法》《商标法》《专利法》等法律法规对企业处以罚款，没收违法所得和违法产品，情节严重的可能吊销营业执照。若构成犯罪，企业法定代表人或相关责任人员将被依法追究刑事责任。

防范措施：1. 完善市场准入管理，建立详细的经营资质台账，设置许可证到期预警机制，确保企业始终在合法经营的范围内开展业务。

2. 加强供应链管理，对供应商实施严格的资质审查备案制度，建立健全产品质量追溯体系。

3. 定期开展知识产权审计，核查商标、专利等权利状态，建立有效的侵权预警系统。

三、税务风险

（一）偷税漏税风险

风险行为具体表现：部分企业可能通过隐瞒收入、虚列支出、伪造账簿、销毁账证等手段偷逃税款，以减少应缴纳的税收负担。这些行为不仅严重损害了国家的税收利益，也破坏了税收公平的基本原则。

行政法律后果：一旦税务机关发现企业存在偷税漏税行为，将依据《税收征收管理法》等相关法律法规对企业处以罚款、加收滞纳金，并可能追缴偷逃的税款。情节严重的，还可能追究企业法定代表人或相关责任人员的刑事责任。

防范措施：1. 企业应加强税务合规意识，企业管理层要高度重视税务合规工作，将其纳入企业经营管理的重要议程，确保所有税务行为均符合法律法规的规定。

2. 完善内部控制体系，建立健全财务管理制度，确保财务数据的真实性和准确性，加强对财务人员的培训和管理，提高其专业素养和合规意识。

3. 根据企业实际情况，建立完善的税务合规体系，包括设立专门的税务专员、建立财税档案管理制度、税务合规审查制度等。

4. 定期对企业的税务行为进行自查和风险评估，及时发现并纠正存在的问题，对潜在风险进行预警和防范。

5. 积极与税务机关保持沟通和协作，及时了解税收政策和法规的变化，对税务机关的检查和稽查工作给予积极配合和支持。

（二）发票违法风险

风险行为具体表现：企业可能虚开发票（如开具与实际交易不符的发票）、使用假发票或非法代开发票等，以骗取税收优惠、套取现金或进行其他非法活动。

行政法律后果：税务机关将依据《发票管理办法》等相关法律法规对企

业处以罚款,没收违法所得,情节严重的可能吊销营业执照。若构成犯罪,企业法定代表人或相关责任人员将被依法追究刑事责任,如可能涉及逃税罪等罪名。

防范措施:1. 企业应严格发票管理流程,建立发票领用、开具、核销全周期的电子台账,实现发票管理的闭环操作。

2. 定期委托第三方机构开展发票专项审计,对发票的合规性进行审查,并出具详细的审计报告。

3. 建立客户信用评级体系,对交易方的发票合规性进行评估,并将其纳入供应商准入标准。

四、环保与安全生产风险

(一)环保违规风险

风险行为具体表现:部分企业在生产经营过程中,可能会出现超标排放污染物(如废水、废气、废渣等)的情况,或者未取得环保审批就擅自开工建设或生产,以及未按规定处理工业废弃物或危险废物等行为。这些环保违规行为会对环境造成严重的污染和破坏。

行政法律后果:一旦环境保护部门发现企业存在环保违规行为,将依据《环境保护法》等相关法律法规,对企业处以罚款,责令停产整顿,情节严重的可能吊销环保许可证。若情节恶劣,企业法定代表人或相关责任人员将被追究刑事责任,如可能涉及污染环境罪等罪名。

防范措施:1. 企业应构建完善的环保合规体系,制定详细的环保合规手册,明确污染物排放标准和处理流程。

2. 积极实施环保技术改造,采用清洁生产技术,安装在线监测设备,实时传输污染物排放数据。

3. 建立环保应急基金,用于突发环境事件的应急处置和专项生态修复工作。

(二)安全生产事故风险

风险行为具体表现:企业若未建立健全安全生产责任制,未按规定对员工进行安全生产培训,未配备必要的安全生产设备或设施,或者未制定应急预案等,都可能导致安全生产事故的发生(如火灾、爆炸、坍塌等),进而造成人员伤亡和财产损失。

行政法律后果:安全生产监督管理部门一旦发现企业存在安全生产隐患或发生安全生产事故,将依据《安全生产法》等相关法律法规,对企业处以罚款，责令停产整顿，情节严重的可能吊销安全生产许可证。若构成犯罪，企业法定代表人或相关责任人员将被依法追究刑事责任，如重大责任事故罪等。

防范措施：1. 企业应开展安全标准化建设，通过安全生产标准化认证，建立双重预防机制。

2. 实施设备全生命周期管理，建立设备维护档案，制定并严格执行定期检测和大修计划。

3. 每季度组织专项应急演练，建立快速响应机制，提高企业应对安全生产事故的能力。

五、劳动用工风险

（一）违法用工风险

风险行为具体表现：企业在劳动用工过程中，可能存在未与劳动者签订劳动合同、未按时足额支付工资（包括加班费、奖金等）、未缴纳社会保险费（如养老保险、医疗保险等）、违反劳动工时规定（如超时加班、未安排休息日等）等违法行为，这些行为严重损害了劳动者的合法权益。

行政法律后果：人力资源和社会保障部门发现企业存在违法用工行为，将依据《劳动法》《劳动合同法》等相关法律法规对企业处以罚款，责令改正违法行为，并可能要求企业支付赔偿金给受损的劳动者。情节严重的，还可能追究企业法定代表人或相关责任人员的刑事责任。

防范措施：1. 企业应建立用工合规档案，实行劳动合同电子化存档，设置劳动合同到期自动提醒功能。

2. 实施薪酬合规审查，委托第三方机构对工资支付的合规性进行审计，确保工资足额按时发放。

3. 建立工时管理系统，采用智能考勤系统监测工时，自动预警超时劳动情况。

（二）职业健康违规风险

风险行为具体表现：企业可能未提供符合职业健康要求的工作环境（如有毒有害作业场所未设置通风设施、未配备防护用品等），未按规定进行职业健康检查（如未定期组织劳动者进行职业健康体检），未配备必要的职业病防护设施或设备（如未安装除尘器、排毒装置等），可能会导致劳动者患上职业病或健康受到损害。

行政法律后果：卫生健康部门发现企业存在职业健康违规行为，将依据

《职业病防治法》等相关法律法规对企业处以罚款，责令改正违法行为，并可能要求企业承担劳动者的医疗费用和赔偿损失。情节严重的，还可能吊销企业的相关许可证或追究企业法定代表人或相关责任人员的刑事责任。

防范措施：1. 企业应每年委托专业机构开展职业健康风险评估，进行职业病危害因素检测。

2. 建立防护设备更新机制，按照国家标准定期更换防护用品，建立防护设备更新台账。

3. 实施健康管理计划，建立员工职业健康档案，为员工提供个性化的健康干预方案。

六、其他行政处罚风险

（一）广告违法风险

风险行为具体表现：企业在广告宣传中可能使用虚假或误导性的广告内容（如夸大产品效果、虚构用户评价等），未经审查发布医疗、药品、保健食品等特殊商品广告，或发布违反社会公序良俗的广告等违法行为。

行政法律后果：市场监督管理部门发现企业存在广告违法行为，将依据《广告法》等相关法律法规对企业处以罚款，责令停止发布违法广告，并可能吊销企业的广告经营许可证。情节严重的，还可能追究企业法定代表人或相关责任人员的刑事责任。

防范措施：1. 企业应建立广告合规审查制度，设置专门的广告审查委员会，在广告发布前对广告内容进行严格的合规审查。

2. 针对营销人员开展广告法专项培训，提高其法律意识，并建立违规广告举报渠道。

3. 运用舆情监测工具建立广告发布效果监测机制，实时跟踪广告发布效果，及时处理负面舆情。

（二）价格违法风险

风险行为具体表现：企业在市场经营中，可能存在标价不实、虚构原价等价格欺诈行为，在市场供应紧张时恶意抬高价格等哄抬物价行为，与其他企业合谋提高价格或串通涨价等价格违法行为。

行政法律后果：市场监督管理部门发现企业存在价格违法行为，将依据《价格法》等相关法律法规对企业处以罚款，没收违法所得，情节严重的可能吊销企业的营业执照。若构成犯罪，企业法定代表人或相关责任人员将被依法追究刑事责任。

防范措施：1. 企业应实施明码标价制度，建立价格公示系统，确保线上线下价格信息一致。

2. 委托专业机构开展价格合规审查，对企业的价格行为进行全面评估，并出具价格合规报告。

3. 建立价格应急机制，在市场波动期启动价格监测预警，制定科学合理的应急定价方案。

（三）网络安全风险

风险行为具体表现：企业网络系统未采取基本的安全防护措施，导致网络受外部攻击，数据泄露；企业在运营网站或网络平台时，未对用户数据进行妥善加密存储，或因技术漏洞导致用户数据泄露；企业未对网络安全事件制定应急预案，当遭受网络攻击（如 DDoS 攻击、勒索病毒攻击）时，无法及时响应和恢复，导致业务长时间中断，给企业和用户带来严重损失。

行政法律后果：企业有危害网络安全行为的，有关主管部门将依据《网络安全法》等相关法律法规责令企业改正，给予警告，对企业和直接负责的主管人员处以罚款。若因网络安全问题导致用户信息泄露，造成严重后果的，可能面临责令暂停相关业务、停业整顿、关闭网站、吊销相关业务许可证或者吊销营业执照等处罚。对于构成犯罪的行为，如非法获取计算机信息系统数据罪、破坏计算机信息系统罪等，企业法定代表人或相关责任人员将被依法追究刑事责任。

防范措施：1. 制定完善的网络安全管理制度，明确各部门和人员在网络安全管理中的职责，定期开展内部网络安全审计，及时发现和整改安全隐患。

2. 加大网络安全技术投入，部署先进的防火墙、入侵检测系统、数据加密软件等安全设备和工具，定期对网络系统进行漏洞扫描和修复，确保网络系统的安全性。

3. 加强对员工的网络安全培训，提高员工的网络安全意识和操作规范，如不随意点击不明链接、不使用公共网络处理敏感业务、定期更换账号密码等。

4. 建立网络安全应急响应机制，制定详细的应急预案，定期组织应急演练，确保在遭受网络安全事件时能够快速响应、及时恢复，降低损失。

（四）数据安全风险

风险行为具体表现：企业在收集用户数据时，未向用户明确告知数据收集的目的、方式和范围，未取得用户的明确同意，存在超范围收集用户数据的行为；企业对收集到的用户数据存储管理不善，导致用户数据被非法访问、篡改或丢失；企业在数据共享、转让过程中，未对接收方的资质和数据安全保障能力进行充分评估，导致用户数据流向不可控的第三方，增加数据泄露风险；企业在处理重要数据（如涉及国家安全、个人隐私、商业机密的数据）时，未按照国家相关规定进行数据分类分级管理，未采取相应的安全保护措施。

行政法律后果：企业未履行数据安全保护义务，由有关主管部门责令改正，给予警告，可以并处罚款；拒不改正的，除罚款以外，还可以责令暂停相关业务、停业整顿、关闭网站、吊销相关业务许可证或者吊销营业执照。

防范措施：1. 建立健全数据安全管理制度，明确数据收集、存储、使用、共享、转让等各环节的安全规范和流程，确保数据处理活动合法合规。

2. 对数据进行分类分级管理，根据数据的重要性和敏感程度，采取相应的加密、访问控制、备份等安全保护措施，确保数据的安全性和完整性。

3. 在数据收集过程中，严格遵循合法、正当、必要的原则，向用户明确告知数据收集的目的、方式和范围，取得用户的明确同意，并妥善保存相关记录。

4. 加强对数据存储设备的管理和维护，定期对存储设备进行检测和更新，确保数据存储环境的安全性。同时，建立数据备份和恢复机制，定期对重要数据进行备份，防止数据丢失。

5. 在数据共享、转让前，对接收方进行严格的资质审查和安全评估，签订数据安全协议，明确双方的数据安全责任和义务，确保数据在共享、转让过程中的安全可控。

综上所述，中小企业在运营过程中需要严格遵守相关法律法规和规章制度，构建"事前预防-事中控制-事后应对"的全周期法律风险防控体系，定期评估风险点变化，动态调整合规策略，必要时可引入专业合规管理工具与法律顾问团队，为企业可持续发展保驾护航。

经典案例分析

合规经营要求企业在生产经营活动中严格遵守国家法律法规、行业规范和内部规章制度，确保企业行为的合法性和正当性。在本案中，广州市抖音电商科技有限公司在合规经营方面严重缺失，在经营中选择了"傍名牌""搭便车"的捷径，试图通过混淆行为来谋取不正当利益，这种混淆行为，明显违反了《反不正当竞争法》的相关规定，构成了不正当竞争，从而引发了行政法律风险。企业应从中汲取教训，加强合规管理，确保企业行为的合法性和正当性；同时，也应高度重视行政法律风险的防范，建立健全风险预警和应对机制，为企业的可持续发展奠定坚实基础。

学习模块二　企业刑事风险法律实务

经典案例

2016年，上海快鹿投资集团（以下简称"快鹿集团"）因资金链断裂引发兑付危机，涉案金额高达434亿元，波及数万名投资者。该集团通过虚构影视投资项目、自融自保、操纵P2P平台等手法非法吸收公众存款，最终被定性为中华人民共和国成立以来上海市最大规模的非法集资案件。2023年，主犯施建祥因集资诈骗罪、非法吸收公众存款罪等被判处有期徒刑15年，并处罚金1000万元。

基础知识概要

企业刑事法律风险是指企业及其工作人员在设立、运营及清算过程中，因违反刑事法律规定或未能有效履行法定义务，致使企业或企业相关人员面临刑事责任追究的风险。这种风险不仅会给企业带来经济损失，还可能严重损害企业的声誉和形象，甚至导致企业的生存危机。企业刑事法律风险具有以下三个特点：

1. 法定性与强制性。刑事风险的认定严格遵循罪刑法定原则，以《刑法》及相关司法解释为唯一判定依据。不同于民事纠纷可通过协商解决，刑事追责具有国家强制力特征，一旦触发将不可逆转地启动司法程序。与民事责任和行政责任相比，刑事责任的性质更为严重，否定性评价更为强烈，制裁后果更为严厉。

2. 责任双重性。《刑法》第 30 条规定："公司、企业、事业单位、机关、团体实施的危害社会的行为，法律规定为单位犯罪的，应当负刑事责任。"第 31 条规定："单位犯罪的，对单位判处罚金，并对其直接负责的主管人员和其他直接责任人员判处刑罚。本法分则和其他法律另有规定的，依照规定。"从上述规定看，单位刑罚处罚绝大多数实行双罚制，即对单位判处罚金，对直接负责的主管人员和其他直接责任人员判处刑罚。

3. 易发性。企业刑事法律风险贯穿于企业运转的全过程，从企业注册登记、合同签订履行，到生产经营、财务管理、知识产权保护等，每个环节都可能隐藏着刑事法律风险。稍有不慎，就可能引发刑事法律问题。

学习单元一 企业运营中的刑事风险清单

风险阶段	风险点	涉及罪名及法律依据
企业注册阶段	为满足注册资本要求，提交虚假的验资报告或虚构出资比例	虚报注册资本罪（《刑法》第 158 条）
	未实际出资，通过虚假出资或抽逃出资的方式完成注册	虚假出资、抽逃出资罪（《刑法》第 159 条）
	伪造、变造或买卖国家机关的公文、证件、印章以获取注册登记	伪造、变造、买卖国家机关公文、证件、印章罪（《刑法》第 280 条）
企业经营阶段	在签订、履行合同过程中，虚构事实或隐瞒真相，以非法占有为目的骗取对方财物	合同诈骗罪（《刑法》第 224 条）
	生产、销售不符合质量标准的产品，或以次充好、以假充真	生产、销售伪劣产品罪（《刑法》第 140 条）
	未经许可经营特定业务，如非法经营证券、期货、保险业务	非法经营罪（《刑法》第 225 条）

续表

风险阶段	风险点	涉及罪名及法律依据
企业经营阶段	虚开增值税专用发票，用于骗取出口退税、抵扣税款	虚开增值税专用发票罪（《刑法》第205条）
	未经批准，非法吸收公众存款或变相吸收公众存款	非法吸收公众存款罪（《刑法》第176条）
	以非法占有为目的，使用诈骗方法非法集资	集资诈骗罪（《刑法》第192条）
	未经许可使用他人知识产权，或侵犯他人专利权、商标权、著作权	侵犯知识产权罪（《刑法》第213条至第220条）
	违反安全生产规定，导致重大伤亡事故或严重后果	重大责任事故罪（《刑法》第134条）
	违反环境保护规定，排放、倾倒或处置有害物质，严重污染环境	污染环境罪（《刑法》第338条）
	在招投标过程中，投标人相互串通投标报价，或与招标人串通投标	串通投标罪、单位犯扰乱市场秩序罪的处罚规定（《刑法》第223条和第231条）
	企业高管或员工利用职务便利侵占企业财产	职务侵占罪（《刑法》第271条）
	企业高管或员工利用职务便利挪用企业资金	挪用资金罪（《刑法》第272条）
	企业或员工为谋取不正当利益，向国家工作人员或非国家工作人员行贿	行贿罪、对非国家工作人员行贿罪（《刑法》第164条、第389条）
	企业或员工非法收受他人财物，为他人谋取利益	非国家工作人员受贿罪（《刑法》第163条）
	恶意转移资产逃避支付员工工资	拒不支付劳动报酬罪（《刑法》第276条之一）
	设置内外两套账隐匿收入	逃税罪（《刑法》第201条）

续表

风险阶段	风险点	涉及罪名及法律依据
企业经营阶段	非法排放有毒废物污染环境	污染环境罪（《刑法》第338条）
	为网络犯罪提供支付通道	帮助信息网络犯罪活动罪（《刑法》第287条之二）
企业清算阶段	在清算过程中，隐匿财产，对资产负债表或财产清单作虚假记载	妨害清算罪（《刑法》第162条）
	故意销毁、隐匿依法应当保存的会计凭证、会计帐簿、财务会计报告	隐匿、故意销毁会计凭证、会计帐簿、财务会计报告罪（《刑法》第162条之一）
	通过虚假的破产申请，逃避债务	虚假破产罪（《刑法》第162条之二）

学习单元二　企业运营中的刑事风险防范措施

一、主要刑事法律风险点及风险提示

（一）非法吸收公众存款罪、贷款诈骗罪、骗取贷款罪、高利转贷罪

风险：1. 向银行等金融机构借款是较为规范和保险的方式，但有时企业不按照借款合同约定的用途使用借款，导致产生停止发放借款、被提前收回借款或解除合同的后果；有时企业编造引进资金、项目等虚假理由，或使用虚假的经济合同，使用虚假的证明文件，使用虚假的产权证明作担保或者超出抵押物价值重复担保等情形，以非法占有为目的，诈骗银行或其他金融机构的贷款，数额较大的，可能构成贷款诈骗罪（《刑法》第193条），数额在5万元以上，将被立案追诉（《最高人民检察院、公安部关于公安机关管辖的刑事案件立案追诉标准的规定（二）》第45条）。以欺骗手段骗得银行或者其他金融机构贷款，给金融机构造成重大损失的，可能构成骗取贷款罪（《刑法》第175条之一）。有的案件中，当事人为了偿还巨额资金缺口，甚至以高息、口口相传的方式吸收社会公众个人资金，构成非法吸收公众存款罪。

2. 套取金融机构贷款转贷的，以向其他营利法人借贷、向本单位职工集资或非法吸收公众存款等方式取得的资金转贷的，未取得放贷资格的以营利为目的向不特定对象提供借款的，事先知道或应当知道借款用于违法活动依然提供借款的等情形，民间借贷合同无效（《最高人民法院关于审理民间借贷案件适用法律若干问题的规定》第13条）。

风险提示：1. 为避免此类风险，在借款合同签订时，应当如实填写借款用途，定期按照借款合同的约定向贷款人提供相应财务会计报表等资料（《民法典》第672条、第673条）。

2. 为防范此类风险，应当把握通常只有本企业自有闲置资金可以用于借贷。值得注意的是，以转贷牟利为目的，套取金融机构信贷资金高利转贷他人，违法数额较大的，可能构成高利转贷罪（《刑法》第175条）。

(二) 假冒注册商标罪，销售假冒注册商标的商品罪，非法制造、销售非法制造的注册商标标识罪

风险：商标侵权具有一定的特殊性，生产者在生产商品或者服务商在提供服务过程中，应尽到合理审查义务，通过检索等方式获知他人注册商标信息，避免构成商标侵权；将与他人注册商标相同或者相近似的文字作为企业的字号在相同或者类似商品上突出使用，容易使相关公众产生误认的，属于商标侵权行为；故意为侵犯他人注册商标专用权行为提供仓储、运输、邮寄、隐匿等便利条件的，也属于商标侵权行为。侵犯商标权不仅意味着民事赔偿，还涉及刑事犯罪。

风险提示：为防范此类风险，在持续加大知识产权侵权行为惩治力度的背景下，企业应当格外注重防范侵犯知识产权的相关行为。以商标为例，未经注册商标所有人许可，在同一种商品、服务上使用与其注册商标相同的商标，情节严重的，构成假冒注册商标罪（《刑法》第213条）；销售明知是假冒注册商标的商品，数额较大或者有其他严重情节的，构成销售假冒注册商标的商品罪（《刑法》第214条）；伪造、擅自制造他人注册商标标识或者销售伪造、擅自制造的注册商标标识，情节严重的，构成非法制造、销售非法制造的注册商标标识罪（《刑法》第215条）。

(三) 行贿罪、对非国家工作人员行贿罪

风险：企业为获取交易机会而对相关单位或人员进行贿赂，将产生构成不正当竞争甚至涉嫌刑事犯罪的风险。通常表现为经营者使用财物或其他手段贿赂交易相对方的工作人员、交易相对方委托办理相关事务的单位或个人、

利用职权或影响力影响交易的单位或个人，以谋取交易机会或竞争优势，构成《反不正当竞争法》所禁止的不正当竞争行为（《反不正当竞争法》第7条）。为谋取不正当利益，给予国家工作人员及有影响力的人以财物，构成行贿罪（《刑法》第389条）；为谋取不正当利益，给予公司、企业或其他单位的工作人员以财物，数额较大的，构成对非国家工作人员行贿罪（《刑法》第164条）。

风险提示：为防范此类风险，企业应当严格避免贿赂行为，对于以明示方式向交易相对方给予的折扣，或者给予中间人的佣金等，收受双方均应做到如实入账，以防范法律风险（《反不正当竞争法》第7条）。

（四）侵犯商业秘密罪

风险：在合同的订立和履行过程中，双方都有可能知悉对方的商业秘密或其他应当保密的信息，当事人对此负有保密义务，但有的企业侵犯、泄露、不当使用商业秘密，可能产生承担民事赔偿责任乃至刑事责任的风险。

风险提示：企业在产品研发过程中，由于研发尚未完成，尚不能申请专利保护，应特别注意对商业秘密的保护，以避免他人利用企业的研究成果抢先完成产品研发，抢先申请专利；研发完成后，及时通过申请专利或继续采取保密措施进行商业秘密保护；涉及委托他人加工的，应注意签订保密协议、采取保密措施。防范此类风险，无论合同是否成立，都不应泄露或不当使用所知悉的商业秘密，否则给对方造成损失的，将要承担民事赔偿责任（《民法典》第501条、《反不正当竞争法》第9条）。如以盗窃、贿赂、欺诈、胁迫、电子入侵等不正当手段获取商业秘密，或披露、使用、允许他人使用以前述手段获取的商业秘密，或违反保密义务披露、使用、允许他人使用的，情节严重的构成侵犯商业秘密罪（《刑法》第219条）。

（五）妨害作证罪和帮助毁灭、伪造证据罪

风险：1. 司法实践中，民间借贷是虚假诉讼的高发领域，有企业虚构债权债务或伪造证据，恶意制造、参与虚假诉讼，可能被罚款、拘留（《最高人民法院关于审理民间借贷案件适用法律若干问题的规定》第18条、第19条），以捏造的事实提起民事诉讼，妨害司法秩序或者严重侵害他人合法权益构成犯罪的，还可能构成妨害作证罪和帮助毁灭、伪造证据罪（《刑法》第307条）。

2. 司法实践中，有企业为违法违规的借款合同提供担保，有的借款人提供虚假材料或伪造材料骗取银行贷款被追究刑事责任，并不能免除担保人的

担保责任。

风险提示：为防范此类风险，企业在为他人提供担保时，除要从商业角度审慎评估提供担保所能获得的对价、借款人的偿还能力外，还要从法律角度严格按照规范操作，不参与制作或提交虚假材料，不为弄虚作假的借款提供担保，降低担保风险（《最高人民法院关于审理民间借贷案件适用法律若干问题的规定》第8条、第12条）。

二、企业运营中的刑事风险防范措施

风险阶段	风险点	涉及罪名及法律依据	防范措施
企业注册阶段	为满足注册资本要求，提交虚假的验资报告或虚构出资比例	虚报注册资本罪（《刑法》第158条）	1. 委托正规会计师事务所出具验资报告，避免关联方短期资金循环； 2. 明确股东出资义务，禁止代持股权规避实缴责任
企业注册阶段	未实际出资，通过虚假出资或抽逃出资的方式完成注册	虚假出资、抽逃出资罪（《刑法》第159条）	1. 实物出资需经第三方评估，保留评估报告及产权转移证明； 2. 建立资金流向监控机制，大额资金支出需董事会决议
企业注册阶段	伪造、变造或买卖国家机关的公文、证件、印章以获取注册登记	伪造、变造、买卖国家机关公文、证件、印章罪（《刑法》第280条）	建立严格的印章保管和使用制度，明确专人负责管理，实行用印审批流程，确保印章使用合法合规。同时，定期检查印章使用情况，防止印章被盗用或滥用

续表

风险阶段	风险点	涉及罪名及法律依据	防范措施
企业经营阶段	在签订、履行合同过程中，虚构事实或隐瞒真相，以非法占有为目的骗取对方财物	合同诈骗罪（《刑法》第224条）	1. 严格审查合作方资质。在选择合作伙伴时，务必进行多方面的审查，包括对方的营业执照、资质证书、信用记录等，确保其具有合法的经营资格和良好的商业信誉； 2. 规范合同签订流程。在签订合同前，建议由专业法律顾问对合同条款进行审查，确保合同内容明确、合法、有效。同时，企业应建立严格的合同审批流程，明确审批权限和责任，避免因内部管理漏洞导致合同诈骗风险
	生产、销售不符合质量标准的产品，或以次充好、以假充真	生产、销售伪劣产品罪（《刑法》第140条）	1. 建立原料采购溯源系统，每批次产品留样备查； 2. 广告宣传需与产品实际性能一致，避免夸大表述
	未经许可经营特定业务，如非法经营证券、期货、保险业务	非法经营罪（《刑法》第225条）	经营前核查《营业执照》经营范围，特殊行业需申请特许牌照（如支付业务许可证）
	虚开增值税专用发票，用于骗取出口退税、抵扣税款	虚开增值税专用发票罪（《刑法》第205条）	1. 交易前核实对方经营范围、生产能力与开票内容是否匹配； 2. 禁止通过"第三方代付"方式掩盖资金回流。
	未经批准，非法吸收公众存款或变相吸收公众存款	非法吸收公众存款罪（《刑法》第176条）	1. 融资前核查是否需银保监会、证监会审批（如私募基金需备案）； 2. 禁止使用"刚性兑付""无风险"等违规宣传用语

续表

风险阶段	风险点	涉及罪名及法律依据	防范措施
企业经营阶段	以非法占有为目的，使用诈骗方法非法集资	集资诈骗罪（《刑法》第192条）	融资资金必须专项管理，定期向投资者披露用途
	未经许可使用他人知识产权，或侵犯他人专利权、商标权、著作权	侵犯知识产权罪（《刑法》第213条至第220条）	侵犯商业秘密：1. 与员工签订保密协议、竞业限制协议；2. 对核心数据采取加密、分权限访问技术措施 侵犯公民个人信息：1. 遵循《个人信息保护法》最小必要原则，明示收集用途；2. 定期进行数据安全风险评估，及时修复系统漏洞
	违反安全生产规定，导致重大伤亡事故或严重后果	重大责任事故罪（《刑法》第134条）	1. 建立安全生产责任制，定期组织应急演练；2. 为高危岗位员工购买安全生产责任保险
	违反环境保护规定，排放、倾倒或处置有害物质，严重污染环境	污染环境罪（《刑法》第338条）	通过建立环保工作清单，细化环保工作流程，确保企业内部环保管理规范化、体系化。同时，企业应定期开展环保自查，及时发现并整改潜在的环境风险
	在招投标过程中，投标人相互串通投标报价，或与招标人串通投标	串通投标罪、单位犯扰乱市场秩序罪的处罚规定（《刑法》第223条和第231条）	中小企业应建立严格的招投标管理制度，明确投标流程和责任分工。确保投标文件的编制、审核和提交由专人负责，并建立保密制度，防止投标信息泄露。同时，企业应避免参与不合理的低价竞标或与他人串通投标

续表

风险阶段	风险点	涉及罪名及法律依据	防范措施
企业经营阶段	企业高管或员工利用职务便利侵占企业财产	职务侵占罪（《刑法》第271条）	中小企业应明确各岗位职责，避免关键岗位权力过于集中，如财务、采购、销售等岗位应实行权限分离。同时，建立严格的财务审批流程，确保资金流向透明，定期对账，避免单人掌控收款或付款环节
	企业高管或员工利用职务便利挪用企业资金	挪用资金罪（《刑法》第272条）	中小企业应建立健全资金审批流程，明确资金使用权限，严格规范资金的申请、审批和使用环节。财务部门需定期对账，确保资金流向清晰透明，避免资金被私自挪用
	企业或员工为谋取不正当利益，向国家工作人员或非国家工作人员行贿	行贿罪、对非国家工作人员行贿罪（《刑法》第164条、第389条）	1. 建立供应商、客户黑名单制度，禁止与有贿赂记录者合作； 2. 业务招待费用需注明事由、参与人，单笔超5000元需CEO审批
	企业或员工非法收受他人财物，为他人谋取利益	非国家工作人员受贿罪（《刑法》第163条）	建立健全反腐败管理制度，明确各岗位职责，规范业务流程，特别是在采购、销售、招投标等关键环节，加强监督和审计，防止利用职务便利谋取私利
	恶意转移资产逃避支付员工工资	拒不支付劳动报酬罪（《刑法》第276条之一）	1. 设立工资专用账户，确保资金优先用于支付薪酬； 2. 经营困难时与员工协商延期支付方案并书面确认

续表

风险阶段	风险点	涉及罪名及法律依据	防范措施
企业经营阶段	设置内外两套账隐匿收入	逃税罪（《刑法》第201条）	1. 使用税务部门认证的财务软件，禁止手工篡改账目； 2. 关联交易需符合独立交易原则，留存定价合理性证明文件
	非法排放有毒废物污染环境	污染环境罪（《刑法》第338条）	企业应严格按照排污许可证的要求排污，确保污染物排放总量在许可范围内。同时，保持环保设施正常运行，不得擅自闲置或减少药剂使用量
	为网络犯罪提供支付通道	帮助信息网络犯罪活动罪（《刑法》第287条之二）	企业应严格管理银行账户和网络账号，确保实名制要求落实到位，不为他人提供账户或信息用于可疑活动。同时，加强内部监管，发现异常交易或行为及时报告并采取措施
	1. 将高税率商品伪报为低税率商品； 2. 利用"跨境电商"政策，通过刷单虚构个人自用交易	走私普通货物、物品罪（《刑法》第153条）	1. 委托AEO认证报关企业，确保单货一致； 2. 跨境电商业态需严格区分B2B与B2C模式，禁止化整为零
	1. 以明显低于市场价格向关联方出售上市公司资产； 2. 为关联企业提供无息借款或违规担保	背信损害上市公司利益罪（《刑法》第169条之一）	1. 关联交易需经独立董事发表意见、股东大会批准； 2. 定期披露关联方名单，禁止利益输送

续表

风险阶段	风险点	涉及罪名及法律依据	防范措施
企业清算阶段	在清算过程中，隐匿财产，对资产负债表或财产清单作虚假记载	妨害清算罪（《刑法》第162条）	1. 破产申请前6个月内的大额交易需特别审查合理性； 2. 配合法院指定管理人工作，不得转移关键资产
	故意销毁、隐匿依法应当保存的会计凭证、会计帐簿、财务会计报告	隐匿、故意销毁会计凭证、会计帐簿、财务会计报告罪（《刑法》第162条之一）	建立严格规范的会计档案管理制度，明确档案保管、查阅、销毁流程。设立独立监督岗位或部门，定期审查会计资料管理情况，及时发现并纠正违规操作
	通过虚假的破产申请，逃避债务	虚假破产罪（《刑法》第162条之二）	规范财务核算和审批，设内审或引入外审，建立举报机制查纠违规

经典案例分析

快鹿案以影视投资、互联网金融为噱头，利用公众对新兴行业的信任实施犯罪，其揭示了中小企业刑事风险中的两大核心领域——融资法律风险与高管责任。警惕"创新"外衣下的非法集资。法院最后认定快鹿集团、东虹桥小贷公司、东虹桥担保公司构成集资诈骗罪，依法判处3家被告单位罚金15亿元至2亿元不等，判处15名被告人无期徒刑至有期徒刑9年不等，并处罚金等。

法律法规索引

任务实训

实训 1

辩论题：以"中小企业在快速发展中应如何平衡行政效率与法律风险防范"为主题展开辩论。

建议：①学生利用北大法宝 AI 或通义法睿 AI，创建一个 AI 辩论对手，与 AI 进行模拟辩论，帮助学生思考如何加强自己的论据和应对反驳，帮助学生实时提供反馈，指出学生的逻辑漏洞、证据不足或表达不清的地方。②学生再进行课堂辩论。

实训 2

选择题：制药股份公司主要生产健骨消痛丸，公司法定代表人陆某指令保管员韩某采用不登记入库、销售人员打白条领取产品的方法销售，逃避缴税 65 万元。公司及陆某以逃税罪被起诉至法院。如公司在案件审理期间发生下列变故，法院的做法正确的是（　　）。

A. 公司被撤销，不能免除单位和单位主管人员的刑事责任

B. 公司被注销，对单位不再追诉，对主管人员继续审理

C. 公司被合并，仍应将公司列为被告单位，并以其在新单位的财产范围承担责任

D. 公司被分立，应将分立后的单位列为被告单位，并以公司在新单位的财产范围承担责任。

——2013 年司法考试试卷二第 93 题

实训 3

案例分析：国有化工厂车间主任甲与副厂长乙（均为国家工作人员）共谋，在车间某贵重零件仍能使用时，利用职务之便制造零件报废假象，欲非法占有向五金厂购买零件的 26 万元货款。甲告知五金厂负责人丙实情，嘱其只寄供货单、发票，无需实际供货，收到货款后汇至乙个人账户。丙提前将 26 万元汇至乙账户，乙让妻子丁取现，并送 13 万元给甲。3 天后，化工厂会计准备汇款时因举报未汇出。此外，甲揭发乙利用职务之便，长期高价向远房亲戚戊经营的原料公司采购，使化工厂损失近 300 万元，且乙妻丁未出资却享有原料公司 10% 股份并获红利 58 万元。

问题：请分析甲、乙、丙、丁、戊的刑事责任（包括犯罪性质、犯罪形

态、共同犯罪、数罪并罚与法定量刑情节），须答出相应理由。

——2013年国家司法考试试卷四第2题

实训4

模拟演练题：甲公司是一家专注于食品加工与销售的中小企业，近期因食品安全、环境保护、税务稽查等方面的问题，多次受到监管部门的行政处罚，严重影响了企业声誉和市场竞争力。为了提升企业的法律风险防控能力，确保合法合规经营，甲公司决定组织一次行政处罚风险防范应对综合实战演练。

要求：

（1）将学员分为若干小组，每组代表甲公司的一个部门，如法务部、财务部、生产部等。

（2）每个小组内部进行角色分工，如部门经理、法务专员、财务专员等。

（3）设定不同的行政法律风险情境，每个小组根据所代表的部门，分析风险原因、可能面临的法律后果及应对措施。小组内部讨论并形成统一的应对方案，向全班汇报。

（4）教师对各小组的方案进行点评，指出优点和不足，并总结法律风险防范的要点和策略。

思政园地

社会主义核心价值观——法治

"优化民营企业发展环境，依法保护民营企业产权和企业家权益，促进民营经济发展壮大。"

——《高举中国特色社会主义伟大旗帜 为全面建设社会主义现代化国家而团结奋斗》（党的二十大报告）

"国企、民企、外企都要依法合规经营。"

——《求是》杂志发表习近平总书记重要文章《当前经济工作的几个重大问题》（2023年2月16日）

> 拓展学习

最高人民法院纠正企业家冤错第一案——张文中案

一、原审情况

指控内容：2007年12月25日，河北省衡水市人民检察院指控物美集团创始人张文中犯诈骗罪、单位行贿罪、挪用公款罪。

一审判决：2008年10月9日，河北省衡水市中级人民法院认定张文中犯诈骗罪，判处有期徒刑15年，并处罚金人民币50万元；犯单位行贿罪，判处有期徒刑3年；犯挪用资金罪，判处有期徒刑一年，决定执行有期徒刑18年，并处罚金人民币50万元。

二审判决：2009年3月30日，河北省高级人民法院作出终审判决，维持一审判决对张文中单位行贿罪、挪用资金罪的定罪量刑和诈骗罪的定罪部分，认定张文中犯诈骗罪，判处有期徒刑10年，并处罚金人民币50万元，与其所犯单位行贿罪、挪用资金罪并罚，决定执行有期徒刑12年，并处罚金人民币50万元。

二、再审情况

申诉过程：2013年2月刑满释放后，张文中向河北省高级人民法院提出申诉，2015年12月被驳回。2016年10月，张文中向最高人民法院提出申诉，2017年12月27日，最高人民法院决定依法提审该案。

再审结果：2018年5月31日，最高人民法院提审本案后，以认定事实和适用法律错误为由撤销原审判决，改判张文中无罪，同时改判原审同案被告人张伟春、原审同案被告单位物美控股集团有限公司无罪，原判已执行的罚金及追缴的财产依法予以返还。

典型意义：张文中再审案件是在全面依法治国、加强产权和企业家权益保护大背景下，最高人民法院依法纠正涉产权和企业家冤错案件第一案，为纠正涉产权和涉民营企业冤错案件、落实产权司法保护树立了典范和标杆，对于稳定民营企业家预期，保障民营企业家安心干事创业，具有重大示范意义。

学习领域九

解纠纷——企业争议纠纷解决实务

学习目标

1. 知识目标：
（1）了解并掌握证据的基本理论知识；
（2）了解并掌握证据收集与保存的基本方法；
（3）了解企业争议解决方式，了解并掌握不同争议解决方式的优势劣势；
（4）掌握选聘外部律师的工作要点。

2. 能力目标：
（1）能够掌握证据管理的要点与方法；
（2）能够选择恰当的企业纠纷解决方式，制定企业纠纷解决方案；
（3）掌握民事诉讼的审理流程，尤其是审理中的证据与证明环节，为民事诉讼的审理活动提前准备证据材料；
（4）能够解决常见的企业法律纠纷，并能够为外部律师处理疑难案件与纠纷提供较为充分的证据与事实支撑。

3. 素质目标：
培养学生的敬业精神；培养学生具备良好的团队合作精神与人际协调

素养。

> **学习重点与难点**
>
> 证据搜集与保存的要点与方法；多元纠纷的解决渠道及各自的特点，并能评估出现纠纷时应采取哪种纠纷解决途径。

> **法律典故**
>
> 拷皮知主
>
> 人有负盐负薪者，同释重担，息树阴。二人将行，争一羊皮，各言籍背之物。惠遣争者出，顾州纲纪曰："此羊皮可拷知主乎？"群下咸无答者。惠令人置羊皮席上，以杖击之，见少盐屑，曰："得其实矣。"使争者视之，负薪者乃伏而就罪。
>
> ——北齐·魏收《魏书·李惠传》节选

基础知识概要

我国民事诉讼的基本原则是"以事实为根据，以法律为准绳"，这里所说的"事实"是指能够为证据所证明的事实。所谓证据，是指能够证明（案件）真实情况的一切事实和材料，证据包括：①当事人陈述；②书证；③物证；④视听资料；⑤电子数据；⑥证人证言；⑦鉴定意见；⑧勘验笔录。证据必须查证属实，才能作为认定事实的根据。证据须符合合法性、客观性、关联性原则，即证据的"三性"。证据是案件中证明是非的依据，证据决定着案件的成败。证据在诉讼案件胜败中的作用和重要性，越来越被无数案件审理成败得失的经验教训所反复证明。

企业习惯称的基础资料其实就是证据，加强基础资料的管理就是加强证据的搜集、固定、分类、保管。企业要加强证据的管理，熟悉民事诉讼证据及其在案件诉讼中的作用。

在企业经营中，纠纷不可避免。企业在生产经营中要做好风险管理，避免纠纷的出现。企业法务对于企业诉讼案件须进行全流程的管理。当出现纠纷时可以快速通过协商、和解等方式自行化解，也可以通过调解、仲裁、诉讼等方式解决。企业法务若要胜任这些工作，除了需要掌握企业法务专业法律知识外，还需要掌握多元纠纷的解决渠道及各自的特点，并能评估出现纠纷时应采取哪种纠纷解决途径。掌握民事诉讼的审理流程，尤其是审理中的证据与证明环节，为民事诉讼的审理活动提前准备证据材料，在出现纠纷时能根据相关理论知识完成起诉的准备工作，能够解决常见企业法律纠纷，并能够为外部律师处理疑难案件与纠纷提供较为充分的证据与事实支撑。

学习模块一　证据收集与管理

经典案例

某施工单位承接某公司建设项目，并签署设备供应及土建施工的工程总承包合同，但工程竣工交付使用2年后，某公司仍拖欠工程款。施工单位提起诉讼，要求被告支付1440万元工程欠款和800万元的索赔款，合计诉讼请求2240万元。某公司则以工期延误，以及工程设备中由施工单位提供的8台卧式热交换器散热片生锈造成的质量问题为由提出反诉，请求施工单位承担反诉索赔66.5万美元。

庭审中，施工单位的证据证明本诉请求证据确凿，理由充分，同时证明被告的反诉不能成立。以其向法院提供的履约过程中的会议记录为例：施工过程中每周例会先后召开114次，每周例会纪要的原始书面资料共344页，都是人工手记，记录字迹清晰、少有涂改，自始至终为一人记录，全部保存完整。每周例会纪要真实地再现了工程施工的全过程。厚厚三大本由与会各方代表签名的每周例会纪要成为本案原告化解被告反诉工期逾期的重要证据来源。施工单位不仅要回了全部工程欠款，还获得索赔款600万元。

学习单元一　证据收集的原则与方法

证据问题是诉讼的核心问题。"以事实为根据"实质上就是"以证据为根据"。证据是查明案件事实真相的根据,是认定案件事实的重要手段,直接影响到案件的判决。因此,我们要严格按照法律要求和证据规则收集并运用证据。

一、证据收集

证据的收集是指调查发现、提取和固定与案件有关的各种证据材料,以及当事人及诉讼代理人调查、发现、取得证据的过程。

充分的证据准备可增强谈判或庭审中的优势,能帮助企业了解案件真相,构建法律事实,为诉讼提供依据,同时能够及时固定证据,防止证据灭失。

二、证据收集的原则

1. 合法性原则:证据的收集、整理、保管和使用必须严格遵守国家法律法规,不得通过非法手段获取证据。

2. 全面性原则:应涵盖企业各个环节和各类事项,全面收集能反映情况的正、反两方面证据。

3. 及时性原则:在相关事件发生或情况出现时,应立即启动证据收集程序,确保证据的时效性。

4. 准确性原则:收集的证据信息应完整、真实、准确,注明收集时间、地点、收集人、事件背景等关键信息。

5. 保密性原则:对于涉及企业商业秘密等敏感信息的证据,应采取严格的保密措施,限制知悉范围。

三、证据收集的方法

企业可通过多种方法收集证据,以下是几种常见途径:

1. 书面证据收集。企业经营过程中产生的合同文本、财务报表、招投标文件、订单、收付款凭证和发票等皆属于书证。这些材料往往会成为案件的有力证据。

2. 物证收集。物证与书证不同之处在于物证是交易过程中的物件本身,比如一个买卖设备的交易,买卖合同属于书证,而设备属于物证。注意保护物证原状,避免损坏或丢失。

3. 证人访谈。拟定访谈名单、访谈基本问题清单,征得证人同意后让其出具书面证言。可录音录像记录证言,并让证人签字确认。在请证人作证时,要确保证人身份明确、证言内容真实可靠,确保证言的获取过程符合法律规定,避免非法取证与强迫或诱导,并且要让证人清楚作伪证需要承担的法律后果。同时，提前与证人沟通好出庭事宜，保证其能按时出庭作证。

4. 电子数据取证。提取聊天记录、服务器日志等数字证据，使用专业工具提取电子合同、邮件往来等数据，确保完整性并通过哈希算法验证。应注意遵守《个人信息保护法》。

5. 现场勘查。对于涉及相关场所的案件，如建筑工程纠纷、人身损害赔偿纠纷等，企业应安排专业人员勘查现场，对现场进行拍照或录像，记录现场的实际情况，尤其是损害发生地，以拍照或录像形式反映事故成因。对于复杂的现场，可以绘制图例，准确标注关键位置和具体细节。同时可携带测量工具以获取更精确的数据。但应注意不要破坏现场，并应遵守现场管理规定。可以邀请公证机构或第三方见证。

6. 公证取证。针对网页、电子邮件、侵权产品等场景的，可以申请对这部分内容证据进行公证，生成公证书。

7. 律师调查令。企业因客观原因不能对有些证据自行调查取证时，可以通过法院授权，由代理律师调取银行流水、某些政府部门保存的档案资料等第三方证据。在申请时，要明确说明需要调取的证据内容、与案件的关联性以及无法自行获取的原因。

8. 专家意见、鉴定报告。涉及专业技术问题的证据，如产品质量问题、工程造价评估、技术侵权等，可聘请专家出具意见或鉴定报告，辅助法院理解证据内容。

以某企业供应商提供的产品存在严重质量问题为例，企业法务在诉前可以通过以下方式取证：

（1）书面证据收集：合同文件，产品规格、质量标准、技术要求等文件，验收记录，生产和交付记录等。

（2）电子数据取证：提取电子邮件、信件、短信、通话记录等，特别是涉及质量问题的讨论。

（3）证人访谈：收集有关质量问题，或相关事件的员工，或其他第三方的证言。

（4）检测报告：委托具有资质的第三方检测机构对产品进行质量检测，并获取正式的检测报告。

（5）专家意见：在必要时，可以邀请行业专家提供专业意见或评估报告。

（6）损失证明：如果因质量问题导致了经济损失，收集相关的财务记录和损失计算报告。

四、证据收集的步骤

第一步，制定计划：法务人员根据纠纷情况，制定详细的调查计划，包括调查目标、调查范围、调查方法等。

第二步，收集证据：法务人员根据调查计划，采取各种手段（如证人访谈、现场勘查、文档审查等）收集相关证据。同时，在选择调查方法时，还应考虑到调查的可行性和效果，以确保调查结果的准确性和可靠性。

第三步，整理证据：法务人员对收集到的证据进行整理、分类、筛选、备份，以确保证据的完整性和可靠性。

第四步，分析证据：法务人员对整理好的证据进行"三性"分析。

收集证据的注意事项如下：

1. 注意保存证据。在纠纷发生前便应注意收集和保存证据。例如，签订的合同协议应妥善保存原件；履行合同应保存交付货物等的交接记录；涉及与交易方的电子通信、网上办公系统中的工作记录等，应定期备份，确保数据不丢失。

2. 注意提取原件与原物。根据证据证明力规则，原始证据的证明力大于传来证据。庭审时，对方当事人在质证阶段一般会提出核对原件的要求，而法院在认证时优先考虑原件。因此，当事人应注意收集原件或原物，并于庭上核对。以电子数据、视听资料作为证据的，应当保存、存储该视听资料、电子数据的原始载体。

3. 注意收集证据的形式和程序。收集证据不仅需程序合法，还需形式合法。

学习单元二　证据管理实务

一、证据的保管方式

建立证据保管制度，实行专人管理，建立借阅、使用登记制度，确保证据的安全和可追溯性，防止证据被篡改、丢失或不当使用。根据不同类型的证据进行分类管理。

1. 纸质证据保管。对交易过程中形成的纸质证据材料，将纸质材料扫描成电子版，纸质证据材料与电子扫描件则一起形成该业务的整套证据材料。

设立专门的档案室或文件柜，购置防火防潮防虫的档案存储设备，将纸质证据按分类、编号顺序整齐存放。

2. 电子证据保管。随着大数据、云计算、区块链等新技术的发展，公司业务交易过程及日常经营管理的系统化、线上化、数据化程度越来越高，业务交易过程中的各种物理实物凭证越来越多地被电子数据替代，如电子合同、客户电子订单、电子签收、系统对账、电子发票等。要及时固定电子证据，对微信、QQ等聊天记录，应及时导出并备份，标注关键对话的时间、主体和内容。利用区块链存证平台对电子合同、交易记录等进行存证，确保证据的不可篡改。

电子证据的发展对证据管理也提出了数字化管理要求，如建立电子档案管理系统，实现扫描件与原始凭证的关联。使用区块链技术固化重要交易时间节点。引入专业电子证据管理平台（如区块链存证工具），实现自动备份、哈希值校验与时间戳固化，提升证据可信度。目前也出现了具备证据管理功能的平台，基于电子合同签署全流程，可以为使用电子签的机构及个人用户提供互联网数据电文的实时存证，并由第三方机构进行证据固化，将存证的数据电文转化成可读性更高、具有司法效力的证明材料，机构及个人用户可按照实际需求进行线上及线下的申请出证。

3. 其他证据保管。对易损坏、变质的证据，如物证中的产品样品，要采取适当的保管措施，如低温、干燥保存等。对于可能灭失或难以取得的证据，可申请法院进行证据保全。

二、企业证据管理的常见误区与解决方案

误区一：只重视书面合同，忽视履约过程证据。

合规操作：合同履行过程中应当建立履约过程证据收集意识，对每个履约环节的证据进行及时收集和保存。做到履约证据可以相互印证，形成较为完整的证据链。

误区二：电子数据乱处理。

合规操作：建立电子证据管理制度，明确电子证据的保存期限和操作规范。

误区三：证据保存混乱，难以查找。

合规操作：采用电子化管理系统，对证据进行分类存储，并建立完善的检索目录。

误区四：误认为证据提交得越多越好。

合规操作：要根据诉讼的目的与需求，重点收集、保管关键证据，选择性地提交。

三、证据的使用

1. 证据交接。如需要使用证据解决争议，可以直接将整理好的该业务整套证据材料，交由经办人按争议解决机构的要求去举证。

2. 证据核验。在争议解决机构组织证据交换时，会核验纸质证据的原件和电子证据的原始载体或验证经固化后的电子证据，以证明所提交证据与原件的一致性。对于经固化后的电子证据，在举证的时候已经提交了整套验证材料，当庭验证即可。

3. 证据收回。在争议解决中，纸质证据的原件和电子证据的原始载体经使用后，要及时收回、归档。

四、构建证据管理体系

1. 系统化：建立流程与责任机制。明确归口部门，指定法务部、业务部、财务部作为牵头部门，对企业经营过程中产生的证据进行收集。编制《证据管理规范》，明确证据收集的内容、范围、存储方式、保管要求、责任人，保证业务一线多部门参与，按期进行证据库的完整性和合规性检查。

2. 数字化：使用专用管理软件/系统，实现证据的电子化上传、分类标签、自动提醒（如凭证缺失风险预警）、快速检索；注重区块链存证，对关键电子证据（如网页、邮件）使用区块链技术进行即时固证，确保时间、内容不可篡改；云端安全存储，选择可靠的云存储服务，确保数据安全、可备份、可远程访问。

3. 规范化：企业的业务方向不同，对证据的管理也有差别。企业管理中要针对企业自身的业务特点进行证据管理。典型证据类型如：供货类企业，所涉及的法律关系主要为买卖合同关系，涉及的证据主要包括买卖合同、订单、交货单、产品验收单、收款凭证、发票、往来沟通函件、质保及维修记录等；工程施工类企业，涉及的证据主要包括招投标文件、招标图纸、谈判记录、合同交底记录表、承包或分包合同及附件、补充协议、工程进度计划、履约过程中的工程联系函、重大事件和重大气象记录、政府行为记录、工程预算和结算文件、签证和洽商文件、往来沟通函件、工程验收文件等。

4. 动态化：定期收集，及时收集固定证据。定期对相关部门员工进行培训，提升全员证据留存意识，使其理解如何正确生成和提交符合要求的材料。

在诉讼或非诉讼法律事务中，证据的收集与固定是企业维护自身合法权益的关键环节。企业应根据案件的具体情况，灵活运用各种证据收集方法，确保证据的真实性、合法性和关联性。通过科学、系统的证据收集与固定，企业可以为案件的胜诉奠定坚实基础，最大限度地维护自身合法权益。企业需要将证据意识融入企业管理中，掌握科学、系统的证据收集与固定方法，并结合实际情况构建科学的证据管理体系。

经典案例分析

本案取得成功的经验归功于原告的合同履约管理。原告方依据充分的原始材料，分门别类，按索赔得以成立的要求整理多个书面证据，形成证据链以证明索赔的成立。本案确凿、充分的证据既反映了企业追欠、索赔的成效与履约过程管理的相互关系，也反映了企业履约资料及证据管理的重要性。

学习模块二　企业争议解决方式的选择

经典案例

2022年11月，某公司与某企业签订《纸板购销合同》，某公司按约提供了纸板，但某企业支付了部分货款后，剩余23万元货款一直未支付。2024年8月，某公司向法院申请诉前财产保全，请求冻结某企业银行账户23万元。"流动性管理是公司发展的生命线"，法院收到申请材料后，第一时间进行了涉企案件经济影响评估，并主动联系双方当事人，向其介绍"法院+工商联"诉调对接工作机制和诉前调解的优势。"只要能尽快收回货款，我司同意调解。""只要不影响企业正常生产经营，我企同意调解。"经双方申请，法院邀请了工商联调解员共同参与诉前调解工作。最终，在"法院+工商联"的共同努力下，双方达成一致调解意见，并申请了司法确认，矛盾纠纷得以快速化解。[1]

学习单元一　企业争议解决方式

随着市场经济体制的不断完善和中小企业数量的快速增长，各类经济纠

---

[1]《聚焦两会·仙桃法院答卷②｜涉企纠纷多元化解篇》，载 http://www.xtsfy.hbfy.gov.cn/DocManage/ViewDoc？docId=54c5a354-3599-4f2b-9392-32f10e503d8c，最后访问日期：2025年3月1日。

纷也随之增多，相较于传统的诉讼解决方式，多元纠纷解决机制通过提供灵活的纠纷化解途径，能够有效降低企业诉讼成本、维护商业关系、提升效率，是优化营商环境、促进企业发展的重要保障。因此，法务人员应该根据争议解决的需要，高效、低成本、便捷地解决纠纷，保护企业的合法权益。

一、企业纠纷解决方式及其优劣势

企业纠纷解决是指企业在面对各种纠纷时，不仅仅是通过诉讼的单一方式，而是采用协商和解、调解、仲裁等多种解决方式和手段来化解这些矛盾纠纷的过程。

（一）协商和解

协商和解属于自力救济，即双方在自愿的前提下，依靠自身力量，在尊重彼此利益的前提下，相互妥协和让步，就纠纷事项达成一致。协商侧重于纠纷双方当事人之间的沟通交流，当事人双方在纠纷解决过程中起到主导作用。

协商的优势包括：一是企业在长期的经营过程中，行业本身存在着既定的交易习惯和办事原则，拥有商业信誉上的优势；二是协商解决成本低，诉讼程序旷日持久，企业需要投入较多的人力和精力，这对企业来说是一种资源和成本的浪费；三是能够维护合作伙伴之间的良好关系，避免营商环境的恶化，提升企业的商业信誉。

协商的劣势是没有强制力，依赖双方自愿履行，当事人有可能反悔；专业性上依赖双方能力，协商不成有可能还要进入仲裁或诉讼程序。

（二）调解

调解是最为常见的一种纠纷解决方式，即在中立第三方也就是调解人的介入支持下，双方自愿调解，促使争议各方相互谅解和让步，最终在调解人的主导下化解矛盾，达成和解或调解协议。

调解的优势包括：一是调解的程序更加灵活、更加简易。调解场合、调解次数、调解方式等不受限；二是纠纷处理更具有全面性。当事人可以在调解过程中将纠纷涉及的所有请求随时提出，同时处理，这种方式减少了新的纠纷发生；三是调解过程不公开，具有保密性；四是纠纷调处缓和矛盾，保留了合作的可能。

调解的劣势是调解协议是合同性质，需要经过司法确认才能强制执行，调解无效仍需仲裁或诉讼。

（三）仲裁

仲裁是在民商事行为中，当事人各方依据合同中的仲裁条款或单独的仲裁协议，自愿将争议提交给各方同意的仲裁机关、仲裁庭进行审理，并作出有约束力的裁决的一种解决民商事纠纷的争议解决方式。商事仲裁快捷高效，专业解决纠纷，是国际通行的经济纠纷解决方式。

仲裁的优势包括：一是仲裁实行一裁终局，效率更高；二是更灵活，当事人在法律允许的范围内选择信任的仲裁员，共同约定仲裁程序、仲裁语言、适用法律、开庭地、仲裁地、审理方式、证据规则等，使得纠纷解决更加灵活；三是专业性强，仲裁员既有法律专家也有行业专家；四是仲裁裁决具有强制执行力，如一方不履行裁决，另一方可以申请人民法院予以强制执行；五是仲裁案件的审理和裁决的结果原则上不对外公开，这样有利于保护当事人的商业秘密，也有利于维护当事人的商业信誉，具有极强的保密性，这也是仲裁与诉讼的显著区别之一；六是不当干预较少，仲裁员、仲裁庭具有中立性，仲裁协议管辖制度可不受地域管辖、级别管辖的限制，避免了由于地方保护等因素对案件审理的不当干扰。

仲裁的劣势主要体现在成本高，仲裁费用高于诉讼费用，一裁终局高效率的同时缺乏上诉机制，救济途径有限。

（四）诉讼

诉讼是一方当事人向人民法院提起诉讼，请求人民法院对纠纷审理后作出判决的制度。诉讼是最终、最权威的纠纷解决机制，是保护当事人权利的最后屏障，具有最高司法权威性和强制性。

诉讼的优势包括：一是具有客观性、权威性，法院代表国家作为纠纷处理的主体，主持民事诉讼活动，解决过程和结果具有客观性、权威性，其诉讼过程与结果受到的外界干扰少；二是具有公平性，诉讼活动严格依照《民事诉讼法》等相关法律制度规定的程序进行案件审理，程序公平；三是具有强制性，在当事人不履行判决时，法院可以依法采取强制执行等措施。

诉讼的劣势首先是成本高。从国家层面来说，整个诉讼过程的顺利进行到结果的最终执行，国家要投入大量的人力、财力；从当事人层面来说，不管纠纷处理结果如何，当事人均要耗费大量的精力、财力。其次就是时间成本高。诉讼程序严格，诉讼耗时长，一个普通的民事纠纷案件可能涉及一审、二审、执行三个阶段。

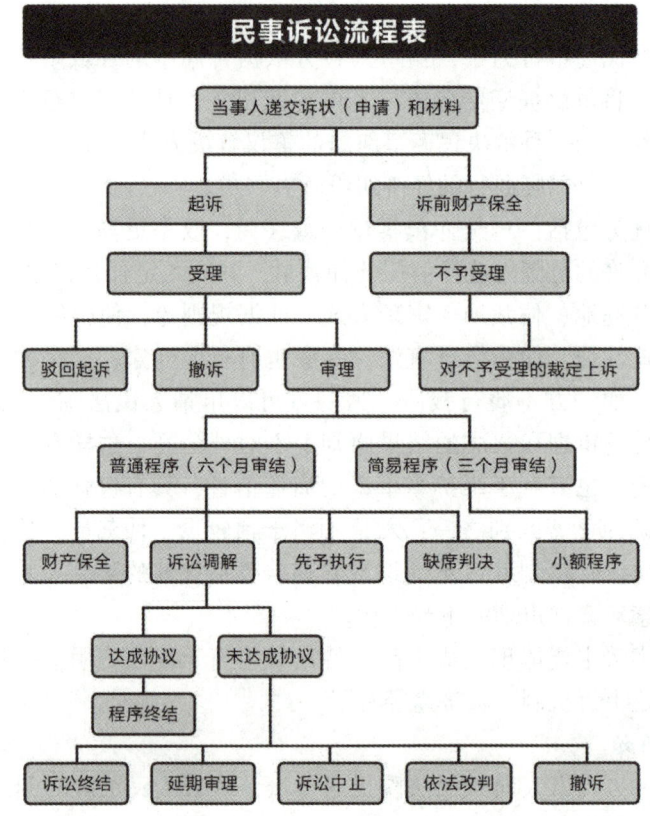

学习单元二　企业争议解决方式的选择

一、纠纷解决方式的选择

（一）纠纷解决方式的考量因素

1. 可执行性。可执行性关注的问题是所选取的纠纷解决方案是否具有强制执行力，能否保障权益的实现。诉讼的强制执行力来源于国家公权力的保障，是区别于其他争议解决方式的核心优势。仲裁裁决可以申请法院强制执行，作为国际通行的争议解决方式，仲裁裁决也可以跨境执行。调解协议则需要经过司法确认方具备强制执行力。除了考虑可执行力，也要考虑执行的难度。

2. 经济性。企业的纠纷解决方案总成本是否合理，经济性是一项重要的考量因素。协商、调解属于成本低廉的方式，仲裁属于效率高且费用也相对较高的方式。诉讼费用按照标的额比例收取，耗时长，总成本较高。除此之外，也要将时间成本、商誉损失等间接成本考虑进来。

3. 专业性。企业纠纷涉及专业性强的知识或行业就要考虑裁判者的专业适配度。仲裁具有很强的专业性，仲裁员既有法律专家，也有来自各行各业的专家，能够满足不同法域、不同领域、不同类型争议解决的需要。当下诉讼的发展也已经有了很多专业性法院，但是相对而言仲裁更具专业性。

4. 效率。不同的纠纷解决方式需要的时间及程序的灵活性也是不同的。协商、调解是时间最快、效率最高的。仲裁因为一裁终局，程序可以简化，时间上也相对较短、效率更高，一方当事人不履行的，另一方当事人可以向法院申请强制执行。诉讼"两审终审"严格遵守诉讼程序，耗时最长，成本最高。

5. 中立性。为追求程序公正，避免地方保护，中立性也是考虑因素之一。其中，仲裁中立性强，诉讼可能受地方保护主义影响。

（二）纠纷解决方式的选择

在发生纠纷时，企业要明确核心需求，评估纠纷的性质，平衡法律效果和商业利益，选择最优解决方式。

1. 协商。矛盾纠纷初期、违约轻微或纠纷金额较低对企业影响不大，企业寻求长期合作情况下更适宜选择协商方式。

2. 调解。对于纠纷金额不大，企业希望短时间内能够解决纠纷，又要保持商业关系时，调解是一个很好的选择。

3. 仲裁。需要保密或者快速解决的商业争议，尤其是跨境合同纠纷、专业性强的纠纷更适合采用仲裁方式。

4. 诉讼。诉讼的强制执行力使其成为对抗性强、履行风险高案件的首选，可以起到很好的司法威慑作用。

实际生活中，企业往往会根据纠纷金额、双方关系及执行需求，灵活选择不同的纠纷解决方式，也会结合不同的纠纷解决方式来制定纠纷解决方案。

二、纠纷解决方式的衔接

（一）和解与诉讼的衔接

纠纷发生后，双方当事人协商和解是最便捷高效的纠纷解决方式，以此方式解决纠纷，双方当事人自愿达成和解协议，协议的履行也是依靠当事人的自觉自愿，当事人之间能够维护合作伙伴之间的良好关系。如果一方当事人违反和解协议，另一方当事人可以提起民事诉讼，而和解协议是诉讼中的重要证据。

诉讼进行中，双方当事人也可以自行和解，签署和解协议。原告方可以向人民法院申请撤诉，也可以请求人民法院以和解协议为依据制作调解书。人民法院裁定准予撤诉或者将调解书送达双方当事人之后，诉讼程序即告结束。

(二) 调解与诉讼的衔接

由调解机构主持调解的纠纷，当事人双方达成的调解协议具有民事合同的约束力，不具有强制执行力。依据《民事诉讼法》第205条的规定，当事人有权申请司法确认。自调解协议生效之日起30日内，由双方当事人共同向

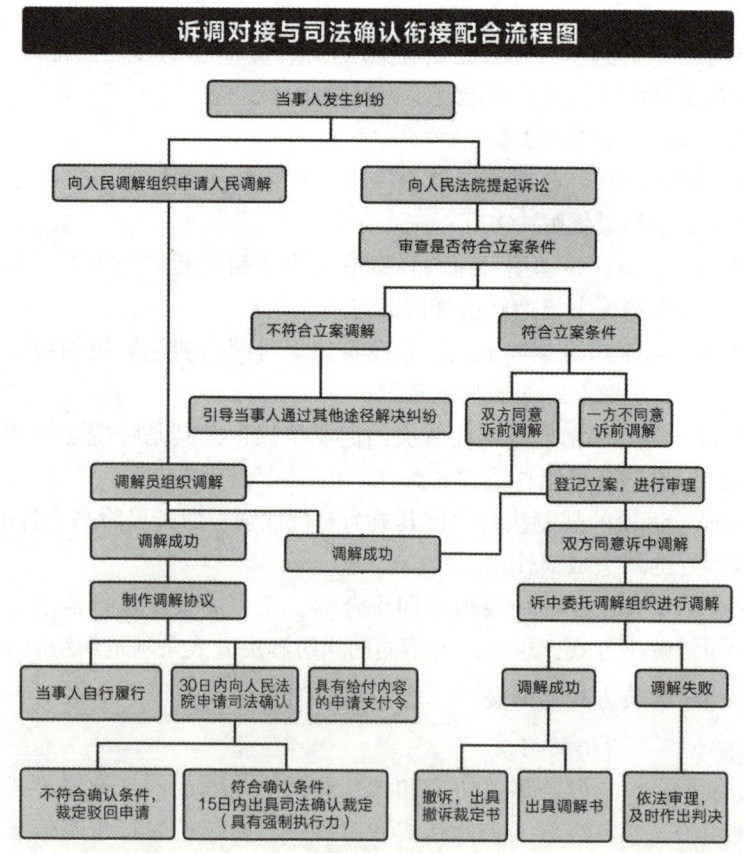

调解组织所在地基层人民法院提出。人民法院受理申请后，经审查，符合法律规定的，裁定调解协议有效，一方当事人拒绝履行或者未全部履行的，对方当事人可以向人民法院申请执行；不符合法律规定的，裁定驳回申请，当事人可以通过调解方式变更原调解协议或者达成新的调解协议，也可以向人民法院提起诉讼。

诉讼中的调解，以当事人达成的调解协议为依据制作的调解书等同于判决书，具有强制执行的效力。

（三）仲裁与调解的衔接

根据市场的需要，仲裁机构也创设了调解中心，制定了独立的调解规则和调解员名册。同时，在仲裁规则中也规定，当事人既可以在仲裁程序之中请求仲裁庭主持调解，也可以在仲裁程序之前或者仲裁程序之中请求调解中心开展调解，并可以申请由仲裁庭按照和解协议依法作出裁决。

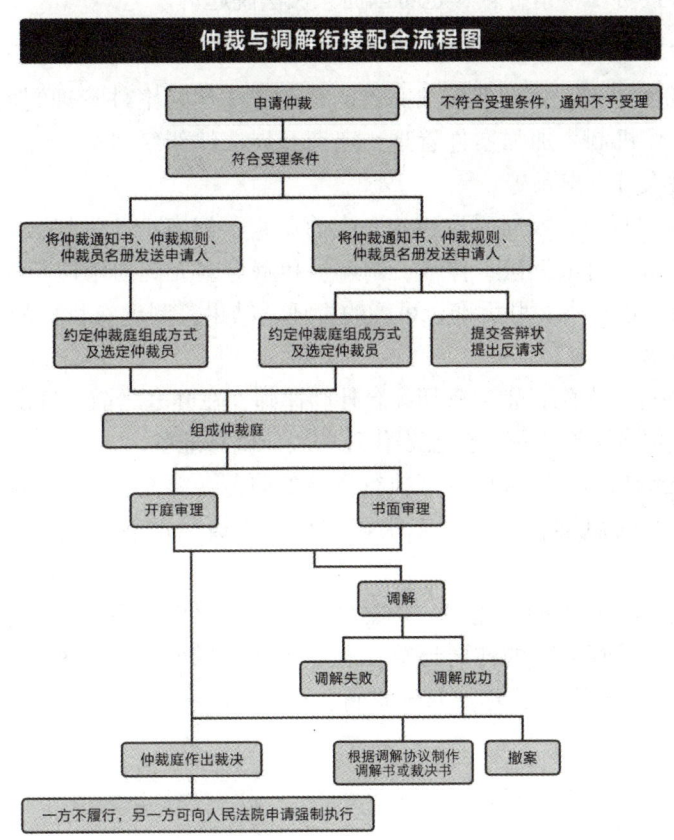

（四）仲裁与诉讼的衔接

《仲裁法》第 2 条规定："平等主体的公民、法人和其他组织之间发生的合同纠纷和其他财产权益纠纷，可以仲裁。"由此，对于合同纠纷和其他财产权益纠纷，当事人可以共同选择以仲裁的方式来解决。如当事人约定有仲裁条款或达成仲裁协议，当事人只能仲裁不能诉讼，且因仲裁实行一裁终局，仲裁结束后，也不能再提起诉讼。这就是商事纠纷"选择仲裁即排斥诉讼"的原则。

仲裁裁决作出后，当事人如有异议，可以依据《仲裁法》第 58 条，向仲裁机构所在地的中级人民法院申请撤销裁决；或在仲裁裁决执行过程中，被执行人依据《民事诉讼法》第 248 条，向人民法院申请不予执行。通过仲裁裁决的撤销制度和不予执行制度，人民法院对仲裁裁决进行司法审查。如果仲裁裁决被人民法院裁定撤销或不予执行，当事人就该纠纷可以根据双方重新达成的仲裁协议申请仲裁，也可以向人民法院起诉。

三、企业法律纠纷管理流程

1. 纠纷发生前，企业要建立完善的企业法律纠纷案件管理制度，法务部门要完善工作机制，加强案件管理，定期开展法律纠纷风险排查，及时向管理层及相关人员发出预警。

2. 纠纷出现时，及时采取措施，全面调查了解案情，做好法律分析、证据收集等工作，通过诉讼、仲裁、调解、和解等多元纠纷解决机制妥善处理案件。比较诉讼成本、胜诉率、可能的责任及结果，制定有目标的诉讼策略，评估诉讼方案。

3. 案件进入法院，则应密切配合外聘律师，在开庭之前，确定诉讼请求，核实证据，拟定法律文书，为发表代理和质证做好准备。

4. 诉讼结束后，法务应重视执行风险的防范，要充分行使权利，督促执行机构第一时间启动执行，动态跟踪进展，积极采取有力措施，推动案件执行。

5. 做好诉讼案件的复盘，分析案件的成因，评析处理过程，总结经验教训，查找企业运营管理的薄弱环节，通过法律意见书、建议函等形式，指导相关部门完善管理制度，堵塞管理漏洞。

经典案例分析

本案中人民法院坚持探索"法院+"多方联动机制，充分整合法院、工商联等丰富的调解资源，充分发挥诉调对接工作机制和诉前调解的优势，形成"专业+行业"双轮驱动模式，推动涉企矛盾纠纷多元化解、前端化解。充分体现运用法治手段优化营商环境，健全完善商事解纷便民通道，推进涉企纠纷源头化解、诉前化解。

学习模块三　外聘律师的选聘与管理

学习单元一　外聘律师的选聘

企业法务部是企业商业主体的一个组成部分，其能力受限于行业及企业规模本身，有所长，亦有不足。而企业法务不足之处就需要依靠外聘律师支持，需要与外聘律师配合完成工作。对外选聘律师，利用其专业优势协助和支持企业处理法律事务，可以提高企业各类法律业务处理的专业性及效率，控制企业各类法律业务处理成本，减少浪费。对于妥善处理各类涉企案件具有重要的意义。

一、聘任社会律师的必要性

1. 提供专业、优质的法律服务，促进企业规范化。

2. 在日常经营中参与谈判，审核合同，规避法律风险，稳健合规经营，健全内部运行机制。

3. 担任企业的代理人，参与法律纠纷的调解、仲裁或诉讼活动，外聘律师具备丰富的实战经验和诉讼经验，能够实现企业法律风险最小化和企业利益最大化。

4. 有利于增强企业信誉，树立企业形象。企业配备外聘律师是一个企业法治意识、企业实力的体现。

二、选聘社会律师的形式

（一）企业法律顾问

企业就日常经营性事务，可聘用律师事务所提供常年企业法律顾问。

企业法律顾问的工作内容：

1. 就合同等法律文件出具法律意见。
2. 参与重大项目的合同起草、合同谈判。
3. 就日常经营问题提供法律咨询。
4. 参与重大风险事件的处置或提供法律意见。
5. 其他需要常年法律顾问承担的工作。

（二）单项法律服务

1. 法律规定或交易对方要求必须以律师事务所法律意见作为要件的。
2. 重大法律纠纷必须通过诉讼、仲裁解决，且内部法务人员无法单独完成或外聘律师完成效果更好。
3. 重大投资项目的尽职调查、合同拟定等需要借助律师的特有经验或技能的。
4. 其他需要由单项法律服务顾问承办的事项。

学习单元二　外聘律师的管理

一、外聘律师的选择标准

外聘律师的选聘要根据企业事项属性、企业法务配合能力、成本约束等方面来确定选聘律师标准，该标准也可以结合执业律师专业能力、法律服务质量、服务费用、企业合作经历等确定，只有符合标准的律师才能选聘。

1. 外聘律师要具备专业性，有相应的法律素养、精通相关法律知识，以及具备过往同类业务的诉讼经验、实战经验。能处理、指导企业法律事务，提供专业的解决方案，捍卫企业的合法利益。
2. 外聘律师要具备一定的商业思维，了解企业商业战略。能应对、处理各类案件，提供全面的法律服务。
3. 勤勉尽责，在业内有良好的声誉，无不良执业记录。

二、外聘律师的联络与管理

(一) 企业对外聘律师的联络

明确外聘律师的联络与管理部门是企业法务部门，企业法务部门对企业外聘律师工作进行统一管理，同时明确主管部门和业务部门的相应职责。

在企业外聘律师的联络中，根据需求和服务类型，一般分为以下三种：

1. 日常法律支持联络。企业常规法律事务咨询、合同审核等日常非诉法律问题通常由法务部或者业务部门通过法务部直接对接律师，由律师提供法律意见。联络形式灵活，是外聘律师联络最为常见的形式。

2. 发律师函的联络。当企业面临澄清事实、履行义务提醒、停止侵权警告时，由企业法务提供事实材料，联络律师起草律师函，经企业授权且确认后发出。

3. 纠纷代理的联络。在企业涉及诉讼、仲裁，企业法务配合外聘律师提供证据，由外聘律师专门代理，分工合作完成企业纠纷解决。

(二) 外聘律师的管理

企业外聘律师管理是指企业根据本企业的具体情况，依据有关法律法规，以企业外聘律师管理制度为基础，对外聘律师进行聘用、服务使用、费用支付、评价与考核、解聘的全流程动态管理。

1. 协议签订。一般情况下，聘请常年外聘律师，一年一签。聘请专项外聘律师或者案件委托代理律师，一事一签。

2. 服务使用。委托合同中明确外聘律师的工作范围和工作内容，其中包括及时通报工作情况，要求律师在任何法律事务中代表企业之前，须征得企业法务部门的授权。律师在传达法律意见时，向企业法务部发送副本，以及遇到重大法律问题时积极沟通。外聘律师还有保密义务，明确保密责任不因聘用合同的中止而免除。

3. 费用支付。企业外聘律师费用支付通常根据服务类型及具体需求进行约定，需兼顾灵活性、经济性与合规性。企业根据自身需要合理设计付费模式。一般情况下，日常事务固定费用，按年支付，专项事务按项目付费。

4. 评价与考核。考核评价由法务部门组织进行。外聘律师的考核评价主要包括：工作态度是否积极、勤勉、敬业；对法律服务需求的响应时间是否满足企业的要求；工作成果的质量是否达到专业水平；是否通过有效服务帮助企业规避了法律风险，解决了实际问题等。具体考核评价标准可根据案件或项目完成质量来设定。外聘律师考核优秀可以优先获得受聘机会。考核结果未达到良好的,不再续聘。

5. 解聘。定期评估,评估达到解聘标准如服务质量不佳、费用过高或企业认为确有必要,法务部与管理层批准解聘决定。解聘决定作出后要及时与外聘律师沟通,做好费用结算与交接。

法律法规索引

任务实训

实训 1

某公司有张某、李某两名股东,股东张某担任执行董事,负责实际经营公司。自 2020 年起,起股东张某及其高管团队另立 A 公司进行同业竞争,通过关联交易将某公司的客户资源和营业收入转移至 A 公司,导致某公司巨额亏损、濒临破产。股东李某发现上述侵权行为后,对股东张某及其高管团队、A 公司提起损害公司利益责任纠纷诉讼。

提示:本案法律关系复杂,被告既有公司,也有个人。涉及关联交易、高管竞业禁止,需要明确被告的高管身份、侵权行为和赔偿数额,举证难度大。

讨论:1. 各主体的身份及关系证明证据有哪些?分别属于什么类型,分别应运用哪种收集方式和保存方式?

2. 侵权行为事实证明证据有哪些?分别属于什么类型,分别应运用哪种收集方式和保存方式?

3. 赔偿数额的证据有哪些?分别属于什么类型,分别应运用哪种收集方式和保存方式?

实训 2

某建筑公司与某电梯公司签订承揽合同，约定定制某品牌载货电梯 4 部、自动扶梯 6 部。后双方发生纠纷，某电梯公司诉至法院，要求某建筑公司支付货款。某电梯公司作为原告应对其主张提供相应证据，但其既无某建筑公司通知备货的证据，也无其进场安装、安装完成、验收合格等证据，在某建筑公司否认某电梯公司已安装电梯的情况下，某电梯公司在诉讼中处于被动地位。经查，由于电梯安装所在的农贸市场未通过政府审批，工程烂尾。工地现场确已安装了 4 部载货电梯，与合同约定相符，且某建筑公司无其他证据证实该 4 部载货电梯系他人安装，故法院认定某电梯公司安装了 4 部载货电梯，支持了该部分电梯款的诉求。6 部自动扶梯未安装，因合同丧失继续履行的现实可能，释明后对合同未履行的部分予以解除。

讨论：请对本案进行复盘，分析案件的成因，评析处理过程，总结经验教训，对企业风险隐患及时排除，从源头上避免类似案件的发生。

思政园地

多元纠纷解决机制

法治建设既要抓末端、治已病，更要抓前端、治未病。要坚持和发展新时代"枫桥经验"，把非诉讼纠纷解决机制挺在前面，推动更多法治力量向引导和疏导端用力，加强矛盾纠纷源头预防、前端化解、关口把控，完善预防性法律制度，从源头上减少诉讼增量。

——2021 年 2 月 19 日，习近平总书记主持召开中央全面深化改革委员会第十八次会议时强调

拓展学习

新加坡调解公约

2018 年 12 月 20 日，由联合国国际贸易法委员会主持起草的《新加坡调解公约》经联合国大会第七十三届会议第六十二次全体会议以第 73/198 号决议形式审议通过，标志着国际社会为各国和区域经济一体化组织

所提供的执行调解所产生的和解协议并允许当事人援用和解协议的跨境框架正式搭建。2019年8月7日，该公约在新加坡开放签署，包括中国在内的46个国家成为首批签署国。该公约已于2020年9月12日正式生效。

《新加坡调解公约》的宗旨在于解决当事人经调解达成的和解协议的跨境执行问题，激励国际商事交易当事人运用调解解决国际商事纠纷，方便经第三方调解达成国际商事和解协议在成员国间的执行。

《新加坡调解公约》首先在序言中肯定了调解制度在解决商事争议领域中的价值和替代诉讼的优越性，并提出支持通过赋予国际商事调解协议的可执行力来促进和谐的国际经济关系的发展。

正文全面且详细地规定了国际商事调解协议的内涵和适用范围，并通过明文规定的方式确立了国际调解协议的强制执行力，赋予了调解协议当事人对跨国执行该调解协议的救济权利，允许在国际商业纠纷中执行和解协议的一方直接诉诸缔约国一方的法院，该法院届时必须根据该缔约国的程序规则以及公约规定的条件执行和解协议。

此外，该公约还认可了与《纽约公约》和《选择法院协议公约》类似的拒绝救济条件以及对公约保留的限制条件。

《新加坡调解公约》是国际商事争议解决制度历史上的一座里程碑，其诞生标志着国际调解协议可跨国执行，国际商事调解制度成为诉讼、商事仲裁之外具有独立救济功能的国际商事争议解决方式，对于强化国际商事争议解决领域的国际法治规则具有深远意义。

参考文献

一、学习领域二相关参考文献

1. 孙政、杨磊、冯浩编著：《新公司法条文对照与重点解读》，中国法制出版社2024年版。

2. 赵旭东主编：《新公司法重点热点问题解读：新旧公司法的比较分析》，法律出版社2024年版。

3. 最高人民法院民事审判第二庭编著：《中华人民共和国公司法理解与适用》，人民法院出版社2024年版。

二、学习领域四相关参考文献

1. 杨立新主编：《中华人民共和国民法典释义与案例评注丛书》，中国法制出版社2020年版。

2. 最高人民法院民法典贯彻实施工作领导小组主编：《中华人民共和国民法典合同编理解与适用》，人民法院出版社2020年版。

3. 黄薇主编：《中华人民共和国民法典合同编释义》，法律出版社2020年版。

4. 戚庆余、胡朝阳：《企业合同管理法律实务应用全书》，中国法制出版社2024年版。

5. 郭斌、王士卿主编：《企业法律风险防控实务》，法律出版社2013年版。

6. 武晋宝：《合同法律风险防控实务——暨在装备制造业的应用》，法律出版社2024年版。

7. 陈志编著：《民法典合同编实务手册》，法律出版社2021年版。

8. 刘凯湘：《民法典合同解除制度评析与完善建议》，载《清华法学》2020 年第 3 期。

9. 苗泽一：《论区块链技术的应用与规制——从"腾讯诉老干妈案"谈起》，载《重庆大学学报（社会科学版）》2023 年第 1 期。

三、学习领域五相关参考文献

1. 王琳主编：《劳动合同法》，中国人民大学出版社 2022 年版。

2. 马志杰编著：《中小企业常见法律风险防控》，中华工商联合出版社 2020 年版。

3. 吴启才主编：《中小企业法律实务》，华中科技大学出版社 2024 年版。

4. 郭小冬主编：《中小企业法律事务》，国家开放大学出版社 2021 年版。

四、学习领域六相关参考文献

1. 杨勇主编：《企业安全员安全生产法律责任》，中国劳动社会保障出版社 2012 年版。

2. 赵正宏编著：《安全生产法律责任解读与评析》，气象出版社 2015 年版。

3. 《法律法规案例注释版系列》编写组编：《中华人民共和国产品质量法案例注释版》，中国法制出版社 2010 年版。

4. 马松：《企业法律风险防范速查手册》，天津人民出版社 2023 年版。

五、学习领域七相关参考文献

1. 吴汉东：《知识产权总论》，中国人民大学出版社 2020 年版。

2. 吴汉东：《知识产权法》，法律出版社 2021 年版。

3. 王迁：《知识产权法教程》，中国人民大学出版社 2021 年版。

4. 孔祥俊：《商标法：原理与判例》，法律出版社 2021 年版。

5. 孔祥俊：《反不正当竞争法新原理·总论》，法律出版社 2019 年版。

6. 黄晖编著：《中国商标及不正当竞争案例精要》，知识产权出版社 2021 年版。

7. 崔国斌：《专利法：原理与案例》，北京大学出版社 2016 年版。

8. ［美］罗伯特·P. 莫杰思：《知识产权正当性解释》，金海军等译，商务印书馆 2023 年版。

9. ［美］亚力山大·I. 波尔托拉克、保罗·J. 勒纳：《知识产权精要：法律、经济与战略》，王肃译，知识产权出版社 2020 年版。

六、学习领域八相关参考文献

1. 徐永前主编:《企业法律风险管理操作实务》,法律出版社 2011 年版。

2. 戴文良、王素华、陈科杰:《企业法律风险防范与管理》,法律出版社 2015 年版。

3. 李彬、董坤、陈耀军:《企业刑事合规:风险精解与实务操作》,中国言实出版社 2022 年版。

4. 段启俊等:《企业刑事法律风险防控指南》,法律出版社 2021 年版。

5. 冯宇主编:《企业法律风险防控与合规指南》,法律出版社 2022 年版。

七、学习领域九相关参考文献

1. 熊定中、杨一星:《公司法务:定位、方法与操作》,中国民主法制出版社 2023 年版。

2. 王成主编:《企业法务》,国家开放大学出版社 2023 年版。

3. 尹春海:《民事案件办公实操指引》,中国法制出版社 2023 年版。

4. 倪铁等:《证据调查案解》,法律出版社 2023 年版。